関西大学東西学術研究所資料集刊 44

『拝客訓示』の研究

――解題と影印

内田慶市 編著

関西大学出版部

Visitatio interrogatio, et responsio

拜客問答
Pai Ke vuen ta

verbi gratia in Chinis datur unus homo, vel est Bachiller o graduado (+ de licenciado) vel est habens officium Mandarin

+ colegiales doctorales del Colegio Real

譬如中國有一个或是秀才監生舉人或是有職官員
pí jû chūng Kuě ieu iě Kó hoě xí Siéu chāi Kiēn sēng Kiù jîn hoě xí ieu chě Kuōn iuên

venit visitare hospitem in regia (curia) initio ingressus (portae), famulus manibus accipit unam tiě (libellum), quaeritur tali domino,

來拜在京的客初進門長班手拿一个帖子問某老爺
lâi pái chái King tiě Kě chū chín mûen chàng pān xèu nà iě Kó tiě chù vuén mèu lào iê

vel tali dominus est domi an non est: qui domi est, famulus si dicit non est domi, famulus

或某相公在家裡不在這家裡管家若說不在家裡長
hoě mèu siāng Kūng chái Kiā lì pǒ chái chè Kiā lì Kuòn Kiā jǒ xuě pǒ chái Kiā lì chàng

hâng teu
del virgilon principio

拜 pai 客 kĕ 問 ven 答 tà

Perguntas e repostas nas vizitas dos hospedes.

譬 pí Verbi 如 jû gratia 中 chũ na china 國 quĕ。有 yeu na 一 ye hú 個 có 人。gîn homẽ 或 [illegible] que pervée tura

是 xí 秀 siu bacharel 才 çâi 舉 kiù ou leçenciado 人 gîn 或 [illegible] ou tem 監 kien grao 生 sem comprado 或 [illegible] ou 是 xí he

有 yeu q tem 職 chĕ qui de 官 quon mandarim 員 yuên。来 lâi vinda 拜 pai visitar 他 tâ esta [illegible] 的 hú

客 kĕ hospede。初 çō no principio 進 çin entra 門 muên。長 châm o criado 班 pān do 手 xeù na mão 拿 nâ tende 一 yĕ oli

個 có 帖 tiĕ livro de 子 çù visita 問 ven pergunta。某 meù fu 老 laò 爺 yê fulano。或 ou

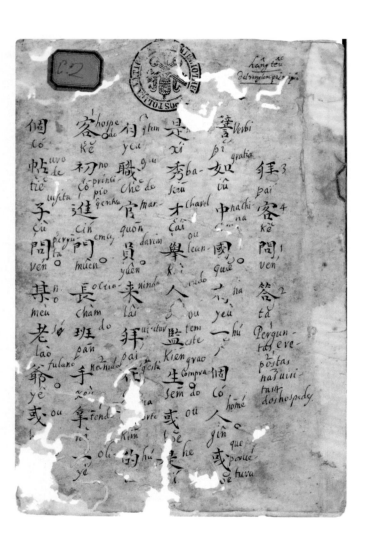

序

今般、内田慶市研究員により、東西学術研究所資料集刊の一冊として『拝客訓示の研究──解題と影印』が上梓される運びになった。『拝客問答』は16世紀末に西士東来し、中国語に邂逅した初期の会話書であり、マテオリッチ（利瑪竇，1552～1610）がその成立に関わったと推測されている。後にモリソン（馬礼遜，1782～1834）の著述活動にも影響を与え、素材として他の学習書に使用されていた貴重な資料であるが、長らくヨーロッパの図書館にあったが、誰も知らずに眠っていたところに、内田研究員をはじめ、一部の研究者に発見され、分析考究が進められるようになった。

今回、内田慶市研究員は、『拝客問答』とそのいくつの異版を蒐集し、また解題を加えた形で、影印出版された。内田氏はこれまでに『語言自邇集』、『鄺其照編字典集成』など多くの貴重資料を世に送り、中国を始め、世界の学界においても高く評価されており、多くの研究者によい刺激を与えられているところである。『拝客訓示の研究──解題と影印』の刊行により、多くの研究者が簡単に本資料を手に取り、多方面にわたって考察がいっそう進められるであろう。この影印本をもとに西東言語接触に関する研究が一層の進化を遂げることを期待するものである。それと共に、本書が多くの識者に碑益することを祈念するものである。

2019年1月
関西大学東西学術研究所
所長　**沈　国　威**

目　次

序言

最近關於《拜客問答》(Answers to Visitors' Queries) 的資料被陸續發現了。這個資料是跟耶穌會傳教士利瑪竇有很大關係的漢語初級會話課本，內容包括應酬對話，社會風俗習慣等等。我們可以從各種角度對這個資料進行研究，比如漢語教學、近代漢語研究、近代東西語言文化接觸等等。這次我為了能夠給相關研究者提供方便，將《拜客訓示》(AHPTSJ, Caja 101, China II, N.33)、《拜客問答》(Vaticano. estremo. oriente. 14) 和 *Dialogues Chinois-Latins* (Paul Hubert Perny, 1872)，槳藏進行了影印，還加上了關於《拜客問答》的簡單解題和《拜客訓示》的撰寫並且句讀出版。《拜客訓示》的撰寫和句讀是由澳門大學的王銘宇博士做的，我將銘記她的名字並在這裡表示我衷心的謝意。我希望通過這次出版，可以為今後《拜客問答》的研究做出一些貢獻。

2019 年 1 月
内田 慶市

[解題]

有關《拜客問答》的若干問題及其他

0. 前言

曾經夏伯嘉（R.Po-Chia Hsia）2010 提到過法國國家圖書館收藏的一本會話課本叫做《釋客問答》（Chinois 7024）[1)] 是由耶穌會傳教士利瑪竇編成的，如下：

> An anonymous manuscript in Chinese, entitled Shi ke wen da (Answers to Visitors' Queries), today in the French National Library, gives us a vivid description of the hectic social life Ricci must have experienced. It dates from the early seventeenth century, and was written by a Jesuit rnissionary as a language/social primer (possibly by Ricci himself). The textual dialogue, a composite of many actual ones, begins with a scene of scholars visiting one another in the capital. It describes a very busy host (Ricci?), visitors leaving their calling cards, and return visits; ……(212p)

後來李慶 2015 和鄭海娟 2015 等也認為是這樣的。

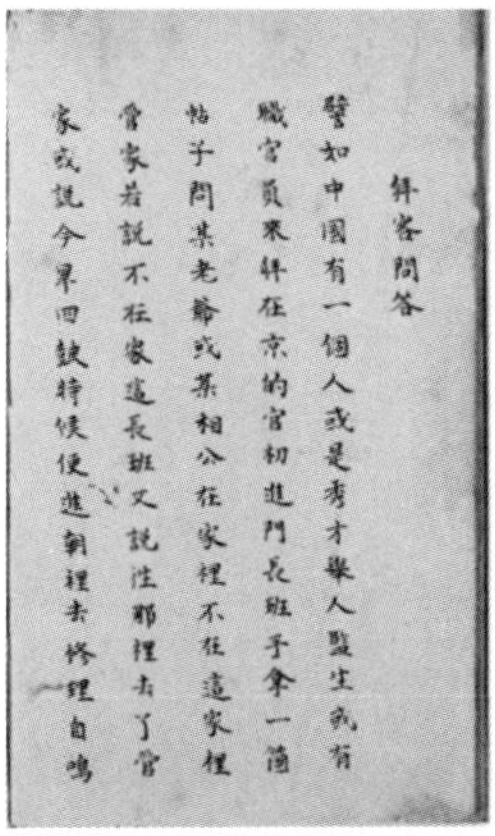
拜客問答
譬如中國有一個人或是秀才舉人監生或有
職官員來拜在京的官初進門長班手拿一箇
帖子問某老爺或某相公在家裡不在這家裡
管家若說不在家這長班又說往那裡去了管
家或說今早四鼓時候便進朝裡去修理自鳴

他們這樣判斷的根據是如下的幾些記載。

譬如中國有一個人或是秀才、舉人、監生，或是有職官員來拜在京的官，初進門，長班手拿一個帖子問，某老爺或某相公在家裡不在。這家裡管家，若說不在家，長班又說往哪裡去了。管家或說今早四鼓時候，便進朝裡去修理自鳴鐘。

管家便說，不敢領全柬，領古折柬或單帖罷。又取筆問寫記下處，好回拜。長班說，住在鐵匠衚衕。

老先生到了這邊二十年，費用亦大，是哪裡來的。

上面的“在京”表示“在京城＝在北京”，“鐵匠衚衕”是現在的東鐵匠衚衕。關於“進朝裡修理自鳴鐘”，我們都知道最初把自鳴鐘帶來中國的是利瑪竇，如下：

謹以原攜本國土物，所有天主圖像一幅，天主母圖像二幅，天主經一本，珍珠鑲嵌十字架一座，報時自鳴鐘二架，萬國圖誌一冊，西琴一張等物，敬獻御前。此雖不足為珍，然自極西貢至，差覺異耳，且稍寓野人芹曝之私。（黄伯祿『正教奉褒』）

當時能修理“自鳴鐘”的不多，就是利瑪竇或者龐迪我，如下：
1601年（明萬曆29年）1月24日：利瑪竇和龐迪我等經官道馳抵京城，下榻南城外；1月25日或28日：利瑪竇打點好貢物，開列禮單並附表章上奏；1月25日（或28日）：馬堂攜貢物詣皇宮，呈獻皇上；1月底至2月：二位神父多次應召入宮調自鳴鐘，皇上數次派太監詢問歐洲事並命造一鐘樓裝大自鳴鐘（可能在交泰殿），龐迪我教四太監習西琴，以後利瑪竇編寫“西琴八曲”……（裴化行著《利瑪竇神父傳》下冊，638頁）

另外，李慶2015說跟“老先生到了這邊二十年”的記述符合的只有利瑪竇，因為當時只有利瑪竇來華呆了二十年。

這樣看來，法國國家圖書館收藏的《拜客問答》恐怕是利瑪竇編的東西。

實際上說利瑪竇（和羅明堅的共編）還有一本這樣“問答式課本叫做《Pin ciu ven ta ssi gni（賓主問答私擬）》（1580）[2]

這本《賓主問答私擬》本來是德禮賢發現的羅明堅和利瑪竇的《葡漢辭典》（羅馬耶穌會檔案館，Jan Sin I 198）的前頭部分，也是《拜客問答》之類的應酬會話，如寒喧話、作揖等的方法、或問姓名、問年齡、問價錢等，如下：

客曰：特來拜你師父。師父在家裏麼。
童曰：在家裏誦經拜香。
客曰：我是某處相公多多拜上師父呵。
童曰：起動相公來。
客曰：儞師父在家不在。
童曰：在家。
客曰：請儞師父出來。
童曰：外面有一位相公來拜師父。請師父出去相見。

語言特點跟《拜客問答》差不多，比如，“宗師甚日起身了不曾”“好得緊”“昨日承賜厚意，都未曾少謝”“如今都曉得我們這邊官話不曉得”等都接近南方話。

反正利瑪竇當時為了來華傳教士學習漢語編寫了適合中國的實際生活的初級會話課本。

1．《拜客問答》的版本

除了法國國家圖書館收藏的《拜客問答》以外，到現在發現了下面的三種梵蒂岡圖書館藏的版本。

Borgia.cinese.316.2　《會客問答》
Borgia.cinese.503　《拜客問答》
Vaticano.estremo.oriente.14　《拜客問答》

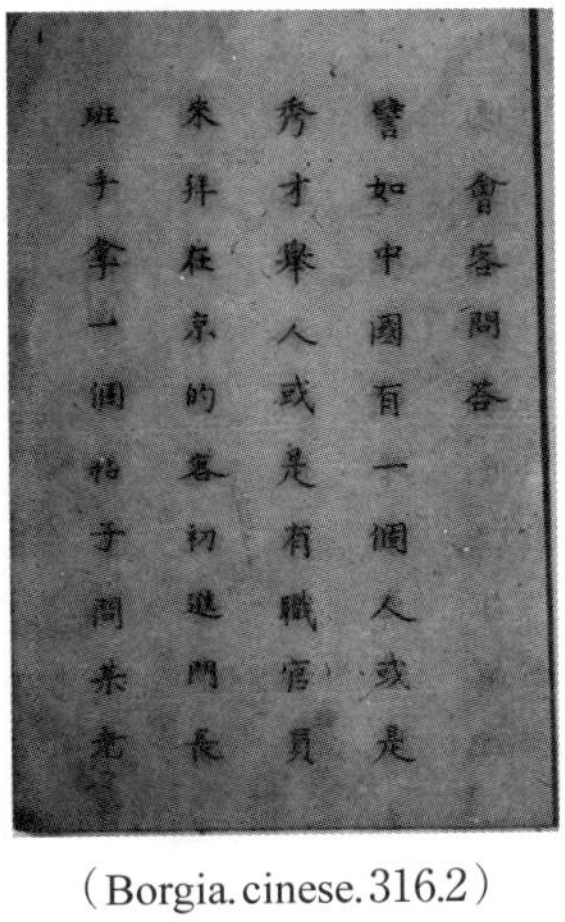

會客問答
譬如中國有一個人或是
秀才舉人或是有職官員
來拜在京的客初進門長
班手拿一個帖子問某老

（Borgia.cinese.316.2）

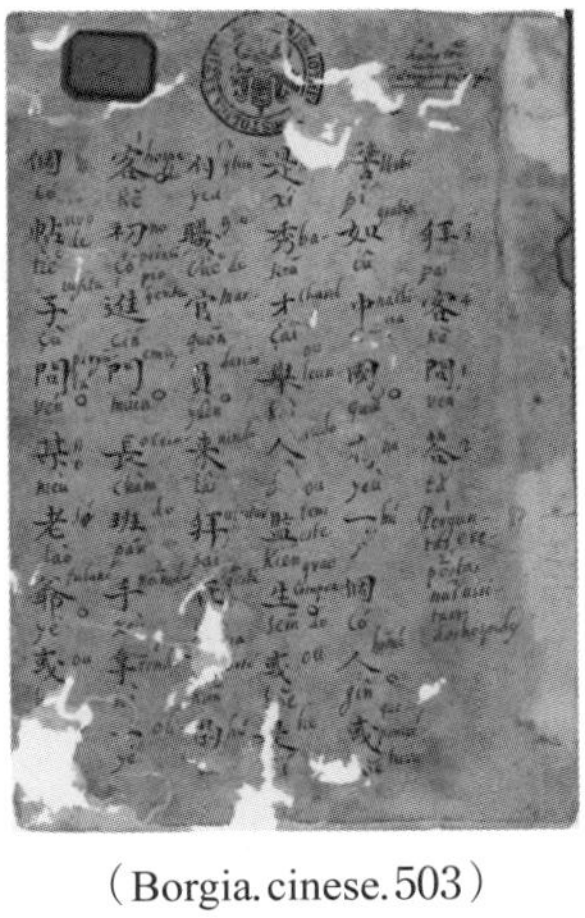

（Borgia.cinese.503）

拜客問答
譬如中國有一个或是秀才監生舉人或是有職官員
來拜在京的客初進門長班手拿一个帖子問某老爺
或是某相公在家裡不在這家裡管家若說不在家裡長

（Vaticano. estremo. oriente. 14）

這些版本之間語句有些異同，另外Borgia. cinese. 503和Vaticano. estemo. oriente. 14有羅馬字的標音（兩者的標音體系不一樣）。

《拜客問答》裡也有日本的玻璃和緞子的記載，如下：

中士說。玻瓈是出在貴國。普天下之國都沒有。但敝處出。我們說。絕清的玻瓈是由倭國來的。答。貴國但有外國奇物。就說倭國來的。假如這邊那个好緞子。常叫倭緞。實落是敝處來的。

日本的玻璃和緞子的技術據說在天正年間(1573-1592)已經有相當的水平，後來從長崎傳到大阪、京都、江戶等地，也向中國出口，明清的文獻資料裡出現“倭緞”的記述：

王熙鳳初見黛玉時上穿「大紅洋緞窄裉襖」，寶玉則穿「石青起花八團倭緞排穗褂」。(《紅樓夢》)

凡倭緞製起東夷，漳、泉海濱效法為之。絲質來自川蜀，商人萬里販來，以易胡椒歸里。其織法亦自夷國傳來。(《天工開物》)

所以這個資料可以當作當時的日本產業或交易的一個資料。

2．《拜客訓示》

最近由臺灣國立清華大學的李毓中等發現了有關《拜客問答》的新資料。內容如下面：

《Instruction Pour les Visites de Mandarins》=《拜客訓示（中國官員來訪指南）》
Archivo Historico de la Provincia de Toledo de la Compania de Jesus（AHPTSJ）
＝耶穌會托雷多區歷史檔案館收藏
全 134 頁
1-3 頁用法式羅馬字拼音說明編纂目的就是為了法國耶穌會會士們學習北京官話之用。
4-18 頁是製水酒法等等，還有沙勿略以後的傳教士進入中國的統計表格和來華年代（最晚的是 1714 年）。
19-132 頁是《訓示》本體，有 10 項對話就是「管堂中事」「廚房的事」「買辦的事」「庫房的事」「茶房的事」「衣服帽房的事」「看門的事」「行水路船工的事」「拜客問答」「教友告解罪過」。有漢字，法式羅馬字標音，法文字義。

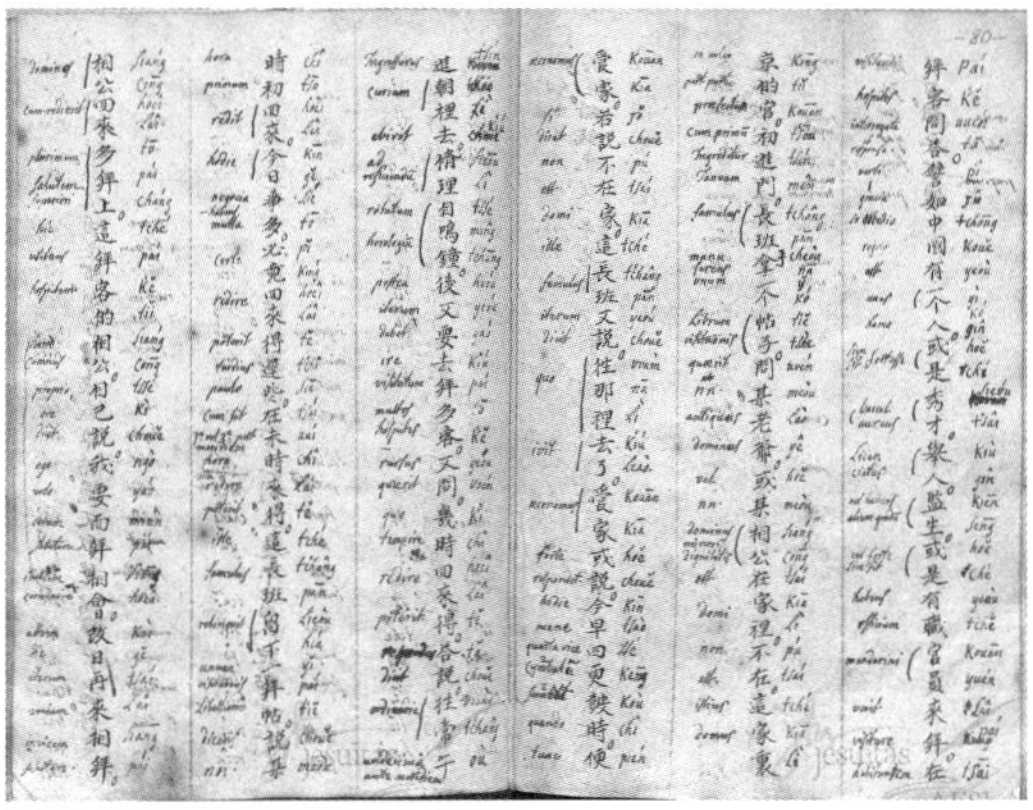

另外，劍橋李約瑟研究所的吳惠儀女士也最近在梵蒂岡圖書館發現了羅馬字的《拜客訓示》（Borgia Latino 523）。

這本來是在傅聖澤（Jea Francois Foucquet, 1665-1741）檔案（196 葉）裡收錄的，從 24 葉到 42 葉是萬濟國的《Arte de la lengua mandarina（華語官話語法）》的拉丁文版（1682）（以前我們知道的是 1703 年的西班牙版和 1835 年的拿波里中華書院版叫做《初學簡徑》），從 70 葉到 140 葉 是《拜客訓示》，是葡漢對照，但是沒有漢字，只有羅馬字的標音。內容跟上面的托雷多檔案館的蟬不多。

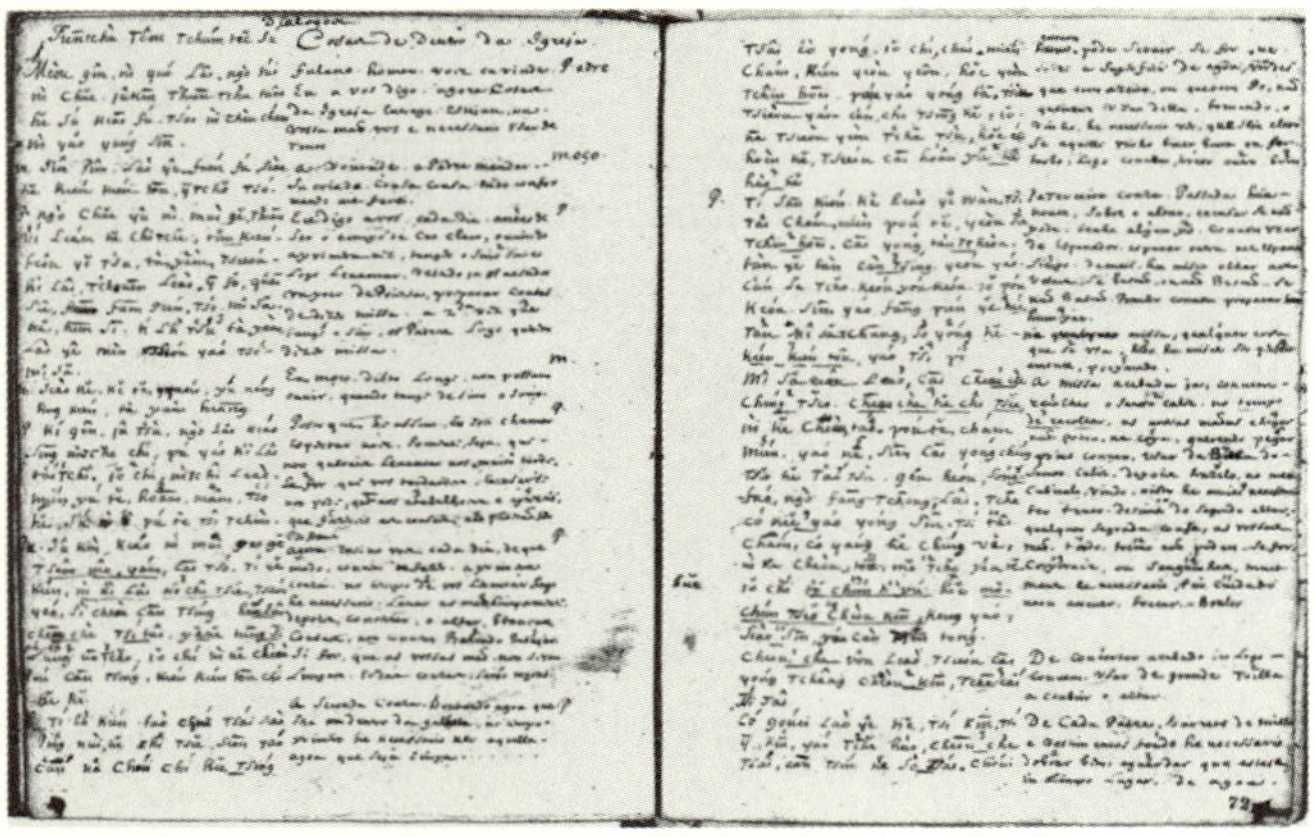

李毓中說《訓示》這份抄本是由耶穌會士內部經過不同會士撰寫累積而成。至於最初的撰寫地點及主要的完成者，始於肇慶時期的羅明堅與利瑪竇，而在1588年羅明堅返回歐洲後，則由利瑪竇在不同時期繼續編寫，特別是他獲准留在北京後，可能是編寫《拜客問答》的關鍵時期。而後耶穌會內部的編輯者，在利瑪竇的基礎上，再加入在杭州的郭居靜等人所編寫的一些供會所內部使用的指南手冊如《買辦的事》等，最後才在十七世紀中葉以後逐漸成型，成為本文所見較為完整的《拜客訓示》。（李毓中等 2016）

《拜客訓示》的語言特點偏向南方語或舊詞彙，如下面的下線：

他如今不曾到八日
曾送出去了不曾
小的原不曾管過
未曾擺棹子
某人進教的病重得緊
酒的名色數，也多得緊
舊年聖過的聖枝該取來
例如由客來，要留他吃茶吃點心
吃的是水酒
價錢也賤些
不曉得老爺許他不許他
不要取得忒少

只是自家兩下選一個好人替他斷事
你不要私下把與他
想必貴處那邊的木頭，好似我這邊的
這起酒都怎麼樣賣
你取的時候，該做一起拿去，不要做幾起
不拘是肉食與菓子都該收一個好處所
不消把人去到他家裡
先要方便[3] 一對
老爺還有甚麼該當方便

《拜客訓示》的最後部分是「教友告解罪過」，這是告解的會話。這樣的內容我們知道有同樣的文件，就是上面提過的萬濟國《Arte de la lengua mandarina（華語官話語法）》（1703）的附錄的「解罪手冊」（Confesionario = Confesionarium = Confession）。

「解罪手冊」是聖方濟各會陝西教區牧師巴西略 · 德 · 葛萊莫納（Basilio di Glemona = 葉宗賢）神父編的告解例句集，有羅馬字拼音和拉丁語解釋。

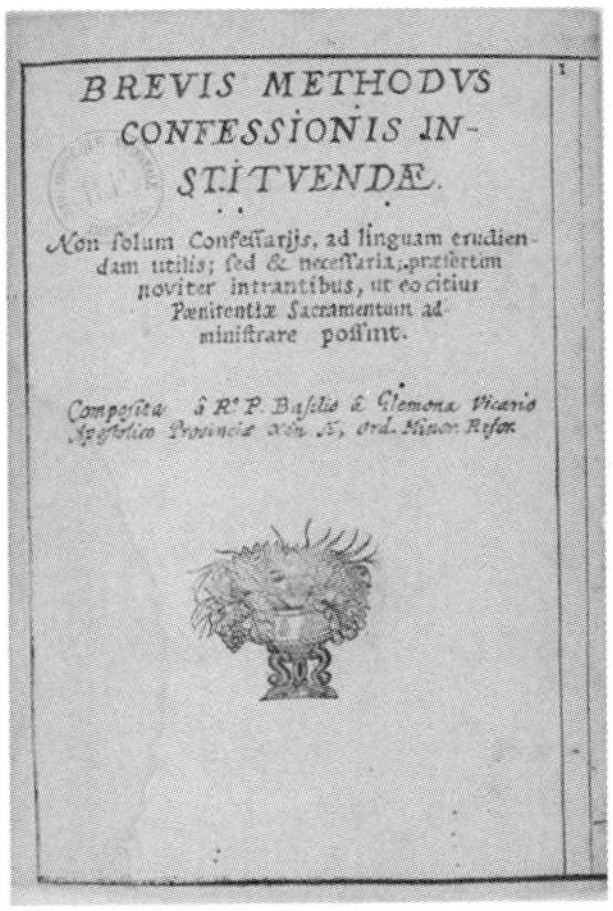
BREVIS METHODVS
CONFESSIONIS IN-
STITVENDÆ.
Non solum Confessarijs, ad linguam erudiendam utilis; sed & necessaria, præsertim noviter intrantibus, ut eo citius Pœnitentiæ Sacramentum administrare possint.
Composita à R.P. Basilio à Glemona Vicario Apostolico Provinciæ Xen Si, Ord. Minor. Refor.

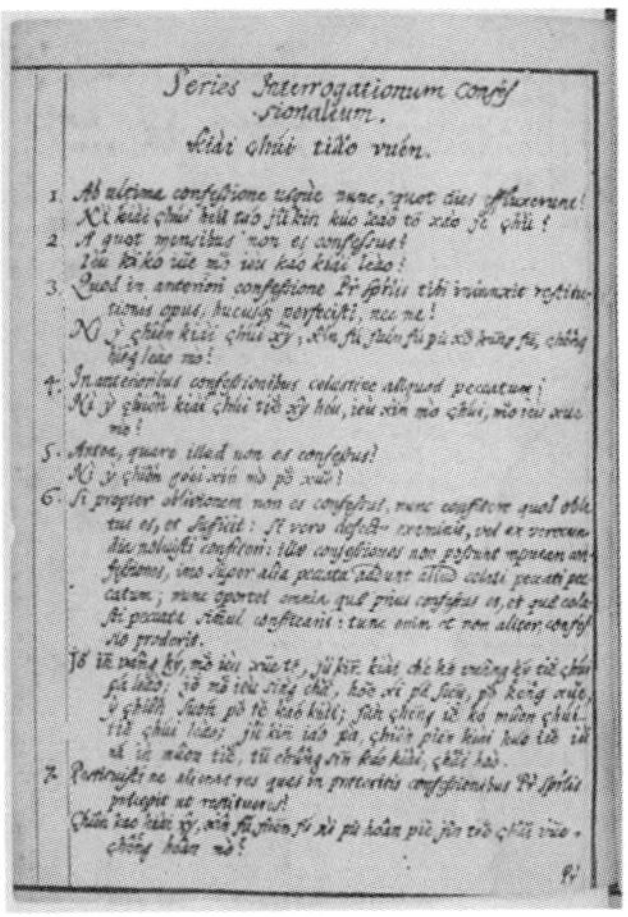
Series Interrogationum confessionalium.
1. Ab ultima confessione usque nunc, quot dies effluxerunt?
2. A quot mensibus non es confessus?

「解罪手冊」的220左右的例句，按照《十誡》的內容問信徒的實際情況，只有問，沒有回答，這個地方跟「教友告解罪過」不一樣。但是，內容還是相似，而且語言的特點也差不多，我看這兩者還是有些關係。

3．另外一種《拜客問答》

除了上面提到的《拜客問答》和《拜客訓示》以外，還有兩本有意思的資料。一本是法國國家圖書館收藏的 Chinois 7046，一本是梵蒂岡圖書館收藏的 Vaticano Estr. Oriente 13。

Chinois 7046 的內容包括如下的文章：
聖教要緊的道禮
一誡一誡告解的道禮
告解後神父講的道禮
領聖體的道禮
天主的行述
奉教的事情
新來神父拜客問答

最後的「新來神父拜客問答」是跟《拜客問答》很相似的。比如，開頭部分的對話和有關從歐洲怎樣來的這樣的記述跟《拜客問答》的差不多的內容，但是後面的場面是從廣州去贛州、汀州、南昌等，不是北京的。

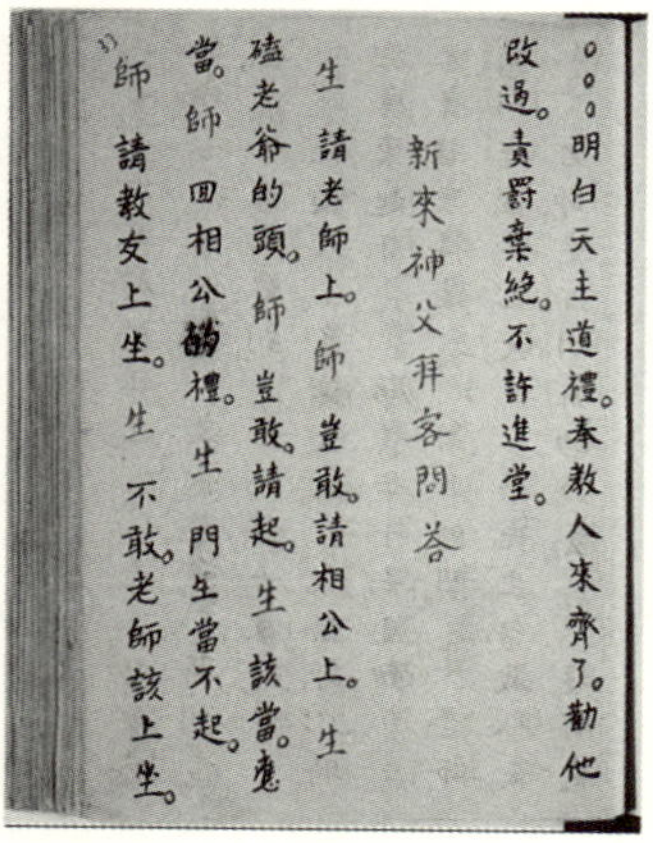
〇〇〇明白天主道禮。奉教人来齊了。勸他
改過。責罰棄絶。不許進堂。
新來神父拜客問答
生 請老師上。師 豈敢。請相公上。生
磕老爺的頭。師 豈敢。請起。生 該當。應
當。師 回相公的禮。生 門生當不起。
師 請教友上生。生 不敢。老師該上坐。

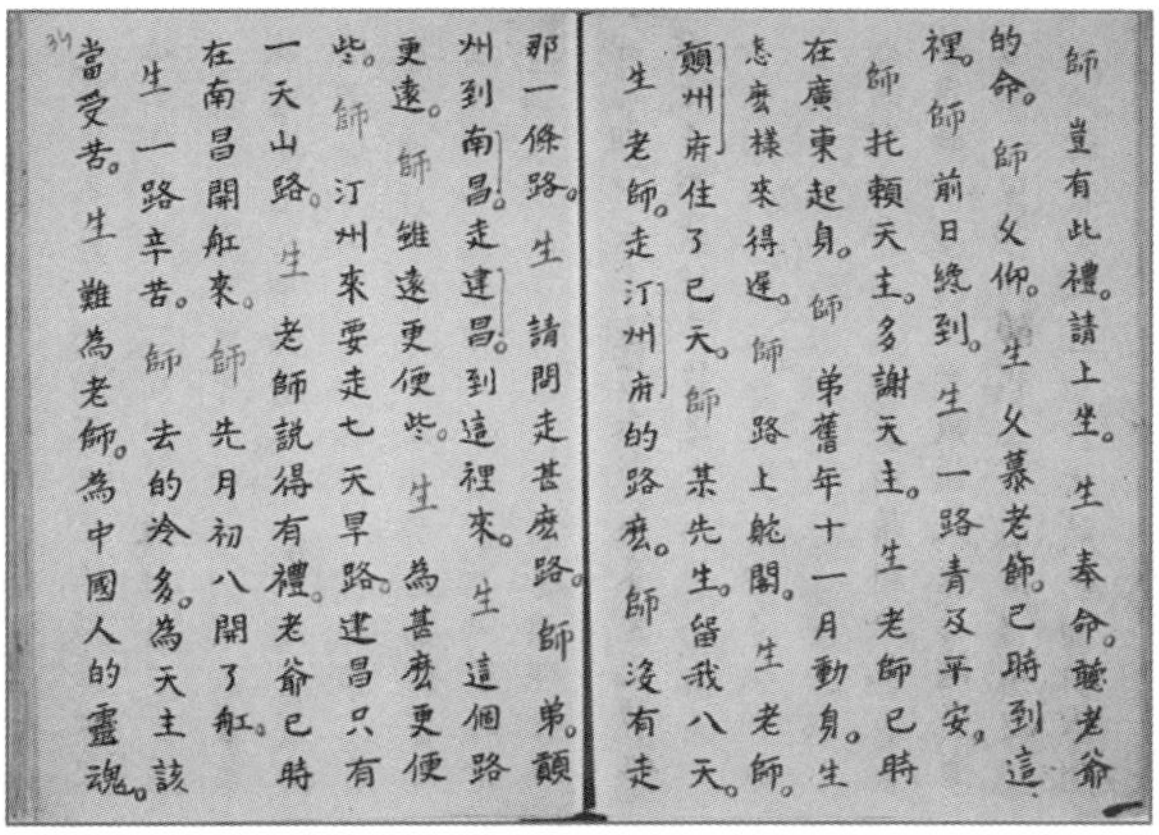
師　豈有此禮。請上坐。生　奉命。驚老爺
的命。師　久仰。生　久慕老師。已聘到這
裡。師　前日纔到。生　一路青又平安。
師　托賴天主。多謝天主。生　老師已時
在廣東起身。師　弟舊年十一月動身。生
怎麼樣來得遲。師　路上躭閣。生　老師
贛州府住了已天。師　某先生。留我八天。
生　老師。走汀州府的路麼。師　沒有走
那一條路。生　請問走甚麼路。師　弟。贛
州到南昌。走建昌。到這裡來。生　這個路
更遠。師　雖遠更便些。生　為甚麼更便
些。師　汀州來要走七天旱路。建昌只有
一天山路。生　老師說得有禮。老爺已時
在南昌開船來。師　先月初八開了船。
生　一路辛苦。師　去的冷多。為天主該
當受苦。生　難為老師。為中國人的靈魂。

這個資料還附帶著「各省府州縣鎮市天主堂」（各個省的哪個哪個縣、鎮、市有天主堂的記錄)、「奉旨」（比如給甚麼傳教士“票”，甚麼人在廣東天主堂居住等等，大都是康熙47年的日期)、「耶穌會和方濟各會的傳教士的出身或誰領印票，誰未領票、誰在哪裡居住等等的表」、「北京刊行天主聖教書板目」「曆法格物窮理書板目」「福建福州府欽一堂刊書板目」「浙江杭州府天主堂刊書板目錄」，很有歷史的價值。

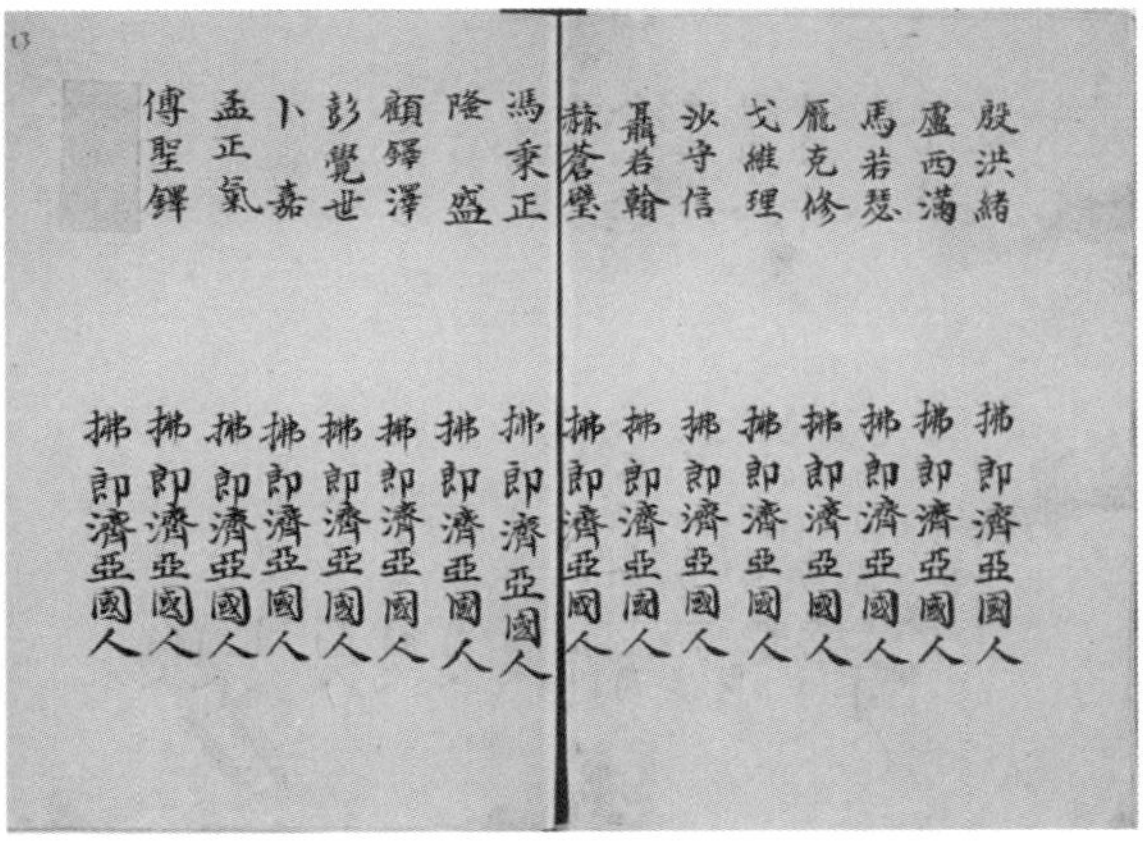
殷洪緒　拂郎濟亞國人
盧西滿　拂郎濟亞國人
馬若瑟　拂郎濟亞國人
龐克修　拂郎濟亞國人
戈維理　拂郎濟亞國人
沙守信　拂郎濟亞國人
聶若翰　拂郎濟亞國人
赫蒼璧　拂郎濟亞國人
馮秉正　拂郎濟亞國人
隆　盛　拂郎濟亞國人
顧鐸澤　拂郎濟亞國人
彭覺世　拂郎濟亞國人
卜　嘉　拂郎濟亞國人
孟正氣　拂郎濟亞國人
傅聖鐸　拂郎濟亞國人

4．給後人的影響－馬禮遜和童文獻

馬禮遜的會話課本《Dialogues and Detached sentences in the Chinese language》（1816）的下面的三章收錄《拜客問答》。

Dialogue XVIII – on the mode of visiting in China.
Dialogue XIX – mode of visiting in China.（continued）
Dialogue XX – mode of visting in China.（continued）

但是跟《拜客問答》和《拜客訓示》比較起來有些異同，如下：
譬如中國有一個人。或是秀才、舉人、監生。或是有職官員來拜。在京的客。初進門。長班手拿一個帖子。問某老爺或（某）相公在家裡不在家（裡？）。管家若說不在家。這長班又說往那裡去了。管家或說今早四更鼓時，便進朝裏去修理自鳴鐘。（Vat.estr.or.14《拜客問答》）
譬如中國有一个人。或是秀才。舉人。監生。或是有職官員來拜。在京的官。初進門。長班手拿一个帖子。問某老爺或某相公。在家裡不在。這家裏管家。若說不在家。這長班又說。往那裡去了。管家或說。今早四更皷時便進朝裡去。脩理自鳴鐘。（《拜客訓示》）
譬如中國有一個人。或是秀才。監生。舉人。或是有職官員來拜。在京的客。初進門。長班手拿一帖子。問某老爺。在家裡不在。管家。若說不在家裡。長班又問。往那裡去了。管家或說。今早四更皷時 便進朝裡去。脩理自鳴鐘。（馬禮遜）

另外比如有這樣的區別。

第二個小兒肯讀書（《拜客訓示》）	→	第二個小子姿質好些（馬禮遜）
好賭，好嫖	→	好賭，好嫖
都廢了在這一邊	→	都費了在這一邊
寒家原貧	→	原本家寒貧
奉別十多年，定一向納福	→	奉別十年，聽一向納福
初見自留賤名	→	初會自然該留賤名
今日何幸得見，學生大幸	→	今日得見，學生大幸
曾見	→	常見聽
及出來相見，彼此就說久仰	→	既出來相見，彼此便說久仰
不如先差人送去罷	→	不如打發人送去罷
若是真是這等，我且去	→	若是真是如此，我就去
至今老爺還不曾吃早飯	→	至今老爺未用早飯

這裡因為頁數的關係不多談，只說馬禮遜的《拜客問答》的藍本是 Vat. estr. or. 14 或者 Borg. cin. 503，跟《拜客訓示》的差異最多。

馬禮遜的課本以外，最近朱鳳博士發現了還有一本漢語課本利用《拜客訓示》的，叫做《Dialogues Chinois-Latins》（1872），作者是法國巴黎外方傳教會的童文獻（Paul Hubert Perny, 1818-1907）。現在看我家藏的這本書顯然是把《拜客訓示》做為藍本的。

5. Vaticano Estr. Oriente 13 及其他

梵蒂岡圖書館還有這樣的書。目錄上有這樣的說明：

① 中國新聞。漢語正文，每行對應著意大利語標注的轉音和譯文。

② Guantang zhongshi《管堂中事》。用白話寫成的對話，內容是關於教堂聖器管理人的職責。同上。

③ Shangzhu shengjiao yueyan《上主聖教約言》。同上。白話寫成的對話，未署名。

④ 沒有題目的對話，僅僅完成漢語正文，也許與前者有關，紙上方的一條按語寫道："Tratto del P.Varo"（引自萬濟國神父的著作）。我不清楚這一按語是否得到證實。（伯希和編，高田時雄校訂補編，郭可譯《梵蒂岡圖書館所藏漢籍目錄》89 頁）

我先看了①「中國新聞」，就吃驚了。那不是甚麼「新聞」，而是白話小說《玉嬌梨》。

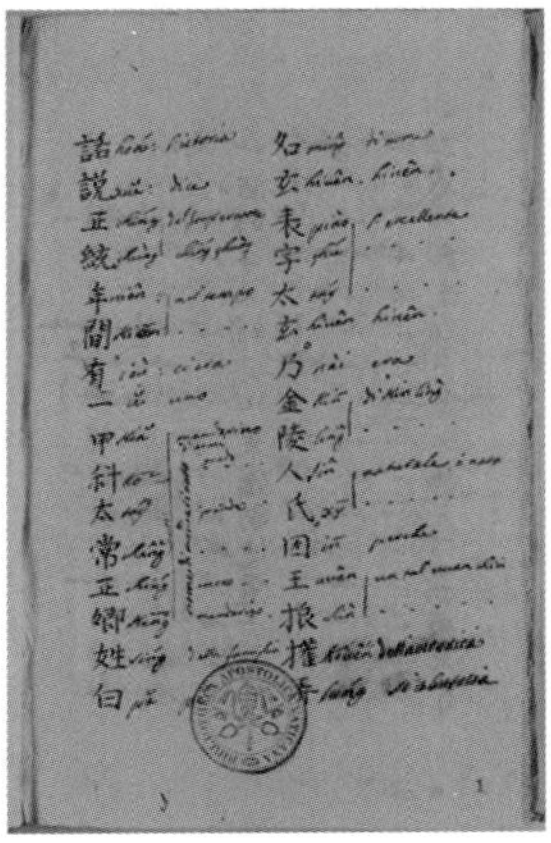

《玉嬌梨》在歐洲很早就受歡迎的小說，而且他們作為漢語教材經常使用。一般認為《玉嬌梨》的最早的版本是儒蓮的法文版（1826），但是本書估計比較早，跟下面說的萬濟國的關係來看是1700年初的版本。

②是《管堂中事》，就是《拜客訓示》的一章。

③和④是《上主聖教約言》。耶穌會的蘇若望（1566-1607）有《天主聖教約言》，是文言寫的，但是這個《上主聖教約言》完全是白話寫的、如下：

或問天主為何，對曰，天主非他，即生天生地生神生人與萬物之大主宰也。（蘇若望《天主聖教約言》）

我問上主叫甚麼，答，上主不是他，也不是別物，上主就是生天地生神生人生萬物的大主宰。（《上主聖教約言》）

梵蒂岡的這本《上主聖教約言》的一個特點是把God翻成“上主”的，另外一個特點是用閩南話寫的，比如下面的用“只”代替“這”是閩南話的特點。我認為這個特點跟作者有關係。

只个天地人物的先，必定有一個主宰造成。

只个天地人物自己怎麼會做。

只个是謊話。

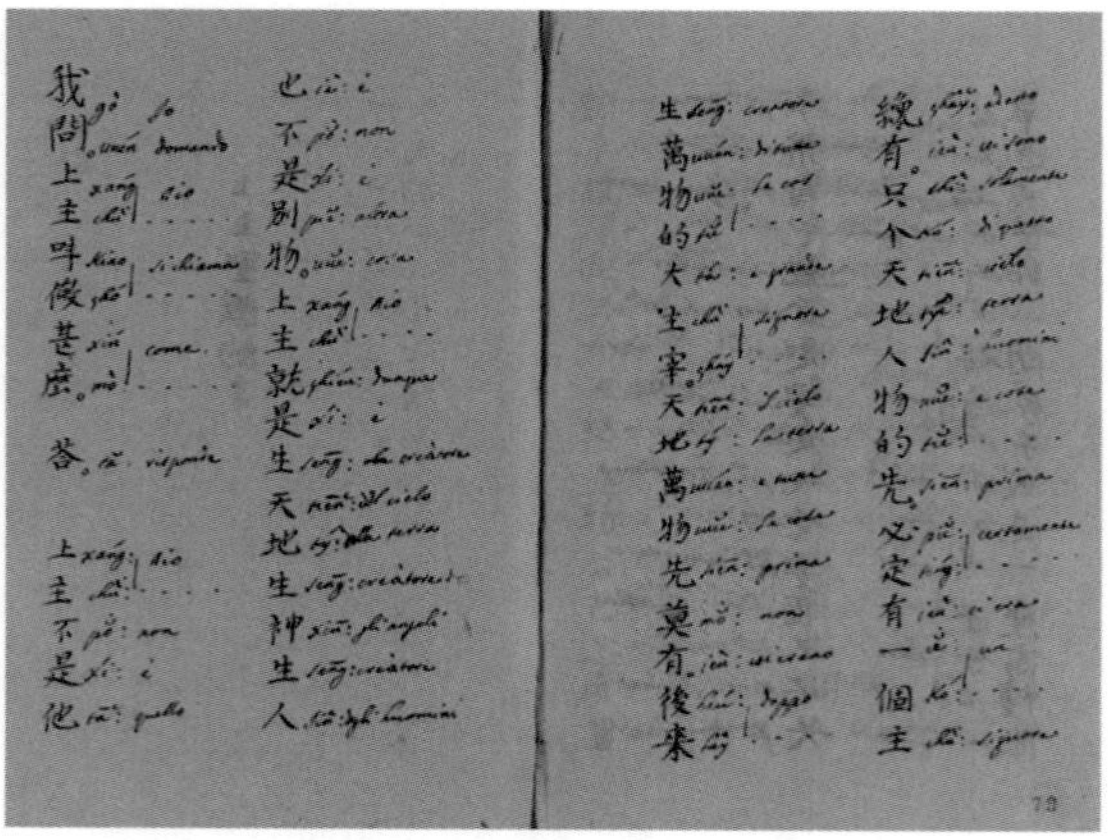

這《上主聖教約言》的第二部分（目錄的④）的第一葉（109葉）的上邊有如下的一條按語，就是“Tratto del P. Varo（引自萬濟國的著作）”。

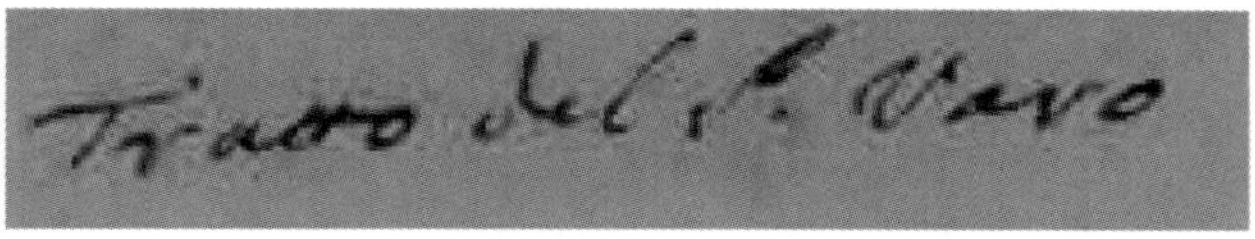

這表示這個資料跟萬濟國有些關係，上面說過的閩南話的特點（萬濟國在福建傳教）和羅馬字的標音法按照萬濟國的系統也符合這個事實，就是這本《上主聖教約言》也許由萬濟國寫成的。

關於傳教士的羅馬字標音系統，現在只是看看《拜客問答》《拜客訓示》各個版本的一些區別，如下：

	Borg. cin. 503	Vat. estr. or. 14	Toledo
如	ju	iu	ju
中	chung	chum	tchong
國	kue	que	koue
個	ko	co	ko
才	chai	cai	tsai
生	seng	sem	seng
人	jin	gin	gin
官	kuon	quon	kouan
京	king	kim	king
長	chang	cham	tchang
手	xeu	xeu	cheou
日	je	ge	ge
上	xang	xam	chang
我	go	ngo	ngo
古	ku	cu	kou
匠	chiang	ciam	tsiang
衕	tung	tum	tong
東	tung	tum	tong
過	kuon	quo	ko
二	ul	lh	lh
五	gu	u	ou（法式）
學	hio	hio	hio

一般認為天主教徒的標音系統可以概括一下如下：

①《賓主問答私擬》意式 ci, ce, chi, che, sc, g（gin＝人），ng（ngo＝我）/qu＝ku＝葡式

②《葡漢辭典》羅明堅系統 意式＋葡式

③ 葡式的一個特點＝xi(是), xue(說) j(日母＝人 jin, 如 ju), -m（＝ng, xam＝上), 沒有 ng（疑母）

④ 金尼閣《西儒耳目資》＝耶穌會式(基本上是葡式, 利瑪竇主張不要改變葡式)

⑤ 馬若瑟改稱為法式, 如 ou＝[u], xi->chi

無論如何, 我們關於這個問題以後應該詳細地檢討。

最後我提到《伊索寓言》。《拜客訓示》還收錄一則《伊索寓言》, 如下：

四十二。古時大西洋。有一個家奴。原主要殺他。怕死走了。到山林有獅子所在。將晚恐怕被他咬。便上一個樹木。在樹上的時節。一個獅子到樹下仰。那個人想似痛哭。許久不去。這個人說。我在這裡免不得餓死。寧可下去。看那禽獸要甚麼。亦下來。覺獅子腳上插有一根箣。痛哭或拔出來。這人便出來扯血。把一塊布裹他的腳。獅子過幾日好了。再不忘這人的恩。日日拿鹿、兔子、山羊等物送與這個人吃。幾年之後。國王打獵。人拿了個獅子。原主也拿了這個家奴問罪。把那個人交與獅子。憑他吃他。偶然原舊獅子。獅子見那個人。就認得他。伏在腳下舔腳如狗。人見以為怪異。稟告國王。國王問這個人甚麼緣故。他將前日事一一詳告。國王饒他的罪。又當賜他那個獅子。常常跟隨著他。

這是伊索的「The slave and the lion（奴隸和獅子）」的故事。我以前說過中國最早的漢譯伊索是利瑪竇的《畸人十篇》（1608）中收錄的幾則, 如下[4]：

利瑪竇的著作中有一冊《畸人十篇》。該著作於萬曆戊申年（1608 年）出版於北京, 後收入李之藻的《天學初函》。該書分上下 2 卷（上卷 6 編、下卷 4 編), 以問答形式講說宗教、哲學與道德。在書中, 利瑪竇或運用德謨克利斯、蘇格拉底等古代西洋哲學家的言論, 或引用聖經中的內容來鋪展自己的論點, 其中有幾處還涉及到了伊索的言行及其寓言。

伊索首先在「君子希言而欲無言」（第五）中以“阨瑣伯”的譯名登場。

阨瑣伯氏、上古明士。不幸本國被伐、身為俘虜、鬻於藏德氏、時之聞人先達也、其門下弟子以千計。

緊接著便開始了他與藏德之間的「舌頭」故事。

伊索遵照藏德的吩咐,「惟覓最佳物」來準備宴席的菜餚, 最終買回來了「舌頭」。此後，每次宴會都會出現這道用「舌頭」做成的菜。面對藏德的責疑，伊索答對道：「天下何物佳於舌乎？ 百家高論無舌孰論之？ 聖賢達道無舌何以傳之、何以振之？……」。眾人都感佩於伊索的理辯。第二次主人又吩咐伊索置辦酒席，告之「不須佳物，惟須最醜者」。但伊索買回來的還是「舌頭」。面對怒髮衝冠的主人，伊索這樣辯駁道：「吾解鄙見，請諸客加思而審之。天下何物醜於舌乎？ 諸家眾流無舌孰亂世俗乎？ 逆主道邪言淫詞無舌何以普天之下乎？……」。

這就是伊索著名的論「舌頭功過」的故事。曾收錄於《文祿舊譯伊曾保物語》（= ESOPONO FABVLAS 1593）中的〈伊索生涯故事略〉（エソポが生涯の物語略），在新村出翻譯的伊索寓言中將之命名為「三寸之舌」。利瑪竇也用了很長的篇幅來說明自己的意圖，雖則帶有如「造物所賦原旨」云云等若干宗教色彩，但與原寓言相差無多，曰「舌本善，人枉用之，非禮而言，即壞其善。是故，反須致默，立希言之教，以遂造物所賦原旨矣。」。

除此之外，「常念死後備死後審」（第四）引用了「肚脹之狐」與「孔雀足醜」這兩則寓言；「齋素正旨非戒殺」（第六）中引有「兩只獵犬」；「善惡之報在身之後」（第八）中引有「獅子與狐狸」與「兩棵樹」；「富而貪客苦於貧窶」（第十）中引有「馬與鹿」等故事。（中略）

如上所述，利瑪竇《畸人十篇》中的伊索故事雖然在內容以及教誨方法上有些微不同，但總而言之，「伊索」的「東漸」始自利瑪竇這一點是應當予以肯定的。

這樣從《伊索寓言》的漢譯歷史的觀點來也可以說是《拜客問答》或《拜客訓示》的成立跟利瑪竇很有關係的。

6. 小結

《拜客問答》大概是由耶穌會的利瑪竇或者他的周圍的人做的，這恐怕沒問題。但是我們從《拜客訓示》或者其他類似的資料來看，不一定是只有耶穌會做的東西，其他托缽修會也一定會積極參與的。特別是多明我會的萬濟國等人。

因為當時托缽修會的傳教策略是相當重視一般大眾，所以他們積極編過會話課本之類，這正好跟耶穌會的傳教策略相反的，耶穌會重視的中國的上層階級的知識分子，耶穌會編字典也是適合這個策略的。

另外，我想當時的耶穌會和其他教派的關係，至少在編課本等文化事業上相當溝通的。跟後來的新教傳教士的關係也是一樣的。馬禮遜之所以採納《拜客問答》也是這個理由。馬禮遜不僅是這個《拜客問答》，另外漢譯聖經或者編英華字典時也參考了先人就是天主教徒的成果。

最後，我認為這樣的資料除了漢語研究（近代漢語史，語體論，官話，音韻學、拼音史等）以外，還可以從各種角度著手研究，具有很多可能性，比如廚房、文具、衣服等等的當時社會風俗習慣，或從漢語教育史、漢語教材史的觀點來看也很有意思。只是需要跟其他領域的合作，如宗教，歷史，拉丁語，法語等等。

【参考文獻】

李慶 2015，利瑪竇《拜客問答》及其流變考，《第三屆利瑪竇與中西文化交流國際學術研討會論文集》，中山大學出版社

鄭海娟 2015，明末耶穌會稀見文獻《拜客問答》初探，《北京社會科學》第 8 期

吳惠儀 2015？，從一份梵蒂岡宗座圖書館手稿淺談清初西方在華傳教士的漢語學習（未定稿）

李毓中等 2015，《拜客訓示》點校並加註，《季風亞洲研究》第 1 卷第 1 期

李毓中等 2015，「洋老爺」的一天：從《拜客訓示》看明末耶穌會士在中國，《清華學報》新 46 卷第 1 期

内田慶市 2001，《近代東西語言文化接觸研究》，關西大學出版部

注

1）《釋客問答》這個書名實際上說是《拜客問答》的誤讀。就是做圖書目錄的古蘭（Maurice Courant, 1902）把“拜”字誤為“釋”。

2）楊福棉以後中國的學者把這本書叫做《賓主問答詞義》或者《賓主問答詞意》，但是這個有問題，應該是《賓主問答私擬》（按照古屋昭宏的指教）。

3）這裡的“方便”是“準備”的意思。

4）内田慶市 2001

DIALOGUES

CHINOIS-LATINS

DIALOGUES

LATINS - CHINOIS

TRADUITS MOT A MOT
AVEC LA PRONONCIATION ACCENTUÉE

Paris. — Imprimerie Adolphe Lainé, rue des Saints-Pères, 19.

DIALOGUES

CHINOIS - LATINS

TRADUITS MOT A MOT
AVEC LA PRONONCIATION ACCENTUÉE

PUBLIÉS

Par PAUL PERNY, M. A.

De la Congrégation des Missions Étrangères

Confucius dit : Étudiez toujours comme si vous ne pouviez jamais atteindre au sommet de la science, comme si vous craigniez de perdre le fruit de vos études.

子曰學如不及猶恐失之

(LÉN YU, cap. 8, v. 17.)

PARIS

ERNEST LEROUX

LIBRAIRE DES SOCIÉTÉS ASIATIQUES DE PARIS ET CALCUTTA

RUE BONAPARTE, 28

MAISONNEUVE

QUAI VOLTAIRE, 15

1872

PRÉFACE.

Aux Jeunes Sinologues.

La langue chinoise *orale* est simple et facile. Tous ses mots sont monosyllabiques, invariables et peu nombreux. Nous ne partageons pas entièrement l'admiration des philologues pour les langues à flexion. Le mécanisme de ces langues est, au fond, d'une remarquable complication. Les flexions ou désinences des noms, des verbes réguliers ou irréguliers, les genres attribués à chaque mot, les régles d'accord des mots entre eux, etc., ne reposant que sur l'usage, offrent, en réalité, des difficultés énormes aux Orientaux qui veulent étudier ces langues. La langue chinoise *orale* est dégagée de toutes ces difficultés.

Sa clarté, son abondance, sa vivacité, sa richesse, en un mot, ne le cèdent point aux langues à flexion. Ceux qui ignorent tout à fait la langue chinoise ou ceux qui ne la connaissent que très-imparfaitement sont les seuls qui s'apitoient sur la *pauvreté* de la langue chinoise. Quant à la *facilité* de la langue *orale*, il nous suffira

d'affirmer ici, avec l'autorité d'une vieille expérience, qu'*après cinq ou six mois d'étude*, un jeune sinologue parlera très-convenablement la langue chinoise. Nous avons tracé la marche à suivre dans notre *Grammaire de la langue chinoise*.

Le grand *desideratum* des jeunes sinologues qui veulent, avec raison, faire marcher de front l'étude de la langue *orale* avec celle de la langue *écrite*, est un *Recueil de dialogues pratiques*. On a publié en différentes langues d'Europe et sous différentes formes des dialogues chinois de ce genre. Chacun de ces ouvrages a ses qualités et ses imperfections, selon la méthode adoptée par l'auteur. Ces dialogues chinois, toutefois, deviennent fort rares avec le temps; ils ont été tirés à un nombre d'exemplaires très-restreint, et l'on n'en publie pas de nouvelles éditions. Les ouvrages du P. Gonzalves, par exemple, qui, malgré leur impression défectueuse, ont joui, dans le temps, d'une vogue méritée, sont devenus si rares, même en Chine, qu'on ne peut plus se les procurer que par une sorte de bonne fortune. C'est ce qui nous a décidé à publier, nous aussi, un *Recueil de dialogues chinois*, avec le mot à mot et la prononciation accentuée. Nous avions eu d'abord le projet de donner quelques dialogues dans le corps même de notre *Grammaire mandarine*, comme exercices pratiques de la langue orale. Nous avons préféré publier à part un volume de dialogues chinois.

Le texte de ces dialogues n'est pas moderne; il a été composé, en faveur des jeunes sinologues, dans la ville

de Canton, vers l'an 1722, par un auteur qui nous est inconnu. Son nom a été raturé dans la copie originale, qui est la propriété d'un de nos amis, sinologue distingué, et qui fait autant de cas que nous du style de ces *Dialogues pratiques*. Nous n'avons eu besoin d'y faire que de légères corrections pour les approprier au style usuel de nos jours.

Bien que la langue *orale* soit très-uniforme en Chine, en dehors des dialectes qu'on ne parle que sur le littoral de l'Empire, nos lecteurs comprendront sans peine que, dans un pays aussi vaste, chaque province ait néanmoins certaines locutions, certaines tournures de phrases favorites, qui lui sont propres. La prononciation des mots varie également d'une manière plus ou moins sensible, dans les différentes provinces de la Chine. Dans quelques-unes, l'*aspiration* est presque nulle; dans d'autres, elle est très-*accentuée*. Il est impossible d'éviter, dans un Recueil de dialogues, quelques expressions locales propres à la province à laquelle appartient, par son origine, l'auteur du texte chinois.

A cause de sa concision et de ses tournures de phrases, la langue latine était moins impropre que toute autre à traduire littéralement du chinois dans un idiome moderne. Souvent même le mot latin ne rend qu'à demi l'idée chinoise. Nous avons, autant que possible, donné le mot à mot. La chose n'était pas toujours facile. Les idiotismes chinois peuvent rarement être traduits mot à mot. La phrase latine eût été barbare, et nos lecteurs n'en auraient saisi le sens qu'avec une attention soutenue et fatigante. Dans ce cas, nous avons préféré la tournure latine régulière. Les *postpositions* chinoises offraient, entre autres, cet inconvénient dans une traduction littérale. Il suffit d'en avertir une fois nos lecteurs. L'usage de la langue latine étant généralement familier aux Européens, ces dialogues seront accessibles aux jeunes sinologues de tous les pays de l'Europe.

Nous avons adopté naturellement l'orthographe usitée dans notre *Dictionnaire français-chinois*. Cette orthographe est, à peu de chose près, celle des anciens missionnaires de la Chine les plus autorisés par leurs publications savantes. Chaque mot chinois, écrit avec les lettres latines, se prononce, en général, comme il est écrit. Nous renvoyons ici le lecteur au tableau de la prononciation, donné dans notre *Grammaire chinoise*. Le petit *c* que l'on remarque sur certains mots, à côté de l'accent tonique, indique les mots *aspirés*. Sur d'autres mots, particulièrement sur la lettre *e*, au lieu du petit *c* on voit un point de cette sorte *ė*; c'est le signe convenu en Chine pour marquer l'*é* ouvert. Il ne faut qu'une heure ou deux d'exercices pour être au courant de ces signes de convention.

Les notes latines placées au bas de chaque page donnent une explication courte, mais suffisante, de quelques mots chinois. La même observation ne revient qu'une fois sur un mot chinois dans le cours de l'ouvrage. Diffuses ou multipliées, ces notes auraient causé de l'embarras au jeune sinologue. Nous avons laissé à sa sagacité beaucoup de choses à deviner. Ainsi, il nous a semblé superflu de faire remarquer le *rôle de la règle de position des mots*. On ne peut étudier deux jours la langue chinoise sans être amené à en faire soi-même la remarque. L'importance de cette règle de position des mots sera comprise par tous nos lecteurs. Tous les anciens missionnaires ont parlé de cette règle de position des mots dans la langue chinoise. Ils auraient cru justement être *ridicules*, en disant qu'ils avaient les premiers *découvert* cette règle, comme certains sinologues modernes se sont permis de le faire.

Ces dialogues étant, avant tout, *pratiques*, nous engageons très-fort les jeunes sinologues à retenir partiellement ses expressions. Il convient de lire beaucoup, de ne pas s'arrêter à une difficulté que l'on rencontre, de faire soi-même des remarques soit sur les tournures des phrases, soit sur la manière d'écrire les caractères. Nous conseillons, avec les plus vives instances, aux jeunes sinologues de s'exercer à écrire les caractères chinois. On choisit les *plus simples* d'abord. Jamais on n'oublie les caractères que l'on sait écrire. Quant à la prononciation accentuée, il faut le secours d'un maître chinois ou d'un Européen exercé. Les Chinois ne ponctuent pas, en général, leurs ouvrages; quand ils le font en faveur des jeunes élèves, c'est par une virgule ou un petit *o*. Nous avons employé ce dernier signe pour diviser les phrases chinoises. Bien que nous ayons mis tous nos soins à placer l'accentuation des mots d'une manière correcte, il est presque impossible d'éviter, dans un ouvrage de ce genre, toute espèce de faute typographique.

Nous avons la confiance que ces dialogues seront utiles à quelques jeunes sinologues, surtout aux nouveaux missionnaires qui doivent habiter la Chine. Ils seront des exercices pratiques des règles de la *Grammaire chinoise* que nous avons publiée, surtout dans le but de montrer que la langue chinoise était au moins aussi facile que toute autre, et qu'il y aurait à tous les points de vue (histoire, géographie, sciences naturelles) d'immenses avantages à étudier la langue d'un grand peuple dont les origines se perdent dans la nuit des temps. « *Celui*, dit Confucius, *qui a une foi inébranlable dans la vérité, et qui aime l'étude avec passion, conserve jusqu'à la mort les principes de la vertu, qui en sont les conséquences.* » 子曰篤信好學守死善道。

COLLOQUIORUM INDEX.

		Pages.
I.	De rebus cubiculi.	1
II.	Cujuslibet comestionis necessaria scitu.	13
III.	De rebus culinæ.	28
IV.	De rebus emptoris.	37
V.	De cellæ penariæ rebus.	57
VI.	De rebus spectantibus ad cellam thei.	75
VII.	De rebus cellæ vestiariæ.	80
VIII.	De rebus janitoris.	88
IX.	De rebus suprà naves occurrentibus.	103
X.	De horti olitorii curâ.	114
XI.	In visitationibus hospitum interrogata et responsa.	125
XII.	De matrimonio.	150
XIII.	De distantiâ Europæ ad Sinas.	153
XIV.	De regnis perlustratis in itinere ad Sinas.	165
XV.	De regno Cafrorum.	172
XVI.	De antropophagiâ.	176
XVII.	De situ Sinarum in orbe.	186
XVIII.	De viâ directâ ad Sinas.	188
XIX.	De modo conficiendi vitrum.	199
XX.	De præfectorum honorariis.	203
XXI.	De litteratorum examinibus.	206
XXII.	De astronomiâ.	211
XXIII.	De medicinâ.	216
XXIV.	De monetis.	220
XXV.	De pauperibus.	223
XXVI.	De cujusdam leonis historiâ.	229

DIALOGUES

CHINOIS-LATINS

PREMIER DIALOGUE.

房圈事情
Fâng kiuen̄ sé-tsīn.
De cubiculi rebus.

某 人[1]。你 如 今 既 在 我 身 邊
Meoù jên; ngỳ joŭ — kīn ký tsáy ngò chēn piēn
Quidam homo; tu nunc moraris ad mei corporis latus

伏[2]事 我。當 要 順[3] 命。凡 我 所
foŭ-sé ngò; Tāng-yáo chuén mín; Fân ngò sò[4]
inserviens mihi; oportet obsequi mandatis; Quælibet ego quæ

1 **Meoù jên.** *Sinenses sic designant in genere personam de quà sermo est, sicut Latini faciunt per litteram* N, *et Galli per voces :* Un certain.

2 **Ngò chēn piēn.** *Id est, lateri meo assistens.*

3 **Chuén mín.** *Obedire mandatis, subintelligitur meis.*

4 **Sò.** *Immediatè antè verbum est pronomen relativum, hìc est inversio sinica; voces sic disponi debent pro litterali sensu :* **Fân sé oŭ sò ngò mìn ngỳ tsoú tỷ.** — **Sò** *inservit ad passivum faciendum, v. g.* **Sò gaý**, *amatus;* **Sò tīn**, *auditus.*

命 你 做 的[1] 事 物 一 吩 附 過[2]。永 宜
mín ngỳ tsoú tỷ sé oŭ, ỹ fēn-foú kó; yùn nŷ
jussero ut tu facias negotia, uno mandato tradito; semper oportet

遵[3] 依 照 前[4] 做。去 不 要
tsēn ỹ. Tchāo tsiēn tsoú; kiŭ poú yaó
reverenter adimplere. Et, ut anteà ad operandum; perges non oportet

使[5] 我 日 常[6] 與[7] 你 淘 氣。卽 如 我 這 房
chè ngò jĕ châng yù ngỳ taŏ-ký; tsiĕ joŭ ngò tchĕ fâng
facere ut ego quotidiè tibi irascar; scilicet quod mei istius cubiculi

中[8] 的 事 物。你 每 日 早 晨[9] 宜
tchōng tỷ sé oŭ, ngỳ meỳ jĕ tsaò chên nŷ
(nota genitiv.) rebus, tu quotidiè manè convenit

1 **Tỷ** *inservit ad faciendum verbum passivum; hic gerundium.*

2 **Kó** *est particula faciens* præteritum.

3 **Tsēn** *significat* se conformare, *obsequi; sed hæc vox continet insuper ideam* reverentiæ, obsequii.

4 **Tchāo tsiēn tsoú kiŭ.** *Versio litteralis est difficilis, nàm* **tchāo** *significat :* illuminare; **tsiēn**, *priùs*, antè, *coràm;* **tsoú**, *facere;* **kiŭ**, *ire. Undè ista verba sic verti posse videntur : antè oculos intendas, vel, priùs intuearis quod tibi mandatum est, cui debes te conformare.*

5 **Chè** *significat facere.*

6 **Jĕ châng; jĕ**, dies; **châng**, semper. *Sed ista duo verba coalescunt in unum complexum, et nihil aliud significant quod : Ne velis compellere me intrà diem ut irascar.*

7 **Yù** *est particula faciens dativum.*

8 **Tchōng.** *Vox præpositio quæ significat in medio.*

9 **Chên** *significat aurora;* **tsaò**, *manè; utrumque valdè diluculo, valdè manè.*

絕[1] 早 起 身[2]。穿 了[3] 衣 服 就 念[4] 經
tsuĕ tsaò kỷ chēn; tchouān leào ỹ foŭ tsieóu nién kīn
valdè manè surgĕre; indutus (nota præteriti) vestibus, statim orandum est,

感[5] 謝 天[6] 主 賜 你 平 安 過 夜
kàn sié tiēn tchoù tsé ngỳ pīn-gān kó yè
gratias agere Deo quod dederit tibi incolumiter transeundi noctem

之[7] 恩。工 完 來 我 房
tchē gēn; kōng ouân laŷ ngò fâng
(nota genit.) beneficium; opere (isto) completo, venies meum cubiculum

中[8]。看 我 穿[9] 好 衣 服。與 我 摺[10] 擡 起 鋪[11] 蓋
tchōng; kān ngò tchouān haò ỹ foŭ; yù ngò chĕ tỷ kỷ poŭ kaý
intrà; vide ego induerim benè vestes; meis plicatis culcitris

1 **Tsuĕ** *est nota superlativi; v. g.* **tsuĕ haò** 絕好 *optimus*, **tsuĕ tsaò**, *valdè manè.*

2 **Kỷ chēn** *significat surgere;* **chēn** *corpus, et complexum communiter usurpatur ad significandum quod quis e lecto surgitur.*

3 **Leào** *est particula præteriti perfecti.*

4 **Nién kīn** *propriè est vocaliter orare, fundere preces.*

5 **Kán sié**, *id est* **tō sié**, *gratias agere.*

6 **Tiēn tchoù. Tiēn** *significat cœlum;* **tchoù**, *dominus. Sic christicolæ apud Sinas designant* verum Deum.

7 **Tchē** *est littera auxiliaris quæ postposita nominibus facit genitivum.*

8 **Tchōng**, *particula quæ dicitur* postpositio.

9 *Sensus sinicus est; si nondùm induerim convenientes vestes, non debes ingredi.*

10 **Chĕ tỷ kỷ. Chĕ** *significat plicare;* **tỷ**, *unum alteri superimponere;* **kỷ**, *surgĕre. Jubetur hic ut famulus plicet sindones, culcitra, ut mos est.*

11 **Poŭ kaý. Poŭ** *significat sternere, extendere;* **kaý** *significat aperire operculum; utràque vox significat utensilia lecti.*

4 DIALOGUES CHINOIS-LATINS.

就拿桌[1]子上的燈[2]臺。放[3]過[4]別
tsieóu lâ tchŏ tsè cháng tў̆ tēn tāy̆; fáng kó piĕ
statim sume mensam desuper (nota genit.) lucernam; pones alio

的所在[5]。若看見桌上有塵[6]垢
tў̆ sò tsáy; jŏ kān kién tchŏ cháng yeòu tchēn keóu
(nota adjectiv.) loco in; si videris mensam super esse pulveres

就擦刷潔淨。書[7]架[8]上椅子上
tsieóu tsă choă kiĕ tsín; choū kiá cháng, ў̆ tsè cháng
statim munda et exterge nitidè; si librorum pluteos suprà, sellas super,

有甚灰塵。卽拿那雞毛札[9]的拂[10]
yeòu chén hoūy tchēn; tsiĕ lâ là kў̄ mâo chă tў̆ foŭ
est quid pulveris; illicò sume illa galli pennarum fascicula exterge

塵箒[11]兒。掃[12]去灰塵于[13]地上然後去
tchēn cheòu eûl; saò kiŭ houў̄ chēn yū tý cháng; jân heóu kiŭ
pulveres cum scopis; abjice pulveres ex terrâ ; deinceps ibis

---

[1] Tsè *est particula auxiliaris pro aliquot nominibus substantivis. (Vide grammaticam nostram.)*

[2] Tēn tāy̆ *est lucerna, lampas. Dicitur sæpè :* Tièn tēn, *accende lucernam.*

[3] Fáng. *Ponere, collocare.* Fáng tsaý tché lỳ, *pone hic.*

[4] Kó. *Prætergredi, pertransire, est sæpè nota præteriti definit.*

[5] Tsaý. *Vox quæ dicitur postpositio.*

[6] Tchēn keoú. Tchēn, *pulveres;* keoú, *immunditia.*

[7] Choū, *subintelligitur particula* jŏ *si.*

[8] Kiá. *Machina ad aliquid intrà vel suprà continendum;* choū kiá, *pro libris;* ў̆ kiá, *pro vestibus.*

[9] Chă tў̆. *Ligare, in orbem ligare; vox* tў̆ *facit ibi adjectivum, ligatus.*

[10] Foŭ. *Extergere, fricare.*

[11] Cheoù eûl. *Scopula; vox* eûl *facit diminutivum.*

[12] Saò kiŭ. *Auferre immunditias.*

[13] Yū. *Præpositio regens accusativum, in, ad.*

DIALOGUES CHINOIS-LATINS. 5

門外。拿掃箒來掃地且[1]就看
mên ouáy; lâ saò-cheòu lay̑ saò tý tsiĕ-tsieóu kān
portam extrà; sume scopulas veniens verrebis terram et statim videbis

門外是東南[2]風或是西[3]北
mên ouáy ché tōng nân fōng houāy ché sў̄ pĕ
portam extrà sitne euro-notus ventus an sit zephyro-boreas

風。若風是東南方[4]吹
fōng; jŏ fōng ché tōng nân fāng tchoūy
ventus; si ventus sit ex orientali vel meridionali parte flans

來[5]的。不要開窗戶了。若是西
lay̑ tў̆; poŭ yaó kāy̆ tchouāng hoú leào; jŏ ché sў̄
venit; non oportet aperire fenestras; si sit zephyro-

北風你就開了[6]窗子門。將[7]
pĕ fōng ngỳ tsieóu kāy̆ leào tchouāng tsè mên; tsiàng
boreas ventus tu statim aperi fenestrarum portas;

地掃淨。所有灰垢渣[8]滓攬[9]
tý saò tsín; sò yeòu hoūy keóu tchā tsè lân
terram verre limpidè; quæ sunt pulveres immundities collige

---

[1] Tsiĕ. *Sed, item, et, modo.*

[2] Tōng nân *est ventus medians inter ventum orientalem seu eurum et austrum qui dicitur euro-ventus.*

[3] Sў̄ pĕ. Sў̄ *occidens;* pĕ *septentrio.* Pĕ fōng, *ventus septentrionalis.*

[4] Fōng *significat hic ventus;* tōng nân, *est pars mundi inter orientem et meridiem.*

[5] Lay̑ *venire. Frequenter addi solet vocibus quæ adventum significant.*

[6] Leào *est ibi modus desinendi sermonem; est etiam particula præteriti perfecti.*

[7] Tsiàng *est particula quæ addita verbo facit futurum. Significat etiam mox, simul, dare, accipere, ire, suscipere; in ultimo sensu hic videtur posse accipi.*

[8] Tchā tsè. Tchā *fæces,* tsè *macula.* Tchā tsè *fæces.*

[9] Lân. *Manu colligere, adunare.*

6 DIALOGUES CHINOIS-LATINS.

去倒[1]于遠僻[2]之[3]處。莫要堆[4]積
kiŭ taò yū yuèn pў̆ tchē tchoŭ; mô yaó toūy tsў̆
ibis projicere in remoto abditoque loco; non oportet acervare eas

于門背後與那墻[5]壁脚下[6]。不好看。地
yū mên peý heóu yù lá tsiāng pў̆ kiŏ hiá; poŭ haò kān; tý
in portæ tergo nec ad istius muri pedes infrà; non bonum visu; terrâ

旣掃淨了下樓[7]去取水
ký saò tsín leào hiá leóu kiŭ tsiŭ choùy
jàm mundatâ nitidè descende è contignatione, i et sume aquam,

來我洗臉那裝[8]水的[9]銅
lay̑ ngò sỳ lièn lá chouāng choùy tў̆ tŏng
affer ut ego lavem faciem; illam recondentem aquam cupream

盆天天要擦亮。若有甚垢
pēn tiēn-tiēn yáo tsă leáng; jŏ yeòu chén keóu
pelvim quotidiè oportet fricare lucidè; si sunt quid pulveris

膩[10]在[11]上速速擦去。洗臉水不要
ný tsaý cháng sioŭ sioŭ tsă kiŭ; sỳ lièn choùy poŭ yáo
superpositi citò citiùs auferes; ad lavandam faciem aqua non debet

---

[1] Taò. *Projicere.*

[2] Pў̆. *Desertum, remotum.*

[3] Tchē. *Particula auxiliaris postposite nominibus facit genitivum, verbis facit participia.*

[4] Toūy. *Cumulus, acervus;* toūy tsў̆, *congregare, acervare.*

[5] Tsiāng pў̆. *Paries, murus.*

[6] Hiá. *Infrà, inferior, descendere.*

[7] Leoû. *Gallicè :* étage.

[8] Chouāng. *Reconditorium, seu quod inservit ad continendum.*

[9] Tў̆. *Particula faciens genitivum.*

[10] Ný. *Pulveres, immunditias.*

[11] Tsaý cháng. *Superpositum.*

DIALOGUES CHINOIS-LATINS. 7

太[1]熱畧温的就[2]好洗
taý jĕ liŏ ouēn tў̆ tsieóu hào sỳ
(esse) nimis calida, parùm tepida, sic bona erit ad lavandam

臉的。手巾該常是潔淨的
lièn tў̆; cheòu kīn kāy̆ châng ché kiĕ tsín tў̆;
faciem; mantile debet semper esse mundissimum; quod

若有污黑跡我就罰你。洗臉後我
jŏ yeòu oū hĕ tsў̆ ngò tsieóu fă ngỳ; sỳ lièn heóu ngò
si essent nigræ maculæ ego statim puniam te; lavatam faciem post, ego

念經時你去念早課。不要空
nién kīn chê, ngỳ kiŭ nién tsaò kŏ; poŭ yaó kŏng
recito preces dùm tu ibis recitare matutinas preces; non oportet otiosè

過時候得[3]罪于天主念完經
kó chê heóu tĕ tsoúy yū tiēn tchoù; nién ouân kīn
transire tempus peccare in Deum; recitatas integriter preces

後來預[4]備我做彌撒的祭衣等
heóu lay̑ yú pý ngò tsoú mŷ să tў̆ tsý ў̄ tèn
post, venies præparare ut ego celebrem missam ornamenta et alias

物若時候倘[5]早可看我房中
oŭ; jŏ chê heóu cháng, tsào kŏ kān ngò fâng tchōng
res; si tempus superest, manè potes videre meum cubiculum intrà

---

[1] Taý. *Valdè, summum, facit superlativum.*

[2] Tsieóu haò. *Tunc benè.*

[3] Tĕ tsoúy. Tĕ *significat obtinere, assequi, invenire, posse;* tsoúy *peccatum, culpa. Ex utroque fit complexum significans peccare.*

[4] Yú pý. Yú *est præconsiderare;* pý, *parare, præcidere. Utrumque sumitur pro anticipare, præparare.*

[5] Cháng. *Suprà; est etiam particula faciens superlativum.*

8 — DIALOGUES CHINOIS-LATINS.

有 甚 不 齊¹ 的 事。就 去 料
yeòu chén poŭ tsý tý sé; tsieòu kiŭ leaó
(an) sit aliqua non composita (not. adject.) res; statim ibis disponere

理。如 換 下 的 衣 裳。就
lý; jeóu houán hiá tý ý cháng; tsieóu
sicut commutatas inferiores (nota adject.) vestes; statim

拿 去 用 水 泡² 了。別 的 空³ 時
lâ kiù yóng choùy paŏ leaó; piě tý kóng chē
sumens aufer utere aquâ ut madefacere; alio vacuo tempore

去 洗。那 圓 桶⁴ 夜 器⁵ 須 在
kiŭ sý; lá touán tŏng yé ký siŭ tsaý
ibis ad lavandum; illud rotundum doliolum noctis vas oportet ut sit

夜 理。提 可 拿 去 倒 洗。還 要
yé lý; tsaý kŏ lâ kiŭ taó sý; houán yaó
nocte in; tunc poteris auferre effundere mandare; adhuc oportet

不 合⁶ 人 看 見。那 衣 服 靴 帽
poŭ ln jên kán kién; lá ý foŭ hiuē maó
cavere ne homines videant; illa vestimenta, ocreæ, pileus

---

¹ Tsý significat ornare, ornatus, compositus; quâ in significatione est accipiendus.
² Paŏ. Litteraliter significat bullas quas faciunt aquæ. Hic habet aliam significationem, scilicet immergere in aquâ, seu madefacere.
³ Kŏng. Vacuus, est in quarto tono; kóng chē, vacuo tempore, cùm otium habueris.
⁴ Tŏng est vas ligneum, oblongum, ad varios usus inserviens; hic agitur de sellâ familiari.
⁵ Yé ký est vas noctis seu matula; communiter vocatur piên hoù, vas ad mingendum.
⁶ Ln. Habet in Dictionario significationes: mandare, edicere, prohibere; hic sumitur pro permittere.

DIALOGUES CHINOIS-LATINS. — 9

鞋 襪。空¹ 餘 下 多 日 沒²
hiây, ouâ; kóng yû hiá tō jĕ moŭ
calcei, tibialia; non adhibita et alia (quæ) à multis diebus non

有 穿³ 的。拿 出⁴ 去 曬。⁵曬
yeòu tchouán tý, lâ tchoŭ kiŭ chaý chaý;
fuerunt induta, sumens deferas extrà exsiccare ad solem;

床 上⁶ 的 緜 被 褥 子 毡
tchouáng cháng tý miên pý joú tsě tăn
lectum quæ sunt suprâ ex gossipio stragulum, culcita, ex lanâ

氈 枕 頭 也⁷ 要 隔⁸ 幾
tchăn tchĕn teoù yĕ, yaó kĕ ký
subjecta tapes, cervical, etiam oportet, interjectis aliquot

日 曬 一 次。⁹我 去 做 彌 撒 時。凡¹⁰
jĕ chaý ý tsĕ; ngò kiŭ tsoù mý sā chě; fân
diebus, exsiccare unâ vice; ego ibo facere missam dùm, omnia quæ

---

¹ Kóng. In otio, id est quæ non adhibentur vestes.
² Mŏ yeòu. Mŏ non, yeòu. Esse, habere. Hic yeòu est particula faciens præteritum, v. g. mŏ yeòu laý non venit.
³ Tchouán tý. Particula tý facit hic adjectivum.
⁴ Lâ tchoŭ. Lâ est accipere; tchoŭ, egredi, producere, emittere; lâ tchoŭ, extradere.
⁵ Chaý chaý. Chaý est exsiccare ad solem, ponere ad solem; repetitio fit ad denotandum ut multo tempore res reliquatur ad solem.
⁶ Cháng tý. Quæ sunt suprâ.
⁷ Yĕ. Particula auxiliaris et finalis, denuntians finem phrasis, seu quod vocamus punctum.
⁸ Kĕ significat mediare, interponere, dividere, distare.
⁹ Tsĕ est particula numeralis vicium; ý tsĕ, unâ vice; eŭï tsĕ, duabus vicibus.
¹⁰ Fân. Omnis, quicunque.

10 — DIALOGUES CHINOIS-LATINS.

應 用 一¹ 切 聖 物 都 要 料 理
ŷn yóng ý tsiě chén oŭ toū yaó leaó lý
debent adhibere simul cùm sanctis rebus absolutè oportet aptare

妥 當。² 不 要 等 我 到
tŏ táng; poŭ yaó tĕn ngò taó
convenienter; non oportet exspectare (ut) ego pervenerim ad

祭 衣 房 中 或 在 祭 臺 上。少³
tsaý ý fâng tchŏng houăy tsaý tsý taý cháng; chaò
ornamentorum cubiculum sive sim jam altare ad; deficiente

東 沒 西。那 個 就 失 不
tŏng mŏ sý; lá kó tsieòu tá poŭ
oriente non habent occidentem; istud nempè est magnum non

便⁶ 了。彌·撒 完 後 方⁷ 房 來
piên leaó. Mý-sā ouán, houý fâng laý
commodum. Missâ finitâ, reversus (in cubiculum) veniens

念 經 後。方 送⁸ 點 心。若 是 守¹⁰
nién kīn heoù; fâng sóng tiên sīn; jŏ ché cheòu
recitatas preces post; tunc appones jentaculum; si esset servandi

---

¹ Ý tsiě. Unâ, simul, totaliter.
² Leaó lý. Complexum significans; bene aptare, disponere.
³ Tŏ táng. Sicut convenit, valdè convenienter.
⁴ Tĕn. Expectare; tĕn heóu, idem; tĕn sý, expecta parimper; ngò tĕn, nos. Etiam significat gradum, ordinem; siāng tĕn, ejusdem gradûs.
⁵ Chaò tŏng mŏ sý. Est sinologismus. Sensus est: caveas ne deficiat hoc vel istud. Litteraliter: chaò, deficere; tŏng, oriens; mŏ, non (esse); sý, occidens.
⁶ Poŭ piên. Non commodum, valdè incommodum.
⁷ Fâng significat quadratum; tý fâng, locus. Hic significat tunc; fâng taaý, nunc.
⁸ Sóng est offerre, donare; propriè est oblatio ejusdem inferioris ad superiorem.
⁹ Tiên sīn. Tiên significat accendere; sīn, cor; et utrumque significat refectiuncula sive mane sive noctu fiat. Dicitur tamen communiùs tsaò fân, oryza matutina pro jentaculo.
¹⁰ Cheòu. Custodire, servare.

DIALOGUES CHINOIS-LATINS. — 11

大 齊¹ 日 子。不 必 送 送
tá tchaý jĕ tsě, poŭ pý sóng; sóng
magnum jejunium dies, certò non apponeres; oblatum jentaculum

後 你 們² 去 吃³ 點 心。吃 過⁴ 點 心
heóu, ngý mên kiŭ ký tiên sīn; ký kó tiên sīn
post, vos ibitis ad jentandum; quo sumpto jentaculo,

進 我 房 中 看 書 架 上
tsīn ngò fâng tchŏng kán choū ká cháng
ingredimini meum cubiculum in, videte librorum pluteo in,

經⁵ 本 書 本。若 是 抽 取⁹ 亂⁹ 了。¹⁰
kīn pén choū pén; jŏ ché tcheoū tsiŭ louán leaó;
Breviarium et libros; si fortè educendo et capiendo confusi sint;

可¹¹ 照 前 齊¹²齊 整 整 的
kŏ tchaó tsién tsý laý tchĕn tchĕn tý
convenit ut, respicias anteriorem dispositionem ordinationemque

---

¹ Tchaý significat abstinere, jejunare, jejunium. Communiter si agatur de jejunio ex præcepto addunt tá, magnum, tá tchaý.
² Ngý mên. Vos. Particula mên addita nominibus facit pluralia v. g. laò yê mên, Domini; siāo tý mên, servuli.
³ Ký. Comedere, communiùs tchē dicitur.
⁴ Kó. Particula faciens præteritum.
⁵ Kīn significat oratio; niên kīn, orare vocaliter. Kīn pén. Vocantur quilibet orationum libri.
⁶ Choū pén. Choū est liber; pén est numerale librorum.
⁷ Tcheoū significat educere, producere, manu porrigere.
⁸ Tsiŭ. Capere, decerpere; tsiŭ tchoŭ, extradere; tcheoū tsiŭ sunt synonymi et vocem complexam efficiunt.
⁹ Louán. Confuso, confusé, perturbatus.
¹⁰ Leaó facit præteritum.
¹¹ Kŏ. Permittere, velle, posse, licere.
¹² Tsý tsý. Vox complexa ut idea expressiùs ac vividiùs designetur.

放 好。書 桌 上 看
fáng hào; choū tchŏ cháng kắn
(*ut*) *pones* (*eos*) *convenienter; librorum mensam desuper vide*

墨[1] 筒 若是 乾[2] 的。就 問[3]
mĕ tŏng jŏ ché kān tў; tsieóu ouén
atramentarium, si esset exsiccatum; statim percontans

我 討[4] 墨。去 磨 些 墨 汁[5]
ngò taŏ mĕ; kiŭ mô sў mĕ chĕ
à me petes atramentum; ibis ad fricandum parùmper atramenti succi,

放 在 筒 裏。剪 刀。紙 刀 若是 生 銹[6]。
fáng tsaý tŏng lý; tsièn taō, tchè taō jŏ ché sēn sieóu;
pones in atramentario; forcipes, papyri culter si sint rubigine tacti;

拿 去 磨 淨。箱 子 櫃 子 若 有
lâ kiŭ mô tsín; siāng tsè koúy tsè jŏ yeòu
sumens aufer ad fricandum nitidè; arca, armarium si habeant

甚 不 潔 淨。不 次[7] 第 處[8]。 修[9] 治 安[10] 排
chén poŭ kiĕ tsín; poŭ tsĕ tý tchoŭ; sieōu tchè gān paў
aliquid non mundi; non ordine dispositi; compone, dispone

[1] **Mĕ tŏng. Mĕ**, *atramentum;* **tŏng** *est tubus.*
[2] **Kān.** *Siccum.* **Kān tў**, *exsiccatus, a, um.*
[3] **Ouén.** *Percontari, interrogare, inquirere.*
[4] **Taŏ.** *Enixè petere.*
[5] **Sēn.** *Parere, producere, vivere, immaturus, incoctus.*
[6] **Sieōu.** *Rubigo.* **Sēn sieōu**, *producere rubiginem.*
[7] **Tsé tý** *significat ordinem, dispositionem.*
[8] **Tchoŭ.** *Morari, quiescere, disponere, statuere;* **kīn tchoŭ**, *suum cuilibet rei dare locum; eadem littera significat locum in quarto tono.*
[9] **Sieōu tchè. Sieōu** *significat ordinare, componere;* **tchè**, *gubernare;* **sieōu tchè** *est componere.*
Gān paў. Gān, *Firmare, stabilire, quies, pax;* **paў**, *ordinare;* **gān paў**, *disponere in apto loco.*

他 好 好 的。無 事 則 自 去 做 你
tă haò haò tў; oŭ sé tsĕ tsé kiŭ tsoú ngў
illa optimè (*not. adject.*); *sine opere, tunc ibis facere tua*

的 工 夫。
tў kŏng foū.
(*propria*) *negotia.*

DEUXIÈME DIALOGUE.

每[1] 食[2] 須[3] 知[4].
Meў chĕ siū tchē.
Cujuslibet comestionis necessaria scitu.

當 吃 飯 時。拿 那 手[5] 巾。
Tāng kў fán chê, lâ lá cheòu kīn;
(*Cùm*) *venerit manducandı oryzam hora, accipias illud mantile;*

[1] **Meў.** *Singuli, quilibet, concupiscere, semper; singulis diebus,* **meў jĕ.**
[2] **Chĕ.** *Comedere, comestio, cibus;* **yù chĕ**, *comedere et bibere. Hic,* **meў chĕ** *significat quodcunque edulium.*
[3] **Siū.** *Exspectare, accipere, recipere;* **siū yáo**, *necesse est;* **siū yû**, *temporis momentum.*
[4] **Tchē.** *Scire, cognoscere;* **tchē táo**, *scire;* **mîn tchē**, *claré scire;* **siēn tchē**, *propheta.*
[5] **Cheòu kīn**, *mantile; gallicè :* serviette.

牙 快[1] 刀 子。叉[2] 子 調[3] 羹。碟[4] 子 酒 盃[5]。
yâ kouǎy, taō tsè, tchă tsè, tiăo kēn, tiĕ tsè, tsieoù peў;
eburneos paxillos, cultrum, fuscinulam, cochlear, catinos, vini crateres;

水 盆 等[6] 物 出 去。先[7] 看 手 巾。
choùy pĕn tèn oŭ tchoŭ kiŭ; siēn kắn cheòu kīn;
aquæ pateram et alias res extrahes; anteà videbis mantilia;

若[8] 汚 黑。換 過[9] 別 白 淨 的 用[0]
jŏ oū hĕ; houán kó piĕ pĕ tsín tў yóng;
si sint maculæ nigræ; permuta (*ea*) *et alia alba limpida adhibebis;*

那 汚 黑 的 拿 去 洗 淨。
lá oū hĕ tў lâ kiŭ sў tsín;
ista sordida nigra sumens auferes ad lavandum mundè;

刀 子 叉 子 調 羹 都 要 擦 磨[10]
taō tsè tchă tsè tiăo kēn toū yáo tsă mô
cultrum, fuscinulam, cochlear omnia oportet ità fricare et acuere ut

[1] **Yâ kouǎy.** *Paxilli quibus Sinenses ad comedendum utuntur; gallicé,* baronnets.
[2] **Tchă tsè.** *Fuscinula, seu gallicè :* fourchette.
[3] **Tiăo kēn.** *Cochlear ad comedendum;* **tiăo**, *explicatur moderare, temperare, ad concordiam revocare;* **kēn** *est jusculum in genere;* **Tiăo kēn**, *cochlear seu* cuiller.
[4] **Tiĕ tsè.** *Ita vocant orbes minores in quibus cibos comedimus; gallicè,* assiette.
[5] **Peў.** *Scyphus, cyathus, crater;* **pō-lў peў**, *scyphus vitreus.*
[6] **Tèn.** *Gradus, ordo, species; significat etiam* et cætera, **tèn oŭ.**
[7] **Siēn** *est adverbium temporis, anteà.*
[8] **Jŏ** *vel* **jŏ ché.** *Conjunctio* et, si.
[9] **Houán kó. Kó** *est sæpiùs particula præteriti perfecti, sed sæpè etiam sicut hic est jàm.*
[10] **Mô.** *In secundo tono significat fricare, polire; in quarto tono, lapidem molarem.* **Mó mièn**, *facere farinam.*

得[1] 雪[2] 亮 鋒[3] 快 的。盤 碟 盃
tĕ siuĕ leáng fōng kouǎy tў; pǎn tiĕ peў
assequantur nivis candorem et aciei acuta; discos, orbes, crateres

盆。更 宜 潔 淨。銅 盆 擦
pĕn; kén nў kiĕ tsín; tŏng pĕn tsă
catina; magis convenit (*esse*) *mundos; æneum malluvium fricari*

得 亮 淨。打[4] 水 洗 手。
tĕ leáng tsín; tà choùy sў cheòu;
debet claré limpidè; hauries aquam (*ad*) *lavandum manus;*

洗 手 的 手 巾 亦 要 潔 淨。
sў cheòu tў cheòu kīn ў yaò kiĕ tsín
ad lavandum manus mantile etiam debet (*esse*) *mundum*

酒 在 玻璃 瓶 內。斟[5] 于 盃 內 時。
tsieoù tsaý pō lў pĭn loúy; chēn yū peў loúy chê;
vinum in vitreâ lagenâ quandò fundis in crateres

不 要 洒 潑[6]。 小 盒 子 內 的 鹽。
poŭ yáo să pŏ: siào hô tsè loúy tў yên;
non oportet effundere extrà; parvum vas pro sale;

[1] **Tĕ** *significat assequi, invenire, obtinere, posse ut;* **tsoú poŭ tĕ**, *fieri non potest.*
[2] **Siuĕ.** *Nix, dealbare, lavare.*
[3] **Fōng kouǎy. Fōng** *significat acutum, aciem gladii;* **kouǎy**, *velox, acutus;* **taō fōng kouǎy**, *culter aciei acutæ.*
[4] **Tà choùy.** *Aquam haurire; vox* **tà** *sæpiùs aliquam similitudinem habet cum verbo gallico* faire, *facere.*
[5] **Chēn.** *Fundere vinum; sic dicitur cùm vinum à vase funditur.*
[6] **Să pŏ.** *Spargere, diffundere;* **să choùy**, *aquam aspergere;* **să tchōng**, *seminare. Communiùs tamen dicitur* **taó**, répandre au dehors.

16 DIALOGUES CHINOIS-LATINS.

要 乾 白 熟[1] 鹽。醋 瓶 油
yáo kān pĕ choŭ yên; tsoŭ pĭn yeôu
debet esse siccum et album, coctum sal; aceti ampulla, olei

瓶 都 宜 預[2] 爲 方 便。齋 的
pĭn toū nŷ yú ouý fāng pién; tchaÿ tў
ampulla omnia convenit parata esse pro commoditate; jejunii

日 期[3]。用 魚 用 蛋。魚 名 甚 多。
jĕ kў; yóng yû yóng tán; yû mìn chén tō;
diebus, utimur piscibus, utimur ovis; piscium nomina valdè plurima;

難 得 講 盡。但 海 魚 內。可
lân tĕ kiàng tsín; tán haў yû louý; kŏ
difficile ea enumerare integriter; solum maris pisces intrà; poteris

買。石 班[4] 魚。鱸[5] 魚。黃[6] 花 魚。鯧 魚。鞋[7] 底 魚。
mày, chĕ pān yû; loû yû; houâng hoā yû; tchāng yū; hiây tў yû;
emere, lophios; asellos; harengos; soleas;

大[8] 蝦。螃[9] 蟹。河 裏 魚。塘 裏 魚。
tá hiâ; pâng hiày; hô lў yû; tāng lў yû;
magnos cammaros; cancros; fluminis pisces; stagni pisces;

[1] Choŭ. *Res jàm cocta, fructus, segetes jàm maturi dicuntur* choŭ; *immaturus autem dicitur* sēn tў.
[2] Yú ouy. Yú, *priùs, anteà, anticipatè*; yú pý, *anticipatè præparare*; ouŷ. *pro, ad.*
[3] Kў. *Tempus correspond. alio tempori.*
[4] Chĕ pān yû. *Gallicè* : baudroie.
[5] Choŭ yû. *Gallicè* : merluche.
[6] Houâng hoā yû. *Gallicè* : hareng.
[7] Hiaŷ tў yù. *Gallicè* : sole.
[8] Tá hiâ. *Gallicè* : de grands crabes.
[9] Pāng hiày. *Gallicè* : des écrevisses.

DIALOGUES CHINOIS-LATINS. 17

則 買 草[1] 魚。青[2] 魚。鯉 魚。白 鱔 魚。團 魚。
tsĕ maỳ tsăo yû, tsīn yû, lў yû, pĕ chán yû, touān yû.
tunc emes engaules, leuciscos, carpiones, albas anguillas, testudines.

不 要 買 那 小 的。刺 多 難
Poŭ yaó maỳ lá siaò tў; tsé tō lân
Non oportet emere illos parvulos pisces, ob spinas multas difficiles

吃。或[3] 是 白[4] 煮。或 是 油 煎[5]。
kў; houăy ché pĕ tchoù houăy ché yeôu tsiēn;
esu, sive in aquâ purâ coques; sive in oleo friges;

或 是 火[6] 烘。諒 材[7] 調
houăy ché hò hōng; leáng tsāy tiāo
sive ad ignem exsiccabis; considera materiam ut præpares

治。都 宜 可[8] 口。若 鹹[9] 魚。
tchè; toū nŷ kŏ keoŭ; jŏ hiên yû;
convenienter, omnia debent aptari palato, si (sint) salsi pisces,

[1] Tsaŏ yû. *Gallicè* : anchois.
[2] Tsīn yû. *Gallicè* : Able.
[3] Houăy ché *est particula distinctiva.*
[4] Pĕ tchoù. Pĕ *significat album*; tchoù, *coquere in aquâ, elixare; utrumque : coquere in aquâ purâ.*
[5] Tsiēn. *Frigere cum adipe solâ; coquere aliquid in aquâ dicitur* tchoù; *sine verò adipe et aquâ dicitur* chaō.
[6] Hōng. *Igne aliquid exsiccare ut vestes; dicitur etiam de pane sinico modo confecto.*
[7] Leáng tsaў *significat considera seu perpende materiam, id est pisces ut illos coquas hoc vel illo modo.*
[8] Kŏ keŏu. Kŏ *significat posse, velle, licere*; keŏu *est os, et significat quod cibi illi debent parari ut comedi possint, ut sint proportionati ori et gustui.*
[9] Hiên, *dic. sal*; *res verò salsa* hiên; *ideò caro salsa* hiên joŭ.

2

18 DIALOGUES CHINOIS-LATINS.

當 漂[1] 去 鹽 味。方 可 充[2]
tāng piāo kiŭ yên oúy; fāng kŏ tchōng
debes in aquâ immergere (ut) abeat salsus sapor, tunc possunt esse

用。生 菜 要 鮮 嫩[3] 潔 淨
yóng; sēn tsāy yáo siēn lén kiĕ tsín
usui, cruda olera debent (esse) recentia, tenera (ac) mundissima

的。雞 蛋 或 煎 餅。或 煎[4] 荷 包。
tў; kў tán houăy tsiēn pìn; houăy tsiēn hô paō;
gallinarum ova sive friges in libo, sive friges singulatim,

或 炒[5] 或 煮[6] 糖 心。都 不 可
houăy tchāo houăy tchoù tāng sīn; toū poŭ kŏ
sive assabis sive coques leviter in aquâ, omnia non debent

太 老。新 鮮 青 菜[7]。要
taý laò; sīn siēn tsīn tsāy; yaó
nimis (esse) dura, nova (et) recentia (sint) olera, oportet

[1] Piāo, *ceram seu telam madidam soli exponere ut albescant. Hic verò* piāo *significat lavare seu ponere in aquâ ad auferendum sal.*
[2] Tchōng. *Album, longum, plenum, repletum.*
[3] Lén. *Blandum, tener, tenellum.*
[4] Tsiēn. *Propriè est coquere cum adipe vel oleo*; tsiēn hô paō, *frigere ova singula; sic dicitur eò quod assimilantur sic cocta crumenis quæ sinicè :* hô paō.
[5] Tchaō. *Propriè est coquere sine aqua et adipe seu torrere in frixorio eo modo quo torrentur castaneæ. Dicitur autem* tchaō tán, tchaō joŭ, *cùm ova et caro in frustula coquuntur.*
[6] Tchoù tāng sīn. Tāng *est saccharum*; sīn *est cor.* Tāng sīn tán *vocatur ovum tremulum, molle, sorbile. Cor ovi debet esse molle ad instar cujusdam liquidi.*
[7] Tsīn tsaý. *Olerum est genericum nomen.*

DIALOGUES CHINOIS-LATINS. 19

煮 得 過 火。奶 子 煮
tchoù tĕ kó hò; laỳ tsè tchoù
coquere ea quasi transeundo per ignem, in lacte coquendo

粥[1] 要 稀 爛[2]。且 是 要 上 白 的 米[3]。
chŏ yaó hў lán; tsiĕ ché yáo cháng pĕ tў mỳ;
oryzam volo valdè coctam esse, sed esse debet altissima alba oryza;

若 做 乾 飯[4]。也 是 要 這 樣 的
jŏ tsoú kān fán; ỳ ché yáo tchĕ yáng tў
si præparas siccam oryzam, etiam esse debet hujusmodi

米。吃 葷[5] 的 日 期。若 無 別 的 老 爺
mỳ; kў houēn tў jĕ kў; jŏ oŭ piĕ tў laò yê
oryza; esûs carnium (in) diebus, si non est alius dominus

同[6] 席[7]。則 買 豬 肉 半 斤[8]。豬[9]
tŏng sў; tsĕ maỳ tchoū joŭ pán kīn; tchōu
simul manducans, tunc emes suillæ carnis dimidiam libram; suini

[1] Chŏ *est oryza liquida vulgò* hў fán.
[2] Lán. *Coctum seu maturum plus quam par est. Item putre, putrescere.*
[3] Mỳ. *Oryza cortice denudata.* Mỳ fèn, *oryzæ farina*; fèn mỳ, *oryza sat alba.*
[4] Houēn. *Cepe, porri et similia acri saporis.* Poŭ tchĕ houēn, *abstinentia à carnibus, piscibus et rebus acribus, quod est jejunium sinicum.* Tchĕ houēn *communiter accipitur pro manducatione carnis.*
[5] Fán *est oryza siccè cocta more sinico, quam loco panis adhibere solent.*
[6] Tŏng. *Simul, idem.*
[7] Sў. *Storea simplex*; yèn sў, *convivium.* Tŏng sў, *hic videtur significare quod si sit alius dominus conveniens additur convivio.*
[8] Kīn. *Libra*; ў kīn, *una libra*; pán kīn, *dimidia libra*; ў pán kīn, *idem*; kīn pán, *una libra cum dimidiâ.*
[9] Tchōu *est sus.* Tchoū joŭ, *suilla caro.*

肝¹ 半 斤。 或 牛 肉 一 斤；
kān pán kīn; houăy nieòu joū ў kīn;
jecoris dimidiam libram, sive bovillæ carnis unam libram,

猪 蹄³ 半 大 的 一 對⁴. 小 菜⁵.
tchoū tý⁵ pán tá tý ў touý; siào tsáy
suillorum pedum mediatæ magnitudinis unum par, parva olera

隨⁶ 儉⁷. 若 遇⁸ 主⁹ 日 與 大 瞻
soŭy pý¹; jŏ yú tchoù jĕ yù tá tchān
ad arbitrium providebis, si occurrat dominica dies et magni festi

禮. 及 有 同 席 客. 則 宰¹⁰ 雞 一 隻¹¹
lý, ký yeòu tóng sý kŏ⁴; tsĕ tsăy ký ў tchĕ
dies, et sint convivæ hospites, tunc occides gallinam unam

---

¹ Kān est jecur. Tchoū kān, suinum jecur.
² Nieòu. Bos genericé. Nieòu joū, caro bovilla; choŭy nieòu est bubalus eo quod gaudet stare in aquā.
³ Tý. Bestiarum pedes.
⁴ Toúy. Ў toúy, unum par.
⁵ Siào tsáy. His vocibus utuntur ad significandum herbas comestibiles. Licet etiam tsăy, sit nomen genericum herbarum, et tamen vulgó utuntur ad significandos quoscunque cibos, sive herbæ sint, sive carnes, sive pisces, et itá cùm sit hora comedendi et volumus ut deferant cibos ad mensam dicimus : Touān tsăy laў. Passim etiam cibi omnium generum vocantur houĕn tsăy, sicut herbæ comestibiles siào tsăy.
⁶ Soŭy. Sequi, obsequi. Soŭy piĕn, soŭy ў, pro arbitrio.
⁷ Pý. Præparare, providere. Pý pán, pý fāng, anticipatò præparare.
⁸ Yú. Fortuitò congredi, obviàm habere, occurrere, exspectare.
⁹ Tchoù jĕ. Appellamus sic dominicam diem.
¹⁰ Tsăy. Dominari, gubernare, occidere animalia ut porcos, gallinas.
¹¹ Tchĕ est particula numeralis rerum unicarum quæ ex se debent esse duplices, v. g. ў tchĕ hiăy, unus calceus.

羹¹ 湯. 猪 肉 一 斤. 牛 肉
tchoū tāng; tchoū joū ў kīn, nieòu joū
coquendum in jusculo, porcinæ carnis unam libram, bovillæ carnis

一 斤; 或 煎² 炒². 或 白 煑³.
ў kīn; houăy tsiēn chăo; houăy pŏ tchoù;
unam libram, sive friges torrebisve in frixorio, sive elixabis,

或 火 燒. 都 要 熟⁴ 透⁵ 的 我 們
houăy hŏ chāo; toū yáo choū teŏu tý; ngò mēn
sive assabis: omnia debent cocta esse interna; nos

吃 不 得 那 次⁶ 生 的 飲⁷ 食. 又 都
ký poŭ tĕ lā kiā sēn tý yn chĕ; yeòu toū
manducare non possumus ista semi cruda cibaria; et omnia

不 要 太 熟 的 送 上 來⁸. 我 亦
poŭ yáo tăy jĕ tý sóng cháng laў; ngò ў
nolumus (esse nimis) calida, deferre suprà venias; ego etiam

---

¹ Tsiēn chào. Discrimen inter has duas voces diximus, unumque significat frigere, sed diverso modo.
² Hŏ chāo plus significat quàm chāo simpliciter.
³ Choū. Res jam coctæ vocantur choū, similiter fructus, vel segetes jam maturæ. Oppositum est sēn.
⁴ Teoŭ. Ex hoc loco ad illud transire, id est penetrare physicè et moraliter seu comprehendere; et hic vult significare quod ita coqui debeant ut coctio transeat ab unā ad aliam partem. Undè quandò volumus dicere quod benè coquant cibos tchoù choū teŏu dicere solemus.
⁵ Kiā. Ex utroque latere constringere, comprimere, interserere. Hic autem kiā significat intermixtum, ex crudo et cocto, hoc est semi-crudum.
⁶ Yn significat bibere, potus. Chĕ, comedere, cibus. Apud Sinenses potus etiam coquitur, puta theum, vinum, aqua ad bibendum.
⁷ Sóng cháng laў est sinologismus.

吃 不 得 冷¹ 的 飲 食. 麵² 頭 每
ký poŭ tĕ lĕn tý yn chĕ; mién teŏu meў
manducare non possum frigida cibaria; panes singulis

餐³ 只 用 一 個. 若 是 烘 乾⁴
tsān tchĕ yóng ў kŏ; jŏ ché hōng kān
refectionibus solummodò adhibebis unum; si sint igne exsiccati

的 蒸⁵ 餅. 三 个 夠 了. 用
tý tchēn pīn, sān kŏ keóu leào; yóng
et vapore aquæ ferventis cocti panes, tres satis sunt; comedo

飯 時 秉⁶ 一 碗 飯 夠 了. 用
fán chĕ tchĕn ў ouăn fán keóu leào; yóng
oryzam cùm afferes unam scutellam oryzæ, hoc sufficit; bibo

---

¹ Lĕn. Frigus; lĕn tý, frigidus. Oppositum est jĕ, calidus.
² Mién teŏu. Mién est farina; teŏu, caput, idque complexum panem vocamus europeo modo confectum et ad vaporem aquæ ferventis coctum vocamus kiuēn tchēn, vel tchēn pín.
³ Kān. Siccum. Oppositum est chĕ, humidum. Hōng kān hic facit complexum, hoc est igne exsiccare.
⁴ Tchēn. Vapore aquæ ferventis aliquid coquere, distillare; tchēn choŭy, aquam distillare. Gallicè : cuire au bain-marie.
⁵ Yóng fán idem est hic ac tchĕ fán, comedere.
⁶ Tchēn. Currus vapore, ascendere. Tchēn mà, equum conscendere. Tchēn ký vel chĕ, opportunitate uti. Tchēn fōng, auram captare. Hic significat continere. Tchēn ouăn fán, scutella continens oryzam.

酒 時. 先 當 燒 就 開¹ 水
tsieŏu chĕ, siēn tāng chāo tsieŏu kaў choŭy
vinum cùm, anteà oportet calefacere nempè calidam aquam

以 便 參² 用.
ў piĕn tsān yóng.
ut parata sit ad usum.

做 學³ 生 的 我 吃 飯 時 拿
Tsoŭ hiŏ sēn tý ngò ký fán chĕ, lā
Qui est discipulus dùm ego manduco oryzam sumat

經 書 或 聖⁴ 人 行 實⁵ 來 席
kīn choū houăy chĕn jēn hín chĕ laў sў
unum precationum librum sive sanctorum vitam veniat ad mensam

傍⁶ 念⁷ 誦. 我 降⁸ 福 時 我
páng nién sóng; ngò kiáng foŭ chĕ; ngò
latus ad legendum; quandò ego benedico mensæ ego

---

¹ Kaў choŭy. Cùm aqua fervet et ebullit veluti aperitur, tunc dicitur : Kaў choŭy. Jĕ choŭy est aqua calida v. g. ad lavandum.
² Tsān est particula numeralis comestionis; v. g. ў tsān, una comestio; eŭl tsān, duæ comestiones.
³ Hiŏ sēn. Hiŏ, addiscere, studere, imitari. Hiŏ sēn, discipulus. Tsoŭ hiŏ sēn, fungi officio discipuli.
⁴ Hín. Ire, facere, operari, gesta, acta.
⁵ Chĕ. Verum, solidum, plenum, implere.
⁶ Páng. Latus. Páng piĕn, ad latus.
⁷ Nién sóng. Nién, cogitare, considerare. Nién choū, libros legere. Nién kīn, recitare preces.
⁸ Kiáng foŭ. Kiáng, descendere, sese demittere, cadere. Foŭ, felicitas, virtus, auxilium supernaturale. His autem duabus vocibus utimur ad explicandam benedictionem quæ dari solet vel in fine missæ vel in mensā.

念 一 句[1] 經。你 們 接[2] 念 一
nién ў kiú kīn; ngỳ mên tsiĕ nién ў
recito unum versiculum orationis; vos simul recitabitis unum

句 經。至[3] 徹[4] 饌 時。收[5] 去
kiú kīn; tché chĕ chuén chê, cheŏu kiŭ
versiculum precum; pervento colligendi cibaria tempore, auferetis

諸 盆 碟 碗 盞[6]。送 菓 子 上
tchoū pā̆n tiĕ ouàn tchàn, sóng kò tsè cháng
omnes discos, orbes, catinos, pateras, afferetis fructus super

桌 或 圓[7] 眼。荔[8] 枝。柑 子。蕉[9] 子。
tchŏ houāy yuên yèn, lý tchē, kān tsè, tsiāo tsè,
mensam vel rotundos oculos, mala aurea, ficus indicos,

---

[1] Kiú *est periodus quæ integrum habet sensum.* Kiú *est numerale verborum;* ў kiú hoá, *unum verbum, unum versiculum.*

[2] Tsiĕ *multas habet significationes inter quas sunt celeriter, continuò.* siāng tsiĕ, *sine interruptione. Hic significat quod dùm sacerdos recitat unum versiculum sine intermissione respondeant.*

[3] Tché. *Pervenire, pertingere usque ad.* Tché kīn, *usquè nunc. Positivis additum facit superlativum, v. g.* Tché chén, *sanctissimus.*

[4] Tchĕ chuén. *Intelligere, penetrare, comprehendere.* Chuén, *comedere et bibere, vasa in quibus cibaria reponuntur.*

[5] Cheoū *significat colligere;* kiŭ, *ire. Istæ duæ voces significant auferre.*

[6] Tchàn. *Scutella parva non profunda, sed ampla.*

[7] Yuên yèn. *Hoc est oculi rotundi. Ita vocantur eo quod similes sint quibusdam fructibus, qui etiam dicuntur* Lông yèn, *draconis oculi et meliùs.*

[8] Lý tchē *est optimus fructus, latinè dictus : Dimocarpus* lŷ tchē.

[9] Tsiāo tsè *sunt plantani quos alii vocant ficus indicos, seu gallicè :* bananes.

栗[1] 子。桃[2] 子。杏[3] 子。楊[4] 梅。柚[5] 子。
lŷ tsè, taŏ tsè, hên tsè, yàng meŷ, yeóu tsè,
castaneas, mala persica, mala armeniaca, arbuta, mala citrea,

橙[6] 子。西[7] 瓜。葡 萄。李 子。時 新 的。
tsĕn tsè, sў kouā, poŭ taŏ, lŷ tsè, chê sīn tў,
mala medica, pepones, uvas, pyra, temporanea novaque

糖[8] 煎 的。因 時 所 有 備 辦。不
tā̆ng tsiēn tў, ӯn chê sò yeòu pý pán. Poŭ
saccharoque frixa juxtà tempus quo fuerunt parata. Non

可 缺[9] 少。至 徹 菓 子 時。拿
kŏ kiuĕ chaò, tché chĕ kò tsè chê, lâ
licet ut aliquid deficiat, pervento auferendi fructus tempore, affer

牙 簽。併 烟[10] 袋。放 在 桌 上。
yâ tsiĕn, pìn yēn taý, fáng tsaý tchŏ cháng.
dentiscalpium, cum pipâ, pones suprà mensam.

---

[1] Lŷ tsè. *Gallicè :* châtaigne, marron.

[2] Taŏ tsè. *Gallicè :* pêche.

[3] Hên tsè. *Gallicè :* abricot.

[4] Yâng meŷ. *Gallicè :* arbousier.

[5] Yeóu tsè *est species mali citrei grandioris.*

[6] Tsĕn tsè *est species mali medici non tam dulcis.*

[7] Sў kouā. *Gallicè :* melon.

[8] Tā̆ng tsiēn tў. *Gallicè :* confits dans le sucre.

[9] Kiuĕ. *Vas cui aliquid deficit, defectus, destruere.* Chaò *etiam significat deficere. Duæ istæ voces faciunt complexum : deficere.*

[10] Yēn taý. Yēn *est fumus; tabacum ad fumandum similiter vocatur* yēn. Taý *est saccus, sacculus, tubus; vocant pipam* yēn taý.

晚[1] 飯 不 用 魚 肉。但 得
Ouàn fán poŭ yóng yû joŭ; tán tĕ
Vespertinâ oryzâ non utor piscibus nec carnibus; tantùm volo

雞 蛋 小 菜 乾 餅 畧[2] 用 一 些。
kў tán siào tsaý kān pìn liŏ yóng ў sў;
gallinæ ova, parvaque olera, siccos panes summatim utor paucis;

就[3] 是 了 午[4] 飯。
tsieóu ché leào où fán.
satis est prandium.

在 十 二 下[5] 鐘[6] 時。用 晚 飯 在
Tsaý chĕ eùl hiá tchōng chê; yóng ouàn fán tsaý
Versùs duodecimæ horæ tempus; appones cœnam versùs

八 下 鐘 時 用。你 們 緊[7] 記[8]。
pă hiá tchōng chê yóng; ngỳ mên kìn ký;
octavæ horæ tempus appones; vos diligenter estote;

---

[1] Ouàn fán. Ouàn *est vespertina;* fán, *oryza. Sic vocant vespertinam refectionem; Gallicè :* souper.

[2] Liŏ. *Parùm, modicum.* Sў *idem significat.*

[3] Tsieóu ché leào. *Vertimus : ita est.* Leào *nihil aliud significat hic quàm litteram euphoneticam ad concludendum harmonicè.*

[4] Où *est hora sinensis ab undecima ad primam pomeridianam.* Où chê, *meridies;* où fán, *prandium.*

[5] Hiá *est particula numeralis percussionum, et vult hic significare campanæ pulsationes.*

[6] Tchōng *est campana.* Lìn *est tintinnabulum seu campanula.*

[7] Kìn. *Arctum, arctè, stringere diligenter.* Yaó kìn, *necessarium.*

[8] Ký. *Recordari, in memoriam revocare.*

不 可 違[1] 亂 規[2] 矩。午 飯
poŭ kŏ ouŷ louán koūy kiù; où fán
non licet infringere, confundere (has) regulas; in prandio,

晚 飯 關 着 那 狗 猫。不[3] 要 他
ouàn fán kouān tchŏ lá keòu miâo; poŭ yáo tā̆
in cœnâ, claudite istos canes felesque; ne ipsi

叫 喊 吵[4] 鬧。飯 後 放[5] 他
kiáo hàn tchaŏ láo; fán heóu fáng tā̆
clament et strepitent; comestionem post, solvite illos ut

出[6] 來。
tchoŭ laŷ.
egrediantur.

---

[1] Ouŷ. *Repugnare, refragari, obsistere.* Ouŷ fá, *leges transgredi.*

[2] Kouў kiŭ. Kouŷ *est instrumentum ad circulos faciendos : Circinus.* Kouў kiù, *consuetudo, regula directiva.*

Poŭ yáo *est imperativus sinicus.*

[4] Tchaŏ laò. *Vocum tumultus.*

[5] Fáng. *Dimittere, solvere, laxare, collocare, et multa alia significat.*

[6] Tchoŭ. *Exire, egredi, producere, emittere;* lâ tchoŭ, *exstruere.*

TROISIÈME DIALOGUE.

廚[1] 房[2] 的 事。
Choŭ fâng tỷ sé.
De culinæ rebus.

某 人。今[3] 命 你 管[4] 廚 房 的 事。你
Meoù jên; kīn mín ngỳ kouàn choŭ fâng tỷ sé; ngỳ
Quidam vir; nunc mando tibi curandi culinæ res; tu

會[5] 磨[6]。凡 廚 房 中 件[7] 件
hoúy mô. Fân choŭ fâng tchōng kién kién
peritus es nec-ne? Quaslibet culinam intrà ac omnes res

都 宜 用[8] 心 料 理。做 得
toū nŷ yóng sīn leáo lỳ; tsoú tĕ
omninò convenit ut adhibeas diligentiam ad curandum; facies (ista)

---

[1] Choŭ *est culina.* Choŭ fâng, *idem.* Choŭ tsè, *coquus.*
[2] Fâng tsè. *Domus;* fâng kiuĕn, *cubiculum.*
[3] Kīn. *Nunc, modo.* Kīn jĕ, *hodiė;* kīn tsaò, *hoc manė;* kīn ouàn, *hoc sero.*
[4] Kouàn. *Gubernare, curam gerere.* Tchaò kouàn, *curam gerere;* poŭ kouàn hên sé, *non curare de rebus quæ non nos attinent.*
[5] Hoúy. *Simul congregare, unire, obviam habere, scire, posse, in quâ ultimâ significatione hic accipitur.*
[6] Mô *est particula interrogativa.* Ngỳ choúy leào mô? *Dormisti-ne?*
[7] Kién. *Particula numeralis rerum seu negotiorum.* Ÿ kién, *una res;* leàng kién, *duæ res.*
[8] Yóng sīn. Yóng, *adhibere, uti;* sīn cor. Yóng sīn, *diligentiam adhibere.*

潔 淨。做 得 精[1] 致。這 様[2] 就 是一个[3] 好
kiĕ tsín; tsoú tĕ tsĭn tché; tché yáng tsieóu ché ỳ kó haò
limpidė, facies ea eleganter; hoc modo statim eris unus bonus

廚 子。
choŭ tsè.
coquus.

頭[4] 一 件。大 小 磁 器[5] 家[6] 伙。
Teŏu ỳ kién; tá siào tsĕ kỳ kiā hò;
Primum sit negotium; magna parva porcellanea vasa utensiliaque;

都 要 洗 得 乾 淨。寧[7] 可 多
toū yáo sỳ tĕ kān tsín; lîn kŏ tō
indiscriminatim oportet lavare limpidė; meliùs erit plures

用 幾 盆 水。洗 淨 了。収 放
yóng kỳ pĕn choùy; sỳ tsín leào; cheoū fáng
adhibere pelves aquæ; lavatis limpidė (vasibus); recolliges ponesque

---

[1] Tsĭn tché. Tsīn *est quod in aliquâ re est magis purum.* Ché *est res valdė subtilis et perfecta. Hoc complexum explicamus: pulchrum.*
[2] Yáng. *Forma, figura, exemplar, modus.* Yáng tsè, moû yâng, *idem.* Tsèn mô yáng? *Quomodò?*
[3] Kó *est communior particula numeralis quæ ponitur immediatė post numerum, v. g.* sé kó jên, *quatuor homines. Ista particula addi tantùm debet iis vocibus non habentibus proprium numerale.*
[4] Teŏu *significat caput, primum, principium. Est littera auxiliaris rerum ferė omnium rotundarum, ut* mién teŏu *panis;* jĕ teŏu, *sol;* souán teŏu, *allium. Hic significat primum.*
[5] Kỳ. *Vasa sinensia figulina.*
[6] Kiā hò. *Utensilia.*
[7] Lîn. *Malle, melius est.* Lîn sè poŭ kŏ, *meliùs mori quàm...*

在 廚 櫃[1] 裏[2] 面。該[3] 要 分[4] 別 老 爺 們
tsáy choŭ koúy lỳ mién; kaȳ yáo fēn piĕ laò yê mên
intrà culinæ abacum anteriorem; necesse est discernere dominorum

用 的。放 在 上 層[5]。你 們 用 的
yóng tỷ; fáng tsáy cháng tsĕn; ngỳ mên yóng tỷ
usuales; ponere in superiore contignatione; vestra usualia

放 在 下 層。凡 你 們 用 的
fáng tsáy hiá tsĕn; fân ngỳ mên yóng tỷ
ponetis in inferiori contignatione; quaslibet ad vestrum usum

碗 不 宜 送[6] 到 老 爺 們 面[7] 前 用。
ouàn poŭ nŷ sóng táo laò yê mên mién tsiĕn yóng;
scutellas, non convenit offerre ad superiorum conspectum utendas;

老 爺 們 用 的 你 們 不 要 用。這 是
laò yê mên yóng tỷ ngỳ mên poŭ yaó yóng; tché ché
quæ pro dominorum usu sunt, vos ne utemini; hæc est

家 裏[8] 的 規 矩。
kiā lỳ tỷ koūy kiù.
domûs hujus regula.

---

[1] Kouý. *Abacus, armarium, repositorium.* Choŭ kouý, *abacus culinæ; generatim:* kouý tsè.
[2] Lỳ mién. *Intrà. Præpositio deserviens accusativo.*
[3] Kaȳ yáo. *Duæ voces faciunt hic complexum.* Kaȳ, *solùm quidem significat: oportet, necesse est, sicut et* yáo. *Utrumque verò indicat rem magis urgentem, præceptum magis imperativum.*
[4] Fēn piĕ. Fēn, *dare, dividere, separare.* Piĕ, *differens, secedere;* fēn piĕ, *distinguere.*
[5] Tsĕn. *Gallicė:* étage. *Numerale contignationum vel rerum superpositarum.*
[6] Sóng taó. Sóng, *dare, offerre superiori.* Taó, *pervenire usquė ad. Duæ voces faciunt hic unum complexum.*
[7] Mién tsiĕn. *Hoc complexum significat antė, coràm.*
[8] Lỳ. *Ultrà significationes jàm traditas significat etiam* in.

第[1] 二 件。吃 肉 的 日 子 或 用 牛
Tý eúl kién; kỳ joŭ tỷ jĕ tsè houăy yóng nieôu
Secunda res; edendi carnes diebus sive utamur bovillâ

肉。或 是 猪 肉 是 雞。與 各[2]
joŭ; houăy ché tchoū joŭ ché kȳ; yù kŏ
carne; sive sit suilla caro vel sit gallina; cum cujusque

様 的 東 西。都 要 煑 得 爛。
yáng tỷ tōng sȳ; toū yáo tchoù tĕ lán;
generis rebus; omnia oportet coquere teneritudinem usquė;

寧 可 預[3] 先 方 便。不 要 等
lîn kŏ yú siēn fāng pién; poú yaó tèn
potiùs erit parare anticipatò pro commoditate; non oportet exspectare

到 吃 飯 的 時[4] 節 纔 下[5]
taó kỳ fán tỷ chê tsiĕ tsăy hiá
usquė ad comedendi oryzam momentum, ut tunc operi

手。不 但 是 肉 要 爛 就[6] 是
cheòu; poŭ tán ché joŭ yáo lán tsieóu ché
manus admoveas; non solum sit caro benė cocta sed sint

---

[1] Tý *est particula ordinalium et antė ponitur numero, ut* tý ỳ, *unus;* tý eúl, *secundus. Significat etiam solùm, tantùm.*
[2] Kŏ. *Quilibet.* Kŏ kŏ, *omnes, divisi, singuli.*
[3] Yú siēn. *Anteà, anticipatò.*
[4] Chê tsiĕ. *In Dictionario perpetuò explicatur: cùm, quandò, sed hic significant hora, momentum.*
[5] Hiá cheòu. Hiá, *infrà, descendere;* cheòu, *manus. Utrumque coalescit in unum complexum et significat operi manum admovere.*
[6] Tsieóu. *In Dictionario explicatur: mox, statim;* tsieóu, ché, *ita est; sed ultrà has explicationes, alias habere, constat ex hoc et aliis locis superiùs adductis.*

菜 也 要 爛 纔 好。 守 齊 的
tsăy ỳ yáo lán tsăy haò; cheòu tchāy tў
olera etiam benè cocta, tunc benè; servandi verò jejunium

日子。 該 是 用 魚。 或 是 用 蛋。
jĕ tsè; kaў ché yóng yû; houăy ché yóng tán;
diebus; convenit sit usus piscium; vel sit usus ovorum;

這 個 不 難 整 治。 若 是 用 魚。
tché kó poŭ lán tchèn tchè; jŏ ché yóng yû;
ista non sunt difficilia ad parandum; si utimur piscibus;

極 要 整[1] 治 得 好。 或 是 煎。 或 是
kў yaó tchèn tchè tĕ hào; houăy ché tsiēn; houăy ché
omninò oportet præparare optimè; vel frigendo; vel

煑。 或 是 燒。 都 要 熟[2] 纔
tchoù; houăy ché chaō; toū yáo choŭ tsăy
elixando; vel assando; omnia debent cocta esse, tunc

好。 大[3] 槩 整 飲 食。 不[4] 論 何[5] 物 都.
haò; tá kaý tchèn yù chĕ; poŭ lén hô oŭ toū
optimè; plerumque componendo edulia; cujuslibet generis omnia

---

[1] **Tchèn tché. Tchèn** *significat comparare, ornare.* **Tché**, *componere, facere, operare; ex utrisque tanquàm ex synonymis coalescit complexum satis frequens quod significat componere.*

[2] **Choŭ.** *Res jàm cocta; fructus segetesque maturi dicuntur* **choŭ**; *expertus, assuetus.* **Siāng choŭ**, *multà consuetudine juncti, familiares.*

[3] **Tá kaý.** *Plerùmque, frequenter.*

[4] **Poŭ lén.** *Quodlibet, indiscriminatim, nihil refert.*

[5] **Hô.** *Propriè significat qui, quæ, quod; dicimus hìc autem* quælibet.

要 熟。 還 要 些 香[1] 料 在 裏 面
yáo choŭ; houân yaó sў hiāng leáo tsaý lỳ mién
debent (esse) cocta; insuper oportet pauca aromata intrà,

更[2] 好。
kén haò.
tunc meliùs.

第 三 件 每 日 清[3] 早 起 來。 就 要
Tý sān kién; Meỳ jĕ tsīn tsào kў laŷ, tsieoú yáo
Tertia res; quotidiè summo manè surgens, statim oportet

方 便 老 爺 們 洗 臉 的 水。 若
fāng pién laò yê mên sỳ lièn tў choùy; jŏ
parare pro dominis ad lavandam faciem aquam; si

是 夏 天。 就[4] 是 冷 水 也[5] 使 得。
ché hiá tiĕn; tsieóu ché lèn choùy ỳ chè tĕ;
sit in æstivo tempore; statim si frigida aqua etiam valet;

若 是 冬 天。 要 熱 些 纔 用
jŏ ché tōng tiĕn; yaó jĕ sў tsaў yóng
si est hiemali tempore; debet calida esse parùm, tunc adhiberi

---

[1] **Hiāng leáo.** *Species quibus condere solemus cibos, ut piper, cinnamomum, etc.* **Hiāng** *est odor;* **leáo** *est materia.*

[2] **Kén** *significat magis et facit comparativum. Suprà enim concluserat esse bonum; nunc concludit ponendo species inter cibos meliores evadere. Adverte eamdem litteram esse etiam in primo tono et significare mutare ejusque frequens est usus in explicandis 5 vigiliis in quas Sinenses noctem partiuntur.*

[3] **Tsīn tsào. Tsīn** *est propriè purum, nitidum, clarum;* **tsào** *est manè;* **tsīn tsào**, *summo manè.*

[4] **Tsieóu ché.** *Quamvis, ita est.*

[5] **Ỳ.** *In fine periodi nihil significat, sed est particula finalis. Significat etiam, et, item, etenim.*

得 這 個 水。 是 天[1] 亮 到 晚 常 時
tĕ tché kó choùy; ché tiĕn leáng táo ouàn chāng chĕ
potest hæc aqua; si est dies usquè ad vesperam

要 洗 手。 寧 可 多[2] 些 不
yáo sỳ cheòu; lîn kŏ tō sў poú
necesse est lavare manus; meliùs erit abundantiorem aquam quam

可 少。 到 了 第 二 日 該 要 早 起 來。 倒 去
kŏ chaò; táo leào tý eùl jĕ kaў yáo tsào kў laŷ; taó kiŭ
pauciorem; adveniente secundà die oportet maturè surgere; projicere

舊[3] 的 水。 要 洗[4] 一 洗 那 水
kieòu tў choùy; yáo sỳ ў sỳ lá choùy
antiquam aquam; oportet lavare iterùm lavare illud aquæ

盆。 從[5] 新 灌[6] 上 新 水。 若 燒
pĕn; tsŏng sīn kouán cháng sīn choùy; jŏ chaō
urceolum; ex recenti effundes suprà novam aquam; si accendis

---

[1] **Tiĕn** *est cœlum, communiter accipitur pro die.* **Leáng**, *splendidum, clarum.* **Tiĕn lèáng leào**, *jam diescit.* **Tiĕn leáng táo ouán**, *albescere die usque ad vesperam.*

[2] **Tō sў. Tō**, *non modicum, multùm; ejus oppositum est* **chaò sў**, *parùm, modicum;* **tō sў**, *paulò plus.*

[3] **Kieóu.** *Non recens, antiquum, vetustum.*

[4] **Sỳ ў sỳ** *significat benè, diligenter lavare. Particula* **ў** *medians inter nonnullas voces indicat repetitionem, attentionem, instantiam. Sic dicunt:* **siàng ў siàng**, *serio cogita;* **kăn ў kăn**, *attentè considera.*

[5] **Tsŏng** *est præpositio ex, a, ab, v. g.* **Tsŏng tiĕn eùl laŷ**, *descendit de cœlo. Significat etiam obsequi, obedire, obsecundare, se conformare.*

[6] **Kouán.** *Aquam infundere, rigare, infundere, vinum in terrà in sacrificiis ut spiritus descendant.*

柴 火 時 節。 或 煑 粥。 或
tchăy hò chê tsiĕ; houăy tchòu chŏ; houăy
ligna ignis vel ad coquendam oryzam liquidam; vel ad

做 飯。 或 整 製 餚[1] 饌 菜[2] 蔬。
tsoú fán; houăy tchèn tché hiâo chuén tsăy soū;
faciendam oryzam duram; vel ad componendas carnes et olera;

這 個 自 然 該 用。 若 不 做 甚 東 西。
tché kó tsé jân kaў yóng; jŏ poŭ tsoú chén tōng sў;
istis certum est oportet uti; sin facis aliquam rem;

就 該 打[3] 滅 他 退[4] 出 來。 不 要[6] 空
tsieóu kaў tà miĕ tā toŭy tchoŭ laŷ. Poŭ yaó kŏng
statim debes exstinguere illum et auferre. Non oportet inutiliter

費[5] 柴 火。 若 燒 的 時 節。 免[6] 不
feý tchăy hò; jŏ chaō tў chê tsiĕ; mièn poŭ
impendere ligna; si quandò assabis, evitari non

---

[1] **Hiâo chuén. Hiâo** *ejus littera deficit in Diction.; sed illam explicant periti sic: caro cum ossibus.* **Chuén**, *comedere, bibere, comestibilia. Duæ istæ voces faciunt complexum et significant carnes comestibiles genericè.*

[2] **Tsăy soū. Tsăy** *est herba;* **soū** *est nomen genericum herbarum comestibilium; ex utroque fit complexum frequens apud Sinas ad significandum herbas comestibiles genericè.*

[3] **Miĕ** *significat exstinguere; additur ei* **tà**.

[4] **Touў tchoŭ laŷ. Touў** *est impellere vel impellendo cogere ut secedat;* **tchoŭ**, *egredi, producere;* **laŷ**, *venire. Tres voces explicantur auferre.*

[5] **Feý.** *Opus prodigere, dissipare, expendere, consumere;* **feý yóng**, *sumptus, impensæ;* **feý chê**, *tempus inutiliter terere.*

[6] **Mién.** *Deponere, evitare, dimittere, cessare.* **Tchoŭ mièn**, *tollere;* **mièn kouān**, *ab officio removere.*

得 有 炭。不要 凭[1] 他 瀁[2] 過 了。
tĕ yeòu tā̃n; poŭ yáo pī̃n tā̃ yâng kó leào;
potest quin sint carbones; ne sinas in cinerem ut redigantur;

該 取[3] 他 放 在 罈[4] 裏 面。或 要
kaȳ tsiŭ̃ tā̃ fáng tsaý tā̃n lỳ mién; houăy yáo
debes accipere eos ponereque intra vas; vel vis

燒 茶。或 要 烘 點 心 的 時 侯。
chaō tchā̃; houăy yáo hōng tièn sīn tў̆ chê heóu;
calefacere theum; vel vis igne exsiccare jentaculum

就 用 得。吃 完 了 飯 的 時。你 沒
tsieóu yóng tĕ̃; kў̆ ouân leào fán tў̆ chê; ngỳ mô
statim potes adhibere; comestione finitâ, tu non

有 甚 麽 事。該 把 廚 房 地 下
yeòu chén mô sé; kaȳ pà tchoū̃ fâng tý hiá
habens aliquam rem (faciendam); debes culinæ pavimento

打 掃。該 把[5] 柴 劈[6] 碎[7]。
tà saò; kaȳ pà tchā̃y pў̆̃ soúy.
verrere; debes accipere ligna securique in frustra findere.

---

[1] Pī̃n. *Inniti, fidere, implere, plenus, permittere;* pī̃n tā̃, *suo arbitrio relinquere;* pī̃n-kiú, *fundamentum morale.*

[2] Tsiŭ̃. *Capere, accipere, colligere;* tsiŭ̃ fă, *exemplum sumere;* tsiŭ̃ tchoū̃, *extradere.*

[3] Tā̃n. *Ista littera deest in Dictionario; sed communiter explicatur vas habens os angustum et ventrem amplum.*

[4] Yâng. *Liquare metalla.*

[5] Pà. *Capere, accipere, dare, scopa.*

[6] Pў̆̃. *Securè aliquid scindere, rumpere.*

[7] Soúy. *Res in minutas partes redacta dicitur* sò souý. *Item* sò souý, *importunus, scrupulosus.* Lîn souý, *minuties;* pŏ̃ souý, *minutatim frangere.*

QUATRIÈME DIALOGUE.

買[1] 辦 的 事。
Mày pán tў̆ sé.
De Emptoris rebus.

某 人。你 來。你 如 今 管 買 辦 的 事
Meòu jên; ngỳ laŷ; ngỳ joŭ kīn kouàn mày pán tў̆ sé
Quidam homo; tu veni; tu nunc cura emptoris

物。若 家 裏 銅 錢 沒 有 了 就 該 去
oú; jŏ kiā lỳ tŏ̃ng tsiĕ̃n mô yeòu leào tsieóu kaȳ kiŭ̃
negotia si domi cuprea moneta desit, statim debes ire

換 來 用。我 沒 有 細[2] 絲 銀。所
houán laŷ yóng. Ngò mô yeòu sý soū ŷn; sò
commutaturus pro usu. Ego non habeo purissimum argentum; quod

有 銀 錢。大 槩 都 是 算[3]
yeòu ŷn tsiĕ̃n. Tá kaý toū ché souán
habeo argentea (est) pecunia. Plerùmque totam habere censeor

---

[1] Mày *significat emere.* Mày máy, *mercatura;* mày pán, *emere necessarium ad quotidianum usum;* mày pán tў̆, *procurator.*

[2] Sý soū. Sý *est subtile, tenue, diligenter, modicum, minutum.* Soū *significat tenuia fila serica quæ bombyces ex ore emittunt. Argentum optimum et purgatissimum Sinenses vocant* sý soū ŷn, *eo quod habeat in superficie quasdam lineas velut subtilissima fila serica et istud optimum argentum pertingit enim usquè ad centesimum.*

[3] Souán. *Numerare, supputare, considerare.* Souán pā̃n, *tabella numeraria;* souán tchā̃ng, *rationes supputare.*

九 四 的。你 只 接[1] 九
kieòu sé tў̆; ngỳ tchè gán kieòu
nonagesimi quarti (gradùs); Tu tantùm juxtà nonagesimum

四 與 人 掉[2] 換。不 要 多
sé yù jên tiáo houán; poŭ yáo tō
quartum hominibus permutando dabis; nolo multùm

吃 人 虧[3]。就 是 了。
kў̆̃ jên kouȳ; tsiéou ché leào.
ab hominibus frauderis; et ità bené (erit).

若 是 吃 齋 的 日 子。你 可 買 魚。
Jŏ ché kў̆ tchaȳ tў̆ jĕ tsè; ngỳ kŏ mày yû;
Si sit servandi jejunium dies; tu potes emere pisces;

他[4] 們 常[5] 買 的 叫 做 鰱 魚
tā̃ mên châng mày tў̆ kiáo tsoú liên yû
Qui semper emunt vocant (hos pisces) silurum bagrum

---

[1] Gán. *Comprimere, cohibere, desinere, inniti, blandiri, examinare, secundùm, juxtà. In ultimo sensu hìc accipitur.*

[2] Tiáo. *Facere ut aliquid moveatur, agitare, mutare.* Tiăo houán *est complexum et utrumque significat permutare.*

[3] Koūy *est defectus, deficere, deesse.* Tchĕ̃ koūy *ad verbum est comedere fraudem. Emptor autem qui decipitur à venditore dicitur comedere damnum vel fraudem sibi illatam.*

[4] Tā̃-mên *est particula numeri pluralis, illi, ipsi, qui, alteri.* Tā̃ jên, *alter homo.*

[5] Châng *significat semper, communis, ordinarius; plerùmque, sæpè, sæpiùs, ferè semper, ut in præsenti loco.*

胖[1] 頭 魚 鰻[2] 魚。鱔 魚。鯽 魚。團 魚。
pā̃n teŏ̃u yû, mân yû; chán yû; tsiĕ yû; touā̃n yû;
anguillas (fluviales); Bramas; testudines;

麵 鰷 魚。銀 魚。大 鰕。鯧 魚。
mién tiā̃o yû; ŷn yû; tá hiâ; tchā̃ng yû;
murænas; argenteos pisces; magnos cammaros; octopos;

鱸 魚。惟[3] 近[4] 海 之 處 方 有 鞋 底魚。
loû yû; ouŷ kín haỳ tchē tchoū̃ fāng yeoù haŷ tў̀ yû;
asellos; duntaxat propè maris loca tunc adsunt soleæ;

亦 然 鱘 鰉 魚 鯉魚 鯖 魚 別 處 都
ў̆ jân tsī̃n houâng yû, lỳ yû, tsīn yû, piĕ̃ tchoū̃ toū
etiam (ignoti pisces), carpiones, sardinas, aliìs (in) locis omnes

有。買 時 須 看。不 要 買 臭
yeòu; mày chê siū kā̃n; poŭ yáo maỳ tcheŏ̃u
adsunt; emendo necesse est ut videas; ne emas fœtidos

爛 的。與 那 灌 水 的 魚。
lán tў̆; yù lá kouán choùy tў̆ yû;
(ac) putridos (pisces), cum istis repletis aquâ piscibus.

還 要 些 雞 蛋 鴨 蛋。須[5] 要
Houân yaó sȳ kȳ tán yă tán; siū yáo
Præterea volo aliquot gallinarum ova, anatum ova; necesse est (ut)

---

[1] *Piscis, cujus nomen europeum ignoramus.*

[2] *Item.*

[3] Oûy. *Duntaxat, solùm, unicè, considerare, machinari.*

[4] Kín. *Propè, proximus, approximare; ejus oppositum est* yuèn, *longè.*

[5] Siū yáo. *Necesse est, necessarium.*

新 生 的。若[1]是 海 菜 之 內[2]
sīn sēn tў; jŏ ché hày tsăy tchē loúy
sint recentia ac nova; si sint (circà) maris cibos

燕[3] 窩 海[4] 參 海[5] 蜇 鮑[6] 魚。
yén ouō, haỳ sēn, haỳ chĕ, paó yû.
scilicet hirundinum nidos, holothuria, sepias, percas.

有 客 來。 遇 時 價 便[7] 宜。
yeòu kĕ laŷ; yú chê kiá pién nŷ;
Adstantibus hospitibus, occurrenteque tempore pretii convenientis, poteris

畧[8] 買 多 一 些 亦 可 倘[9] 在
liŏ mày tō ў sў ў kŏ; tàng tsaý
summatim emere plùs parùm, etiam (hoc) convenit; si verò sit

價 貴 之 處。則[10] 不 可。 常 用
kiá koúy tchē tchoŭ; tsĕ poŭ kŏ. Châng yóng
pretii carioris tempus; tunc non convenit emere. Frequenter utor

小 菜 隨[11] 時 備 辦 或 芥 藍
siào tsăy soûy chê pý pán houăy kiáy lân
parvis oleribus; pro opportunitate temporis providebis sive brassicas,

---

[1] Jŏ ché. *Ista conditionalis regit periodos* yeòu kĕ laŷ *et sequent.*
[2] Loúy. *Plerimque explicatur intrà, intùs; hic verò circà, quantùm.*
[3] Yén ouō. Yén *est hirundo;* ouō, *nidus; gallicè verò* : salangane. — *Iste cibus valdè corroborans est carissimi pretii.*
[4] Hày sēn. *Gallicè* : Holothurie.
[5] Hày chĕ. *Gallicè* : la Sèche.
[6] Paò yû. *Gallicè* : la Perche.
[7] Pién ў. *Utilitas, conveniens aliquid, ut in isto loco.*
[8] Liŏ *significat modicum, parùm, et etiam aliquid.*
[9] Tàng *est conditionalis* sié.
[10] Tsĕ. *Statim, posteà, ergò, consequenter.*
[11] Soûy chê. *Opportunitate temporis uti.*

或 白[1] 菜 或 黃[2] 芽 菜。或 波[3] 菜。
houăy pĕ tsaý houăy houâng yâ tsăy; houăy pō tsăy;
sive alba olera, vel flava germina; vel spinacias;

或 蘿 蔔。 瓜 茄[4] 荳[5] 角 扁
houăy lô poŭ; kouā kiĕ teóu kŏ pién
vel rapas; cucurbitas, melongenas, phaseolos corneos, compressos

荳。 因[6] 時 而[7] 用。 生[8] 菜 馬[9] 齒 莧
teóu; ȳn chê eûl yóng. Sēn tsăy mà chĕ hán
phaseolos; juxtà tempus etiam adhibere. Lactucæ, portulacæ

是 極 好 的。 用 葱 頭 薑 汁 鹽
ché kў haò tў; yóng tsŏng teŏu kiāng chĕ yên
sunt optimæ; adhibebis cæpas (in eis), gingiberi succum, sal,

醋 香 油 調[10] 和。 春 天 時 遇[11]
tsoú hiāng yeôu tiaŏ hó; tchoŭn tiĕn chê yú
acetum, odoriferum oleum simul mixtos; veris tempore invenies

---

[1] Pĕ tsaý *est species brassicæ albæ, nunc in Galliâ apprimè notæ et introductæ a R. D. Voisin, directore in semin. missionum ad exteros.*
[2] Houâng yâ tsaў. Houâng *est flavus color. Arborum vel herbarum germina dicuntur* yâ.
[3] Pō tsaў. *Gallicè* : épinard.
[4] Kiĕ tsè *est melongena; gallicè* : aubergine.
[5] Teoú kŏ *est species phaseoli.*
[6] Ȳn. *Quià, ideò, causâ, conformiter, conformare, inniti.*
[7] Eûl. *Conjunctiva* et; *littera fin. et auxiliaris.*
[8] Sēn tsaý. *Lactuca, gallicè* : laitue, salade.
[9] Mà chĕ hán. *Gallicè* : pourpier.
[10] Tiaŏ hó. *Temperare, moderari, ad concordiam revocare; miscere.*
[11] Yú. *Fortuitò congredi, obviam habere, exspectare;* yú tchŏ, *invenire.*

新 鮮 的 竹[1] 筍。 宜 買 些
sīn siēn tў tchoŭ sèn; nŷ mày sȳ
recentes arundinum radices; conveniens est (ut) emas parùm

用。 外[2] 有 麵[3] 筋 腐[4]
yóng. Ouáy yeoù mién kīn foù
ad usum. Præterea adsunt ex farinâ nervi, ex massâ phaseolorum

皮。 粉[5] 皮 蘑 菰 香[6] 菌 木[7]
pў; fèn pў mô koū hiāng sín moŭ
pellis; farinæ pellis, subterranei fungi, odoriferi fungi, ex arboribus

耳 荳 芽 茭[8] 筍 黃 蘿 蔔
eùl teóu yâ kiaō sèn houâng lô poŭ
fungi, phaseolorum germina, radices sub aquis nactæ, rubri dauci,

黃 瓜 金 瓜 遇 時 買 些
houâng kouā kīn kouā. Yú chê maỳ sȳ
cucumeres flavi, aureæ cucurbitæ. Adveniente tempore emere parùm

---

[1] Tchoŭ sèn. Tchoŭ, *arundo;* sèn, *radix. Cibus sat frequens nec insuavis apud Sinas.*
[2] Ouáy. *Foras, extrà;* liù ouày, *ultrà, præterea.*
[3] Mién kīn. Mién *est farina ex tritico.* Kīn *est nervus; eo complexo vocare solent Sinenses quasdam massas veluti ex farinâ triticeâ compositas.*
[4] Foù pў. Foù *putre, putrescere.* Teoú foù *phaseolorum caseus;* foù pў *est hujus casei pellis quam separant.*
[5] Fèn pў. Fèn *farina quælibet ità vocatur, exceptâ farinâ triticeâ, quam vocant* mién. *Igitur* fèn pў *sunt velut pelles cujusdam massæ farinæ, nescio cujus generis.*
[6] Hiāng sīn. Hiāng *odor, odorus.* Sīn *radix arboris.*
[7] Moŭ eùl. Moŭ, *lignum, arbor;* moŭ eùl, *fungi qui in arboribus nascuntur.*
[8] Kiaō sèn. *Herbæ recentes dicuntur* tsoŭ; *siccæ verò* kiaō. *Quælibet herba in aquis vel sub aquis nascens dicitur* kiaō pĕ.

用 亦 可。你 們 每 日。 則 春 青[1]
yóng ў kŏ. Ngỳ mên meỳ jĕ; tsĕ tchoŭn tsīn
ad usum etiam licet. (Pro) vobis singulis diebus; scilicet vere et

夏 韭[2] 秋 腐 冬 蘿 或[3]
hiá kieòu, tsieōu foù tōng lô houăy
æstate porri, autumno phaseolorum caseus, hieme rapas vel

時 買 些。 鹹 魚 鹹 蝦[4]
chê maỳ sȳ hiên yú hiên hiâ
aliquando emere parùm sallitorum piscium, sallitorum cammarorum,

欖[5] 豉 豆[6] 鼓 隨 你 們 所 欲[7]。
làn chē, teóu tché soûy ngỳ mên sò yoŭ;
salsamen ex phaseolis, pro libitu vestro quæ vultis;

只 不 可 買 貴 的。且 勿 濫[8] 用 無
tchè poŭ kŏ maỳ koúy tў; tsiĕ oŭ lán yóng oŭ
duntaxat non convenit emere caras (res); item nec projicere sine

節。 到 鋪 裏 買 蒸
tsiĕ; taó poú lỳ maỳ tchēn
moderatione; perveniens in apothecâ empturus spiras vapore coctas

---

[1] Tsīn *est color cæruleus. Est etiam nomen genericum herbarum comestibilium quas vulgò vocari solent* tsīn tsaў.
[2] Kieoù tsaў, *id est porri; brevitatis causâ hic subauditur* traў.
[3] Houăy chê *significat aliquandò; idem confirmat contextus et sensus illius discursus.*
[4] Hiâ, *id est cammarus; gallicè* : écrevisse.
[5] Lān tchē *est quidam fructus ad instar olivæ.*
[6] Teoú tché *est quædam phaseolorum conditura.*
[7] Yoŭ. *Concupiscere, amare, desiderare, velle.*
[8] Lán yóng. *Hoc complexum deest in aliquot diction.* : prodigere, abuti.

餅 作 點心。須[1] 上好白麵
pìn tsoú tièn sīn; siū cháng haò pĕ mién
panes pro faciendo jentaculo; requirite optimos albos panes;

的。卷[2] 蒸 方可。諸[3] 凡
tў; kiuèn tchēn fāng kò; tchoū fān
spiras ad vaporem coctas tunc convenit; omnia ac quælibet

有 包[4] 肉的 包 菜的 包 荳
yeòu paō joŭ tў paō tsăy tў paō teóu
aderint ibi involucra carnium, involucra herbarum, offæ phaseolos

沙 餡[5] 的 有 糖的 都
chā hién tў yeòu tăng tў toū
in pulvere redactos continentes (vel) habentes saccharum, omnia ista

不要 買。
poŭ yáo mày.
ne emas.

若 用 點心 待[6] 客 則
Jŏ yóng tièn sīn taý kĕ tsĕ
Si adhibeatur jentaculum ad tractandum (benè) hospitem, statim

---

[1] **Siū.** *Requirere, exspectare, accipere.*
[2] **Kiuèn..** *In spiram colligere; in orbem glomerare.*
[3] **Tchoū.** *Omnes; præpositiones in, ad, dativi nota, rescendere, fortasse.* **Tchoū fân** *est complexum.*
[4] **Paō.** *Obvolvere, involucrum.* **Paō hô,** *sarcinula.* **Paō hân,** *continere, capere.* **Paō joŭ.** *Gallicè :* petits pâtés.
[5] **Hién.** *Carnes et cætera quæ pani vel offæ includuntur.*
[6] **Taý.** *Exspectare.* **Siāng taý,** *alicui urbanitatis officia referre. Hic,* **taý** *significat : benè excipere.*

買些 茶[1] 食。就是那 蒸 餅
mày sў tchă chĕ; tsieóu ché lá tchēn pìn
eme parùm pro theo edulia; videlicet illos calore coctos panes,

酥[2] 餅 千[3] 層 餅 三[4] 刀 餅 菊[5] 花 餅
soū pìn tsiĕn tsĕn pìn, sān taō pìn kioŭ hoā pìn
butyro panes, artolagana, liba trisecta, florulenta liba,

玫瑰菓餡 透 糖 蔴花 茯[6]苓糕
meў koúy kò hién teóu tăng mâ hoā foŭ lîn kaō
roseos fructus penetratos saccharo, sesami flores, salgamata,

糤[7] 子 光頭酥餅 蛋餅 八 月
sàn tsè kouāng teŏu soū pìn tán pìn pă yuĕ
bracteas edules, offas cum butyro, offas ex ovis, octavæ lunæ

中 秋 賣的 月 餅 五 月[8] 端[9]
tchōng tsieŏu maý tў yuĕ pìn où yuĕ touān
autumni tempore, empti lunares panes, quintæ lunæ oryzæ

---

[1] **Tchă chĕ** *sunt fructus illi sicci quos simul cum theo Sinenses hospiti offerre solent.*
[2] **Soū** *species butyri.* **Soū pìn** *vocantur a Sinensibus quædam liba in quibus est immixtum butyrum.*
[3] **Tsiĕn tsĕn pìn. Tsiĕn** *est numerus mille;* **tsĕn** *est numerale consignationum, seu rerum suppositarum. Sic vocant foliacea placenta, quæ a Gallis :* feuilletés *dicuntur.*
[4] **Sān taō pìn,** *species placentorum quæ formam cultri præ se ferunt.*
[5] **Kioŭ hoā pìn.** *Panes præ se ferentes aliquatenùs formam floris dicti :* reine-marguerite, *seu* chrysanthème.
[6] **Foŭ lîn** *est lignum medicinale.*
[7] **Sàn tsè** *est cibus ex farinâ, digestionis valdè facilis.*
[8] **Yuĕ pìn.** *Panes sic dicti eò quòd formam lunæ præbeant; ideò vocantur lunares panes.*
[9] **Touān.** *Principium, ordo, rectum; in hâc ultimâ significatione debet hìc accipi eò quod quinto die mensis, ob propinquitatem et rectitudinem solis, variis se dant superstitionibus Sinenses.*

五賣的 粽[1] 的。 各 處地方所
où maỳ tў tsŏng tsè; kŏ tchoŭ tý fāng sò
triangulares oryzæ panes, in quibuslibet locis

造 不 同。 但 揀[2] 上 細[3]的 買 些
tsáo poŭ tŏng; tán kièn cháng sý tў maỳ sў
fiunt diverso modo; duntaxat elige diligentissimè (eos), eme pauca,

罷 了。
pá leào.
et sufficit.

飯 後 用 的時 新 樹 菓
Fán heóu yóng tў chê sīn choú kò
Comestionem post adhibendi tempore recentis arboris fructus

荔枝 圓 眼 蕉 子 蓮[4] 藕 菱[5]
lý tchē, yuên yèn, tsiāo tsè, liên geòu, lîn
rotundos oculos, ficus indicos, nenuphari radices, trapam

角 洋[6] 桃 金[7] 橘 此 是[8]
kŏ yâng taŏ kīn kioŭ tsĕ ché
bicornem, europea mala persica, aurea mala sinica, isti sunt

---

[1] **Tsŏng tsè** *est oryzæ massa trianguli forma compacta et cocta, quâ utuntur in quintâ lunâ.*
[2] **Kièn.** *Eligere, seligere.* **Siuèn kièn,** *idem sensus.*
[3] **Sý** *significat hic diligenter, attentè.* **Cháng** *facit superlativum.*
[5] **Liên geoù. Liên hoā,** *nenuphari flores;* **liên tsè,** *ejus fructus;* **liên geoù,** *ejus radix procreatur in aquis.*
[4] **Lîn kŏ** *est fructus aquatilis cornua gerens.*
[7] **Yâng taŏ.** *Gallicè :* pèche d'Europe.
[8] **Kīn kioŭ** *est species mali medici.*
[6] **Chè.** *Simul cum particulâ* **tў** *deservit ad passivum faciendum.*

廣 東 多有的。其 餘 栗子 李子
kouàng tōng tō yeòu tў; kў yû lў tsè, lỳ tsè
in Cantone plurimi; alia reliqua (scilicet) castanea, pira,

梨梅子杏 子 桃 子 則 處 處 皆
lў meў tsè hên tsè, taŏ tsè, tsĕ tchoŭ tchoŭ hiây
arbuta, mala armeniaca, mala persica, tunc ubiquè omnes

有。 隨 時 所 熟。 買 些
yeòu; soûy chê sò choŭ; maỳ sў
adsunt; opportuno tempore quæ (sunt) matura; emere parùm

便 是。又 有 柹[1] 子 花 紅 櫻[2]
pién ché; yeóu yeòu ché tsè hoā hông ŷn
expediens est; etiam adsunt diospyros kaki, mala cerasa, mala

桃 核桃 石 榴 蘋[3]菓。恐 不 能 到
taŏ hĕ taŏ chĕ lieôu pĭn kò; kŏng poŭ lên táo
punica, nuces, granata mala, poma; Fortassè non possunt in

處 多 有。 但 遇[4] 着 時 買 些
tchoŭ tō yeòu; tán yú tchŏ chê mày sў
omni loco multa haberi; attamen quandò invenies, emere aliquot

不 妨[5] 吃 肉 的日子 羊 肉 這地方
poŭ fāng; kў joŭ tў jĕ tsè yâng joŭ tchĕ tý fāng
nihil obest; comedendi carnes diebus, ovilla caro, istis locis

---

[1] **Ché tsè.** *Gallicè :* plaqueminier.
[2] **Ŷn taŏ** *vel* **gēn taŏ.** *Gallicè :* cerises.
[3] **Pĭn kò.** *Gallicè :* reinettes.
[4] **Yú tchŏ.** *Invenire.*
[5] **Fāng.** *Obstaculum, obstare, impedire damnum.*

貴 莫[1] 亂[2] 買。牛 肉
koúy mŏ louán mày; nieôu joŭ
carior (est) non oportet inconsideratè emere; Quoàd bubulam carnem

單 用 黃 牛 的。猪 肉
tān yóng houâng nieôu tў; tchoū joŭ
tantummodò utimur flavi bovis (carne); (circà) suillas carnes

須 防 錯[3] 買 母 猪 的 肉。
siū fâng tsŏ̃ mày moù tchoū tў joŭ:
necesse est animadvertas errorem emendi scrofæ carnem;

或 吹 水 在 內 的。那 等 肉 不 但
houăy tchoŭy choùy tsaý louý tў; lá tèn joŭ poŭ tán
vel sufflatione aquæ intùs habentem; Ejusmodi caro non solùm

不 好 吃。還 怕 會 發[4]
poŭ haò kў̃; houân pā̃ houý fă
non bona (est) (ad) comedendum; verùm etiam timeri potest

病。市[5] 價 貴 賤[6] 不 一。你 須
pín; ché kiá koúy tsién poŭ ў; ngў̀ siū
morbus; in foro pretium carum (et) vile non unum; tu necesse est

---

[1] **Mŏ.** *Particula prohibitiva, ne, non, nolo, non convenit.*
[2] **Louán.** *Confusio, perturbatè, ineptè, stultè.*
[3] **Tsŏ̃.** *Multas habet significationes. Hic significat errare, error. Adverte quod eadem littera est in quarto tono cum aspiratione.*
[4] **Fă pín.** *Ægrotare, ægrotatio.*
[5] **Ché.** *Forum, nundinarium.*
Tsién. *Vile, infimum;* **kiá tsién,** *infimum pretium.*

時[1] 時 加 查[2] 問。不 要 賤
chê chê kiā tchā̃ ouén; poŭ yáo tsién
omni tempore augmentum inquiras; nolo (enim) vilioris pretii

時 還 是 貴 買。所 用 戥[3] 子 秤[4] 幹[5]
chê houân ché koúy maў̀; sò yóng tèn tsè tchén kán
tempore adhuc sit carior emptio; quibus uteris libris et stateris,

都 要 正 合 司[6] 馬。不
toū yaó tchén hô sē mà; poŭ
omnes volo æqualiter conveniant cum ponderibus (gubernii); non

可 小 戥 大 秤。斗[7] 斛[8] 私
kŏ siaò tèn tá tchén; teòu hŏ sē
conveniunt parva libra (et) magna statera; mensuris et secretò

加。不 惟 名 聲[9] 不 好。且 得 罪
kiā; poŭ ouŷ mìn chēn poŭ haò; tsiĕ̃ tĕ̃ tsoúy
superaddere; nedùm ad famam non bonum; sed etiam peccatur

不 輕。若 過 甚 磨 大 瞻 禮 之 日。或
poŭ kĭ̃n; jŏ kó chén mộ tá tchān lў̀ tchē jĕ; houăy
non leviter; Si transeat alicujus magni festi dies; vel

---

[1] **Chê chê,** *anni tempore, semper.*
[2] **Tchā̃ ouén.** *Complexum significans percontari, inquirere, etc.*
[3] **Tèn tsè** *est trutina quà utuntur Sinenses.*
[4] **Tchén** *est statera major quà utuntur ad ponderandum v. g. carnes, olera, etc.*
[5] **Kán** *est scapus libræ punctis librarum discrimina notantibus distinctus.*
[6] **Sē mà. Sē,** *præesse, judicare, gubernare, curam gerere. Ista littera componit nomen Præfecti ærarii :* **Poú tchén sē. Fă mà** *vocantur pondera determinata;* **sē mà,** *statera et bilanx.*
[7] **Teoù** *est mensura quædam circiter sicut mensura gallicè :* **boisseau.**
[8] **Hŏ** *est mensura constans quinque* **teoù.**
[9] **Mìn chēn.** *Fama, honores.*

4

請 別 的 老 爺 們 時。則 買 二 隻
tsìn piĕ̃ tў laò yê mên chê; tsĕ̃ maў̀ eúl tchĕ
(quandò) invitantur alii Domini, tunc emas duas

雞。俱 要 肥 大。一 個 白 煮。
kў; kiú yáo feŷ tá; ў kó pĕ̃ tchoù;
gallinas; utramque volo pinguem (et) grandem; una elixetur;

一 個 燒 烤。或 鵝 或 鴨 或 鵓[1] 鴿
ў kó chaō káo; houăy ouō houăy yă houăy peў̆ kŏ
altera assetur; vel anserum vel anatum vel columbarum

或 鵪 鶉 也 要 買 幾 個。若 有 鷓 鴣
houăy gān chuên ў̀ yáo maў̀ kў̀ kó. Jŏ yeòu ché koū
vel cornicum etiam volo emas aliquot. Si adsint perdices

更 好。外[2] 面 賣 的 燒 鵝。他 若
kén hào; ouáy mién maý tў chaō ouô; tā̃ jŏ
meliùs erit; in foro venales assatæ anseres; venditor ille si

肯 分 賣。買 半 個 也 好。
kèn fēn máy; mày pán kó ў̀ haò.
vult dividendo vendere; emere medietatem etiam bonum est.

客 多 時。豬 肝 豬 肚[3]
kĕ̃ tō chê; tchoū kân tchoū toù
Hospitibus multis adstantibus; ex suillo hepate, ex suillo ventriculo

---

[1] *Columbæ vocantur* **pĕ kŏ** *vel etiam* **kŏ tsè.**
[2] **Ouáy mién. Ouáy,** *foras, extrà;* **mién,** *facies, superficies. Hic explicatur forum, seu platea, vel locus ubi venduntur comestibilia.*
[3] **Toù.** *Venter. Eadem littera est etiam in quarto tono.*

肺[1]。豬 蹄 各 樣 買 些。
feý; tchoū tў̆ kŏ yáng maў̀ sў;
cum pulmone, ex suillis pedibus cujuslibet generis eme parùm;

吩 咐 廚 子 好[2] 生 整 製 調
fēn foú tchoū̃ tsè haò sēn tchén tché tiā̃o
Præcipe coquo ut benè benè comparat unum cum altero

和。買 酒 時。這 裏 的 燒
hô. Mày tsieòu chê; tché lў̀ tў̆ chaō
permiscendo. Quandò emis vinum in hoc loco animosum

酒 多 不 好 吃。就 是 桂[3]
tsieòu tō poŭ haò kў̃; tsieóu ché kouý
vinum plerùmque non bonum ad bibendum; videlicet ex civitate

林 酒。三 白 酒。紹[4] 興 老 酒
lîn tsieòu; sān pĕ̃ tsieòu; chaó hīn laò tsieòu
kouý lîn *vinum; trinæ albedinis vinum; erigens senes vinum,*

玉[5] 藍[6] 酒 菉 荳 酒 先 要 嘗[7] 過。
yŭ lân tsieòu, loŭ teóu tsieòu. Siēn yáo chā̃ng kó;
pretiosum cæruleum vinum, phaseoli vinum. Anteà volo gustes;

---

[1] **Feý.** *Pulmones.*
[2] **Haò sēn. Haò,** *bonum;* **sēn,** *recens, creare, producere;* **sēn tĕ̃ haò,** *apparentia bona est.*
[3] **Kouý lîn** *est quædam arbor cujus flores suavem efflant odorem. Aliqui eam vocant : olea flagrans.* **Kouý pў̃,** *cinnamomum.*
[4] **Chaó.** *Continuare, connectere.* **Laò,** *sexagenarius.* **Hīn,** *erigere, tollere, surgere.*
[5] **Yŭ.** *Lapis pretiosus.* **Lân,** *herba ex quà elicitur tinctura cærulea.*
[6] **Loŭ teoú.** *Legumen indicum simile lenti.*
[7] **Chā̃ng oŭ,** *aliquid gustare.*

果是 眞[1] 正 好 酒。幾 還 他
kò ché tchēn tchén haò tsieòu; tsaỷ houân[2] tā
an reverà purum ac optimum (sit) vinum; Tunc solves illi

價 錢。 不 可 貴 價 錢 買 假 酒
kiá tsiēn; Poŭ kŏ koúy kiá tsiēn maỳ kià tsieòu
pretium. Non enim licet caro pretio emere falsum vinum,

淡 水 酒。眞 正 金[3] 華 火[4] 腿。是
tán choùy tsieòu. Tchēn tchén kīn hoâ hò toŭy; ché
insipidum vinum. Reverà dicta kīn hoâ *perna suilla;*

不 可 少 的。該 時[5] 常 照[6] 看 家 裏
poŭ kŏ chaó tỹ. Kaȳ chê chāng chaó kān kiā lỳ
non convenit ut deficiat. Debes semper providere domi

柴 米 油 鹽 之[7] 類。若 差 不 多
tchāy mỳ yeôu yên tchē loúy; jŏ tchā poŭ tō
ligna, oryzam, oleum, sal, ista omnia genera; si fortè

要 完 了。宜 預 先 買 就 莫
yáo ouân leaò; nŷ yú siēn maỳ; tsieóu mô
jàm ferè sint finita; oportet statim anticipato emere; nolo ut

---

[1] Tchēn tchén, *verè, reverà.*
[2] Hoân. *Insuper, solvere, reddere.*
[3] Hīn hoâ *est celebris locus in* foŭ kién *ob pernas suillas sallitas optimi saporis.*
[4] Hò toŭy. Hò, *ignis*; toŭy *est perna genericè.* Hô toŭy, *communiter vocantur pernæ suillæ sallitæ.*
[5] Chê châng. Chê *est tempus, hora*; châng, *semper; utrumque, omni tempore.*
[6] Tchaó kān. *Sinenses utuntur sæpè hoc complexo ad significandum : providere.* Tchaó, *illuminare*; kān, *videre, utrumque providere.*
[7] Tchē. *Ille, iste, suus; littera aux. postposita facit relativa, genitiva, participia.*

致[1] 臨[2] 用 方 買。
tché lîn yóng fāng mày.
differas adeò ut approximetur illarum usus ut tunc emas;

多 有 吃 虧。且 若 外 面 市
tō yeòu kў koūy; tsiĕ jŏ ouáy mién ché
multùm enim patiemur detrimentum; sed si foras in foro

價 下 了 時 可 來 報[3] 我。以
kiá hiá leào chê kŏ laŷ paó ngò, ỳ
pretium jàm descendit venies ad nuntiandum mihi, ut

便[4] 稱 時 買 些。免 得
pién tchēn chê maỳ sȳ. Mièn tĕ
opportunè te conformando tempori emas parùm. Evitari potest

常 吃 貴 物。這 是 你 做
chăng kў koúy oŭ; tché ché ngỳ tsoú
sæpe sæpiùs ut comedamus cariùs res; hoc tuum est ut facias

買 辦 的 本 分。你 須 知 道。穿 的
maỳ pán tỹ pèn fén; ngỳ siū tchē taó tchouān tỹ
emptoris officium; tu necesse est ut scias indumentorum

材 料。春[5] 紬 夏 紗 秋
tsaў leáo; tchoūn tcheōu, hiá chā, tsieōu
materias; vere multitia, æstate tela serica tenuior, autumno,

---

[1] Tché. *Perstringere, provenire, differre.*
[2] Lîn. *Respicere, inferiorum curam gerere, approximare.*
[3] Paó. *Significare.* Paó sín, *nuntiare.*
[4] Pién. *Opportunum, commodè, statim.*
[5] Tcheoū *est tela serica inferior damasceno, latinè :* multitia.

羅[1] 冬 緞[2]。 這 是 那 世
lô tōng touán; tché ché lá chê
tela serica lô, *hieme sericum damascenum; istæ sunt hujus regni*

俗 中 富 貴 人 的 行[3] 頭
sioŭ tchōng foŭ koúy jên tỹ hîn teōu;
mundanorum divitum, nobilium hominum consuetudines;

我 們 的 本 分 該 樸[4] 素 簡 節[5] 些
ngò mên tỹ pèn fén kaȳ poŭ soú kièn tsiĕ sȳ
ex nostro officio debemus sine fuco eligere moderatè

除[6] 會[7] 客 的 衣 服 冷 時
tchoū hoúy kĕ tỹ ȳ foŭ; lèn chê
exceptis ad visitandum hospites vestibus; tempore frigoris

緞 袍[8] 緞 套[9]。 熱
touán paō touán tāo jĕ
ex serico damasceno paô tsè; *ex eàdem materià* ouáy taō; *caloris*

時 紗 的 或 葛 布 的 袍 子
chê chā tỹ houăy kŏ poú tỹ paō tsè;
tempore ex telà sericà tenuiori; vel ex kŏ poú paō tsè;

---

[1] Lô *est species serici tenuioris.*
[2] Touán *est nomen genericum serici damasceni.*
[3] Hîn teōu *explicatur ire, progredi, facere, operari.*
[4] Poŭ soú. *Sincerus, verax, sine fuco.*
[5] Tsiĕ. *Temperantia, moderatio, parcus, moderatus.*
[6] Tchoū. *Vetus pro novo commutare.* Tchoū kiū, *abjicere, excludere.*
[7] Houý. *Congregare, unire, obviàm habere, scire, posse,* Siāng houý, *sese invisere.*
[8] Paō tsè *est vestis sinensis longior.*
[9] Taō *vel* ouaý taō. *Vestis quæ cæteris superponitur.*

紗 羅 外 套 就 勾 了。家 裏 常
chā lô ouáy taō tsieóu keóu leào; kiā lỳ châng
ex tenuiori serico ouáy taō *statim sufficiet; domi semper*

用 則 梭[1] 布 綿 布 夏 布 等
yóng tsĕ soŭ poú miên poú hiá poú tèn
utor videlicet soŭ poú, *ex gossipio telà, æstivà telà et similibus*

做 的 衣 服 最[2] 好。 但 買 的 時 節。
tsoú tỹ ȳ foŭ; tsouý haò; tán maỳ tỹ chê tsiĕ,
confectis vestibus; (istis fiunt vestes) optimæ; duntaxat quandò emis,

要 看 那 布 的 染 水 紗[3] 綿 耐[4]
yaó kān lá poú tỹ jàn choùy chā sién laý
volo ut videas illius panni tincturam et fila nùm durent

穿 的。若 買 了 假 貨。 不 久 就
tchouān tỹ; jŏ maỳ leào kiá hó, poŭ kieòu tsieóu
induendo; si emisti falsas merces, brevi nàmque

壞[5]。 反[6] 不 如[7] 穿 紬 緞。
houáy. Fàn poŭ joŭ tchouān tchoū touán;
destruentur. E contrariò meliùs est induere multitià et damasceno;

諸 凡 應 用 之 物 時 價
tchoū fân ȳn yóng tchē oŭ chê kiá
omnibus et quibuslibet convenit uti hisce rebus, cùm rerum pretia

---

[1] Soū poú *est tela ex gossipio tenuis.* Pĕ kŏ poú *est tela ex radice cujusdam arboris.*
[2] Tsouý. *Valdè nimis, facit superlativa, v. g.* Tsouý tá, *maximus.*
[3] Chā *est tela serica tenuior.*
[4] Laý. *Durare, perdurare.* Jèn laý. *Patientia, patienter ferre.*
[5] Houaý. *Dicitur cùm res a se ipsa destruitur vel corrumpitur.*
[6] Fàn. *Contrà, e contrario, semel et iterùm.*
[7] Joŭ. *Sicut, simile, si, et, ire, pervenire.* Mô joŭ, *nemo.*

56　DIALOGUES CHINOIS-LATINS.

多　有　起¹　跌²　若　過　平　價
tō　yeóu　kỷ　tié　Jŏ　yú　pīn　kiá
multum habeant incrementi et decrementi Si invenies justi pretii

時。　不　可　錯　過　機　會　你
ché;　poŭ　kŏ　tsó　kŏ　kỷ　hoúy.　Ngỷ
opportunitatem; non convenit ut erres et transeas occasionem. Tu

記³　着　要⁴　緊。
kỷ　tchŏ　yáo　kĭn.
hæc recorderis, necessarium est.

---

¹ Kỷ. Surgere, erigere.
² Tié. Labi, cadere. Kỷ tié, incrementum et decrementum. Kỷ kiá, pretium crescit. Sý kiá, pretium minuitur.
³ Kỷ tchŏ. Kỷ, recordari, in memoriam revocare; tchŏ est verbum multiplicis sensûs. Ỷ tchŏ, se conformare cum alio ut obsequendo. Tchŏ ỷ, veste induere.
⁴ Yáo kĭn. Yáo, velle; kĭn, arctum, arctè, stringere, diligenter. Yáo kĭn, necessarium.

DIALOGUES CHINOIS-LATINS.　57

CINQUIÈME DIALOGUE.

庫¹　房　的　事。
Koŭ　fāng　tỷ　sé.
De penariâ cellæ rebus.

叫　某　人　到　我　房　裡　面　來。
Kiáo　meŏu　jên　táo　ngŏ　fâng　lỷ　mién　laý;
Voca talem hominem ut accedens mecum intrâ cubiculum veniat;

我　有　話　與　他　說。
ngŏ　yeŏu　hóa　yù　tā'　chŏ.
ego habeo verba illi dicenda.

老　爺　叫　小　的　有　事　磨　甚
Laŏ　yê,　kiáo　siăo　tỷ　yeŏu　chéu　mŏ　sé
Domine, vocasti (me) parvulum servum, habes quodnam negotium

吩　咐。
fēn　foú.
præcipiendum mihi?

我　叫　你　來　要　你　管　庫　房　你
Ngŏ　kiáo　ngỷ　laý　yáo　ngỷ　kouān　koŭ　fâng　ngỷ
Ego vocavi te venire, volo ut tu curam habeas penariâ, tu

會　不　會　與　我　說。
hoúy　poŭ　hoúy.　Yù　ngŏ　chŏ.
es-ne peritus vel non peritus? Mihi declara (hoc).

---

¹ Koŭ. Ærarium. Koŭ fâng, locus ubi plura asservantur. Itâ vocant Penariam seu Cellam penariam.

58　DIALOGUES CHINOIS-LATINS.

老　爺　庫　房　的　事　小　的　原¹
Laŏ　yê　koŭ　fâng　tỷ　sé　siăo　tỷ　yuên
Domine, de penariâ rebus ego servulus tuus hanc curam

不　曾　管　過。　怎　磨　敢　說　會。　如　今
poŭ　tsên　kouān　kó；　Tsên　mŏ　kăn　chŏ　hoúy；　joŭ　kĭn
usquemodò non habui. Quomodò ausim dicere: scio; modò

依²　着　老　爺　敎³　道　的　言⁴　語　做
ỷ　tchŏ　laŏ　yê　kiáo　taó　tỷ　yên　yù　tsoú
me conformem Domini docentis verbis (idque) cum fecero

久　了⁵　自　然　也　就⁶　熟⁷。
kieòu leaŏ,　tsé　jân　ỷ　tsieoú　choŭ.
diù, certò quidem quoque potero peritus esse.

你　說　得　是。　你　依　我　說　纔　好。
Ngỷ　chŏ　tŏ’　ché；　ngỷ　ỷ　ngŏ　chŏ　tsáy　haŏ.
Tu dixisti verum; te conformando meis verbis tunc benè.

---

¹ Yuên. Iterùm, rursùm, denuò; origo, principium. Yuên poŭ tsên est complexum frequens in linguâ sinicâ ad significandum nondùm adhuc, nondùm anteà.
² Ỷ tchŏ. Se conformare cum alio.
³ Kiáo taó. Kiáo, doctrina. Kiáo, docere. Taó, docere, dicere, dirigere. Kiáo taó, docere.
⁴ Yên yù. Yên, dicere, loqui. Yên yù, verba.
⁵ Leaŏ significat hic perficere, absolvere, complere et vult dicere absolvens seu complens longum tempus in eo officio faciendo.
⁶ Tsé jân. Ità est, certum est.
⁷ Tsieoú. Posse; significat etiam perficere, in quo sensu hic quoque accipi potest.
⁸ Choŭ. Assuetus, expertus.

DIALOGUES CHINOIS-LATINS.　59

第　一　件　事。　未　曾　擺　桌　子　先　該　把¹
Tý　ỷ　kién　sé；　oúy　tsên　păy　tchŏ　tsè,　siēn　kāy　pà
Primum negotium est; nondùm paratâ mensâ, anteà debes

地　下　掃　乾　淨。　不　論　是　早　是
tỷ　hiá　saŏ　kān　tsín；　poŭ　lén　ché　tsaŏ　ché
pavimentum verrere limpidè; parùm refert sit manè (vel) sit

晚、　常　常　該　是　這　樣；　掃
ouàn；　châng　châng　kāy　ché　tchë　yáng；　saŏ
vesperè; semper oportet rem fieri hoc modo; cùm verrere

完　了　把　吃　飯　的　桌　子　要　抹³　得
ouân　leaŏ　pà　kỷ　fàn　tỷ　tchŏ　tsè　yáo　mă　tě’
finieris, accipe epularem mensam (quam) debes extergere

光⁴　淨。　然　後　每　一　位　老　爺　面　前
kouāng　tsín；　jân　heóu　mèy　ỷ　oúy　laŏ　yê　mién　tsiên
splendidè et mundè; deindè coram singulorum dominorum

擺　一　條　白　手　巾　一　雙⁵　筷　著　一　個
pày　ỷ　tiáo　pě’　cheŏu　kīn,　ỷ　chouāng　kouáy tchoŭu,　ỷ　kó
præparabis unum album chiromactrum, unum par paxillorum, unum

酒　盃　白　布　手　巾　該　摺　一　摺。　把　快　著
tsieŏu pēy,　pě’ poú cheŏu kīn　kāy tsě’　ỷ　tsě'；　pà　kouáy tchoŭu
scyphum; albæ telæ mantile debes benè plicare; accipe paxillos

---

¹ Pà. Ibi significat capere, accipere; quasi dicat: accipe pavimentum et limpidè verre, quod est modus loquendi figurativus apud Sinas.
² Poŭ lén. Parùm refert.
³ Mă. Fricando extergere. Choā est abstergere cum scopulâ et pennis vel pilis. Ista littera dùm legitur mŏ significat delere.
⁴ Kouāng. Splendidum, clarum; claritas, splendor, illustrare; accipi potest tanquàm complexum cum tsin.
⁵ Chouāng est numerale rerum quæ naturâ suâ debent esse paria ut tibialia. Ỷ chouāng, unum par; leăng chouāng, duo paria.

放 在 手 巾 上。相 公 們 面 前 也
fáng tsáy cheòu kīn cháng; siāng kōng mên mién tsiēn ỳ
pone super mantile; coram fratribus, etiam,

該 這 樣 擺。每 一 位 面 前
kāy tché yáng pày; mèy ў oúy mién tsiēn
debes hoc modo præparare; coràm singulis personis

該 有 一 碟 小[1] 菜 一 碟 果 子。
kāy yeòu ў tiĕ siào tsáy ў tiĕ kò tsè;
oportet ut sit unus orbis parvorum olerum, unus orbis fructuum:

只[2] 是 要 擺 得 時 節。先 該 來
tchè ché yáo pày tĕ chê tsiĕ; siēn kāy lây
attamen quandò debes apponere anteà debes venire

問 我 用 那一 樣 的。
ouén ngò yóng lá ў yáng tў.
ad quærendum à me utendum sit quali genere (fructuum).

不 要 依 你 的 意 思[3]。每 一 張[4]
Poŭ yáo ȳ ngỳ tў ý sē meỳ ў tchāng
Non enim debes sequi tuam voluntatem; suprà unam quamque

桌 子 上 該 有 一 小 瓶[5] 醋 一 小 瓶
tchŏ tsè cháng, kāy yeòu ў siào pìn tsoú ў siào pìn
mensam, oportet ut sit unus guttulus aceti, unus guttulus

---

[1] Siaò tsaý *significat herbas comestibiles.*
[2] Tchè ché. *Attamen, verumtamen.*
[3] Ý sē. Ý, *intentio, actus voluntatis circà finem;* ý sē, *propositum, voluntas.*
[4] Tchāng. *Numerale mensarum, sedium.*
[5] Siaò pìn. *verti potest guttulus, eo quod os lagenæ sit valdè parvum.*

蔴 油。一 磁 盒 兒 鹽。這 個 盒 兒
mâ yeôu; ў tsē hŏ eûl yên; tché kó hŏ eûl
sesami olei; unum porcellaneum vasculum salis; istud vasculum

該 是 腰 子 樣 兒 的。中[1] 間 要 斷[2]
kāy ché yāo tsè yáng eûl tў; tchōng kiēn yáo touán
debet esse ad renum formam; in medio debet esse divisum;

一 邊[3] 好[4] 放 鹽 一 邊 好 放
ў piēn haò fáng yên, ў piēn haò fáng
in uno latere oportet ponere sal, in altero latere oportet ponere

楜 椒 末[5] 兒。若 是 沒 有 單[6]
hoû tsiāo mŏ eûl; jŏ ché mô yeòu tān
piper molitum; Si verò non dentur (ista duo latera) sed tantum

有 一 個。放 在 上 面[7] 那 一 張
yeòu ў kó; fáng tsaý cháng mién lá ў tchāng
sit unum; illud pones in parte superiori ejusdem

桌 子 上。也 勾 了。下 面 用 一 個
tchŏ tsè cháng; ỳ keóu leào. Hiá mién yóng ў kó
mensæ; et satis est. In inferiori parte utere aliquo

---

[1] Tchōng kiēn. Tchōng, *intùs, in medio;* tchōng kiēn, *idem.*
[2] Touán. *Rem continuam præcidendo discontinuare.*
[3] Piēn. *Cujuslibet rei extremum dicit;* piēn, *latus.*
[4] Haò. *Bonum, benè; verti potest etiam, oportet, convenit, conveniens est;* haò tchē fán, *tempus est comedendi, seu bonum est jàm comedere.*
[5] Mŏ. *Redactum aliquid in pulvere.*
[6] Tān. *Solùm, tantummodò.*
[7] Mién. *Facies, superficies, pars exterior. Undè mensæ exterior facies dicitur* mién; *superior pars in quà dignior convivii sedere solet dicitur* cháng mién; *inferior verò dicit:* hiá mién.

四[1] 方 盒 兒。盛[2] 些 鹽 在 裡 面。
sé fāng hŏ eûl; chēn sȳ yên tsaý lỳ mièn;
quadrato vase; (et in eo) pones parùm salis;

也 罷。
ỳ pá.
et sufficit.

還 該 方 便 幾 個 大 碗 為
Houân kāy fāng pién kỳ kó tá ouàn oúy
Præterea debes præparare aliquot ex majoribus scutellis pro

老 爺 們 要 吃 水 的。後 來 吃
laò yê mên yáo kў choùy tў. Heóu laŷ kў
Dominis volentibus bibere aquam. Deinde comestionis

完 了 飯 的 時 節。這 些[3] 器[4] 皿 都 收
ouân leào fán ў chê tsiĕ; tché sȳ ký mìn toū cheōu
absoluto oryzæ tempore; ista pauca vasa, omnia, colliges

在 庫 房 裡。那 時 用 水 洗
tsáy koú fâng lỳ; lá chê yóng choùy sỳ
ac pones intrà cellam penariam; illo tempore utere aquà et lava

淨 了。一 件 一 件 放 在 一 個 小[5]
tsín leào; ў kién ў kién fáng tsáy ȳ kó siào
limpidè (illa); singulatim repones intrà unum parvum

---

[1] Sé fāng. Sè, *quatuor;* fāng, *quadratum.* Sé fāng *significat etiam quatuor mundi partes, totus orbis.*
[2] Chēn. *Aliquid in vasa recondere.*
[3] Sȳ. *Parùm, modicum, attamen; frequenter additur pronominibus* lá ché, *ut* là sȳ, *illa,* tché sȳ, *ista.*
[4] Ký. *Quælibet utensilia;* mìn, *vasa quibus utimur ad bibendum et comedendum.*
[5] Ў kién ў kién. *Singulatim.*

厨[1] 內。不 要 放 在 外 面 恐
tchoú louý; poŭ yáo fáng tsaý ouáy mién kŏng
armarium: nolo ut ponas foràs: nàm foràs

打 破 了。
tà pŏ leào.
franguntur.

第 二 件 事。吃 飯 的 時 候
Tý eúl kién sé; kў fán tў chê heóu
Secundum negotium; Comedendi oryzam tempore

到 了 或 是 肉 或 是 魚。分[2] 開
taó leaò. houăy ché joŭ houăy ché yû; fēn kaў
adveniente; sive sit caro sive sit piscis; divide

各[3] 分。送 到 吃 飯 堂 裡。或
kŏ fén; sóng taó kў fán tāng lỳ; houăy
quaslibet portiones; et deferas usquè intrà refectorium: aut

者 畧 有 些 剩 的。也 該 收 進
tchè liŏ yeoù sȳ chén tў; ỳ kaȳ cheōu tsín
fortassè datur aliquantulum residui; etiam debes colligere et inferre

庫 房 裡 面 去 就 是。老 爺 們 所
koú fàng lỳ mién kiú tsieóu ché; laò yê mên sò
(intrà) cellam penariam tunc benè; à Dominis quæ

剩 的 東 西。一 齊 都 該 收 在 庫
chén tў tōng sȳ; ў tsў toū kāy cheōu tsáy koú
supersunt res; simul omnia debes colligere et ponere intrà

---

[1] Tchoú. *Armarium.*
[2] Fēn kaў. *Quandò significat dividere, partiri, separare, dare, est in primo tono. Quandò significat partem seu portionem, est in quarto tono.*
[3] Kŏ. *Quilibet.*

房 裡 面。或 者 肉 與 魚 新
fâng lỳ mién; houăy tchè joŭ yù yû sīn
armarium; vel fortassè carnium atque piscium recentium

買 的 不 勾 分。免 不 得
mày sỳ poŭ keóu fén; mièn pŏu tĕ
emptorum non sufficiunt portiones; excusari minimè potest

要 在 庫 房 裡 面 取 出 來
yaó tsaý koŭ fâng lỳ mièn tsiŭ tchoŭ laŷ
(quin) debeas ex positis intrà penarium extrahere

湊[1]一湊。卽[2]是湊足[3]有
tseŏu ỳ tseŏu; ký ché tseŏu tsioŭ yeoù
ad supplendum; posito quod addendo sufficienter dentur adhuc

剩 的。依 舊 該 収 進 庫 房
chén tỳ; ȳ kieóu kāy cheōu tsín koŭ fâng
reliquiæ; sicut priùs debes colligere et inferre intrà penarium

裡 去。但[4]収 在 庫 房 裡 的 或
lỳ kiŭ; tán cheōu tsáy koŭ fâng lỳ tỳ houăy
sed si colligenda ponendaque in penario sive

是 魚 或 是 肉 有[5]多 了 常 常
ché yû houăy ché joŭ yeòu tō leào chàng chàng
sint ex piscibus, sive sint ex carnibus dentur multa, semper

---

[1] **Tseoŭ.** *Addere donec impleatur, addendo implere, supplere.*
[2] **Ký ché.** *Hoc posito, quoniàm.*
[3] **Tsioŭ.** *Sufficere;* **moŭ tsoŭ**, *non sufficit;* **ỳn chĕ mŏ tsoŭ**, *pro victu non sufficit.*
[4] **Tán.** *Si, tantùm, solùm.*
[5] **Yeoù.** *Aliquandò additum verbo facit præteritum, ut* **mô yeoù laŷ** *non venit.*

要 對[1]我 說。若 有 餘 剩 得 多。待 與
yaó toúy ngò chŏ; Jŏ yeoù yû chén tĕ tō; taý yù
volo ut mihi dicas; Si superfuerunt reliqua multa; exspecta ut

我 買 辦 的 說。叫 他 少 買
ngò mày pán tỳ chŏ; kiáo tā chaò mày
ego emptori dicam; jubeamque illi ut aliquantulùm emat

些。但 凡 有 剩 的。或 是[2]買 來[3]
sȳ; tán fân yeòu chén tỳ; houăy ché mày laŷ
minùs; sed quæcunque sint reliquiæ; vel fortasse emptæ fuerint

的。不[4]拘 是 肉 食 與 菓 子。都 該 要
tỳ; poŭ kiū ché joŭ chĕ yù kò tsè; toū kaȳ yaó
indiscriminatim sint carnea edulia sicut fructus; omnia debes

収 一 個 處 所。不 要 被[5]猫 兒 吃
cheoū ỳ kó tchoŭ sò; poŭ yaó pý maô eûl kỳ
colligere in uno loco; Nolo enim ut à fele comedantur;

了。也 不 要 老 鼠 搬[6]的 所 在
leào; ỳ poŭ yaó laò choŭ pān tỳ sò tsáy
Item nolo mures transferant ab uno in alium locum

---

[1] **Touý** *facit dativum.*
[2] **Ché maỳ laŷ tỳ.** *Habet significationem passivi; passiva enim fiunt à verbo,* **Ché**, *posteà sequitur verbum cui in fine additur* **tỳ.**
[3] **Laŷ.** *Addi solet quibuscumque verbis motum, auctionem significantibus; undè in hoc loco* **laŷ** *videtur significare illum motum earum rerum allatarum ratione emptionis.*
[4] **Poŭ kiū.** *Quilibet, indiscriminatim, non excipiendo vel excludendo.*
[5] **Pý.** *Facit passiva ejusque usus est in actibus ad extrà et transeuntibus in alterum objectum, v. g.;* **pý tà**, *verberatur. Cùm exprimitur persona agens ei anteponitur* **pý** *et ultimo loco vox eam actionem significans ut in exemplo præsenti.*
[6] **Pān.** *De uno in alium locum transferre.*

纔 好。若 是 収 在 廚 櫃 裡。
tsăy haò; jŏ ché cheōu tsaý tchoŭ koúy lỳ;
tunc benè; Si autem colligis ponisque intrà culinæ armarium;

常 要 關 那 廚 門。若 是 把 籃 子
chàng yáo kouān lá tchoŭ mên; jŏ ché pà lân tsè
semper debes claudere illius culinæ januas; Si enim accipias canistrum

盛 着 就 該 懸[1]掛 起 來。若 是
chĕn tchŏ tsieóu kāy hiuên koúa kỳ laŷ jŏ ché
ut in eo repones Statìm debes appendere illum elevans; Si tandem

収 在 器 皿 裡 面。常 常 該 要 蓋
cheōu tsáy kỳ mìn lỳ mién; chàng chàng kāy yáo káy
collecta ponis intrà vas; semper necesse est ut

着 他。不 但 是 肉 食 該 是 這
tchŏ tā. Poŭ tán ché joŭ ché kaȳ ché tché
operias illud. Non solùm sunt carnei cibi qui debent esse hoc

樣。就[2]是 米 缸[3]醬[4]缸 鹽 桶[5]
yáng; tsieóu ché mỳ kāng tsiáng kāng yên tŏng
modo; sed etiam sunt oryzæ doliolum, embammatis vas, salis vas,

醋 罈[6]油 罈 酒 罈 都 要 遮[7]蓋 纔 好。
tsoŭ tăn yeoû tăn tsièou tăn toû yáo tchĕ káy tsăy haò:
aceti vas, olei vas, vini vas, omnia debes operire tunc benè;

---

[1] **Hiuên.** *Suspendere.* **Kouá.** *Suspendere.*
[2] **Tsieoú ché.** *Verti potest sed etiam.*
[3] **Kāng.** *Vas fictile magnum, cujus os est valdè amplum.*
[4] **Tsiáng.** *Condimentum quoddam, nimirùm embamma, intinctus.*
[5] **Tŏng** *est vas ligneum, rotundum et oblongum.*
[6] **Tăn** *est vas testaceum habens os angustum et ventrem amplum.*
[7] **Tchĕ kaý. Tchē**, *operire.*

但 是 你 的 眼 一 看 見 了 該 収
tán ché ngỳ tỳ yèn ỳ kăn kién leào kāy cheōu
quæcumque sint à tuis oculis semel visæ debes colligere

的 東 西。隨[1]手 就 要 収。該
tỳ tōng sȳ; soûy cheòu tsieóu yáo cheōu; kāy
has res; promptis manibus sinè morâ (illas) colliges; aut debes

遮 蓋 的 東 西。隨 手 就 要 遮 蓋。
tchĕ kaý tỳ tōng sȳ; soûy cheòu tsieóu yáo tchĕ káy;
cooperire illas; promptis manibus illico (sic) debes cooperire;

不 要 等 從 容[2]。不 要 等 停[3]一 會
poŭ yáo tèn tsŏng yông; poŭ yáo tèn tĭn ỳ hoúy
noli exspectare morosè; noli exspectare quod paulo post

兒 來 蓋。這 樣 都 是 懶 惰
eûl laŷ kaý; tché yáng toū ché làn tò
venies ad cooperiendum; hujuscemodi enim omnia sunt pigritantium

的 意 思。
tỳ ý sē.
proposita.

第 三 件 事。每 日 到 了 將[4]做
Tý sān kién sé; mèy jĕ táo leào tsiàng tsoú
Tertium negotium; singulis diebus perventâ horâ faciendi

---

[1] **Soûy** *significat* **hìc** *promptum.* **Soûy tsiĕ.** *Statim, illicò; undè* **soûy cheòu** *promptis manibus congruè explicatur.*
[2] **Tsŏng yông**, *per otium, commodè, morosè, non à verbo moror deductum, sed à voce morosus.*
[3] **Tĭn houý.** *Paulò post.*
[4] **Tsiāng** *facit futurum.*

飯 的時 候。你 就 該 打 米 與
fán tў chê heoú; ngỳ tsieóu kaȳ tà mỳ yù
oryzam; tu statim debes accipere oryzam et dare

他。雖然 不 要十分 太 早[1] 早
tā̃; siû jân poŭ yáo chĕ fén taỹ tsào tsào
coquo; quamvis ita sit, nolo omninò summo manè; si enim citiùs

了。 又 恐 怕 多 費 了 柴 火。
leào; yeóu kŏng pā̃ tō féy leào tchā̃y hò;
quàm par est; etiam timeo ne multa consumentur ligna;

也 不 要 太 遲[2] 了。 廚 子 怎 麼 做
ỳ poŭ yáo taỹ tchẽ leào; tchŏ̃u tsè tsèn mô tsoú
item nolo nimiùm tardè; nàm coquus quomodò facere

得 急[3]。 廚 房 裡 或 要 油
tĕ kў. Tchoũ fâng lỳ houăy yáo yeôu
poterit tàm festinè? Culinam intrà si fortè necessaria sint oleum,

鹽 醋 醬。 你 取 的 時 節 該
yên tsoũ tsiáng; ngỳ tsiŭ̃ tў chê tsiĕ̃ kāy
sal, acetum, intinctus; tu (quandò) extrahis, debes

一 起 拿 去。 不 要 做 幾 轉。
ў kў̃ lâ kiũ; poŭ yáo tsoú kỳ tchouàn;
simul et semel educere; nolo ut facias aliquot reversiones;

空[4] 走 廢 了 時 候。也 不 要
kŏ̃ng tseòu feý leào chê heóu. Ỳ poŭ yáo
et incassùm perambulando et perdendo tempus. Item nolo

---

[1] Tsaò. *Citò.* Tsaò leào, *citiùs quàm par fuerit.*
[2] Tchẽ. *Tardè, serò, procrastinare.*
[3] Kў̃. *Celer, festinus, accelerare, sollicitus.*
[4] Kŏ̃ng. *Inutiliter, frustrà.*

取 得 太 少。 恐 怕 不 彀。 取 得
tsiŭ̃ tĕ̃ taỹ chào; kŏ̃ng pā̃ poŭ keóu; tsiŭ̃ tĕ̃
ut extrahas nimis parùm; fortassè non sufficit; (aut) extrahes

太 多。 浪 費 了。你 每 日
tā̃y tō; láng feý leào. Ngỳ meỳ jĕ
valdè multùm; frustrà enim insumentur. Tu quolibet die

打 米。 也 先 該 算 一 算[1]。
tà mỳ; ỳ siēn kāy souán ў souán;
accipiens oryzam; etiam anteà debes numerare atque iterùm numerare;

有 多 少 人。 該 打 多 少
yeòu tō chào jên; kaȳ tà tō chaò
sint quot homines; (ut scias) quantam debes accipere

米。 又 該 先 試[2] 一 試。 若 是
mỳ. Yeoú kaȳ siēn ché ў ché; jŏ ché
oryzam. Item debes priùs expiriri semel et iterùm experiri; Si

那 一 次 不 彀。 第 二 次 該 加 些。
lá ў tsẽ poŭ keóu, tý eùl tsẽ kaȳ kiā sȳ;
illà vice non sufficiet, secundà vice oportet addere aliquantulum;

若 那 一 次 有 餘。 第 二 次 就
jŏ lá ў tsẽ yeòu yû; tý eùl tsẽ tsieóu
si verò illà vice datum fuerit superfluè; secundà vice statim

該 減 些。 若 是 不 算 計。儘[3] 着 多
kaȳ miĕ sȳ; jŏ ché poŭ souán ký; tsín tchŏ tō
debes minuere parùm; si vero non numeraris; eo pacto multùm

---

[1] Souán, *numerare;* souán ký *supputare, numerare, recensere.*
[2] Ché, *experimentum sumere vel facere.*
[3] Tsín tchŏ. Tsín *penitùs. Totaliter exhaurire.*

拿 去。 他 們 用 不 了[1]。自 然 丟 去
lâ kiũ; tā̃ mên yóng poŭ leào; tsé jân tieōu kiũ
auferetur; illi autem utentes sine fine; profecto projicientur

各 樣 物 件。 都 是[2] 費 了 錢
kŏ yáng oŭ kién; toū ché féy leào tsiẽn
cujuslibet generis res; omnes (quidem) expensis pecuniis

買 來。 合[3] 當 看[4] 得 貴 重。 不 要 作
maỳ laỹ; hô tāng kā̃n tẽ koúy tchóng; poŭ yáo tsoú
emptas convenit (eas) inspicere cum æstimatione; noli facere

賤 可 惜 了。 庫 房 裡 面 不 許 一
tsién kŏ sў leào; koũ fâng lỳ mién poŭ hiù ў
vilia. Proh dolor! Penarium intrà, ne permittas ut unus

閑 人 進 去。若 家 裡 有 人 私 下 進
hiên jên tsín kiũ; jŏ kiā lỳ yeòu jên sē hiá tsín
otiosus homo ingrediatur; Si domesticus detur homo clàm ingrediens;

去 你 來 對 我 說。若 家 裡 有 人 問
kiũ; ngỳ laỹ toúy ngò chŏ; jŏ kiā lỳ yeòu jên ouén
tu veni et mihi dic; si domi detur aliquis quærens

你 要 甚 麼 東 西。你 不 要 私 下 把 與
ngỳ yaó chén mô tōng sў; ngỳ poŭ yáo sē hiá pà yù
à te volens aliquam rem; tu non debes clàm dare

---

[1] Leào. *Absolvere, complere.* Poŭ leào, *sine fine.*
[2] Ché feỳ leào. *Verti expensis, fortassè verti potest: omnes sunt expensis pecuniis emptæ.*
[3] Hŏ tāng. *Convenire.* Hô, *convenire;* tāng, *idem.*
[4] Kā̃n tẽ kouỳ tchóng. *Inspicere cum æstimatione.*

他。 先 該 問 明 白。 說 與 我 知 道。
tā̃; siēn kāy ouén mîn pĕ̃; chŏ yù ngò tchē táo;
illi; sed anteà debes interrogare clarè; dicens mihi ut sciam;

後 來 我 看 該 許 不 該 許。
heoú lây ngò kā̃n kāy hiù poŭ kāy hiù;
Deindè ego videbo an convenit permittere (vel) non convenit permittere;

若 家 裡 人 說 你 管 庫 房 的 長
jŏ kiā lỳ jên chŏ ngỳ kouàn koũ fâng tў tchā̃ng
Si domestici homines dicant, te curare de penario (et ob id)

長 短 短[1]。 不 論 是 那 一 個。 只
tchā̃ng touàn touàn; poŭ lén ché lá ў kó; tchè
murmurent; indiscriminatim sint illi quicunque; duntaxat

管 來 對 我 說。 你 不 要 怕 他 們
kouàn laỹ toúy ngò chŏ; ngỳ poŭ yaó pā̃ tā̃ mên
curabis venire ut mihi referas; tu ne timeas illos

怪[2] 你。 我 自 然 有 處[3] 治。
kouáy ngỳ; ngò tsé jân yeoù tchoũ tchè.
conqueri de te; ego certè habeo modum (eos) sedandi.

老 爺 今 日 某 爺 的 長 班 到 這 裡
Laò yê, kīn jĕ meòu yê tў tchā̃ng pān taó tché lỳ
Domine, hodiè talis Domini famulus accessit huc

說 明 日 他 的 老 爺 要 來 與 老
chŏ; mîn jĕ tā̃ tў laò yê yaó laỹ yù laò
dicens: clarè ejus dominum velle venire (ut) cum vestrà

---

[1] Tchā̃ng tchā̃ng touàn touàn. Tchā̃ng, *longum;* touàn, *breve, et Sinenses utuntur hoc complexu ad significandam murmurationem.*
[2] Kouaỹ. *Conqueri, diffamare aliquem.*
[3] Tchoũ. *Remedium, modum.*

爺 談一談[1]。恐怕坐得久。或者
yê tan ỳ tan; kǒng pá tsó tě kieòu; houǎy tchè
Dominatione colloquatur; vereor ne sedeat diù; fortasse

要待他茶。免不得要
yaó taý tā tchā; mièn poǔ tě yaó
volens offerre illi theum; excusare minimè possumus quin velimus

整[2]治些茶菓。所以先禀。
tchèn tchè sȳ tchā kò; sò ỳ siēn pìn;
parare parùm thei et fructuum; ideò priùs ore tenùs moneo;

憑[3]老爺吩咐該是怎麼樣
pīn laò yê fēn foú kāy ché tsèn mó yáng
ut ad libitum Dominationis vestræ jubeatis, me oportere quomodò

做。小的好方便。
tsoú. Siào tỳ haò fāng pién.
agere? Sic ego parvulus vester benè præparabo.

你如今就該収拾一個菓[4]盒。
Ngỳ joǔ kīn tsieóu kaȳ cheōu chě ỳ kó kò hǒ;
Tu modo statim debes præparare unam fructuarium capsulam;

裡面擺八樣糖[5]味。
lỳ mién pày pǎ yáng tāng ouý.
intùs dispones octo genera dulciariorum.

---

[1] Tan. *Disputare, disceptare.*
[2] Tchèn tchè. *Componere.* Tché tsieoù, *parare convivium.*
[3] Pīn. *Permittere.* Pīn tā, *suo arbitratu relinquere.*
[4] Kò hǒ. *Vocantur quædam capsulæ ligneæ operculum habentes, in quibus dulciaria, fructus et alia recondere solent.*
[5] Tāng oúy. *Ad verbum: sacchari sapor, eo complexu dulciaria significare solent sicut etiam* tāng kò *fructus cum saccharo.*

老爺糖菓少好[1]幾樣。
Laò yê tāng kò chaō haò kỳ yáng.
Domine, dulciaria deficiunt plurima genera.

就把梨糕補[2]上。再
Tsieóu pà lỳ kaō poù cháng; tsáy
Tunc accipe pirorum salgama ad supplendum suprà; item

少把前日人家送禮
chào pà tsiēn jě jên kiā sóng lỳ
si desunt, accipe præteritis diebus ab aliis hominibus oblata munera

的糖菓。就湊在裡面也好。
tỳ tāng kò; tsiéou tsieóu tsaý lỳ mién ỳ haò.
dulciaria; igitur adde super dictam capsulam tunc benè erit.

老爺前日送禮的菓子是
Laò yê tsiēn jě sóng lỳ tỳ kò tsè ché
Domine, elapsis diebus oblatorum in munus fructuum sunt

那幾樣好。小的就拿來。
lá kỳ yáng haò; siào tỳ tsieóu lâ laŷ.
quotnam illæ species bonæ; ego parvulus statim sumens afferam.

前日来的有一盤叫做
tsiēn jě laŷ tỳ yeoù ỳ pān kiáo tsoú
Ex præteritis diebus oblatis adest unus discus eorum qui vocantur

瑣[3]瑣蔔萄。一盤叫做瓜
sò sò poū taō; ỳ pān kiáo tsoú kouā
minutissimæ uvæ; alterius disci fructus vocantur cucurbitarum

---

[1] Haò *facit superlativum in nonnullis loquendi formulis; v. g.* haò kieòu, *plurimum temporis.*
[2] Poù. *Supplere.* Poù cháng, *hoc complexu significant superaddere.*
[3] Sò. *Minuties.* Sò sò, *minutissimi.*

仁。一盤叫做薄[1]脆。一盤叫
jên; ỳ pān kiáo tsoú pǒ tsouý; ỳ pān kiaó
semina; alterius disci vocantur tenuia; alterius disci vocantur

做牛[2]皮糖。一盤叫做
tsoú nieôu pý tāng; ỳ pān kiáo tsoú
bubulæ pelles conditæ saccharo; alterius disci vocantur

香[3]圓片[4]。這五盤都可以
hiāng yuên piēn; tché où pān toū kǒ ỳ
mali citrei rotunda fragmenta; Ex his quinque discis omnia possunt

做得。就該做些雞蛋糕
tsoú tě; tsieóu kaȳ tsoú sȳ kȳ tán kaō
fieri; statim debes facere aliquot ex gallinarum ovis placenta

也好。記得客来就
ỳ haò. Ký tě kě laŷ tsieoú
etiam hoc bonum erit. Recordare, hospitibus advenientibus ut statim

叫人俟[5]候可也。
kiáo jên sé heóu kǒ ỳ.
voces homines ut exspectent ad inserviendum et ità benè.

---

[1] Pǒ tsoúy. Pǒ, *tenue;* tsoúy, *fragile, debile. Undè duæ istæ voces idem significant; ità vocatur quoddam genus cibi dulciarii delicatissimi ex farina aqua subcocta addito saccharo aliisque condimentis.*
[2] Nieôu pý tāng. *Sic vocant quoddam dulciarium propter ejus formam.*
[3] Hiāng yuên. *Nomen cujusdam speciei mali citrei.*
[4] Piēn *est numerale fragmentorum.*
[5] Sé. *Exspectare, præstolari.* Sé heóu, *idem*

SIXIEME DIALOGUE.

茶房的事。
Tchā fâng tỳ sé.
De spectantibus ad Thei cellam rebus.

某人。如今你管茶房。這個事
Meòu jên. Joǔ kīn ngỳ kouàn tchā fâng. Tché kó sé
Quidam homo. Nunc tu curas de Thei cellà. Hoc opus

容[1]易。你會得麼。
yóng ỳ; Ngỳ hoúy tě mô.
facile est; Tu peritus es ne?

老爺小的雖然常常見[2]的只是
Laò yê siào tỳ siû jân chāng chāng kién tỳ tchè ché
Domine, ego parvulus quamvis semper videns, attamen

不曾經[3]手。
poǔ tsēn kīn cheòu.
nondum officium exercui.

既是你不曾管過。免不得
Ký ché ngỳ poǔ tsēn kouàn kó; mièn poǔ tě
Quoniam ità est te nondùm curàsse; evitari non potest

---

[1] Yóng ý. Ý, *facile;* yóng ý, *idem sensus.*
[2] Kién tỳ. *Videtur esse participium præsentis temporis. Quod efformatur postpositá verbo particulá* tỳ.
[3] Kīn cheòu. *Exercere.*

我 說 與 你 知 道。你 如 今 做 這
ngò chŏ yù ngỳ tchē táo: ngỳ joŭ kīn tsoú tchế
(quin) ego dicam tibi ut scias: te nunc facere hoc

工 夫。
kōng foū.
opus.

第一 件 茶 鍾 要 洗得 乾 淨。 洗
Tý ў kién tchă tchòng yaó sỳ tĕ kān tsín. Sỳ
Prima res est, Thei scutellas debes lavare limpidissimè. Quibus

了 該 用 布 抹 一 抹
leào kaȳ yóng poú mă ў mă
lavatis, debes uti panno ad tergendum iterumque tergendum

乾。 所以 常 常 該 有 一 盤
kān; sò ỳ chăng chăng kaȳ yeòu ў pān
(ut sint) siccæ; Idcircò semper oportet ut sit unus catinus

水 方 便 洗 他。常 常 該 用
choùy fāng pién sȳ tā: chăng chăng kaȳ yóng
aquæ præstò sit ad lavandum illas: semper oportet uti

布 抹 乾。 若是 看 見 茶
poú mă kān: jŏ ché kán kién tchă
telâ (ad eas) tergendas et exsiccandas; Si videas pro theo

匙 黑。 也 該 用 一[1]些 灰 擦
chĕ hĕ; ỳ kaȳ yóng ў sȳ hoūy tchă
cochlearia esse nigra; etiam debes uti modico cinere ad fricandum

一 擦。 擦 得 光 些
ў tchă; tchă tĕ kouāng sȳ
iterùmque fricandum; Si tergendo assequantur splendoris aliquid,

---

[1] Ў sȳ. *Modicum quid.*

好 看。不 但 是 茶 鍾 茶
haò kán. Poŭ tán ché tchă tchōng tchă
pulchra (erunt) visu. Non solùm sunt pro theo scutellæ, pro theo

匙 要 抹 得 乾 净。 就 是
chĕ yáo mă tĕ kān tsín; tsieóu ché
cochlearia, (quas) oportet tergere limpidè; sed etiam sunt

盛[1] 茶 的 托[2] 盤。 也 是 該 要
chên tchă tў tŏ pān; ỳ ché kaȳ yaó
ad reponendum theum lances; (quæ) item debent

乾 净。
kān tsín.
esse limpidissimæ.

第 二 件。洗 淨 的 茶 鍾 該 分
Tý eùl kién. Sỳ tsín tў tchă tchōng kaȳ fēn
Secundum opus. Lotis mundè thei cyathis, debes dividendo

做 兩 處。 細 茶 鍾 做 一
tsoú leàng tchoŭ; sý tchă tchōng tsoú ў
facere duo loculamenta; pro subtilibus thei scutellis facies unum

---

[1] Chĕn. *Capere, continere in loco. Segetes quæ in sacrificiis offeruntur dicuntur* tsoū; *in suo vase repositæ dicuntur* chĕn. *Undè* chĕn tchă *significat ad reponendum theum.*

[2] Tŏ. *Manu aliquid sustentare; undè quia dictæ lances quasi manu sustentantur, Sinenses appellant* tŏ pān *quædam vasa parva excavata communissimi usûs, rotunda, quadrata, oblonga et ligno confecta et sandaraca sinensi splendentia, quorum usus præcipuus est ad portandum scutellas.*

處。 粗 茶 鍾 做 一
tchoŭ; tsoū tchă tchōng tsoú ў
loculamentum; pro crassioribus (verò) thei poculis facies unum

處。
tchoŭ.
loculamentum.

若 是 官 府 或 尊 客 來 時。
Jŏ ché kouān foù houăy tsēn kĕ laŷ chê:
Si aliquandò præfectus aut honorabilis hospes venerit;

就 該 用 一 細 的 茶 鍾。 若是
tsieóu kaȳ yóng ў sý tў tchă tchōng. Jŏ ché
tunc oportet uti subtilibus thei poculis. Si verò veniant

平 常 的 人。 用 一 粗 的 也罷。
pĭn chăng tў jên; yóng ў tsoū tў ỳ pá.
populares homines; utere crassioribus, et sufficit.

第 三 件。 茶[1] 泡 菓 子。也 該 分
Tý sān kién; tchă paŏ kò tsè, ỳ kaȳ fēn
Tertia res; In theo immittendos fructus, etiam debes dividere

兩 等。若 是 上 等 的 客 來。 該
leàng tèn. Jŏ ché cháng tèn tў kĕ laŷ; kaȳ
in duos ordines. Si superioris ordinis hospites venerint; debent

是 松 子 榛 子 杏 仁 瓜
ché sōng tsè tsēn tsè hén jên kouā
esse pinei, avellanæ, malorum Armeniæ nuclei, cucurbitarum

---

[1] Tchă paŏ. *Sinenses non rarò infundunt fructus siccatos in theo; ad designandos tales fructus communiter utuntur duabus hisce vocibus :* tchă paŏ.

仁。若 是 平 等 的 客 來。 就 是
jên. Jŏ ché pĭn tèn tў kĕ laŷ; tsieóu ché
semina. Si verò popularis ordinis hospites venerint; tunc sint

葡 萄 白 菓 青 豆 蓮 肉 棗 兒
poŭ taŏ, pĕ kò, tsīn teóu, liên joŭ tsào eûl
uvæ, Ginko bibola, recentia, pisa, nenuphari pulpa, zizypha,

栗 子 都 好 做[1] 茶 泡。 前 日
lў tsè toū hào tsoú tchă paŏ. Tsiĕn jĕ
castaneæ omnes boni sunt ut sint in theo immersi. Præteritis diebus

人 送 來 的 是 兩
jên sóng laŷ tў ché yù
ab aliquot oblatæ et allatæ fuerunt (duæ species thei) unus dictus

前 茶 松 蘿 茶。 與 家裡
tsiĕn tchă sōng lô tchă; yù kiā lỳ
yù tsiĕn theum, alter verò sōng lô theum; et alia domi

買 的 龍 井 茶 天 泡 茶 都
Maỳ tў lông tsìn tchă tiĕn tchĕ tchă toū
empta (nempè), lông tsìn theum, tiĕn tchĕ theum, omnia

是 細 茶。不 該 常 用 他。但 是 有
ché pý tchă. Poŭ kaȳ chăng yóng tā; tán ché yeoù
sunt subtilia thea. Non debes frequenter uti illis; attamen si

好 客 來 便 用 他。 其 餘
haò kĕ laŷ pién yóng tā; kў yû
honorati hospites venerint, convenit uti istis; pro reliquis verò

都 用 粗 的 茶 勾 了。
toū yóng tsoū tў tchă keoú leào.
omnibus uti poteris crassioribus theis, et sufficit.

---

[1] Tsoú *significat aliquandò esse, sicut in hoc loco.*

SEPTIÈME DIALOGUE.

衣服房的事。
Ȳ foŭ fâng tỳ̆ sé.
De vestiariæ cellæ rebus.

某人。你如今要管衣服房。
Meòu jên. Ngỳ poŭ kīn yáo kouàn ȳ foŭ fâng.
Quidam homo. Tu nunc debes curam habere de vestiario.

老爺衣服房的事體該怎麼做。
Laò yê, ȳ foŭ fâng tỳ̆ sé tỳ̆ kaȳ tsèn mô tsoú.
Domine, vestiariæ cellæ res, oportet quali modo gerere?

你不曾做過這個工夫。
Ngỳ poŭ tsēn tsoú kó tché kó kōng foū.
Tu nondum exercuisti istud officium?

小的不曾專[1]管。往[2]
Siào tỳ̆ poŭ tsēn tchouān kouàn; ouàng
Ego parvulus nondùm ex professo talem curam habui; elapsis

日只是相幫別人做過。
jĕ tchè ché siāng pāng piĕ jên tsoú kó;
diebus duntaxat fui ad adjuvandum alios qui faciunt hoc opus;

也畧[3]畧曉得些。
ỳ liŏ liŏ hiào tĕ sȳ.
et modicum scio aliquid.

---

[1] Tchouān. *De proposito, attenti animo, sed aptius vertitur ex professo.*
[2] Ouàng. *Olim, antiquitùs.* Ouàng jĕ, *elapsis diebus.*
[3] Liŏ liŏ. *Modicùm.*

你如今聽我說。衣服房有廚櫃
Ngỳ joŭ kīn tīn ngò chŏ; ȳ foŭ fâng yeòu tchoū kouý
Tu modò audi me loquentem; vestiaria cella habet armarium;

該用廚櫃。若廚櫃不勾。就用
kāy yóng tchŏu kouý. Jŏ tchoū koúy poŭ keóu; tsieóu yóng
oportet uti armario (eo). Si armarium non sufficit; tunc poteris (uti)

那架[1]子。原[2]有幾層。也是爲
lá kiá tsè; yuên yeòu kỳ tsēn, ỳ ché oúy
illo pluteo; speciales (enim) habet aliquot gradus, et sunt ad

盛衣服的。如今用他。每一層
chēn ȳ foŭ tỳ̆; joŭ kīn yóng tā; mèy ỳ̆ tsēn
reponendas vestes; nunc utere illo; quilibet gradus

分做幾處。都該寫一個名字
fēn tsóu kỳ tchoū; toū kaȳ siè ỳ̆ kó mìn tsé
dividitur in aliquot loculos; In omnibus debes scribere unum nomen

貼在上面。依他的名字。
tiĕ tsáy cháng mién; ȳ tā tỳ̆ mìn tsé;
(quod) agglutinabis in superficie; juxtà ejus nomen honorificum

放他的衣服。後來尋的時節
fáng tā tỳ̆ ȳ foŭ. Heóu laŷ siûn tỳ̆ chê tsiĕ
pones cujusque vestes. Deindè quandò quæruntur

---

[1] Kiá tsè. *Eo nomine vocantur repositaria quædam librorum, vestium, aliarumque rerum. Plerùmque enim confecta sunt ex lignis et tali formà ut intrà vel suprà collocari possint vestes, libri, et latinè dicitur :* pluteus.
[2] Yuên. *Principium, proprium, naturale, præcipuum.*

極容易。要查一查那
kỳ̆ yông ý. Yáo tchā ỳ̆ tchā lá
facillimum est (invenire). Debes inquirere et iterim inquirere illas

樣的衣服有多少件數。不得
yáng tỳ̆ ȳ foŭ yeòu tō chào kién soú. poŭ tĕ
species indumentorum sunt quotus numerus, ne

混亂。你如今就寫許多記[1]號
houèn louán. Ngỳ joŭ kīn tsieóu siĕ hiù tō ký háo
confundi possint. Tu nunc statim scribe plurima signa

去貼上。但在上面都
kiŭ tiĕ cháng; tán tsaý cháng mién toū
atque ibis ad glutinandum suprà; sed in superiori facie omnia

是老爺們的記號。在下面都是
ché laò yê mên tỳ̆ ký haó; tsáy hiá mién toū ché
sint Dominorum signa; in inferiori verò facie omnia sint

相[2]公們的記號。都要收得乾
siáng kōng mên tỳ̆ ký haó; toū yaó cheōu tĕ kān
litteratorum signa; omnes debes colligere limpidas

淨。若是穿過的衣服。另該
tsín. Jŏ ché tchouān kó tỳ̆ ȳ foŭ; lîn kaŷ
(vestes). Si verò fuerint indutæ jàm vestes; præterea debes (eas)

收在一處。如今天[3]冷。每一瞻禮
cheōu tsáy ỳ̆ tchoū; Joŭ kīn tiēn lèn; mèy ỳ̆ tchān lỳ
colligere in uno loco; Nunc hiems est; singulis hebdomadibus

---

[1] Ký. *Recordari.* Haó, *nomen honorabilius.*
[2] Siáng kōng *est titulus honoris inferior titulo* laò yê.
[3] Tiēn lèn. Tiēn, *cœlum, dies.* Lèn, *frigus.* Tiēn lèn, *hiemat.*

要換一次衣裳。若遇熱的時候。
yaó houán ỳ̆ tsē ȳ chāng; Jŏ yú jĕ tỳ̆ chê heoú;
volo commutare unà vice vestimenta; Si est caloris tempus;

自然一個瞻禮要換兩次
tsé jân ỳ̆ kó tchān lỳ yáo houán leàng tsē
certòquidem in unà hebdomadà debes commutare duabus vicibus

衣服；換的時節是主日。該前
ȳ foŭ; houán tỳ̆ chê tsiĕ ché tchoù jĕ; kāy tsiēn
vestimenta; Commutandi tempus erit dominica dies; debes anteà

瞻禮第七日就送衣服到各位
tchān lỳ tý tsỳ̆ jĕ tsieoú sóng ȳ foŭ taó kŏ ouý
in sabbato illicò deferre vestes usquè ad cujuslibet

老爺各位相公的房禮去。
lào yê kŏ oúy siáng kōng tỳ̆ fâng lỳ kiŭ.
Domini et cujuslibet litterati cubiculum interiùs pervenientes.

每一位該有一件肉[1]衫一件小衣。
Meỳ ỳ̆ oúy kaȳ yeoù ỳ̆ kién joŭ chān ỳ̆ kién siào ȳ;
Singulis personis debes dare unam subuculam, unum subligar;

一雙單襪。若是換了。
ỳ̆ chouāng tān ouă; Jŏ ché houán leào;
unum par simplicium caligarum; Si verò fuerint permutatæ;

就該收那穿過的衣服同做
tsieóu kaȳ cheōu lá tchouân kó tỳ̆ ȳ foŭ tāng tsoú
statim debes colligere istas indutas vestes et simul facere

---

[1] Joŭ chān. Joŭ, *caro;* chān, *vestis brevior.* Joŭ chān, *id est subucula, quæ communiùs vocari solet* hán ȳ, *sudoris vestis.*

一 塊[1]。 到 了 半 月 就 要 洗
ў kouāy; taó leào pán yuě tsieoú yaó sỳ
unum globum; pervento dimidio mense, statim debes lavare

一 次。 那[2] 時 節 一 齊 拿 出 來。 逐 一
ў tsě; lá chê tsiě ў tsў lâ tchoǔ laŷ; souў ў
semel; Tunc temporis simul auferes; singularum

件 寫 一 單 帳[3] 記 着[4]。 每 一 位 有
kién siè ў tān tcháng ký tchŏ; Mèy ў oúy yeòu
rerum scribes unum catalogum pro memoriâ; Singuli Domini habeant

肉 衫 幾 件。 小 衣 幾 條[5] 單[6] 被 幾
joŭ chān kỳ kién; siào ў kỳ tiāo tān pý kỳ
subuculas quot; femoralia quot, simplices sindones quot,

床[7] 長 衣 幾 領[8] 暑[9] 襪 幾 雙 裙[10] 子
tchouâng tchăng ў kỳ lìn choù ouă kỳ chouāng kiûn tsè
longiores vestes quot, æstivalia tibialia quot paria, tunicæ

幾 條 汗 巾 幾 方 手 巾 幾 條。一 總 點
kỳ tiāo chán kīn kỳ fāng cheòu kīn kỳ tiāo; ў tsòng tièn
quot, sudariola quot, manutergia quot; omnibus jàm

---

[1] Kouāy. *Frustum, segmentum et illorum numerale.*
[2] Lá chê tsiě. *Tunc temporis.*
[3] Tchŏ. *Nullum sensum specialem hic habet, sed est mera litt. fin.*
[4] Tcháng. *Calculus, computus.* Tcháng poú. *Rationum libri; hic significat catalogum.*
[5] Tiāo *est numerale rerum oblongarum et femoralium.*
[6] Tān pý. *Simplex lodix.*
[7] Tchouâng *est numerale sindonum, lodicum.*
[8] Lìn *est numerale vestium.*
[9] Choù. *Summus calor.*
[10] Kiûn tsè. *Genus togæ, seu tunica quæ suprà induitur à renibus ad talos usquè divisa.*

過 了。不 要 失 落。 洗 的 時 節 件 件
kó leào; poŭ yáo chĕ lŏ. Sỳ tў chê tsiě kién kién
notatis; ne perdantur. Quandò lavantur singula

都 要 洗 得 潔 淨。若 不 得 潔 淨。
toū yaó sỳ tě kiě tsín; Jŏ poŭ tě kiě tsín;
omnia debes lavare limpidè; Si non possunt (lavari) limpidè;

先 該 做 些 灰[1] 水 就 好。 前
siēn kaў tsoú sў houў chouỳ tsieóu haò; tsiēn
anteà debes facere aliquantulùm lexivii, tunc benè; Elapsis

日 來 了 幾 位 老 爺。 沒 有 衣 服。家 裡
jĕ laŷ leaò kỳ ouý laò yê; mô yeòu ў foŭ kiā lỳ;
diebus venerunt aliquot Domini; non erant vestes domi,

又 沒 有 現[2] 成 買 的。 明 日 你
yeóu mô yeòu hién tchĕn mày tў; Mîn jĕ ngỳ
et etiam non erant jàm confectæ venales; Crastinà die tu

就 要 去 尋 一 個 裁 縫 來
tsieoú yaó kiŭ siûn ў kó tsāy fông laŷ
illicò debebis ire ad quærendum unum sartorem ut veniat

做 幾 領 布 道[3] 袍。 如 今
tsoú kỳ lìn poú táo pāo; joŭ kīn
ad faciendum aliquot ex telà tunicas talares manicatas; modò

---

[1] Hoūy chouỳ. Hoūy, *cinis*; chouỳ, *aqua*; *ex hoc complexu explicamus lixivium.*
[2] Hién tchĕn. Hién. *Apparere, manifestare, prodire*; hién tsáy, *res actu existentes.* Tchĕn, *perfectum, integrum*; hién tchĕn, *res quæ jàm perfectæ venduntur.*
[3] Taó paō. *Tunica talaris manicata quà utuntur* taó sé *et* hô châng, *sacerdotes et bonzii sinenses. Olim aliis etiam erat communis.*

天 時 將[1] 熱 了。 緜[2] 襖 綿
tiēn chê tsiāng jĕ leào; miēn gaò mién
tempus caloris propè est; tunicæ gossypio repletæ, ejusdem modi

褲 都 脫 下 了。 就 該 方 便 夏
koū toū tŏ hiá leaò; tsieóu kaў fāng pién hiá
femoralia omnia jàm deponuntur; statim debes præparare æstivales

衣。 該 裁 幾 領 葛[3] 布
ў. Kaў tsāy kỳ lìn kŏ poú
vestes. Oportet secare aliquot talares tunicas ex lino byssino manicatas,

道 袍 夏[4] 布 褂[5] 子 夏
táo pāo hiá poú kouá tsè hiá
tunicas interiores simplices ex æstivali telâ, ex æstivali

布 中 衣。都 是 要 做 的。 前 日 做
poú tchōng ў; toū ché yáo tsoú tў. Tsiēn jĕ tsoú
telà femoralia; omnia oportet facere. Elapsis diebus confectæ

的 道 袍 都 沒 有 護 領 在 上 面
tў taó pāo toū mŏ yeoù hoú lìn tsaý cháng mién
tunicæ talares omnes non habent collare in superiori facie;

的。你 去 買 一 疋[6] 領 絹[7] 自
tў; Ngỳ kiŭ mày ў pў lìn kiuèn tsé
Tu ito ad emendam unam telam pro collaribus sericam à

---

[1] Tsiāng. *Frequens est hujus litteræ usus, et hic videtur significare mox, vel esse proximè, propè.*
[2] Miên gaò. *Genus tunicæ cui gossypium est immixtum.*
[3] Kŏ poú. *Tenuissimi lini tela, ex quàdam herbà quæ dicitur* kŏ *confecta.*
[4] Hiá poú. Hiá, *æstas*; poú, *tela*; *ita vocant genus quoddam telæ ob ejus usum tempore æstivo.*
[5] Kouá tsè *est genus interioris indusii.*
[6] Pў. *Numerale telarum*; ў pў, *una tela.*
[7] Kiuèn. *Species serici subtilioris.*

已 剪 更 便 宜 些。
kỳ tsièn kén pién nŷ sў.
nobis forcipe præcidendam, paulò plus (id erit) commodum.

昨 日 老 爺 吩 咐。 小 的 今 日 要 去
Tsó jĕ laò yê fēn foú; siào tў kīn jĕ yaó kiŭ
Heri vestra Dominatio præcepit; ut ego parvulus hodiè eam

做 幾 頂[1] 方[2] 巾。 該 有 多[3] 大
tsoú kỳ tìn fāng kīn; kaў yeoù tō tá
facere aliquot bireta; (illa) debent habere quantæ magnitudinis,

多 少 尺[4] 寸。 這 樣 小 的 拿 去
tō chaò tchĕ tsēn; tché yáng siào tў lâ kiŭ
quot cubiti et unciæ; hoc pacto ego parvulus auferam

定 做。 某 老 爺 要 一 雙
tín tsoú. Meòu laò yê yáo ў chouāng
et juxtà statutum faciam. Talis Dominus vult unum par

布 鞋。 小 的 如 今 順[5] 路 一 齊
poú haŷ; siào tў joŭ kīn chuén loú ў tsў
ex telà calceorum; ego parvulus modo opportunè in itinere simul

買 來。省 得 又 走 一 轉。 我 身
maỳ laŷ; sèn tě yeóu tseòu ў tchouàn; ngò chēn
emam; et evitabo iterùm ire alterà die; nàm meum corpus

又 些 病。
yeóu sў pín.
denuò parvà infirmitate laborat.

---

[1] Tìn. *Numerale pileorum, biretorum.*
[2] Fāng kīn. *Pileolus quadratus, biretum.*
[3] Tō tá *æquivalet* tō chaò, ký tá.
[4] Tchĕ *est mensura seu pes sinensis, constans decem* tsēn. Tsēn *igitur est decima pars pedis sinensis, sive una uncia cujus longitudo sequenti lineà indicatur.*
[5] Chuén. *Numerale revolutionum, redituum.*

HUITIÈME DIALOGUE.

看¹ 門 的 事。
Kân mên tỹ sé.
De Janitoris rebus.

某 人。你 看 門。但 凡 有 客
Meòu jên. Ngỹ kân mên; tán fán yeòu kŏ
Quidam homo. Tu custodis januam; sed quisquis sit hospes

來 拜。你 就 要 來 通² 稟。
laỹ paý; ngỹ tsieóu yaó laỹ tôngᵖìn
veniens (ad) salutandum; tu statim debes venire ad nuntiandum

好 出 去 相³ 見。不 要
haò tchoŭ kiŭ siāng kién; poŭ yáo
conveniens est ut prodeam in mutuum conspectum; non debes

不⁴ 理 他。
poŭ lỹ tā.
negligere illum.

---

¹ Kân mên. Kân, inspicere; mên, porta, janua. Ex isto complexu explicatur janitor; custodire januam.
² Tông pìn. Communicare, participare, etc. Pìn, ore tenus aliquid superiori nuntiare. Ex duabus vocibus, ore tenus certiorem facere, nuntiare.
³ Siāng kién. Videre. Tchoŭ kiŭ siāng kién est conveniens egredi é cubiculo ad videndum, etc.
⁴ Poŭ lỹ. Non curare, negligere.

若 是 老 爺 出 了 門。或 拜
Jŏ ché laò yê tchoŭ leào mên; houảý paý
Si Dominus egressus sit é foribus; fortasse ad salutandos

客 去 了。你 要 明 白 對 他 説。不 要
kŏ kiŭ leào; ngỹ yaó mîn pě toůý tā chŏ; poŭ yaó
hospites iverit; tu debes claré illi dicere; non debes

説 謊。凡 來 拜 或 有 帖
chŏ houāng. Fán laỹ paý houảý yeòu tiě
dicere mendacia. Omnes venientes salutare sive habeat visitationis

子 或 沒 有 帖 子。都 要 問
tsè houảý mŏ yeòu tiĕ tsè; toŭ yaó ouén
schedulam, sive non habeat illam; omninò debes interrogare

他 的 下¹ 處。問 得 明 白。都 要
tā tỹ hiá tchoŭ; ouén tě mîn pě; toŭ yaó
illum de diversorio; et interrogare claré; et omnia debes

寫 在 門² 簿 上。後 席 好 去
siě tsaý mên poŭ cháng. Heóu laỹ haò kiŭ
scribere in januae registro. Posteà facile erit ad eundum

回³ 拜 他。
hoůý paý tā.
resalutare illos.

---

¹ Hiá tchoŭ. Locus in quo quis modico tempore diversatur, diversorium.
² Mên poŭ. Liber in quo à janitore notantur hospites qui veniunt salutare herum. Vocatur etiam mên tsiě.
³ Hoůý paý. Resalutare. Hoůý choŭ, respondere epistolis; hoůý laỹ, redire.

前 日 某 爺 有¹ 書 來。如 今 他 的
Tsiên jě meòu yê yeòu choū laý; joù kīn tā tỹ
Elapsis diebus, talis Domini venit epistola; modó ejus

差² 人 在 這 裡 討 回 書。
tchaý jên tsaý tchě lỹ tào hoůý choū.
tabellarius est hîc petens responsivam epistolam.

正 是 你 就 取 一 個 全³ 帖
Tchén ché; ngỹ tsieóu tsiŭ ỹ kŏ tsuên tiě
Justum est; tu statim accipies unam integram schedulam,

一 個 副⁴ 啟 一 個 內 函
ỹ kŏ foú kỹ ỹ kŏ loůý hân
unam schedam pro epistolis, unam thecam chartaceam ad eas includendas

一 個 護⁶ 封 幾 條 紅 籤
ỹ kŏ hoŭ fông kỹ tiaó hông tsien
unam exteriorem thecam papyraceam, aliquot rubras vittas

---

¹ Yeòu choū laỹ. Yeòu, additum verbis facit praeteritum ut mŏ yeòu laỹ, non venit.
² Tchaý jên. Nuntius. Hîc veró tabellarius, seu gallicè: facteur de la poste.
³ Tsuên tiě. Integer libellus constans decem foliis.
⁴ Foú kỹ. Papyri scheda lineis distincta pro conscribendis epistolis. Foú est numerale foliorum papyri. Kỹ, dividere, et ita vocantur dictæ schedæ, eo quod sunt lineis divisae seu distinctæ.
⁵ Hân. Epistolarum theca chartacea. Epistolae includuntur in duas thecas papyraceas quae communiter vocantur hân; interior et epistolæ immediata vocari solet loůý hân; exterior, ouáý hân.
⁶ Hoŭ fông. Hoŭ, epistolarum involucrum quo reponuntur. Fông est numerale epistolarum. Fông choŭ, claudere epistolam. Hoŭ fông est exterior theca papyracea pro epistolis in qua fit inscriptio.
⁷ Hông tsien sunt quaedam vittae seu fasciae papyraceae rubrae quibus epistolae obvolvuntur et in quibus scribitur inscriptio.

與 印¹ 色。都 方 便 在
yů ýn sě; toū fāng pién tsaý
pro inscriptione cum sigillo et colore; omnibus praeparatis, pones

那 裡。我 就 寫 了 交 付 與 他 去
lá lỹ. Ngò tsieóu siě leào kiaō foú yů tā kiŭ
in hoc loco. Ego statim ac scripsero tradam illi ut eat

罷。明 日 要 去 拜 客。你 如 今
pá. Mîn jě yaó kiŭ paý kŏ. Ngỹ joù kīn
et sufficit. Cras volo ire ad salutandum hospites. Tu modó

先 把 帖 子 扻 拾。或 用
siēn pă tiě tsè cheóu chě; houảý yóng
anticipato accipe visitationis libellum (et) praepara; sive utar

全 帖 或 用 古 拆² 束。都
tsuên tiě houảý yóng koů tchăi toū
integro libello sive utar antiquis visitationum libellis, omnia

該 分 別 放 在 幾 處。拜 的
kaỹ fēn piě fáng tsaý kỹ tchoŭ; paý tỹ
debes dividere (ac) ponere in aliquibus locis, ut visitationis

時 節 甚 是 方 便。帖 子 上 寫 的
chě tsiě chén ché fāng pién. Tiě tsè cháng siě tỹ
tempore valdé sint paratae. Suprà libellum inscriptio

有 通 家 侍 欵³ 生⁴ 某
yeòu tōng kiā ché kiaŏ sēng moŭ
sit: ejusdem domûs lateri assistens doctrinae discipulus talis

---

¹ Ýn. Sigillum. Ýn sě, ad imprimendum sigillum, non cerâ aut bracteis paniceis, sed colore utuntur.
² Chén. Additum positivis facit superlativum; hîc licet mediat, verbum ché additur tamen sequentibus fāng pién.
³ Sēn. Hiŏ sēn, discipulus; hîc idem sensus est.

頓[1] 首 拜。有 通 家
tén cheòu paý. Yeòu tǒng kiā
capite ad terram usquè demisso salutem dicit. Sit ejusdem domûs

侍 敎 弟 某 頓
ché kiáo tý mòng tén
lateri adhærens edoceat fratrem minorem N capite ad terram

首 拜。有 侍 生 某
cheòu paý; yeòu ché sēn mòng
usquè demisso salutem dicit; sit lateri assistens discipulus N.

頓 首 拜。有 通 家
tén cheòu paý; yeòu tǒng kiā
capite ad terram usquè demisso salutat; sit in eàdem domo

晚[1] 侍 敎 生 某 頓
ouàn ché kiaó sēn mòng tén
junior lateri assistens ut edoceatur; discipulus N. capite ad terram

首 拜。有 晚 侍 敎
cheòu paý; yeòu ouàn ché kiaó
usquè demisso salutem dicit; sit junior lateri assistens ut edoceatur

生 某 頓 首 拜。有
sēn mòng tén cheòu paý; yeòu
discipulus N. capite ad terram usquè demisso salutat; sit

通 家 晚[2] 生 某 頓 首
tǒng kiā ouàn sēn mòng těn cheòu
communis domûs juvenior discipulus N. capite reverenter inclinato

---

[1] Tén cheoù. Tén, *caput usquè ad terram demittere.* Tén cheoù, *venerari, caput inclinare.*

[2] Ouàn *Vespere, serò, posteà.* Ouàn sēn, *junior.*

拜。有 晚 生 某 頓
paý; yeòu ouàn sēn mòng tén
salutem dicit; sit junior discipulus N. capite ad terram

首 拜。有 西 儒 末[1] 學
cheòu paý; yeòu sȳ joǔ mó hiǒ
usquè demisso salutat; sit occidentis litteratus infimus discipulus

某 頓 首 拜。但 來 的
mòng tén cheòu paý; tán laŷ tў
N. inclinato reverenter capite salutem dicit; sed qui veniat

是 仝 帖。我 囘 拜 他 也
ché tsuēn tiě; ngò hoûy paý tā ỳ
si afferat integrum libellum; ego visitationem reddens illi etiam

該 用 仝 帖。他 以 古 折
kaȳ yóng tsuēn tiě; tā ỳ koù tsě
debeo uti integro libello; si autem illi cum antiquis libellis

柬 來 拜。我 也 用 古 折 柬
kièn laŷ paý; ngò ỳ yóng koù tsě kièn
visitationis venerint salutare; ego etiam utar antiquo libello

囘 拜 他。或 者 也 有 閣[2] 下
hoûy paý tā. Houăy tchě ỳ yeòu kǒ hiá
resalutando illos. Fortassè etiam si sint consiliarii colao nuncupati,

---

[1] Mǒ. *Extremum, remotum, debile.* Mǒ hiǒ, *ultimus discipulus, infimus discipulus.*

[2] Kǒ hiá. *Idem est ac* kǒ laò. *Hi sunt regis immediati consiliarii toto regno et aulà maximi; plerùmquè sunt quatuor, aliquandò sex. Hi nihil peculiare sibi commissum habent, sed reipublicæ invigilant universæ et in omni negotio regis sunt à secretis.*

尚[1] 書 與 尊 官 用
cháng choū yù tsēn kouān yóng
ministeriorum præsides et aliis nobilibus præfectis qui utantur

單 帖 來 拜。那 時 我 囘
tān tiě laŷ paý; lá chê ngò hoûy
simplicibus libellis venientes visitare, tunc ego visitationem

拜 他 該 用 仝 帖。
paý tā kaȳ yóng tsuēn tiě.
restituens illis debeo uti integris libellis.

若 是 平 常 人 用 單 帖 來
Jŏ ché pīn châng jên yóng tān tiě laŷ
Si sint vulgares homines qui utantur simplici libello venientes

拜。囘 拜 他 時 節 也 只
paý; hoûy paý tā chê tsiě ỳ tchè
salutare; salutationem reddens eis illo tempore, etiam solummodò

該 用 單 帖。就 是 寫 單 帖。
kaȳ yóng tān tiě; tsieóu ché siè tān tiě;
debebo uti simplici libello; videlicet scribendo simplices schedulas;

切[2] 不 要 寫 頓 首 二 字。假[3] 如
tsiě poŭ yáo siè tén cheòu eùl tsé; kià joŭ
absolutè nolo ut scribas tén cheòu *duas hasce litteras; verbi gratiâ*

寫 單 帖。只 該 寫 通
siè tān tiě; tchè kāy siè tǒng
scribas simplices libellos; duntaxat debes scribere (sic:) ejusdem

---

[1] Chāng choū *sunt præsides tribunalium supremorum.*

[2] Tsiě. *Multum, efficacia.* Tsiě yaó, *vehementer necessarium, omninò volo.*

[3] Kià joŭ. *Verbi gratiâ, quod si, supposito quod.*

家 侍 敎 生 某 拜。或
kiā ché kiáo sēn mòng paý; houăy
domûs lateri assistens doctrinæ discipulus N..... salutem dicit; vel

遇[1] 閣 下。或 部[2]
yú kǒ hiá; houăy poú
congressus est cum imperialibus consiliariis; vel sex tribunalium

官 新 到 任[3]。或
kouān sīn taó jén; houăy
mandarinis aulicis recenter, pervenientibus aa ista officia; vel

遇 喜[4] 事 去 拜 去。該
yú hỳ sé kiŭ páy tā. Kaȳ
congressus est ob lætas causas ob quas ivit ad salutandum illos. Debes

用 紅 仝 帖。或 是 送 他 賀[5]
yóng hông tsuēn tiě; houăy ché sóng tā hó
uti rubro et integro libello; vel sunt offerenda illis gratulatoria

禮[6]。也 該 用 紅 仝 帖。
lỳ; ỳ kaȳ yóng hông tsuēn tiě.
munera; etiam debes uti rubro et integro libello.

若 是 平 常 日 送 禮。就 是 白
Jŏ ché pīn châng jě sóng lỳ; tsieóu ché pě
Si ordinariis diebus offerantur munera; tunc sint albi

---

[1] Yú. *Congressus simplex in quo urbanitatis leges non plenè servantur.*

[2] Poú. *Regere, gubernare.* Loŭ poú, *sex primarii aulæ magistratus.* (*Vide Dictionarium gallico-sinicum à nobis editum, vol. 1, pag. 286.*)

[3] Jén. *Officium, munus.* Cháng jén, *magistratûs possessionem inire.* Taó jén *significat pervenire ad magistratum; hoc est ad ejusdemmodi munus electus esse.*

[4] Hỳ. *Lætari, gaudere.* Hỳ sé, *res læta.* Hỳ sé tiēn laŷ, *magna et inopinata lætitia.*

[5] Hó. *Gratulatoria munera, congratulari.*

[6] Lỳ. *Munus, donum.* Lỳ oŭ, *res quæ dono datur.*

帖 也 彀 了。我 問 你 送 禮
tiĕ ỳ keóu leào. Ngò ouén ngỳ sóng lỳ
libelli et hoc sufficit. Ego interrogo te: offerendorum munerum

帖 怎 麼 寫。各 樣 的 禮 物 自
tiĕ tsèn mô siè. Kŏ yáng tỳ̆ lỳ oŭ tsé
libelli quomodò scribuntur? Cujuslibet generis donaria procul

然 該 有 一 個 稱[1] 呼。
jân kaȳ yeòu ỳ̆ kó tchēn hoū.
dubio debent habere proprium nomen.

老 爺 這 裡 的 物 件 大 都 槩 有
Laò yê, tché lỳ tỳ̆ oŭ kién tá káy toū yeòu
Domine, hujus-ce loci res, plerùmque omnes habent

名 色。假 加 寫 禮 帖
mìn sĕ; Kià joŭ siè lỳ tiĕ
nomen et colorem; Exempli gratiâ sic scribitur munerum libellus:

謹 具[2] 天 青 絲 紬[3] 壹.
kìn kiŭ tiēn tsīn sē tcheŏu ỳ̆
veneranti animo parata sunt: cæruleæ sericæ damascenæ telæ unum

---

[1] Tchēn. *Vocare, appellare.* Hoū, *vocare.* Tchēn hoū, *Vocare proprio nomine.*
[2] Kiŭ. *Paratus, providere. Hæ duæ litteræ ponuntur in omnibus libellis munerum in unâ lineâ et posteà in aliis sequentibus fit munerum enumeratio.*
[3] Sē tcheŏu. Sē, *sericum;* tcheŏu *est sericum inferius damasceno, minutissimis filis contextum.*

疋。油[1] 綠 彭[2] 緞 一 端[3] 月[4] 白
pỳ̆; yeoû loŭ pēn touán ỳ̆ touān, yuĕ pĕ
involucrum; viridis coloris pēn *dictæ sericum una tela; glauci coloris*

路[5] 紬 一 端 翠 藍 緫
Loú tcheŏu ỳ̆ touān, tsouỳ̆ lân tsóng
ex urbe Loú tcheŏu *una tela; splendidi cærulei coloris crispati*

紗 一 端 絳[6] 色 綺[7] 羅 一 端
chā ỳ̆ touān, kiáng sĕ kỳ̆ lô ỳ̆ touān,
serici una tela, rubri coloris intensi cum floribus una tela,

臨[8] 青 手 帕 一 聯[9] 湖[10] 筆
Lîn tsīn cheòu pā ỳ̆ liên; Hoû pỳ̆
ex urbe Lîn tsīn *strophiolorum una collectio; ex civitate* Hoû *penicillorum*

---

[1] Yeoû loŭ. Yeoû, *oleum.* Loŭ, *viride; itâ vocant genus viridis coloris obscuri.*
[2] Pēn touán *est genus damasceni, sive ex ejus inventore, sive ex urbe* Pēn *sic nuncupati.*
[3] Touān. *Numerale telarum quarum quælibet continet viginti cubitos sinicos pro conficiendo indumento; si verò integra tela mittatur tunc numerale est* pỳ̆ 疋。
[4] Yuĕ pĕ. Yuĕ, *luna;* pĕ, *album; utrumque significat colorem quem Latini glaucum vocant.*
[5] Loú *est nomen civitatis.* Loú tcheōu foù, *in provinciâ* Chān tōng.
[6] Kiáng. *Rubrum sat intensum.*
[7] Kỳ̆. *Tela serica subtilis cum floribus ejusdem coloris intertextis.*
[8] Lîn tsīn *est locus undè manutergia denominationem habent, quæ etiam appellantur* cheòu kīn *vel* cheòu pā.
[9] Liên *est numerale rerum inter se colligatarum.*
[10] Hoû. *Civitas provinciæ* Tchè kiāng *ubi fiunt optimi penicilli.*

拾 矢[1] 徽[2] 墨 貳 匣[3] 雲[4]
chĕ chè Houȳ mĕ eúl hiă, yûn
decem sagittæ, urbis Hoūy *atramentum duo volucra, acu pictorum*

履 一 雙 綾[5] 襪 一 雙。活
lỳ̆ ỳ̆ chouāng lîn ouă ỳ̆ chouāng; hô
calceorum unum par, floridorum tibialium unum par; vivus

鵝 一 隻[6] 活 雞 一 對 活 鴨
ngŏ ỳ̆ tchĕ, hô kȳ ỳ̆ touý, hô ngŏ
anser unicus, vivarum gallinarum unum par, vivorum anserum

肆 隻 猪 肉 一 方 鮮 魚 貳 尾[7]
sé tchĕ, tchōu joŭ ỳ̆ fāng, siēn yû eúl oùy
quatuor, suillæ carnis una portio quadrata, recentes pisces duo,

魯[8] 酒 壹 樽。奉
Loù tsieòu ỳ̆ tsēn; fóng
cognomento loù tsieòu *vinum unum vas; hæc munera offert*

申 敬 或 贄[9] 敬
chēn kín, houăy tché kín,
et significat reverenter, vel primæ visitationis reverentia munera,

---

[1] Chè. *Sagitta. Cum enim penicilli aliquam cum sagittâ similitudinem habeant, ideò hoc nomine ornantur. Istud verbum hic usurpatur pro numerale.*
[2] Hoūy *est urbis provinciæ* Kiāng nân, *ubi celebre atramentum conficitur.*
[3] Hiă. *Arcula quadrata;* hŏ *dicitur rotunda.*
[4] Yûn. *Nubes. Quia autem calceos solent acu pingere in iisque efformare ornamenta quædam instar nubium, calcei itâ picti vocantur* yûn hiây.
[5] Lîn *est species telæ sericæ subtilis cum floribus unicoloribus.*
[6] Tchĕ. *Numerale gallinarum et similium.*
[7] Ouỳ. *Numerale piscium.*
[8] Loù. *Locus undè vinum nomen sumit.*
[9] Tché *vocantur munera quæ in primâ visitatione offeruntur.*

或 薇[1] 敬 或 芹[2]
houáy ouŷ kín; houăy kīn
vel parva munera reverenter offert; sive minima ista munera

敬。通 家 侍 教 生
kín; tōng kiā ché kiaó sēn
reverenter offert; Ejusdem domûs lateri assistens doctrinæ discipulus

某 頓 首 拜。
mòng tén cheòu páy.
N..... capite ad terram usquè demisso salutem dicit.

我 明 日 送 一 個 官 的 禮。這 個 禮 物
Ngò mîn jĕ sóng ỳ̆ kó kouān tỳ̆ lỳ. Tché kó lỳ oŭ
Ego cras offeram alicui præfecto munera. Hoc donarium

有 大 半 是 外 國 來 的。
yeòu tá pán ché ouáy kouĕ laŷ tỳ̆;
continet ex majori parte (res) (quæ) ex extraneis regnis veniunt;

如 今 寫 帖 該 怎 麼 樣 寫。
joŭ kīn siè tiĕ kaȳ tsèn mô yáng siè.
nunc ideò scribendus libellus debet quomodò scribi?

老 爺 小 的 往 日 也 曾 寫 過 他 的
Lào yê, siào tỳ̆ ouàng jĕ ỳ tsēn siè kó tā tỳ̆
Domine, ego parvulus elapsis diebus jàm etiam scripseram illorum

---

[1] Ouŷ. *Modicum, parum, vile; et itâ urbanè appellant munus quod mittunt.*
[2] Kīn. *Herba hortensis seu apium; itâ urbanè appellant quasi nihil aliud esset quàm quædam herba. Duo prima munera quæ mittuntur dicuntur* tché kīn; *quæ verò deinceps offeruntur vocantur* ouŷ *vel* kīn.

名 色。 日[1] 晷 一具。西 洋
mìn sĕ jĕ koùy y̌ kiú; sȳ yâng
nomen et colorem (nempè:) solare horologium unum; europeum

花 帕 一 方[2]。 西 洋 布 一疋。 縐
hoā pă y̌ fāng; sȳ yâng poú y̌ pў; tsóng
floridum strophium unum involucrum; europeam telam unam; crispum

帕 一 方。 西 洋 剪 刀 一 把[3]。西 洋
pă y̌ fāng sȳ yâng tsièn taō y̌ pà; sȳ yâng
mantile unum involucrum, europea forceps una; europeum

眼[4]鏡 一架 遠 鏡 壹架 八 角 眼 鏡
yèn kín y̌ kiá, yuèn kín y̌ kiá, pă kŏ yèn kín
conspicillum unum, opticum speculum unum, octangulare perspicillum,

壹架 玻 璃 鏡 一 面。 玻 璃 箸 一
y̌ kiá, pō lŷ kín y̌ mién; pō lŷ tchoú y̌
unum, vitreum speculum unum, vitreorum paxillorum unum

雙。 玻 璃 盃 貳 撳[5]。玻 璃 盤 一 面。
chouāng; pō lŷ peў eúl kĭn; pō lŷ pân y̌ mién;
par; vitreorum scyphorum duo; vitreorum discorum unus;

玻 璃 碗 壹 對。 西 洋 畫 景
pō lŷ ouàn y̌ touý; sȳ yâng hoâ kìn
vitrearum scutellarum unum par; europeorum picturæ pulchræ visu

---

[1] Jĕ koùy. Jĕ, *sol;* koùy, *solis umbra.*
[2] Fāng *videtur esse numerale quadratarum, etc.*
[3] Pà. *Numerale cultellorum, gladiorum, forficum.*
[4] Yèn kín. *Ad verbum oculorum speculum.*
[5] Kĭn. *Collabentia sustentare; hic videtur esse numerale.*

四 幅。 萬 國 屏[1] 圖 一 幅。
sé foŭ; ouán kouĕ pĭn toŭ y̌ foŭ;
quatuor; totius orbis pro tabulatis tectoriis geographica descriptio una;

坤[2] 輿 屏
kouĕn yû pîn
chartæ geographicæ terram describentes pro machinis ad prætegendum

圖 陸 幅[3] 東 洋 扇 貳 持[4]。東 洋 紙 四
toŭ loŭ foŭ, tōng yâng chán eûl tchê; tōng yâng tchè sé
sex, Japonenses flabelli duo; japoneæ papyri quatuor

張。 東 洋 刀 壹 鞘。 東 洋 金 漆[5]
tchāng; tōng yâng taō y̌ siáo; tōng yâng kĭn tsў
folia; japonenses cultelli una vagina; japonensis aurea vernice linita

廂 壹 具。 東 洋 漆 盒 一 具。 家
siāng y̌ kiú; tōng yâng tsў hô y̌ kiú. Kiā
capsula una; japonensis vernice linita capsula una. Domi

製 糖 菓 幾 種。 乳 蛋 食 幾
tché tăng kò kỳ tchòng; Joù tán chĕ kỳ
ex confectis dulciariis aliquot genera; ex lacte et ovis cibaria aliquot

---

[1] Pĭn. *Operire, contegere.* Lièn pĭn *est tabulatum quod contrahi et extrahi potest.*
[2] Kouĕn. *Terra.* Yû *significat currum lecticam;* kouĕn yû *faciunt complexum et totam terram designant.*
[3] Foŭ *est numerale.*
[4] Tchĕ. *Capere.*
[5] Tsў. *Gallicè:* laque ou vernis de Chine. *Hujus opusculi editor primus arborem quæ producit hunc liquorem ex Sinis adduxit in Galliam in anno* 1858.

器。 椶[1] 竹 箸 貳 把。 龍 延
kў; tsōng tchoŭ tchoú eúl pà; lông siên
vasa; arundineorum paxillorum duo fasciculi; ex loco lông siên

扇[2] 墜 一 枚[3]。琥 珀 扇 墜 一
chán tchoúy y̌ mêy; hoù pĕ chán tchóuy y̌
flabellorum pendula una theca; ex electro flabellorum pendula una

枚。 百[4]合 香 一 對。家 刻 幾 種。
mêy; pĕ hô hiāng y̌ touý; Kiā kĕ kỳ tchòng.
theca; pastillorum odorum unum par; Kiā kĕ *aliquot species.*

這 幾 件 送 禮 的 東 西 件 件 交 付
Tché kỳ kién sóng lỳ tў tōng sȳ kién kién kiāo foú
Has omnes offerendas dono res totaliter trado

你。要 一 一 查 明。 明 日 叫
ngỳ; yáo y̌ y̌ tchă mîn. Mîn jĕ kiaó
tibi; debes unam post alteram perlustrare diligenter. Cras voca

幾 箇 人 抬 去。 看 那 老 爺 說
kỳ kó jên tăy kiŭ; kăn lă laò yê chŏ
aliquot homines ut deferant (munera); observa hunc Dominum dicentem

甚 麼 話。
chén mô hoá.
quænam verba.

---

[1] Tsōng. *Quædam arbor ex cujus cortice funes, nattas, vestes conficiunt.*
[2] Chán tchoúy. *Sic vocant quasdam thecas ad flabella recondenda.*
[3] Meў *est numerale rerum pretiosarum.*
[4] Pĕ hô hiāng. *Ità vocant quoddam odoramentum.*

NEUVIÈME DIALOGUE.

船 上 的 事。
Tchouăn cháng tў sé.
De illis quæ navem suprà occurrunt rebus.

今 廣 東 省[1] 城 起 身 到 南
Kĭn kouàng tōng sèn tchĕn kў chēn táo Lân
Nunc ex Cantonensi metropoli iter suscipiens usquè ad civitatem

雄。 要 下 一 箇 店 家。 要 選 一 个
Hiông; yaó hiá y̌ kó tién kiā; yáo siuèn y̌ kó
Lân Hiōng; *volo descendere in unum diversorium; volo seligere unum*

好 人 家。 雇 轎 寫
hào jên kiā; koú kiaó siè
probum virum; conduces sellam gestatoriam, locabis per scriptum

騾 馬。 叫 脚[2] 夫。 要 他 包[3] 管 行[4]
lŏ mà; kiáo kiŏ foū; yáo tă paō kouàn hîn
mulos, equos; vocabis bajulos; necesse est eos dare cautionem pro

李。 過 山 沒 一 毫 失 落。
lỳ; kó chān mŏ y̌ hâo chĕ lŏ;
sarcinis; adeò ut transeundo montes non sit minima res perdita;

---

[1] Sèn tchĕn. Sèn, *provincia;* tchĕn, *mœnia;* sèn tchĕn, *metropolis.*
[2] Kiŏ. *Pedes.* Kiŏ foū, *idem ac* tiāo foū, *bajuli, sed isti urbani et illi in itineribus.*
[3] Paō. *Obvolvere, involucrum;* kouàn, *habere curam.* Paò kouàn, *dare fidejussionem.* Paō làn, *in se recipere fide jurando pro alio.*
[4] Hîn. *Ire, progredi;* hîn lỳ, *itineris supellex, sarcina.*

104 — DIALOGUES CHINOIS-LATINS.

這 等 樣 我 們 常 常 往 來。就
Tchě tèn yáng ngŏ mên tcháng tcháng ouáng láy; tsieoú
Hoc enim modo nos semper imus et venimus; ideo

住 他 家。若 他 是 光¹ 棍。千² 萬
tchoú tā̆ kiā. Jŏ tā̆ chē kouáng houén, tsiēn ouán
morabimur in illorum domo. Si illi sint nebulones, nullo pacto

不 要 他。
poŭ yáo tā̆.
volo eos.

老 爺 如 今 船 到 南 雄。隔 關
Láo yě jou kin tchouán táo Lán-Hiŏng; kŏ kouán
Domine, modo navis pervenit ad Lán-hiŏng; distat à telonio

上³ 不 多 路。且 住 在 這 裡。
cháng poŭ tō loú; tsiĕ tchoù tsáy tchě lỳ;
non multum itineris; et Dominus meus moratur ibi;

待 小 的 先 上 去 尋 了
tay siáo tỳ siēn cháng kiù siūn leáo
exspectans ut ego parvulus anteà eam et quæsiverim

店 家。喊 那 轎 夫 來 抬 老 爺。
tién kiā. Kiáo lá kiáo foŭ láy táy laò yě;
diversorium. Voca istos bajulatores ut veniant deferre Dominum.

¹ Kouáng kouén. Qui arte et dolo vitam transigit, nebulo.
² Tsiēn ouán poŭ. Nullo pacto, nullatenùs.
³ Cháng loú. In superiori itinere.

105 — DIALOGUES CHINOIS-LATINS.

又 叫 幾 名¹ 脚 夫 來。把 這
yeoú kiáo kỳ mín kiŏ foŭ láy; pà tchě
rursùm vocabo aliquot bajulos ut veniant; ad accipiendum ista

行 李 擡 上 去。
hîn lỳ pán cháng kiŭ.
impedimenta et transferant in alium locum.

你 說 得 是。這 個 船 到 不 得
Ngỳ chŏ tẽ chè; tchě kó tchouán táo poŭ tẽ
Tu dixisti rectè; ista navis pervenire non potest

關 裡 面。這 個 關² 上 是 頊 碎 的。
kouán lỳ mién; tchě kó kouán cháng chē sò souý tỳ
usque ad telonium; iste portitor est importunus;

只 是 你 如 今 就 該 快 些 回 來 收 拾
tchè chế ngỳ jou kin tsieoú kay kouáy sỳ hoúy láy cheóu chè
sed verò tu nunc statim debes citiùs redire et præparare

行 李。明 日 就 要 打 發 過
hîn lỳ; mîn jě tsieoú yáo tă̆ fă̆ kó
impedimenta; cras (enim) statim volo mittere ea ad transeundum

山。你 該 說 與 房³ 主 人 知 道。
chān. ngỳ kay chŏ yú fáng tchoù jên tchē taó;
montem; tu debes dicere (hoc) stabulario (ut ipse) sciat;

使 他 好 方 便 轎 馬 與 脚 夫。
chè tā̆ haŏ fāng pién kiáo mā̆ yú kiŏ foŭ.
faciesque ut ille benè præparet sellas, equos ac bajulos.

¹ Mîn est hic numerale portitorum, etc.
² Kouán cháng. Telonii superior, hoc est vectigalium exactor.
³ Fáng tchoù jên. Ad verbum domi herus. Hic verò significat stabularium, seu cauponem diversorii, qui tién kiá communiter vocatur.

106 — DIALOGUES CHINOIS-LATINS.

某 人 天 時 還 早¹。你 先 過
Mŏng jên, tiēn chē houân tsaŏ; ngỳ siēn kŏ
Quidam homo, tempus adhuc superest; tu priùs transibis

山 去 到 南 安 主 人 家 裡。就
chān kiŭ táo Lán Gān tchoù jên kiā lỳ; tsieoú
montem usque ad Lán gān in stabularii domum; illico

該 先 到 河 下 去。看 有
kāy siēn taó hŏ hiá kiŭ; kā̆n yeoú
debes antequàm pervenias ad flumen descendere; et inspicere an sint

船 沒 有。若 是 有。選 一 個 小 些 的
tchouán mŏ yeoú. Jŏ chē yeoú. siuĕn ỳ kó siaŏ sỳ tỳ
naves vel non sint. Si sint, seligo unam parvulam

中 間 兩 艙。彀 老 爺 與
tchōng kiēn leăng tsāng. keóu laò yě yú
in medio duas partes habentem; sufficientes ut Dominâi cum

相 公 們 住。就 是 不 彀 也
siāng kōng mên tchoù; tsieoú chě poŭ keoú ỳ
litteratis morentur; quamvis non sufficiat etiam in hoc casu

不 消 用 大 船。若 是 行 李 多。
poŭ siāo yóng tá tchouán. Jŏ chē hîn lỳ tō.
non necesse est uti magnâ navi. Si autem sarcinæ multæ sint,

免 不 得 用 大 些 的。如 彀 了。
miĕn poŭ tẽ yóng tá sỳ tỳ; jou keóu leaŏ;
evitari non potest uti aliâ majore aliquantulum; si sufficiens sit;

¹ Tsaŏ. Diluculo; hic tamen significat vespertinum tempus, antè solis occasum, seu quod adhuc diei tempus remanet.

107 — DIALOGUES CHINOIS-LATINS.

就 問 一 問 船 價 貴 賤
tsieoú ouén ỳ ouén tchouán kiá kouỳ tsien
statim quære iterùm quære de navi pretium carum an vile

何 如。只 是 先 要 看 過 那 個 船 是
hŏ jou. Tchě chē siēn yáo kā̆n kó lá kó tchouán chē
quodnam est. Attamen anteà oportet videre si illa navis sit

裡 面 乾 燥 就 是 好 的。若 是 有 些
lỳ mién kān saŏ tsieoú chē haŏ tỳ; jŏ chē yeoú sỳ
intùs sicca quamvis enim sit bona; Si habeat pariùm

水 就 不 好 不 該 要 他。還
choŭy tsieoú poŭ haŏ poŭ kāy yáo tā̆. Houân
aquæ ergò non bona, non debes illâ uti. Præterèaque

有 船 上 遮¹ 蓋 的 逢 漏
yeoú tchouán cháng tchě kay tỳ pŏng leoú
ad ea quæ sunt suprà navim an cooperiens ea storea superfluat

不 漏。使 風 逢 破 不
poŭ leoú; chě fōng pŏng pŏ poŭ
vel non superfluat; inserviens contrà ventum velum ruptum sit vel non

破。舵 板 好 不 好。櫓²
pŏ; tó pā̆n haŏ poŭ haŏ; loù
ruptum; an gubernaculi tabula bona sit vel non bona; remos longos

槳³ 有 沒 有。鉄 錨 有 幾 個。
tsiăng yeoú mŏ yeoú; tiĕ maŏ yeoú kỳ kó;
ac laterales habeat vel non habeat; ferreas anchoras habeat quot;

¹ Chě significat hic inservire.
² Loù. Remi longiores ad faciendum, uti dicunt, liŏ liŏ.
³ Tsiăng. Remi ad latus navis.

船 家 有 幾 個。老實 不 老實。
tchouǎn kiā yeòu kỳ kó; laò chě poǔ laò chě;
navis familia habeat quot homines; bonos vel non bonos;

件 件 停[1]當 纔 好。 寫 船的
kién kién tǐn táng tsǎy haò; siè tchouǎn tỳ
singulis his rebus fixis tunc benè; quandò locatur navis

時 節。把 些 定 錢 與
chê tsiě; pà sȳ tín tsiěn yù
accipies aliquantulùm determinatam pecuniam (et) dabis

他。 船 契[2] 上 要 寫 明 白。
tǎ. Tchouǎn kỳ cháng yaó siè mîn pě;
illi. Suprà navis syngraphum debes scribere claré;

到 某 地 方 寫 止。 船 錢
táo mòng tý fāng oûy tchè; tchouǎn tsiěn
perveniendo ad talem locum sistendum est; navis conductæ sapecas

先 交 一 半。 其 餘 要 到 了
siēn kiāo ў pán. Kỳ yû yáo táo leào
anteà trado unam medietatem. Pro reliquâ pecuniâ debet pervenire ad

那過地 方 纔 交 完。
lá kó tý fāng, tsǎy kiāo ouân.
illum locum, tunc tradere finiam.

又 要 議[3]定 程[4] 色 或 九
Yeóu yáo ý tín tchên sě houǎy kieòu
Prætereà oportet determinare argenti gradum vel nonagesimum

---

[1] **Tǐn táng**, *Res fixa, negotium stabilitum, conclusum.*

[2] **Kỳ** *est syngraphum.* **Fāng kỳ** *est syngraphum venditionis seu locationis domùs.* **Tchouǎn kỳ** *est locationis navis syngraphum.*

[3] **Ý** *Consultare, determinare quid expediat.*

[4] **Tchěn sě**. *Gradus, terminus;* **sě**, *color.* **Tchěn sě**, *auri et argenti gradus; gallicè :* carat.

程 或 九 五 或 足[1] 紋。
tchěn houǎy kieǒu où houǎy tsioǔ ouên.
gradum vel nonagesimum quintum vel purissimum argentum.

路 上 早 晚 都 要 用 心
Loú cháng tsào ouàn toū yáo yóng sīn
In viâ manè et vesperè omninò debes diligentiam adhibere

照 顧 行李。酒 錢 在 外。買 柴
tcháo koú hîn lỳ; tsieòu tsiěn tsaý ouáy; maỳ tchǎy
ad curandum de sarcinis; vini pecunia est extrà; emes ligna,

買 米。買 菜 買 肉。都 要 先
maỳ mỳ. maỳ tsaý, maỳ joǔ; toū yaó siēn
emes oryzam; emes olera, emes carnes: omnia debent anteà

方 便 爲 妙。你 們 或 早 或 晚
fāng pién oûy miáo. Ngỳ mên houǎy tsào houǎy ouàn
præparari et esse bona. Vos sive manè sive vesperè

少[2] 要 吃 酒 賭 錢。 船 上 夜裡
chaò yaó kỳ tsieòu toǔ tsiěn. Tchouǎn cháng yè lỳ
non debetis bibere vinum, ludere sapecis. Suprà navem in nocte

要 看 恐 怕 船 頭 船 尾 中
yaó kǎn kǒng pǎ tchouǎn teǒu tchouǎn ouỳ tchōng
debetis invigilare an fortassè in prorâ, puppi et mediâ

---

[1] **Tsiǒu**. *Plenus, dives;* **ouên**, *lineamenta manuum, arborum.* **Tsiǒu ouên**, *argentum purissimum, idem ac* **ouên ȳn**, *ità dictum eo quod plenum sit lineamentis ad differentiam argenti inferioris in quo lineamenta pauciora sunt. Argentum ejusmodi pertingit usque ad centesimum.*

[2] **Chaò**. *Deesse. Hic æquivalet particulæ* non; *ut* **chaò laŷ**, *non venit, desiit venire;* **chaò yaó**, *non debet, non vult.*

艙 一[1] 時 漏 水。小 心 要
tsǎng ў chê leòu choùy; siaò sīn yáo
navis partitione an aliquando defluat aqua; diligenter debetis

看。 又 要 看 天 陰[2] 天
kǎn. Yeóu yaó kǎn tiěn ȳn tiěn
istud examinare. Prætereà debetis videre tempus nubilum, tempus

晴 或 天 陰 起 風 作 浪
tsǐn; houǎy tiěn ȳn kỳ fōng tsoú láng
serenum; fortassè tempore nubilo insurgent venti ad faciendum undas;

難 似[3] 行 走。 須 要 衆 人 商 議。
lân ỳ hîn tseòu. Siū yáo tchóng jên chāng ý;
et difficile sit ad navigandum. Necesse est omnes homines consultare;

必 定 住 一 住。 等 風 息[4]
pỳ tín tchoǔ ў tchoǔ; tèn fōng sỳ
an omninò sistendum sit; exspectando ut ventus desistat;

一 息。平 一 平。方 可 開 船。 如 若
ў sỳ pǐn ў pǐn; fāng kǒ kaǐ tchouǎn. Joǔ jǒ
ac quiescat; tunc licet solvere navem è portu. Si verò

浪 不 平 風 不 止。須 要 等 候
láng poǔ pǐn, fōng poǔ tchè; siū yáo tèn heóu
undæ magnæ non quiescant, nec ventus desistat; necesse est exspectare

一 天 爲 妙。 船 主 今 晚 說
ў tiěn ouý miáo. Tchouǎn tchoù kīn ouàn chǒ
unum diem ad meliùs esse. Navis herus hoc vespere dicit

---

[1] **Ў chê**. *Instans, aliquandò.*

[2] **Ȳn**. *Obscurum.* **Tiěn ȳn**, *tempus nubilum, obscurum.*

[3] **Ỳ**. *Ob, propter.*

[4] **Sỳ**. *Sistere, desistere.*

天 氣 光[1] 景 好 了。明 日 起
tiěn kỳ kouāng kìn haò leào. Mîn jě kỳ
cœlestis aeris apparentias meliores esse. Cras surgamus

五 更[2] 開 罷。 這 裡 到
où kēn kaǐ pá; tchě lỳ taó
et quintâ vigiliâ solvere è portu satis erit; hinc usquè ad

江 西 省 城 還 有 多 少 日 子 纔[3] 到
Kiāng Sȳ sèn tchěn houân yeòu tō chaò jě tsè tsǎy taó.
Kiāng Sȳ *metropolim adhuc dantur quot dies ut perveniatur.*

船 主 說 若 是 順 風 可 以 四
Tchouǎn tchoù chǒ jǒ ché chuén fōng kǒ ỳ sé
Navis dominus dicit si est secundus ventus sufficere quatuor

五 日 就 到。 若 是 風 不 順。
où jě tsieóu táo. Jǒ ché fōng poǔ chuén;
quinque dies ut perveniatur. Si verò ventus non est secundus;

或 八 日 或 九 日 拾 日 纔
houǎy pǎ jě houǎy kieòu jě chě jě tsǎy
vel octo diebus vel novem diebus, decem diebus tunc

到。
taó.
pervenire.

---

[1] **Kouāng kìn**. **Kouāng**. *Splendescere;* **kìn**, *clarum, splendens.* **Kouāng kìn**, *figura, modus, exterior apparentia.*

[2] **Kēn**. *Mutare, v. g. vigilias; undè* **kēn** *vigilias significat;* **où kēn** *est quinta et ultima vigilia nocturna sinensis.*

[3] **Tsaŷ**. *Multoties ista littera superiùs occurrit significans tunc, deindè. Hic autem habet* ut, *ad hoc. Undè* **tsaŷ taó**, *ad perveniendum, ut perveniatur.*

今日彎[1] 船 住 了。叫 某 人。
Kīn jĕ ouān tchouān tchoŭ leaò. Kiáo mòng jên;
Hodiè ad portum appellemus et sistemus. Voca talem hominem;

你 上 岸[2] 看 有 好 酒 好
ngỳ cháng gán kān yeòu hào tsieòu, hào
tu ascendes ad littus ad videndum an detur bonum vinum, bona

菜。拿 些 銀子 買 來。不 論
tsaý; lâ sȳ ŷn tsè mày laŷ; poŭ lén
olera; accipies aliquantulùm pecuniæ ut emas et afferas; indiscriminatim

多 少。連[3] 日 船 上 衆 人
tō chào; liên jĕ tchouān cháng tchóng jên
multùm vel parùm; in elapsis diebus suprà navim omnes homines

辛 苦 得 緊。大 家 打[4] 夥 吃 些。
sīn koŭ tĕ kìn; tá kiā tà hò kў sȳ;
defatigati sunt valdè; omnes congregentur ut manducent parùm;

解[5] 一 解 辛 苦。家 長[6] 說。這 等 樣
Kiày ў kiày sīn koŭ. Kiā tchàng chŏ; tché tèn yáng
et subleventur à laboribus. Nauclerus dicit; hoc modo

說 多[7] 多 感 謝 老 爺 大
chŏ tō tō kàn sié laò yê tá
loquendo: plurimas gratias agimus Dominationi vestræ de tàm grandi

---

[1] Ouān tchouān. *Tenere portum, seu pervenire ad littus.*
[2] Gán. *Littus.* Cháng gán, *descendere ad ripam.*
[3] Liên jĕ. *In his diebus elapsis.* Liên ў niēn, *uno integro anno.*
[4] Tà hò. Hò. *Multi socii collegæ;* tà hò, *societatem inire.*
[5] Kiày. *Explicare, dissolvi, aperire.* Kiày mén, *tristitiam deponere.*
[6] Tchàng. *Ætate major. Hic* kiā tchàng *significat nauticæ familiæ caput.*
[7] Tō tō. *Ejusmodi adjectivi duplicatio plerùmque inservit superlativis faciendis et etiam ultimo loco addi solet particula* tў, *v. g. altissimum* kaō kaō tў; *albissimum* pĕ pĕ tў, *profundissimum* chēn chēn tў.

恩。再 過 幾 天 到 了 江 西
gēn; tsaý kó kỳ tiēn táo leào Kiāng Sȳ
beneficio; item transactis aliquot diebus pervenientes ad Kiāng Sȳ

省 城。送[1] 老 爺 相 公 到 天 主 堂。
sèn tchēn; sóng laò yê siáng kōng taó tiēn tchoù tāng;
metropolim; comitabuntur Dominum ac litteratos usquè ad Ecclesiam;

安 慰 了。那 時 小 的 們 叩
gān oúy leào. Lá chê siào tў mên keoū[2]
et consolabimur. Tunc nos parvuli capite ad terram

頭 謝 恩 就 是 了。那 一 日 到 了
teōu siè gēn tsieóu ché hào. Lá ў jĕ táo leào
demisso gratias agemus tunc benè. Tu illo die quo perveniemus

江 西。叫 某 人 拿 出 船 契
Kiāng Sȳ; kiáo mòng jên lâ tchōu tchouān kў
in Kiāng Sȳ; *vocabis talem hominem ut extrahat navis syngraphum;*

看 一 看 算 一 算。盡 日 收 過
kān ў kān souán ў souán; tsiēn jĕ cheōu kó
inspice iterùm inspice, supputa iterùm supputa; elapsis diebus accepit

銀子 多 少。餘[3] 者 差 多 少。我 與
ŷn tsè tō chào; yû tchè tchā tō chào; ngò yù
pecuniam quantam; reliquum quod deest quantum est; ut ego dem

他 罷。不 要 他 吃 虧。還 要
tā pá. Poŭ yáo tā kў koūy; houân yáo
illi et sufficit. Nolo illum detrimentum pati; adhuc oportet

---

[1] Sóng. *Abeuntem hospitem sequendo comitari; venienti autem hospiti obviàm ire dicitur* ŷn.
[2] Keōu teōu. *Genibus flexis caput ad terram demittere.*
[3] Tchè. *Relativum qui, quæ, quod.*

8

另外 賞 他 些 銀子 買 酒 吃
lĭn ouaý chàng tā sȳ ŷn tsè mày tsieòu kў
insuper donare illi aliquantulùm pecuniæ ut emat vinum ad bibendum,

叫 他 回 去 罷。
kiáo tā hoûy kiū pá.
voca illum ut redeat et sufficit.

小 的 們 知 道。不 消 老 爺
Siào tў mên tchē táo; poŭ siāo lào yê
Nos parvuli scimus (hoc); non necesse est ut Dominatio vestra

吩 咐。我 與 他 銀子 就 是 了。
fēn foú; ngò yù tā ŷn tsè tsieóu ché leào.
jubeat; ut nos demus illi pecuniam; statim erit quod jubet.

DIXIÈME DIALOGUE.

管 菜[1] 圃[2] 的。
Kouàn tsaý poù tў.
De curà olitorii horti.

某 人。如 今 命 你 管 菜 園。
Mèy jên. Joŭ kīn mín ngỳ kouàn tsaý yuên.
Quidam homo. Nunc mando tibi curandi de olitorio horto.

你 會 做 麼。
Ngỳ hoúy tsoú mô.
Tu scis facere nec-ne?

---

[1] Tsaý. *Nomen genericum herbarum comestibilium.*
[2] Poù *differt ab* yuên *in hoc quod* poù *est propriè hortus olerum, dùm verò* yuên *est hortus florum, arborum, fructuum. Sed ordinariè in loquelà non fit ista distinctio.*

老爺 小 的 雖 從 前 沒 有 種[1]
Lào yê siào tў siû tsōng tsiēn mô yeòu tchóng
Domine, ego parvulus quamvis anteà non seminaverim

過 菜。然 這 也 是 容 易 做 的 事。
kó tsaý; jân tché ỳ ché yông ý tsoú tў sé;
olera; certò quidem hæc etiam est facilis factu res;

只 要 有 撅 鋤 鏟[2] 鋤
tchè yáo yeòu kiuĕ tsōu, tchān tsōu,
duntaxat necesse est habere curvatam ligonem, palam,

糞 箕 釘[3] 鈀 糞 桶
fén kȳ tīn pā fén tōng
ad stercus deferendum cistam, dentatum rastrum, stercorarium situlam,

糞 杓[4]。與 那 些 四 時 栽
fén tchŏ; yù lá sȳ sé chê tsāy
stercorarium cochlear; cum illis quatuor temporum ad seminandum

種。各 樣 的 菜 種。件 件 齊
tchòng; kŏ yáng tў tsaý tchòng; kién kién tsў
seminibus; cujuslibet generis olerum semina; singula simul

備。小 的 敢 包[5] 官 不 少 菜
pý. Siào tў kàn paō kouàn poŭ chào tsaý
provideantur. Ego parvulus audeo spondere (quod) non deerit olus

吃。
kў.
ad comedendum.

---

[1] Tchóng. *Seminare, plantare in quarto tono. In tertio autem tono* tchòng *habetur pro semine.*
[2] Tchān. *Evadere, levigare,* tchān tsōu *est pala, gallicè :* la pelle.
[3] Tīn pā. Tīn. *Clavus ferreus quo res firmantur;* pā, *rastrum quinque dentibus constans.* Tīn pā *dicitur : dentatum rastrum.*
[4] Tchŏ. *Cochlear ligneum.*
[5] Paô kouàn. *Promittere, spondere.*

既 是這樣。你且等那些
Ký ché tchĕ́ yáng; ngỳ tsiĕ̃ souán lá sȳ
Quandoquidem est ità; tu modo considerabis illarum

物件種子。看要用幾多銀子。
oŭ kién tchŏ̃ng tsè; kẵn yáo yóng kỳ tō ŷn tsè.
rerum semina; et videbis requiri quanta pecunia?

老爺聽小的算。一把好撅
Lào yê tĭ̃n siào tỹ souán; y̆ pà hào kiuĕ
Domine, audi suum parvulum supputantem; pro uno bono curvato

鋤要六七分銀子。薅草
tsoŭ̃ yáo loŭ tsỹ̆ fén ŷn tsè; haō tsẵo
ligone requiruntur sex (vel) septem fén *argenti; ad evellendas herbas*

小鏟鋤要二分[1]。釘鈀
siào tchăn tsoŭ̃ yáo eúl fén; tĭ̃n pẵ
pro parvâ palâ requiruntur duo fén; *pro dentato rastro*

恐怕要五分[1]。糞箕
kŏ̃ng pẵ yáo où fén; fén kȳ
fortassè requiruntur quinque fén; *ad stercus deferendum cistæ*

壹担[2]不過弍分。糞桶糞
y̆ tán poŭ kó eúl fén; fén tŏ̃ng fén
duæ non excedunt duo fén; *pro stercorariâ situlâ et stercorario*

杓恐要七八分。這幾件都
tchŏ; kŏ̃ng yaó tsỹ̆ pă fén; tchĕ́ kỳ kién toū
cochleari; fortè requiruntur septem vel octo fén; *istæ res omnes*

[1] Fén *est centesima pars unius unciæ sinicæ.*
[2] Tán. *Humeris aliquid gestare. Hic verò* tán *est numerale eo quod humeris defertur onus et dividitur in duas partes.*

是園中必用的。大約不過
ché yuên tchōng pỹ̆ yóng tỹ; tá yŏ poŭ kó
sunt in horto usui necessariæ; summatim nec excedunt

三錢銀子。就一總有了。若論
sān tsiĕ̃n ŷn tsè; tsieóu y̆ tsòng yeòu leào. Jŏ lén
tres tsiĕ̃n *argenti; statim omnia aderunt. Si agamus*

菜種是隨時播種的。
tsaỹ tchòng ché soûy chê pó tchóng tỹ;
de olerum seminibus quæ sunt secundùm tempus seminanda;

那個難得定價。但憑
lá kó lân tĕ̃ tín kiá; tán pĭ̃n
de illis difficile est determinare pretium; duntaxat ad libitum

老爺愛用甚麼菜。依時
lào yê gáy yóng chén mô tsẵy; ȳ chê
Dominationis vestræ amantis uti quibusnam oleribus; juxtà tempus

買來下種。栽[1]過一年。
mày laŷ hiá tchóng; tsāy kó y̆ niên;
emam et afferam ad seminandum; plantatione transactâ unius anni;

下[2]年就不用買了。
hiá niên tsieóu poŭ yóng mày leào.
alio anno tunc non impenditur ad emendum (denuò).

你說得是。你該曉得老爺們
Ngỳ chŏ tĕ̃ ché. Ngỳ kaȳ hiaò tĕ̃ lào yê mên
Tu loqueris rectè. Tu debes scire (quod) Domini

[1] Tsaȳ. *Plantare, seminare.* Tsaȳ, *propriè est plantare;* tchóng, *in quarto tono est seminare.*
[2] Hiá tsĕ̃. *Aliâ vice;* hiá niên, *altero anno.*

常喜吃的是生菜。人若會殷勤
châng hỳ kỹ̆ tỹ̆ ché sēn tsaỹ; jên jŏ hoúy ŷn kĭ̃n
semper gaudent comedere lactucas; si homo scit diligenter

栽種。這個菜可以大半年
tsaȳ tchóng; tchĕ́ kó tsáy kŏ̃ ỳ tá pán niên
seminare; hoc olus potest per medium et amplius annum

有吃的。有一樣叫做萵[1]苣。
yeòu kỹ̆ tỹ̆; yeoù y̆ yáng kiáo tsoú ouō kiŭ̃;
haberi ad comedendum; datur una species nuncupata ouō kiŭ̃;

那個也好。芥[2]藍菜菠[3]菜。芥[4]菜
lá kó ỳ haò. Kiaý lân tsaỹ, pō tsaỹ; kiáy tsaỹ.
illa quoque est bona. Brassica, spinacia; sinapis,

蔓[5]菁菜白[6]菜厚皮菠菜。芹[7]菜大[8]
mân tsĭ̃n tsẵy, pĕ̃ tsaỹ, heóu pỹ pō tsaỹ; kĭ̃n tsẵy, tá
napus, album olus, crassæ pellis spinacia; apium, magnæ

葱香葱胡[9]荽紅[10]蘿蔔白[11]蘿蔔
tsŏ̃ng, hiāng tsŏ̃ng, hoû souȳ, hông lô poŭ̃, pĕ̃ lô poŭ̃,
cepæ, odorosæ cepæ, coriandrum, ruber daucus, albus raphanus,

[1] Ouō kiŭ̃ *est species lactucæ.*
[2] Kiaý lân. *Gallicè :* chou.
[3] Pō tsẵy. *Gallicè :* épinards.
[4] Kiáy tsẵy. *Gallicè :* moutarde, en plante. La moutarde en poudre se dit kiáy mŏ : en chinois.
[5] Mân tsĭ̃n. *Gallicè :* navet.
[6] Pĕ̃ tsẵy. *Gallicè :* chou chinois.
[7] Kĭ̃n tsẵy. *Gallicè :* céleri.
[8] Tá tsŏ̃ng. *Gallicè :* oignons.
[9] Hoû soûy *vel* yuên soûy. *Gallicè :* coriandre
[10] Hông lô poŭ̃. *Gallicè :* carotte.
[11] Pĕ̃ lô poŭ̃. *Gallicè :* rave.

黃[1]蘿蔔山[2]藥番薯。還
houâng lô poŭ̃ chān yŏ, fān tchoû; houân
flava pastinaca, dioscorea batatas; radices dictæ fān tchoû; *etiam*

有苦[3]蕒菜莧[4]菜馬[5]齒莧菜翁
yeòu koŭ̃ mà tsaỹ hán tsaỹ mà tchĕ̃ hán tsaỹ oúng
datur cichorium, blitum, portulaca, olus dictum :

菜熱菜韭菜青蒜各
tsaỹ jĕ̃ tsaỹ kieóu tsaỹ tsīn souán kŏ
óng tsaỹ *æstiva beta, porri, recentia allia, quælibet*

葱 教頭子藿[6]香茴[7]
tsŏ̃ng kiáo teŏ̃u tsè hŏ hiāng hoûy
species cepæ, olus dictum : kiáo teŏ̃u tsè *betonica officinalis, anisum*

香紫[8]蘇薄[9]荷王[10]瓜冬[11]
hiāng tsè soū pŏ hô ouâng kouā tōng
odoratum, ocymum basilicum, mentha, citrinus cucumer, hiemalis

瓜番瓜西[12]瓜香瓜水
kouā fān kouā sȳ kouā hiāng kouā chouỳ
cucurbita, flava cucurbita, cucumeres, odorosæ cucurbitæ, anguinæ

[1] Houâng lô poŭ̃. *Gallicè :* rave jaune.
[2] Chān yŏ. *Gallicè :* igname.
[3] Koŭ̃ mà tsẵy. *Gallicè :* chicorée ou pissenlit.
[4] Hán tsẵy. *Gallicè : bette.*
[5] Mā tchĕ̃ hán. *Gallicè :* pourpier.
[6] Hŏ hiāng. *Gallicè :* bétoine officinale.
[7] Hoûy hiāng. *Gallicè :* anis.
[8] Tsè soū. *Gallicè :* basilic.
[9] Pŏ hô. *Gallicè :* menthe.
[10] Ouâng kouā. *Gallicè :* courge jaune.
[11] Tōng kouā, *Gallicè :* courge d'hiver, introduite en France par l'auteur de cette publication.
[12] Sȳ kouā. *Gallicè :* melon d'eau.

120 — DIALOGUES CHINOIS-LATINS.

瓜 菜　瓜 苦　瓜 葫 蘆
kouā tsaỳ, kouā koǔ, kouā hoǔ loǔ
cucurbitæ, olitoriæ cucurbitæ, amaræ cucurbitæ, cucurbitæ ventre amplæ,

茄¹ 子　瓠 子　豇 豆　扁 豆
kiě tsè, hoû tsè, kiāng teóu, piēn teóu
mala insana, oblonga cucurbita, oblongi phaseoli, compressi phaseoli,

四² 季　豆 角。這 都 是 園 中
sé ký teóu kŏ; tchè toū chē yuēn tchōng
quatuor tempestatum phaseoli; ista omnia sunt quæ in hortis

四 時　所　產 的。但 各
sé chē sŏ tchǎn tỷ; tán kŏ
quatuor temporibus (part. faciens passivum) oriuntur; sed singulis

處 水 土 氣　候　不 同。你
tchoǔ choǔy toǔ ký heoǔ poǔ tōng; ngỷ
in locis aqua, terra, aer, tempus (seminandi) differunt; tu

只　照　依 此 處 時　宜。預 先
tchě chaó ý tsè tchoǔ chē ný; yú siēn
duntaxat conformabis te hujus loci tempori convenienti; anticipato jam

買 了 種 子。看 天 色 的　晴 雨。
mǎy leǎo tchòng tsè kān tiēn sě tỷ tsíń yù.
eme semina, observabis cæli colorem nubilum et serenum;

將³ 園 內 地 土 粗 粗 的 先 掘 挖 轉 來
tsiāng yuēn loúy tý toǔ tsou tsou tý siēn kiuě ouǎ tchouàn laỳ
accipies intra hortum terram, fortiter antea effodies eam revolvendo

---

¹ Kiĕ tsè. Gallicè: aubergine.
² Sé ký teóu. Gallicè: haricot mange tout.
³ Tsiāng. Accipere; verti potest: mox.

121 — DIALOGUES CHINOIS-LATINS.

晒　他　幾　日。後 來　挑　糞
chaỳ tā ký jě heóu laỳ tiaō fén
exsiccabis sole illam aliquot diebus; posteà bajulans stercorarias

桶 去　圍¹　房 內。拿　糞　分
tǒng, kiù tsě fāng loúy; lă fén fēn
situlas, ibis intrà stercorariam cellam; accipies stercus dividens

爲 兩　半 桶。挑　到 潭
oǔy leǎng pán tǒng; tiaō taó tchǒ
ad medietatem in duabus situlis; eas bajulabis usque ad cœnosum

池 邊。將　池 中 的 水 把
tchǒ piēn; tsiāng tchě tchōng tý choǔy, pǎ
piscinæ ora; ut accipias quæ est intrà piscinam aquam, accipies

糞　杓　打 起 來。充 滿 糞 桶。
fén tchǒ tǎ ký laỳ; tchōng mǎn fén tǒng.
stercoris cochlear ad hauriendum, repletis stercorariis situlis;

挑 去　潑　于 那 挖
tiaō kiù pǒ yú là ouǎ
eas bajulans ibis ad effundendum aquam supra illas effossas

轉　的 土 上。過 得 二 三
tchouàn tý toǔ cháng. Kó tě eǔl sān
et revolutas terras. Transactis duobus vel tribus

日。方 拿 釘 鈀　糞　箕。去 刊
jě, fāng lă tīn pǎ fén kiī, kiù tiēn
diebus, tunc accipies rastrum et stercorarium canistrum; ibis et franges

碎 那 些 土 塊。撿 出 內 中
soúy là sý toǔ kouǎy; kiēn tchoǔ loúy tchōng
minutim illos terræ globos; et explorans auferes ab intus

---

¹ Tsě. Houén tsě. Stercus; máo tsè, latrina; tsě fāng, cella stercoraria.

122 — DIALOGUES CHINOIS-LATINS.

的 碎　石　瓦　磚　等 物。挑
tý soúy chě, ouǎ, tchouān tèn oǔ; tiaō
minutos lapillos, tegulas, lateres et alias res; eaque portans

去　倒　于 空 處。然 後 依 地 形
kiù taó yú kōng tchoǔ; jàn heóu ý tý hín
ibis ad projiciendum in vacuum locum; Posteà juxtà terræ figuram

三 四 尺 寬　長　餘
sān sé tchě kouān tcháng yû
tribus aut quatuor cubitis in latum ulnæ sinensis et amplius

長 的。端 正 平　細　列 ly 成
tcháng tý, touān tchéu pín sý lỳ tchén
in longum, rectè æqualiter diligenter dispones ac perficies

幾 廂　幾 溝。這 樣 做 法。
ký siāng, ký keōu; tchě yáng tsoú fǎ.
aliquot areas, aliquot canales; hujusmodi faciendi est regula.

栽 種 後。縱　遇 雨 水 多
Tsāy tchòng heóu, tsóng yû yù choǔy tō;
Plantatione seminum factâ, quamvis adveniat pluvia multa;

也 不 怕　水 激　壞
ỷ poǔ pǎ choǔy ký houày
etiam non timendum est quod aqua retrocedendo excrescens noceat

瓜　菜。且 若 天　乾　時。也
kouā tsaỳ; tsiě jǒ tiēn kān chē; ỷ
cucurbitis et oleribus; sed si tempus est siccitatis; etiam

好 去　澆　水　上 糞。
hǎo kiù kiaō choǔy cháng fén.
bonum est ire* ad irrigandum cum aquâ superimposito stercore.

---

¹ Tcháng. Ulna sinensis, decem cubitos seu tchě continens.

123 — DIALOGUES CHINOIS-LATINS.

就 是 薅　草　時。人 也 有
tsieóu chè haō tsǎo chē; jên ỷ yeǒu
itaque evellendi herbas tempore adveniente; homines verò habent

挿 腳 處 不 致　踐　踏
tchǎ kiǒ tchoǔ; poǔ tchè tsiēn tǎ
ad figendum pedem locum; ne perveniant ad conculcandum pedibus

壞 了 菜 蔬。若 遇 有 蝗 虫
houày leǎo tsaỳ soū. Jǒ yú yeǒu houáng tchóng
et nocendum oleribus. Si occurrat quod sit locustæ

時。可 拿 些 灶 內 白 灰。去
chē, kǒ lă sý tsaó loúy pě houy, kiù
tempus, licet accipere parùmper ex foci parte albos cineres; ut eas

撒　在 那 葉 子 上。自 然 就
sǎ tsaỳ là yě tsè cháng; tsé jàn tsieóu
ad aspergendum supra illorum folia; profectò tunc jam

不 生 虫 子。當 知 種 宜　密。
poǔ sēn tchōng tsè; tāng tchē tchòng ný mỳ;
non nascentur vermes; debes scire semina debere spissè poni;

栽 宜 稀。搭 架 子 的 與 他
tsāy ný hỷ; tǎ kiá tsè tỷ yù tā
plantanda debent esse rariora; suspende pergulas illis plantis

搭　架¹。挿 棧 的 與 他
tǎ kiá; tchǎ tsán tỷ yù tā
quibus erigenda est pergula; infige crateis illis plantis

挿 棧。莫 使 緊
tchǎ tsán; mǒ chě tsỳ
quibus configenda est crates; ne facias ità inter se connectantur

---

¹ Kiá. Machina ex lignis seu arundine confecta.

做 一 團。不 能 結
tsoú ỳ touān; poŭ lên kiĕ
plantæ ut conficiant unam congeriem; ità non possent producere

甚 好 菓。這 都 是 務 園 圃
chén hào kò. Tchĕ toū ché oú yuên poù
aliquot bonos fructus. Hæ omnes sunt eorum qui curam de horto

的 大 畧。你 記 着 不 要 忘 了 隨
tỳ tá liŏ. Ngỳ ký tchŏ poŭ yáo ouâng leào. souŷ
compendium. Tu memoriæ manda ne obliviscaris, pro libitu

意 亂 做。枉 廢 工 夫。
ý louán tsoú; ouàng feý kōng foū.
enim confusè faciens; frustrabitur opus.

老 爺 吩 咐 得 明 白。小 的 斷[1]
Laò yê fēn foú tĕ mîn pĕ; siào tỳ touán
Dominatio vestra mandavit clarè; ego parvulus penitùs

不 敢 忘 記。
poŭ kàn ouâng ký.
non audeo oblivisci.

---

[1] Touán. *Statuere, definire.* Touán jân, *penitùs, omninò; in hoc ultimo sensu hic videtur accipiendum.*

ONZIÈME DIALOGUE.

拜 客 問 答。
Paý kĕ ouén tă.
De visitationibus hospitum interrogata et responsa.

辟 如 中 國 有 一 個 人。或 是
Pý joŭ tchōng Kouĕ yeòu ỳ kó jên; houăy ché
Exempli gratiâ, apud Sinas est unus vir; sive est

秀 才 監 生 舉 人。或 是 有 職
sieóu tsaŷ kién sēn kiù jên; houăy ché yeòu chĕ
baccalaureus, graduatus, licentiatus; sive est habens officium

官 員[1]。來 拜 在 京 的 官 初
kouān yuên; laŷ paý tsaý kīn tỳ kouān. Tsoū
præfecti; veniens visitare in metropoli præfectum. Initio

進 門。長[2] 班 手 拿 一 個
tsín mên. Tchăng pān cheoù lâ ỳ kó
ingreditur portam. Famulus manu tenens unam

帖 子。問 某 老 爺 或 某
tiĕ tsè; ouén mòng laò yê houăy mòng
schedulam visitationis; interrogat talis Dominus vel talis

---

[1] Yuên *est numerale præfectorum.*

[2] Tchăng pān; *sic vocantur famuli qui semper assistunt præfectis; si verò alternatim serviunt dicuntur :* tchăng pān, *et cùm vacant vocantur* Hiá pān. *Ex usu* tchăng pān *indicat eos qui schedulas visitationis et alia nuntia deferunt.*

相 公 在 家 裏 不 在。這 家 的
siáng kōng tsaý kiā lỳ poŭ tsaý; Tchĕ kiā tỳ
magister est domi vel non est domi? Hujus domùs

管 事 或 說 不 在 家。長 班 又
kouàn sé houăy chŏ poŭ tsaý kiā. Tchăng pān yeoú
procurator fortassè dicit non est domi. Famulus nuncius iterùm

問 說 往[1] 那 裏 去 了。管 家 或
ouén chŏ ouàng là lỳ kiŭ leaò. Kouàn kiā houăy
interrogat dicens : iens in quo loco ivit? Procurator fortè

說。今 早 四[2] 更 鼓 時。便 進
chŏ; kīn tsào sé kēn koù chê; pién tsín
dicit; hoc mane ad quartæ vigiliæ horam; statim ingressus

朝[3] 裏 去 修 理 自[4]鳴 鐘。後
tchăo lỳ kiŭ sieōu lỳ tsé mîn tchōng; heóu
palatium abiit, ad aptandum pulsans ex se horologium; subindè

又 去 拜 多 客。又 問 幾 時
yeóu kiŭ paý tō kĕ; yeóu ouén kỳ chê
etiam ivit ad visitandum multos hospites; iterùm quærit; quo tempore

回 來。答 說 往[5] 常 午
hoûy laŷ. Tă chŏ ouàng châng où
revertetur. (Alius) respondens dicit : plerùmque sub initium undecimæ

---

[1] Ouàng. *Ire.* Ouàng lây, *ire et redire. Hic facit complexum cum* kiŭ *licet sit divisum.*

[2] Sé kēn koù chê. Sé, *quatuor;* kēn, *mutare, mutatio;* koù, *tympanum;* chê, *tempus, hora. Nox apud Sinas partitur in quinque vigilias quarum quælibet durat duabus horis.*

[3] Tchăo. *Palatium imperiale. Item adire imperatorem officii causâ.*

[4] Tsé mîn tchōng. *Sic vocant horologia horas pulsantia.*

[5] Ouàng châng. Ouàng *significat etiam antiquitùs, olim. Undè* ouàng châng, pĭn châng, oŭ ỳ châng, *communiter, ordinariè, plerùmque.*

時 初 回。今 日 事 多。畢 竟
chê tsoū hoûy; kin jĕ sé tō; pỳ kín
horæ revertitur; hodiè negotia plurima habet; certò

回 來 得 遲 些。在 未 時 纔
houŷ laŷ tĕ tchĕ sŷ; tsaý oú chĕ tsăy
revertetur tardiùs paululùm; circa pomeridianam horam tunc

得 回 來。這 長 班 留 下 一
tĕ hoûy laŷ. Tchĕ tchăng pān lieôu hiá ỳ
poterit reverti. Iste famulus nuntius relinquens unam

拜 帖。說 某 相 公 回 來
paý tiĕ; chŏ mòng siáng kōng hoûy laŷ
visitationis schedulam; ait : N. magister quandò redierit

多 拜 上。這 拜 客 的 相 公
tō paý cháng; tchĕ paý kĕ tỳ siáng kōng
plurimas salutationes illi; iste visitans hospites magister

自[1]已 說。我 要 回 拜 相[2] 公。改 日
tsé kỳ chŏ; ngò yaó hoûy paý siáng kōng; kaỳ jĕ
ipsemet dicit; ego volo coràm invisere magistrum; alterâ die

再 來 相 拜。管 事 便 說。不 敢
tsāy laŷ siāng paý. Kouàn sé pién chŏ : Poŭ kàn
iterùm veniam cum salutaturus. Procurator tunc dicit : Non ausim

領 全 帖[3]。古 折 柬
lìn tsuĕn tiĕ; koù tsĕ kièn
recipere integrum libellum. visitationis; duplicati folii schedula

---

[1] Tsé kỳ. Kỳ *est reciprocum sui, sibi, se, v. g.* tsé kỳ, *ipsemet;* ngò tsé kỳ, *egomet.*

[2] Siáng. *Reciprocè, mutuò, ad invicem.*

[3] Tiĕ. *Libellus visitationis. Si sit decem foliorum dicitur* tsuĕn tiĕ; *si sit unius folii dicitur* tān tiĕ; *si sit quatuor foliorum, sicut in antiquitate, tunc nuncupatur* koù chĕ kièn

128 DIALOGUES CHINOIS-LATINS.

或 單 帖 罷 了。叉 取 筆 問
hoŭăy tān tiĕ᾿ pá leào. Yeŏu tsiŭ pў́ ouén
vel simplex schedula sufficit. Insuper accepto penicillo percontatur

寫 記 下¹ 處。 好 來 回 拜。
siĕ kў́ hiá tchoŭ᾿; haò laў́ hoúy paў́.
scribens notat visitantis diversorium; ut facile venireque et resalutare.

長 班 說。 住 在 鐵 匠
Tchāng pān chŏ : (Ouàng tsáy tiĕ᾿ tsiáng
Famulus nuntius ait : (Dominus meus) ivit in ferrariorum

衚²衕². 進 東 頭 過 了 二 三
hoŭ tŏng; tsín tōng teoŭ᾿ kó leào eŭl sān
vico; intrando per orientalem regionem, post bis aut ter

拾 家 對 門 有 酒 館⁴. 隔 壁
chĕ kiā touý mên yeŏu tsieŏu kouàn. kĕ᾿ pў́
denas domos è regione portæ est vini taberna; et propiorem

門 上 有 一 個 牌⁶ 扁. 坐
mēn cháng yeŏu ў́ kŏ paў́ piĕn᾿. tsŏ
portam supra est unus litteratorum titulus; domús tergum habet

---

¹ Hiá tchoŭ. *Diversorum. Locus ubi quis modico tempore diversatur.*
² Hoúy paў́. *Visitare eum à quo quis prius fuit visitatus; revisitare.*
³ Hoŭ tŏng. *Via parvula, vicubus in quo artifices morantur.*
⁴ Kouàn. *Hospitium.* Kŏng kouàn, *præfectorum hospitia*; tsieŏu kouàn, *taberna vinaria.*
⁵ Kĕ᾿ pў́ vel kien pў́. Kĕ᾿, *mediare, interrumpere*; kiĕn, *interrumpere, separare*; pў́, *paries. Ad significandum domum vicinam quæ parietae tantúm separatur dicunt : kĕ᾿ vel kien pў́ kiā. Sed vicini inter quos tantúm mediat paries dicunt kien vel kĕ᾿ pў́ tў́.*
⁶ Paў́. *Scutum, clypeus.* Paў́ pien᾿, *tabula cum litteris, ut titulus, insigne.*

DIALOGUES CHINOIS-LATINS. 129

北 朝 南. 若 門 上 遇¹
pĕ tchaŏ᾿ lān. Jŏ mēn cháng yŭ
ad septentrionem et frontem ad austrum. Si ad januam occurrendo

不 着 人。 把 帖 子 放 在 門 縫 裏。
poŭ tchŏ jēn ; pà tiĕ᾿ tsĕ fáng tsaý mēn fōng lў́;
non videas aliquem ; accipies schedulam pones intra portæ rimam ;

挿 進 去。 或 亦 可 將 帖 子
tchă᾿ tsín kiŭ᾿; hoŭay ў́ kŏ tsiāng tiĕ᾿ tsĕ
figendo ità ut introeat ; vel etiam potes capere schedulam

放 在 西 邊 香 蠟 鋪
fáng tsaý sў́ piēn hiāng lă poŭ᾿
et ponere ad occidentis latus in odoramentorum et ceræ officinâ,

也 罷。 這 拜 客 的 相 公 或 又 說;
ў́ pá. Tchĕ paў́ kĕ᾿ tў́ siāng kōng hoŭay yeòu chŏ;
et sufficit. Iste visitans hospites Dominus forte etiam dicit ;

你 相 公 如 何 常 出 門 不 在 家。
nў́ siāng kōng joŭ hŏ cháng tchoŭ᾿ mēn poŭ tsaý kiā.
tuus magister quomodò semper exit è domo, non est domi.

如¹ 何 應² 酬 這 等。 煩 拜 容
joŭ hŏ ўn tcheoŭ tchĕ tēng; fān paў́ kĕ᾿
quomodò correspondeat hoc modo; fatigationi salutando hospites

---

¹ Yú poŭ tchŏ. Yŭ tchoŭ, *invenire, obviam habere. Eleganter interponitur* poŭ *inter* yŭ *et* tchŏ *ad significandum rem non inveniri.*
² Joŭ hŏ. *Ad interrogandum deservit*: nǎm, an, *quid de hâc re ?*
³ Ўn tcheoŭ. Ўn, *respondere, correspondere*; tchoŭ, *retribuere.*

9

130 DIALOGUES CHINOIS-LATINS.

往¹ 來 不 絕°。我 怕 他 在 家 裏。
ouàng laў́ poŭ tsuĕ᾿. ngŏ pá tā tsaý kiā lў́;
ultro citroque eum sine fine; ego suspicor illum esse domi.

不 要 哄 我。我 特³ 特 來 拜 你 的
poŭ yaò hòng ngŏ. Ngŏ tĕ᾿ tĕ᾿ laў́ paў́ nў́ tў́
ne decipias me. Ego datâ opera veni ad salutandum tuum

相 公。
siāng kōng.
magistrum.

這 管 事 囘⁴ 言 說。小 的 不 敢
Tchĕ kouàn sé hoúy yēn chŏ; siaò tĕ᾿ poŭ kàn
Iste procurator respondens ait: ego parvulus, non audeo

說 謊。我 相 公 實 不 在 家。若 是
chŏ hoùang; ngŏ siāng kōng chĕ poŭ tsaý kiā. Jŏ ché
mentiri; meus magister reverâ non est domi. Si quando

在 家。就 是 有 些 病 也 從⁵ 來
tsaý kiā. tsieóu chĕ yeŏu sў́ pín lў́. ў tsōng laў́
est domi, quamvis habeat parvum morbum etiam nunquam

不 肯 說 不 在 家 裏。我 相 公 囘
poŭ kèn chŏ poŭ tsaý kiā lў́; ngŏ siāng kōng hoúy
noluit dicere illum non esse domi; meus magister cúm reversus

---

¹ Ouàng laў́. Ouàng, *ire*; laў́, *venire. Hic autem significat ultro citroque.*
² Tsuĕ᾿ *facit superlativa, ut* tsuĕ᾿ tsaò, *summo manè*; poŭ tsuĕ᾿, *sine fine.*
³ Tĕ᾿ tĕ᾿. *Consultò, datâ opera, de industriâ.*
⁴ Hoúy yēn. Hoúy, *reverti*; yēn, *loqui, dicere verba*; hoúy yēn, *respondere.*
⁵ Tsōng laў́. *Ab initio usque nunc, unquam*; tsōng laў́ poŭ, *nunquam.*

DIALOGUES CHINOIS-LATINS. 131

來。若 曉 得 相 公 來。必 然 要 來
laў́; jŏ hiaò tĕ᾿ siāng kōng laў́; pў́ jān yaò laў́
fuerit; si sciat vestram reverentiam venisse; utique volet venire

相 會。或 說 再 不 敢² 煩 相
siāng hoúy; houày chŏ tsaý poŭ kàn fān siāng
ad visitandum; vel dicit iterum non audeo defatigare vestram

公 來。這 幾 日 極³ 忙. 沒
kōng laў́; tchĕ kў́ jĕ kў́ máng; mŏ
dominationem ut veniat; his aliquot diebus occupatissimus fuit; non

有 一 日 得 在 家 裏。還 要
yeŏu ў́ jĕ tĕ᾿ tsaý kiā lў́. Hoŭan yaò
habuit unum diem in quâ potuit esse domi. Insuper necesse est

過 幾 日。拜 完 了 容。纔
kó kў́ jĕ; paў́ ouān leào kĕ᾿; tsaý
ut transeant aliquot dies; ut salutaverit integriter hospites; tunc

得 有 閒⁵。
tĕ᾿ yeŏu hiēn.
habebit otium.

管 事 又 自 已 說。若 相 公 十 分
Kouàn sé yeóu tsé kў́ chŏ; jŏ siāng kōng chĕ fēn
Procurator posteà ipsemet ait: si dominatio vestra omninò

---

¹ Pў́. *Adverbium. Necessariò, certè, omninò.* Pў́ jān, *idem*; jān *significat certè et frequenter additur adverbiis.*
² Fān. *Lassus, molestus importunus.*
³ Kў́. *Summus, summè; facit superlativa ut* kў́ haò, *optimus.*
⁴ Hiēn. *Otium; homo qui caret negotiis.*
⁵ Chĕ fēn. *Utuntur eo complexo ad faciendum superlativa, v. g.* chĕ fēn tá, *maximus*; chĕ fēn jĕ, *calidissimus.*

132   DIALOGUES CHINOIS-LATINS.

冉 要 來。 該 先 差 一 个 人 來
tsaý yaó laý;　kaȳ siēn tchāȳ ŷ kó jēn laý
iterùm velit venire; oportet anteà mittens unum hominem ut veniat

看 我 相 公。 或 偶 然 不 曾
kǎn ngǒ siáng kōng; hoùȳ geoǔ jǎn poǔ tsēn
inspectum an meus Dominus; forté casu aliquo non adhuc

出 了 門 方 好。 莫 要 空
tchoǔ leǎo mēn fāng haǒ; mǒ yaǒ kōng
egressus fuerit é domo, tunc benè erit; nec iterùm in vanum

走 若 來 又 遇 出 門。
tseóu; jǒ laý yeóu yú tchoǔ mēn;
veneriit; si veniens iterùm et occurrat illum egressum é domo;

我 相 公 聞 得 心 不 過 意。
ngǒ siáng kōng ouēn tě pȳ poǔ kó ý;
meus magister audiens hoc certè non feret hoc libenti animo;

或 者 主 人 在 家。 管 事 答 說：
hoùȳ tchě tchoǔ jēn tsaý kiā. Kouān sé tā chǒ:
fortassé Dominus moratur domi. Procurator respondens ait:

小 的 相 公 是 在 家 裡。 止 是 裡
siaǒ tý siáng kōng ché tsaý kiā lȳ; tché ché lȳ
parvuli Dominus est reverà domi; attamen interiùs

面 有 容。 容 去 了 還 要 寫 家
mién yeóu kě̌; kě̌ kiù leǎo houán yaó sič kiā
sunt hospites; istis profectis adhuc debet scribere domesticas

---

¹ Ouēn. Percipere, audire, item percipere odoratum. Ouēn tě̆, jàm audivit.
² Poǔ kó ý. Explicatio hujus phrasis deest in Dictionario, licet sit familiaris. Kó significat pertransire; ý, intentionem, voluntatem, animum. Quandò autem aliquid non transit sed remanet fixum in animo, tunc reddit hominem inquietum; unde ad explicandum animi tristitiam dicunt: poǔ kó ý, molesté aliquid ferre.

DIALOGUES CHINOIS-LATINS.   133

書。 為 便 帶 家 書 的
choū; ouȳ pién taý kiā choū tý
epistolas; propter commoditatem deferentis familiare epistolis

人 明 早 五 鼓 就 要 起 身。
jēn mı́ng tsaǒ oǔ koǔ tsieóu yaó kȳ chēn.
hominis qui cras mane in quintâ vigiliâ illicò vult proficisci

又 至 今 相 公 未 曾 用 早 飯。 這
yeóu tché kı̄n siáng kōng ouȳ tsēn yóng tsaǒ fán; tché
Praetereà usque nunc Dominus nondùm jentavit; Iste

拜 客 的 說。 若 真 是 這 等。 我 且 去。 明
paý kǒ tý chǒ, jǒ tchēn ché tché tẽn; ngǒ tsiě kiù; mı̄n
visitator ait: Si verè est hoc modo; ego modò abeo; cras

早 冉 來。 今 日 且 不 留 帖。
tsaò tsaý laý. Kı̄n jě̆ tsiě poǔ lieóu tiě̆.
mane iterùm venturus. Hodiè proinde non relinquo visitationis libellum.

這 主 人 的 管 事 又 稟 家 主
Tché tchoǔ jēn tý kouān sé yeóu pı̌n kiā tchoǔ
Istius heri procurator iterùm hoc refert Domino suo

說； 某 老 爺 帶 家 書 的 人 來 討 書。
chǒ; mǒng laǒ yě taý kiā choū tý jēn laý taǒ choū;
dicens: Talis Domini tabellarius homo venit petitum litteras;

---

¹ Taý kiā choū tý jēn: Hoc modo describunt tabellarium. Tabellarius deferens regis aut praefecti epistolas ŷ tǎn dicitur; privatas verò deferens vocatur sóng choū tý.
² Pı̌n. Superiori aliquid ore tenus deferre seu nuntiare. Kaò pı̌n aliquid superiori significare.

134   DIALOGUES CHINOIS-LATINS.

或 說。 某 人 要 起 身。 明 日 下 午
hoùȳ chǒ. mǒng jēn yaó kȳ chēn. mı́n jě̆ hiá où
vel dicit: Talis homo vult proficisci; crastinâ die post meridiem

來 領 書。 或 又 說： 他 明 日 要 豽
laý lı̌n choū houàȳ yeóu chǒ; tā mı́n jě̆ yaó cheóu
veniet accipere litteras vel rursùm dicit; ille cras debet parare

拾 起 身 忙 得 緊。 怨 不 得 閒
chě kȳ chēn, mǎng tě̆ kı̌n; kǒng poǔ tě̆ hiě̆
sarcinas ad proficiscendum, erit occupatissimus; forté non vacabit

來 領 書。 不 如 先 差
laý lı̌n choū; poǔ joú siēn tchāȳ
et non veniet ad suscipiendum epistolas; satius erit anteà mittere

一 个 人 送 去 罷。 大 理 寺
ŷ kó jēn sóng kiù pá. Tá lý sé
unum hominem qui eas et et sufficit. Aulae

大 堂 要 拜 一 个 官。 長 班 先
tá táng yaó paý ŷ kó kouān. Tchǎng pān siēn
magistratus vult visitare unum praefectum. Famulus nuntius anteà

來 問 說。 某 老 爺 在 家 不 在。 某。 Mǒng
laý ouēn chǒ. Mǒng laǒ yě tsaý kiā poǔ tsaý. Mǒng.
venit inquirere dicens: Talis Dominus est domi vel non est? N.

---

¹ Où. Littera horaria ab undecimâ matutinâ ad primam vespertinam. Cháng où, anté meridiem; hiá où, post meridiem; tı̌n où, in ipso meridie.
² Mǎng. Occupatus; tě̆ kı̌n facit superlativa et semper postponuntur.
³ Tá lý sé. Ita magistratus qui sunt in aulâ vocantur.
⁴ Tá tāng. Ita nominatur praeses magistratuum, qui sunt in aulâ. Hi sunt sex magistratus quorum singuli suum habent praesidem, qui eo nomine appellatur, id est, magna aula.

DIALOGUES CHINOIS-LATINS.   135

老 爺 停 會 就 要 來
Laǒ yě tı̌n houȳ tsieóu yaó laý
Dominus meus post paulum temporis statim vult venire

拜。 還 有 三 四 位 同
paý. Houán yeóu sān sé oùȳ tóng
ad visitandum. Praetereà sunt tres quatuorve personae unà simul

來。 請 老 爺 莫 出 門 或 答
laý; tsı̌n laǒ yě mǒ tchoū mēn. Houàȳ tá
venturae; rogo Dominum ne egrediatur é domo. Forté alius respondens

說： 在 家 等 候。 至 大 理 寺 官
chǒ: Tsaý kiā tēn heóu. Tché tá lý sé kouān
dicet: Est domi exspectans. Quandò verò aulae praefectus

來 拜 時。 這 主 人 或 說： 不 曾
laý paý ché; tché tchoǔ jēn houàȳ chǒ; Poǔ tsēn
venerit visitatum; tunc iste herus forsàn dicet: Nondùm

梳 得 頭 完。 請 坐 就 出 來。 及
soū tě̆ teóu ouán; tsı̌n tsǒ tsieóu tchoū laý. Kȳ
pectere caput finivi; rogo ut sedeas mox prodibo. Ubi primum

出 來 相 見。 彼 此 便 說。 久
tchoū laý siāng kién, pȳ tsě pién chǒ; Kieóu
prodierit in mutuam conspectum, ambo mox dicunt: Tamdiù

---

¹ Tı̌n houȳ. Paulò post, post paulùm temporis.
² Soū. Pectere. Soū tsě, pecten radios habens rariores. Pý tsě, pecten spissos habens radios.
³ Pý tsě̆. Pȳ, ille; tsě, iste; pȳ tsě̆, uterque, mutuò, ambo.
⁴ Kieóu niáng. Kieóu, à multo tempore, jàm diù; diù, dudùm. Niáng, suspicere, erecto collo in altum respicere; in corde de aliquo cum amore recogitare. His vocibus utuntur urbanè Sinenses in visitationibus.

136 — DIALOGUES CHINOIS-LATINS.

仰。 或 說。 久¹ 慕。 就
niǎng, hoǔay chǒ: Kieòu moú, tsieóu
opto te videre, vel dicunt: Jam dudùm ardeo tui desiderio, statimque

作² 揖 拜 一 拜。 主 人 說。
tsǒ y̆ páy y̆ páy. Tchoù jên chǒ:
profundè inclinati se salutant iterùmque solutant. Herus ait:

豈³ 敢 請 轉
Ky̆ kàn. tsin tchouàn
Qui ausim recipere tantum honorem? quæso vertas ad honoratius latus.

容 答 說。 不 敢 勞。 便
Kě tā chǒ: Poǔ kàn laó, pién
Hospes respondens ait: Non ausim tibi esse molestus, moxque

同 拜。 主 人 安⁵ 坐。 客 說。 兩⁶
tóng páy; tchoù jên gān tsǒ. Kě chǒ: Leǎng
se simul salutant; hero præparante sedili, Hospes dicit: Utroque

---

¹ Kieòu moú. Alius urbanus loquendi modus in visitationibus. Jamdudùm ardeo tui desiderio.

² Tsǒ y̆. Tsǒ, *facere*. Secunda inter sinicas reverentias quâ quis se profundè inclinat dicitur tsǒ y̆. Prima quâ quis manu manum apprehendendo reverentiam exhibet vocatur kòng cheòu. Tertia verò quâ quis capite demisso in terram genuflexus facit reverentiam vocatur kǒ teǒu.

³ Ky̆ kàn vel poǔ kàn sunt modi urbani loquendi quibus ille qui ab alio verbis vel actionibus honoratur fatetur se indignum tali honore.

⁴ Tsin tchouàn est urbanus loquendi modus quo quis rogat alium ut ad honoratius latus se vertat, vel quo hospes discedens rogat herum domûs ut sistat, ne procedat ulteriùs eum comitando.

⁵ Gān tsǒ. Gān, plures habet significationes. Hic significat componere, disponere, præparare; herus disponit hospiti sedile.

⁶ Leǎng piēn tsǒ. Leǎng, duo, par; piēn, latus, ora, terminus. Hospes magnus sedere solet non è regione sed in fronte ipsius aulæ; unde urbanè recusans hujusmodi honores dicere solet: Leǎng piēn tsǒ. Hoc est: pares sedeamus.

---

137 — DIALOGUES CHINOIS-LATINS.

邊 坐 罷。 主 人 又 說。 請 上
piēn tsǒ, pǎ. Tchoù jên yeoù chǒ: tsin cháng
latere sedeamus, sufficit. Herus iterùm dicit: rogo ut superiùs

坐。 初 會 自 然 上 坐
tsǒ; tsoū ,hoǔy tsé jàn cháng tsǒ.
sedeas; quando primùm visitas utique par est ut superiùs sedeas.

主 人 說。 老 先 生 前 日 賜¹ 顧。
Tchoù jên chǒ: laò siēn sēn tsiēn jě tsé koú;
Herus ait: venerabilis magister nuper dignatus est me visitare;

學 生 果 是 不 在 家。 失² 迎
hiǒ sēn kǒ ché poǔ tsǎy kiā; chě y̆n,
ego discipulus reverà non eram domi; nec excipiendi te officio functus fui,

有 罪。 客 說。 學 生 奉³ 拜。
yeoǔ tsouý. Kě chǒ: hiǒ sēn fóng páy;
habeo culpam. Hospes dicit: ego tuus discipulus venerabundè te visitavi;

不 曾 得 面 奉 敎
poǔ tsēn tě mién fóng kiaó
sed nondùm potui corám venerabundè tuam doctrinam excipere.

大 有 不 安。 彼 此 請 問
Tá yeoǔ poǔ gān; py̆ tsē tsin ouén
Magnum habui inquietudinem; alter alterum suppliciter interrogat

大 號⁴ 請 問 貴 庚。
tá haó. tsin ouén kouý kēn.
de suo magno agnomine; cum reverentiâ perquirit nobilem ætatem.

---

¹ Tsé koú. Tsé enim significat dare beneficia. Koú plures habet sensus. Hic significat: dignatus est me invisere; modus urbanus loquendi.

² Chě y̆n. Chě, perdere, animo deficere, Y̆n, obviàm habere. Chě y̆n, defui excipiendo, amisi occasionem occurrendi tibi.

³ Fóng páy. Offerre obsequium, offerre aliquid superiori.

⁴ Haó est nomen honoratius et proprium è pluribus quibus Sinæ utuntur.

---

138 — DIALOGUES CHINOIS-LATINS.

主 人 或 請 問 客。 到
Tchoù jên houǎy tsin ouén kě; taó
Herus forsan etiam cum veniâ interrogat hospitem; perveneris

京 師 幾 年。 客 或 說 自 某 年 到。
kīn sē ky̆ nién? Kě houǎy chǒ: tsé mòng nién taó.
ad aulam quot ab annis? Hospes forté dicit: ex tali anno perveni.

容 又 或 說。 有 十 年 前 聞 先
Kě yeoú houǎy chǒ; yeoù chě nién tsiēn ouén siēn
Hospes rursùm fortassè dicet: antè decem annos audivi mei

生 高 名。 或 說。 自 學 生
sēn kaō mīn; houǎy chǒ; taé hiǒ sēn
magistri procelsum nomen; vel dicet: à tempore quo ego discipulus

做 秀 才 時。 曾 見 老 先 生
tsoù sieòu tsǎy chě; tsēn kién laò siēn sēn
factus sum baccalaureus; jam vidi venerabilis magistri

大 作¹。 或 說。 某 書 極 仰
tá tsǒ; houǎy chǒ; mòng choū ky̆ niǎng
magna opera; vel dicet: ex tuo tali libro maximè ardebam

慕 老 先 生。 今 日 得 見。 學 生
moú laò siēn sēn. Kīn jě tě kién, hiǒ sēn
videre venerabilem magistrum. Hodiè potui videre, discipulus tuus

大 幸²。 主 人 或 說。 不 敢 領
tá hín; tchoù jên houǎy chǒ; poǔ kàn lĭn
summoperè felix est; herus forsan dicet: non ausim recipere

---

¹ Tsǒ legitur tàm in quarto quàm in quinto tono; facere, operari, gesta, opera.

² Hín. Felix eventus, lætari, gratulari, feliciter, felicitas.

---

139 — DIALOGUES CHINOIS-LATINS.

登¹ 帖。 或 說。 學 生 這 幾 日
tsēn tiě, houǎy chǒ: hiǒ sēn tchě ky̆ jě
tuam nobilem schedulam, vel dicet: ego discipulus his diebus

有 些 賤² 病 在 身。 或 說 不 自
yeoǔ sȳ tsién pín tsǎy chēn; houǎy chǒ: poǔ tsé
habui pariam humilis infirmitatis in corpore; vel dicit: non benè

在 不 敢 出 門。 恐 怕 奉 拜
tsǎy poǔ kàn tchoū mēn; kǒng pǎ fóng páy
valui, ideò non ausus sum exire è domo; forté visitavi te

遲 得 罪。 客 說。 初 會
tchě tě tsouý; kě chǒ; tsoū houý
tardiùs, in culpa sum; hospes dicit: quâ primâ vice te visito

自 然 請 留 賤 名。 主 人 或
tsé jàn kǎy lieóu tsién mīn; tchoù jên houǎy
certè oportet relinquere meum ignobile nomen; herus forté

問。 貴 省 貴 府 貴 縣 貴
ouén; kouý sěn kouý foù, kouý hién, kouý
quæret: Tua nobilis provincia, nobilis urbs, nobile oppidum, nobile

寓¹ 在 何 處。 客 答 或 在 某
yú tsǎy hǒ tchoǔ? Kě tā houǎy tsaý mòng
domicilium ubi locorum sunt? Hospes respondit vel est in N.

---

¹ Tsēn. Honorare, honoratus, nobilis, colere. Vox ista deservit ad urbanè loquendum et anteponi solet nonnullis vocabulis, v. g. tsēn sīn, nobile cognomen; tsēn mīn, nobile mandatum; tsēn kiaó, tua nobilis sella.

² Tsién. Ignobilis, vilis, humilis. Urbanè utuntur hâc voce loquendo de rebus quæ pertinent ad se.

³ Tsé tsǎy. Benè valere; poǔ tsé tsǎy, ægritudine gravari.

⁴ Yú est habitatio in quâ quis ad breve tempus moratur.

縣某鄉某府。或說。奉[1]別
hién mòng hiāng mòng foù; houăy chŏ: fóng piĕ
castro vel N. pago vel in N. urbe; vel dicit: ex quo vale dixi tibi

十多年。定一向[2]納[3]
chĕ tō niên; tín ў hiáng lă
decem et amplius anni sunt; absque dubio. toto hoc tempore benè te

福。答云。托[4]賴。又彼此
foŭ; tă yûn: tŏ laý; yeóu pỳ tsè
habuisti; respondens inquit: fretus tuo favore; item uterque

相問這幾年定有許多
siāng ouén. Tché kỳ niên tín yeòu hiù tō
à se invicem quærunt. His-ce aliquot annis certò addidisti plures

著[5]作。或說寒[6]家原貧
tchoú tsŏ; houăy chŏ: hân kiā yuên pĭn
elucubrationes; vel dicit: frigida domus ferè semper est egena

爲嫁兩小女。與請先生
oúy kiá leàng siào niù; yù tsìn siēn sēn
quia nuptui tradidi duas parvas filias; et invitavi unum magistrum

---

[1] **Fóng piĕ. Fóng**, *vox urbanitatis.* **Piĕ**, *aliàs secedere, distinguere, separare, et tota phrasis significat, ex quo à te discessi vel valedixi, decem et ampliùs anni transierunt.*

[2] **Hiáng.** *Tempore præterito; finis, respicere, objectum, coràm.*

[3] **Lă foŭ.** *Habere salutem, felicitatem, esse fortunatum.*

[4] **Tŏ laý.** *Confidere, inniti;* **laý**, *idem;* **tŏ laý**, *fretus tuo auxilio, tuo patrocinio.*

[5] **Tchoú tsŏ.** *Complexum hoc deest in Dict.* **Tchoú** *significat manifestare, in lucem edere.* **Tsŏ**, *facere, operari, gesta.* **Tchoú tsŏ**, *lucubrationes, libros componere.*

[6] **Hân** *significat frigus. Dicitur frigida domus, hoc est pauperrima domus. Pauperes enim solent pati frigus eaque vox est urbanitatis appellativa, quâ quis suam domum nominat* **hân kiā.**

教小兒。料理各樣
kiaó siào eûl; leáo lỳ kŏ yáng
ut doceret meos parvos filios; ità disponendo cujusque generis

家事時侯都廢了在這邊。又
kiā sé chê heóu toū feý leào tsáy tché piēn. Yeóu
domesticas res tempus totum perdidi in eis. Item

彼此相問。老先生有幾位[1]
pỳ tsè siāng ouén: Laò, siēn sēn, yeòu kỳ ouý
alter alterum mutuò interrogat: Domine, magister mi, habes quot

令[2]郎[3]。答說有兩個小兒。一个
lîn lâng? Tă chŏ: yeòu leàng kó siào eûl; ў kó
honoratos filios? Respondens ait: habeo duos parvos filios; unus

不成器[4]。好嫖好[5]覩不讀書。
poŭ tchĕn kў; háo piáo, háo toù, poŭ toŭ choū;
non perfectum vas; deditus lasciviæ, deditus ludo, non studet litteris;

只第二个小兒資[6]質是好些。
tchè tý eúl kó siào eûl tsē chĕ ché hào sў;
duntaxat secundus parvus filius naturaliter est melior;

---

[1] **Oúy.** *Numerale personarum honoratarum.*

[2] **Lín.** *Similiter est vox frequentissima ad urbanè et honorificè nominandas personas ad quas loquimur.*

[3] **Lâng.** *Tantùm eo loco significat filium, quandò ei anteponitur* **lín.** *Alias enim habet significationes.*

[4] **Kў.** *Utensilia quælibet, vasa, instrumenta deservientia artificibus.*

[5] **Háo.** *Amare, desiderare, gaudere, concupiscere; in hoc casu* **háo** *est in quarto tono.*

[6] **Tsē chĕ.** *Complexum hoc non explicatur in pluribus dictionariis.* **Chĕ**, *naturalis.* **Tsē chĕ**, *idem, seu etiam indoles, naturalis habilitas.*

肯讀書還可望中[1]。
kèn toŭ choū houân kŏ ouáng tchóng.
gaudet studere libris, adhuc licet sperare illum successum in examine habiturum.

中國人士問西國人士說。
Tchōng kouĕ jên sé ouén sў kouĕ jên sé chŏ:
Sinensis Doctor percontatur occidentalem Doctorem dicens:

貴國叫做甚麽國答說
koúy kouĕ kiáo tsoú chén mô kouĕ. Tă chŏ:
nobile vestrum regnum vocatur quo nomine? Respondens dicit:

敝國總叫做歐羅巴。這總
pý kouĕ tsòng kiáo tsoú geòu lô pā. tché tsòng
humile regnum universè vocatur Europa. Istas simul acceptas

地方內有三十多國。各
tý fāng louý yeòu chĕ sān tō kouĕ; kŏ
regiones intrà sunt ter dena et amplius regna; (quorum) quodlibet

有本國王統管。
yeòu pèn kouĕ ouâng tŏng kouàn.
habet proprium regem qui illud gubernat.

問的又說。旣是各
Ouén tў yeoú chŏ: ký ché kŏ
Interrogans prætereà ait: quando quidem sit quod unumquodque

國有王。國又多。畢
kouĕ yeòu ouâng; kouĕ yeóu tō; pў
regnum habeat suum regem; regna ità sint plurima; certè

竟常有相戰。
kín châng yeòu siāng tchán.
perpetuò erunt invicem bella.

---

[1] **Tchóng.** *Scopum attingere, approbari in examine, in quarto tono.*

答說相戰雖有。亦少。
Tă chŏ: siāng tchán siû yeòu, ў chaò;
Respondens ait: mutua bella tametsi habeant, tamen pauca sunt;

因爲都是相結親。大敝敝
ȳn oúy toū ché siāng kiĕ tsīn. Tá kaý pý
quia omnes sunt invicem affinitate conjuncti. Plerùmque in humilibus

處國王太子不敢本國的
tchoŭ kouĕ ouâng taý tsè poŭ tsiŭ pèn kouĕ tў
nostris locis regum filii hæredes non accipiunt à proprio regno

親。取鄰近國王的公主。
tsīn; tsiŭ lîn kín kouĕ ouâng tў kōng tchoù.
uxorem; sed accipiunt è vicino regno regis filias.

西士又對中士說。若論[1]
Sў sé yeóu toúy tchōng sé chŏ: jŏ lén
Occidentis Doctor iterùm sinensi Doctori dicit: Si agatur de

敝地總叫做大西洋。
pý tý tsòng kiaó tsoú tá sў yâng.
nostrà humili tellure quæ universim appellatur magna Europa;

還大過貴國。若論
houân tá kó kouý kouĕ. Jŏ lén
adhuc magnitudine excedit vestrum nobile regnum. Si verò agamus

敝處。各國又是貴
pý tchoŭ; kŏ kouĕ yeóu ché kouý
de humilibus locis nostris; unumquodque illorum etiam est nobili vestro

國大。
kouĕ tá.
regno majus.

---

[1] **Lén.** *Agere, juxtà.* **Pién lén**, *disputare.* **Ý lîn**, *consilium habere.*

中 士 叉 問。 貴 國 風 俗
Tchōng sé yeoú ouén : kouý kouĕ fōng sioŭ
Sinensis Doctor iterùm interrogat : vestri nobilis regni mores

與 我 中 國 都 是 一 樣。 或 不 是
yù ngò tchōng kouĕ toū ché ў yáng ; houăy poŭ ché
cum nostris Sinensibus omninò sunt iidem vel non sunt

一 樣。
ў yáng.
iidem.

答 說 大 同 小 異。 叉
Tă chŏ : tá tŏng siào ý. Yeóu
Respondens ait : plurimùm conveniunt, parum differunt. Iterum

問 說。 貴 國 人 穿 的 衣 服 與
ouén chŏ : kouý kouĕ jên tchouăn tў ў foŭ yù
quærit dicens : vestri nobilis regni homines quas induunt vestes cum

我 們 這 邊[1] 是 一 樣 不 是
ngò mên tchĕ piēn ché ў yáng poŭ ché
nostris istius regionis sunt-ne ejusdem formæ vel non sunt

一 樣。
ў yáng.
ejusdem formæ?

西 士 答 曰。 敝 國 衣 服 與
Sў sé tă yuĕ : pý kouĕ ў foŭ yù
Occidentis Doctor respondens ait : humilis mei regni vestes cum

貴 國 做 法 不 同。 那
koúy kouĕ tsoú fă poŭ tŏng ; lá
nobili vestro regno conficiendi modus non est similis ; quoad illas

---

[1] Piēn. *Cujuslibet rei extremum, latus, ora, terminus, regni confinia. Hic extenditur ad significandum ipsummet regnum.*

做 衣 服 的 物 料 也 同。 亦 有
tsoú ў foŭ tў oŭ leaó ỳ tŏng ; ў yeoù
conficiendi vestes materias etiam conveniunt ; insuper habemus

絲 紬 有 緞 子。 但 多 用
sē tcheŏu yeoù touán tsè ; tán tō yóng
multitia, habemus damascenum sericum ; ut plurimùm utimur

瑣[1]服 瑣[2] 瑕 纈 如 布 疋 等 都 是
sò foŭ sò hiâ lă joŭ poú pў tèn toū ché
cameloto et sago quantum ad telas cæteras omnes sunt

一 般。
ў pān.
eædem.

叉 問。 貴 國 紬 緞
Yeóu ouén : kouў kouĕ tcheŏu touán
Iterum quærit : vestri nobilis regni serica rasa et damascena

是 那 裡 來 的。
ché là lў laŷ tў?
undenàm veniunt?

答 說 本 地 出。 亦 種
Tă chŏ : pèn tý tchoŭ ; ў tchóng
Respondens ait : in propriâ terrâ meâ fiunt ; item enim plantantur

桑 養 蠶 也 収 取 絲。
sāng yàng tsăn ỳ cheōu tsiŭ sē ;
mori arbores ad nutriendum bombyces ex quibus colligitur sericum ;

---

[1] Sò foŭ. *Camelotum sinense. Ità dici potest ob similitudinem nostris confectum ex serico, non verò pilis sicuti nostrum, quod Sinæ vocare solent* yù maô touàn.

[2] Sò hiâ lă. *Complexum sinicum ad explicandum verbum latinum sagum.*

但 裡 面 衣 服 多 用 布 做 的。
tán lў mién ў foŭ tō yóng poú tsoú tў ;
attamen interiores vestes plerùmque utentes telà conficiunt ;

外 面 衣 服 不 用 布 的。
ouáy mién ў foŭ poŭ yóng poú tў.
in exterioribus vestibus non utuntur telà.

西 士 叉 說。 貴 國 所[1] 用
Sў sé yeóu chŏ : kouý kouĕ sò yóng
Europeus Doctor iterùm ait : in nobili vestro regno quo utuntur

眞 天[1] 鵝 羢 都 是 敝 國 來 的。
tchēn tiĕn ouô jông toū ché pý kouĕ laŷ tў.
sericum villosum totum est ex meo vili regno adveniens.

另 外 叉 有 金 花 緞。 每
Lîn ouáy yeoú yeoù kīn hoā touán ; meỳ
Præterea quoque habemus aureis floribus sericum intextum ; quodlibet

一 疋 價 値 一 二 百 兩。
ў pў kiá tchĕ ў eùl pĕ leàng.
ejusmodi volumen venit centum aut ducentis taelibus.

中 士 叉 問 西 土 說。
Tchōng sé yeóu ouén sў sé chŏ :
Sinensis Doctor rursùm quærit ab occidentis Doctore dicens :

貴 國 做 官 的 也 戴 紗[2]
kouý kouĕ tsoú kouān tў ỳ táy chā
in vestro nobili regno gerentes magistratum etiam gestant ex serico

---

[1] Sò. *Immediaté antè verbum est relativum.*

[2] Chā mào. *Ità vocant Sinenses pileum præfectorum diversam ab aliis habentem formam et confectum ex quodam serico tenuiori, quod vocant* chā.

帽 穿 圓 領 否。 答 說。 衣
máo, tchouăn yuên lìn feòu? Tă chŏ : ў
pileos, induunt rotunda collariba nec-ne? Respondens ait : vestes

冠[1] 與 貴 國 亦 不 同。 叉 問。
kouān yù kouý kouĕ ў poŭ tŏng. Yeoú ouén :
et pilei cum vestro nobili regno etiam non conveniunt. Iterum quærit :

貴 國 做 官 的 衣 冠 怎
kouý kouĕ tsoú kouān tў ў kouān tsèn
in vestro nobili regno gerentium præfecturam vestes pilei quales

麼 樣。 答 說 都 是 長 大 衣。
mô yáng? Tă chŏ : toū ché tchăng tá ў :
sunt? Respondens ait : omnes sunt oblongæ et amplæ vestes :

多 戴 方 巾。 不 用 兩 翅[2]。
tō táy fāng kīn, poŭ yóng leàng tchĕ ;
ut plurimùm deferunt quadratum pileum, nec utuntur duabus alis ;

各 品 都 不 同。
kŏ pĭn toū poŭ tŏng.
cujuscumque ordinis omnes sunt diversa.

中 士 叉 問。 包[3] 網 子
Tchōng sé yeoú ouén : paō ouàng tsè
Sinensis Doctor iterùm percontatur : involvunt capillitium reti

---

[1] Kouān. *Capitis tegumentum genericé.* Chēn kouān, *vox urbanitatis quà quis, propter calorem, invitatur ad pileum deponendum.*

[2] Tchĕ *sunt avium alæ et transfertur ad significandum duas vittas ex pileo pendulas ; gallicé :* fanon.

[3] Paō ouàng tsè. Paō, *obvolvere ;* ouàng tsè, *rete. Antè dynastiam præsentem, in more erat apud Sinas ut crines colligerent pileolo vel è capillis humanis vel è filis sericis contexto in retis more.*

不 包。 是 甚 麽 樣。 都 是 披 髮
poŭ paō ; ché chén mô yáng? Toū ché pў fă
vel non involvunt ; quomodò fit? Omnium sunt solutæ comæ

否。 答 說 不 是。 敝 國 男 子
feoù? Tă chŏ : poŭ ché ; pý kouĕ lân tsè
nec-ne? Respondens ait : nequaquàm ; humilis mei regni masculi

不 甚 畜 長 髮。 也 不 全 剃 頭。
poŭ chén hioŭ tchăng fă ; ỳ poŭ tsuĕn tý teŏu ;
non nimis alunt longam comam ; neque prorsùs radunt caput ;

只 頭 髮 幾 寸 長。 剪 得 短[1] 但
tchè teŏu fă kỳ tsĕn tchăng tsièn tĕ touàn ; tán
mox capilli aliquot tsĕn *longi facti forfice præcidunt ; attamen*

多 畜 鬚。 又 問 想 貴
tō hioŭ siū. Yeóu ouén siàng kouý
multi nutriunt barbam. Iterùm interrogat : existimabam vestri nobilis

國 人 都 有 鬍 子。 答 曰。 十
kouĕ jên toū yeòu hoû tsè. Tă yuĕ : chĕ
regni homines omnes esse barbatos. Respondens ait : inter decem

分 中 八 九 个 分 是 有 鬍 子。一
fén tchōng, pă kieoù kó fén ché yeoù hoû tsè ; ў
partes, octo aut novem partes erant barbatæ ; una

二 分 亢 少 鬚。
eùl fén ў chào siū.
alterave pars etiam modicam gignit barbam.

---

[1] Touàn. *Breve, curtum, cujus oppositum est* tchăng *longum. Quidquid non est longum dicitur* touàn ; *hic significat breve facere, præcidere.*

中 士 又 問。 貴 處 的 女 人
Tchōng sé yeóu ouén : kouý tchoŭ tў niù jên
Sinensis Doctor iterùm quærit : in vestra nobili regione mulieres

也 生 得 嫖[1] 緻 如 何。 答
ỳ sēn tĕ piaō tché ; joŭ hô? Tă
etiam nascuntur-ne elegantis formæ ; quid de hàc re? Respondens

說 敝 處 的 婦 女 生 得 美 的
chŏ : pý tchoŭ tў foú niù sēn tĕ meỳ tў
ait : in humili meà regione mulieres nascuntur aliæ pulchræ,

醜 的 都 有 又 問。 女 子
tcheŏu tў toū yeòu. Yeoú ouén : niù tsè
aliæ deformes omnis generis habentur. Iterùm interrogat : puellæ

纏 脚 否。 答 說。 敝 處
tchĕn kiŏ feoù? Tă chŏ : pý tchoŭ
fasciis obvolvunt pedes nec-ne? Respondens ait : meæ humilis regionis

女 人 不 以 脚 小 爲 美。 又
niù jên poŭ ỳ kiŏ siaò ouŷ meỳ. Yeóu
mulieres equidem non ob pedes parvos censentur formosæ. Iterùm

問。 既 不 論 脚 大 小。
ouén : ký poŭ lén kiŏ tá siào ;
quærit : quandò quidem nihil refert pedum magnitudo vel parvitas ;

又 用 甚 麽 粧 飾。 答 說。 敝
yeoú yóng chén mô tchouāng chĕ? Tă chŏ : pý
ergò utuntur quibusnam ornamentis? Respondens ait : mei humilis

國 女 人 也 有 與 貴 國 相 同
kouĕ niù jên ỳ yeòu yù kouý kouĕ siāng tŏng
regni mulieres etiam habent cum vestri nobilis regni feminis aliquid

---

[1] Piaō tché. *Formosus.* Tché, *res valdè subtilis et perfecta.* Piaō, *alia plura significat Utrumque simul significant formosum.*

處。 也 畜 長 髮。 也 帶 首
tchoŭ ; ỳ hioŭ tchăng fă ; ỳ taý cheòu
similitudinis ; etenim nutriunt longum capillitium ; et deferunt capitis

飾。 也 倘[1] 金 銀 珠 寶。 衣
chĕ ; ỳ cháng kīn, ŷn, tchoū paò ; ў
ornamenta ; et se ornant auro, argento, lapillis pretiosis ; et earum

服 都 長 到 地。
foŭ toū tchăng taó tý.
vestes omnes prolixæ sunt usquè ad terram.

DU MARIAGE.

中 士 又 問。 貴 國 嫁[2] 娶 之
Tchōng sé yeóu ouén : kouý kouĕ kiá tsiŭ tchē
Sinensis Doctor iterùm interrogat : in vestro nobili regno connubiorum

禮 如 何。 答 曰。與 貴 國 大
lỳ joŭ hô? Tă yuĕ : yù kouý kouĕ tá
ritus quinam sunt? Respondens ait : cum vestro nobili regno magnam

有 不 同。 敝 處 只 許
yeòu poŭ tŏng. Pý tchoŭ tchè hiù
habent dissimilitudinem. In meà humili regione tantùm permittitur

一 夫 一 婦。並 無 娶 妾
ў foū ў foú ; pìn oŭ tsiú tsiĕ ;
unicus maritus et una uxor ; et nullæ assumuntur uxores secundariæ ;

的。 就 是 國 王 亦 只 有 一 個
tў ; tsieoú ché kouĕ ouâng ў tchè yeoù ў kó
quamvis sit rex etiam solùm habet unicam

---

[1] Cháng. *Addere, superinducere, ornare.*
[2] Kiá tsiŭ. *Filiæ maritum dare dicitur* kiá. *Filius uxorem accipere dicitur* tsiŭ.

正[1] 妃。並 無 有 妾。 若 正 妃 不 生
tchén feў ; pín oŭ yeoù tsiĕ. Jŏ tchén feў poŭ sēn
reginam et non habet concubinas. Si regina non procreat

太 子。便 立 兄[2] 弟 之 子 爲 王。
táy tsè ; pién lў hiōng tý tchē tsè ouŷ ouâng.
hæredes ; mox erigitur fratris minoris filius in regem.

中 士 說。 好 風 俗。也 省[3] 好 些
Tchōng sé chŏ : haò fōng sioŭ ; ỳ sèn haò sў
Sinensis Doctor ait : præclari mores sunt ; sic evitantur plurimæ

爭 亂。 又 問。 妻 子 死 了 何 如。
tsēn louán. Yeoú ouén : tsў tsè sè leào hô joŭ?
contentiones. Iterùm interrogat : uxore defunctà quid fit?

答 不 妨。 再 娶。 只 是 不
Tă : poŭ fāng, tsaý tsiŭ ; tchè ché poŭ
Respondet : parùm refert, iterùm aliam ducere potest ; attamen non

得 並 娶 兩 个。 若 丈 夫 死 了。
tĕ pín tsiŭ leàng kó ; jŏ tcháng foū sè leào,
potest simul ducere duas uxores ; quod si maritus moriatur,

妻 子 也 可 再 嫁。 但 是 隨 便
tsў tsè ỳ kŏ tsáy kiá ; tán ché souŷ pién
uxor etiam potest iterùm nubere ; attamen hoc est ad arbitrium

---

[1] Tchén fēy. *Secundariæ regis uxores dicuntur* fēy. *Legitima uxor id est regina dicitur* tchén fēy, *hoc est vera uxor.*
[2] Hiōng tý. *Qui prior ex fratribus natus est dicitur* hiōng ; *posterior verò* tý. *Hoc complexum communiter significat fratrem minorem.*
[3] Sèn. *Parcere sumptibus, evitare, accersere.*

152 DIALOGUES CHINOIS-LATINS.

他自己。大槩 少'年的婦女再嫁。若
tă tsé kỷ. Tá kaỳ cháo niēn tỷ foŭ niù tsáy kiá; jŏ
ipsiusmet. Plerumqué juniores mulieres iterùm nubunt; Si sint

四 十 外的都穿 衣² 素。
sé ehě ouáy tỷ toŭ tchouān soŭ ỷ,
à quadraginta annorum et ultrà omnes deferunt simplices vestes,

再 不復嫁。也再不帶首
tsaý poŭ foŭ kiá; ỷ tsáy poŭ táy cheoŭ
et iterùm non ampliùs nubunt; item iterùm non deferunt capitis

飾。
ché.
ornamenta.

中 士又問。 貴 國有
Tchōng sé yeoú ouén: koúy kouě yeoŭ
Sinensis Doctor iterum percontatur: in vestro nobili regno sunt

娼妓否。
tchāng kỷ feoù?
meretrices nec-ne?

答曰。少。 私地做不好事的
Tă yuě: cháo; sē tỷ tsoú poŭ haŏ sé tỷ
Respondet dicens: paucæ sunt; clàm agunt inhonestas res;

或 有。只是城 裡 必不容他。
houáy yeoŭ; tché ché tchēn lỷ pỷ poŭ yōng tā.
vel si sint; duntaxat intrà mœnia planè non admittunt eas.

---

¹ Cháo niēn. Ætate minor. In tertio tono, cháo significat parùm, breve. Laŏ cháo, senes et juvenes.
² Soŭ. Simplex, purum ut papyrus non scripta; tela sine floribus.

153 DIALOGUES CHINOIS-LATINS.

中 士 說。這等 貴 國就
Tchōng sé chŏ: tché těn kouý kouě tsieoŭ
Sinensis Doctor ait: Hoc modo in vestro nobili regno plané

是我們古時的風俗。 真正
ché ngŏ měn koŭ ché tỷ fōng sioŭ: tchēn tchén
sunt cum nostri antiqui temporis iidem mores; verè

是 好。
ché haŏ.
optimi sunt.

中 士又 問。 貴 國到
Tchōng sé yeoú ouén: koný kouě taó   DISTANCE DE L'EUROPE.
Sinensis Doctor iterùm interrogat: à vestro nobili regno usquè ad

敝 處有幾多路。
pý tchoŭ yeoŭ kỷ tō loŭ?
meam humilem regionem est quantum itineris?

答 說。彎¹彎 曲曲畧有 八
Tă chŏ: ouān ouān kioŭ kioŭ liŏ yeoŭ pā
Respondens ait: ob circuitiones et anfractus fermè sunt octo

九¹ 萬里。若 對直走無
kieoŭ ouán lỷ; jŏ toúy tché tseoŭ oŭ
vel novem myriades stadiorum; quod si rectà viâ iretur non

這許多。只是沒有這一 條' 直
tché hiù tō; tché ché mŏ yeoŭ tché ỷ tiáo tché
tot essent; veruntamen non datur hujusmodi unus tractus recti

---

¹ Ouān ouān. Curvum, inflexum, tortum.
² Tiáo. Particula rerum oblongarum, funium, viarum, etc. Tractus hic benè explicat hanc particulam.

154 DIALOGUES CHINOIS-LATINS.

路。 定要旋繞著天下
loŭ. tín yaó siuěn jaó poŭ tiēn hiá
itineris; procul dubio necesse est circuire totius orbis terrarum

一 大 半。纔到 得這裡。
ỷ tá pán; tsaý taó tŏ tché lỷ.
unum et ampliùs mediam partem; tunc pervenire potest huc.

又 問。要幾年的 到
Yeoú ouén: yáo kỷ niēn fāng taó
Iterum percontatur: opus est quot annis ut tunc perveniatur

這裡。答曰。若是逆'風又
tché lỷ? Tă yuě: jŏ ché nỷ fōng, yeoú
huc? Respondens ait: si sit contrarius ventus, tunc

算 不定。還沒奈何。
souán poŭ tín; houán mŏ láy hŏ.
numeratio temporis non est certa; imò non suppetit remedium.

又 轉同本國。空走
yeoú tchouān hoúy pěn kouě. Kōng tseoŭ
nisi iterum reverti ad proprium regnum. Incassum transactis

幾 個月。再 等 順風復來。
kỷ kó yuě, tsaý těn chuén fōng foŭ laý;
aliquot mensibus, iterùm exspectant prosperum ventum redeuntem;

若 遇順風。一二年可 到。
jŏ yú chuén fōng, ỷ eùl niēn kŏ taó.
si verò sit prosper ventus, uno alterove anno potest pervenire.

---

¹ Nỷ. Repugnare, contradicere, obviàm ire; nỷ fōng, ventus contrarius.
² Mŏ láy hŏ. Láy hŏ dicitur de negotiis nondùm determinatis, quandò petitus ab alio eas determinet. Láy hŏ, quid faciendum? Mŏ láy hŏ, nihil aliud fieri potest, non suppetit aliud remedium.

155 DIALOGUES CHINOIS-LATINS.

又 問。夜夜泊得船
Yeoú ouén: Yě yě pŏ tě tchouān
Iterum interrogat: Singulis noctibus appellit ad littus navis

否。答說。在 敝 國
feoù. Tă chŏ: tsaý pý kouě
nec ne? Respondens ait: ex tempore quo in meo humili regno

初 下 船 時前有 五 六
tsōu hiá tchouān ché tsiēn yeōn où lioŭ
primùm descenditur in navi anteà dantur quinque aut sex

個月。不 得 泊岸。晝夜
kó yuě; poŭ tŏ pŏ gán; tchéou yé
menses: quin possit navis tenere portum, diu noctuque

常 行¹。所見惟 上有天
chāng hín; sŏ kién oúy cháng yeoù tiēn
semper inceditur; duntaxat videtur solùm sursum est cœlum,

下 有水。又 問。這等一 路。
hiá yeoù choúy. Yeoú ouén: tché těn ỷ loú;
deorsùm est aqua. Iterum quærit: ita in toto itinere;

豈不多險。答曰。生死常
Kỷ poŭ tō hiēn. Tă yuě: sēn sè cháng
quidnù multa pericula? Respondet dicens: vita et mors perpetuò

在 眼前。但 倚 賴天地
tsaý yěn tsiēn; tán ỷ laý tiēn tý
antè oculos versantur; veruntamen confidendo in uno cœli et terræ

---

¹ Hín. Ire, progredi. Hín lỷ, impedimenta, sarcinæ itineris. Cùm eadem littera est in quarto tono significat actiones hominum, etc.
² Ý laý. Inniti physicè et moraliter.

萬 物的眞 主。到 得 這裡不
ouán oŭ tў tchēn tchoù; taó tĕ tchĕ lў poŭ
omniumque rerum vero Domino; perveniri potest huc, non

是 容 易。若 逆 風 大。免 不
ché yông ў. Jŏ nў fōng tá; mièn poŭ
est res facilis. Si enim contrarius ventus sit magnus; evitari non

得 倒[1]退 逆 行。或 横 斜[2]
tĕ taò toŭy nў hîn, houăy hông siĕ
potest quin retrocedatur contrario cursu, vel denuò ad latus

行。若 逆 風 不 甚 大。便
hîn. Jŏ nў fōng poŭ chén tá pién
eatur. Si verò contrarius ventus non admodùm sit magnus, expedit

不 用 蓬。船 在 水 上 飄[3] 蕩。
poŭ yóng pŏng, tchouăn tsaý choùy cháng piaŏ táng.
non uti velis, tunc navis stat suprà aquas, fluctuans hùc illùcque.

叉 問 若 風 極 大。便 怎 麼 處。
Yeoú ouén: jŏ fōng kў tá, pién tsèn mô tchoŭ.
Iterùm percontatur: si ventus sit maximus, quid tunc faciendum?

答 曰 船 大 不 怕 風 浪。
Tă yuĕ: tchouăn tá poŭ pă fōng láng.
Respondens ait: naves majores non timent ventum et fluctus.

叉 問 船 旣 不 怕 風
Yeóu ouén: tchouăn kỳ poŭ pă fōng
Rursùm percontatur: navis quandoquidem non timet ventum

[1] Taò toŭy. *Retrocedere, retrogredi. Eadem littera est etiam in quarto tono, sed non facit complexum cum* toúy, *et significat invertere, subvertere.*
[2] Hông siĕ. Hông, *transversum*; siê, *inclinatum.*
[3] Piaŏ. *A vento agitari, super aquas ferri.* Piaŏ tàng, *à ventis et mari agitari*; piaŏ táng, *vertitur hùc illùcque fluctuans.*

浪 却[1]怕 甚 麼。答 曰: 只 怕
láng. Kiŏ pă chén mô? Tă yuĕ: tchè pă
et fluctus. Tunc timet quidnam? Respondens ait: duntaxat timet

淺 處 怕 石 頭 怕 火。叉 問
tsiĕn tchoŭ pă chĕ teŏu pă hò. Yeóu ouén:
undosa loca, timet scopulos, timet ignem. Iterum interrogat:

船 在 水 上 如 何 怕 火。答
tchouăn tsaý choùy cháng joŭ hô pă hò? Tă
navis quæ est suprà aquas, quomodò timet ignem? Respondet

曰 敝 國 大 船 修 造
yuĕ: pý kouĕ tá tchouăn sieōu tsaŏ
dicens: in meo humili regno dum majores naves fabricantur,

時 內 外 都 用 一 層[2] 瀝[3]靑
chê, loúy ouáy toū yóng ў tsĕn lў tsīn
intus et exterius in omnibus adhibetur una incrustatio picis

松 香。塞 合 縫 處。故 若
sōng hiāng; sĕ hô fóng tchoŭ; koú jŏ
et resinæ; ad obstruenda uniendaque rimarum loca; idcircò si

見 火 再 無 法 可 滅。叉
kién hò tsáy oŭ fă kŏ miĕ. Yeóu
concipiant ignem tunc nullum medium quo exstingui queat. Iterum

問 如 何 怕 淺。答 曰。船 若
ouén: joŭ hò pă tsiĕn? Tă yuĕ: tchouăn jŏ
interrogat: quare timent vadosa? Respondit dicens: navis si

[1] Kiŏ. *Ergò, certè, reverà, sistere, retrocedere.*
[2] Tsĕn *est contignatio seu superimpositio. Superficies dicitur* mién; *attamen pix et resina quæ tabulis superimponitur aptè explicatur per verbum: incrustatio.*
[3] Lў tsīn. Lў *dicuntur ultimæ guttæ quæ effuso liquore remanent in vase.*

遇 淺。就 有 三 百 大 象。也
yú tsiĕn; tsieóu yeòu sān pĕ tá siáng; ỳ
incidat in vada; etiamsi sint trecenti magni elephantes;

拉 他 不 動。若 遇 着 石 頭。
lâ tă poŭ tòng; jŏ yú tchŏ chĕ teŏu;
ad trahenda illa nunquàm dimoverent; si verò offendat saxa;

一 撞 就 破 了。連 人 性 命
ў tchouáng tsieóu pŏ leào; liên jên sín mîn
simul ac impingit statim fracta est; ipsaquoque hominum vita

都. 救 不 得。叉 問 海 上 亦
toū kieóu poŭ tĕ. Yeóu ouén hày cháng ў
omninò salvari non potest. Iterum quærit suprà mare etiàmne

見 怪 物 否。答 說。常 見
kién kouáy oŭ feòu? Tă chŏ: chāng kién
videntur monstra nec-ne? Respondens ait: frequenter videntur

海 怪 物。有 大 魚 如 房 屋 一
hày kouáy oŭ; yeòu tá yû joŭ fâng oŭ ў
marina monstra; sunt enim pergrandes pisces instar domùs hoc

船。這 個 魚 頭 上 有 一 個 大 眼。
pān; tchĕ kó yû teŏu cháng yeòu ў kó tá yèn;
modo; isti pisces suprà caput habent unum ingens foramen;

常 噴 出 水 一 丈 高。
chāng pĕn tchoŭ choùy ў tcháng kaō.
per quod semper emittant aquam ad unius ulnæ altitudinem.

叉 問 若 遇 着 這 些 大 魚 怕 否。
Yeóu ouén jŏ yú tchŏ tchĕ sў tá yû pă feoù.
Iterùm quærit si occurrant isti magni pisces timetur nec-ne?

答 曰 船 大 不 妨[1]。中 士
Tă yuĕ: tchouăn tá poŭ fāng. Tchōng sé
Respondet dicens: navis magna est nihil refert. Sinensis Doctor

叉 問。一 隻[2] 船 上 有 多 少
yeoú ouén: ў tchĕ tchouăn cháng yeòu tō chaò
iterum percontatur: super unam navim sunt quot

人。答 說。水 手 常 有 三 百。
jên. Tă chŏ: choùy cheoù chāng yeoù sān pĕ;
homines? Respondet dicens: nautæ ordinariè sunt trecenti;

客[3] 商 與 兵 有 五 六 百。亦 或
kĕ chāng yù pīn yeòu où loŭ pĕ; ў houăy
mercatores cum militibus sunt quingenti vel sexcenti; et fortassè

共 有 千 餘[4] 人。叉 問 這
hông yeòu tsiĕn yû jên. Yeóu ouén: tchĕ
universim sunt mille et amplius homines. Rursùm quærit: his

許 多 的 人 在 船 上。飲 食
hiù tō tў jên tsaý tchouăn cháng ỳn chĕ
tot hominibus qui sunt suprà navim cibus et potus

怎 得 方 便。答 說。都 帶
tsèn tĕ fāng pién? Tă chŏ: toū taý
quomodò potest parari? Respondet dicens: omnes deferunt

[1] Fāng. *Obstaculum, impedimentum, damnum inferre.* Poŭ fāng *non obest, parùm refert.*
[2] Tchĕ. *Numerale navium.*
[3] Kĕ chāng. *Mercator qui hùc illùc discurrit; qui vero domi sedens vendit dicitur* koù.
[4] Yû *significat hìc et ampliùs,* yû *enim significat superfluum, residuum:* tsiĕn yû jên, *mille et ampliùs homines.*

有餘粮[1]。各樣的醃肉。
yeòu yû leâng; kŏ yáng tў yēn joŭ;
superabundantem annonam; cujusque generis salitas carnes;

各樣的鮮肉。與乾粮等。
kŏ yáng tў siēn joŭ; yù kān leâng tèn;
cujuscunque generis recentes carnes; cum siccis cibariis et cætera;

第一費[2]事是帶水。爲經[3]過
tý ў feý sé ché táy choùy; oûy kīn kó
præcipua verò usualis res est deferre aquam; quia transeundo sub

赤[4]道下天氣極熱。若無水。
tchĕ taó hiá; tiĕn kў kў jĕ. Jŏ oŭ choùy,
æquinoxiali lineà; cœli aer est calidissimus. Si deest aqua,

就是有酒。人也要渴死。
tsieóu ché yeòu tsieòu, jên ỳ yáo kŏ sè;
tametsi adsit vinum, homines attamen debent siti mori;

水若盡了。再無處可
choùy jŏ tsín leào; tsáy oŭ tchoŭ kŏ
aqua enim si deficiat; ampliùs non est locus undè possit

取。所以在船用水。都有
tsiŭ; sò ỳ tsáy tchouăn yóng choùy, toū yeòu
hauriri; ideò in navi pro usu aquæ, omnes habent

[1] **Leâng.** *Alimenta sicca et cocta.*
[2] **Feý sé. Feý,** *consumere, dissipare, expendere.*
[3] **Kīn kó.** *Pertransire.*
[4] **Tchĕ taó.** *Ità vocant lineam æquinoxialem, id est viam rubeam seu carnei coloris ob transitum solis qui suo transitu eo colore illam veluti pingit viam.*

一定的規矩。有人專管
ў tín tў koúy kiŭ. Yeòu jên tchouān kouàn
determinatam regulam. Est enim aliquis unicè curam habens

分水。每一個人日日有定
fēn choùy; meỳ ў kó jên jĕ jĕ yeòu tín
dividendi aquam; unusquisque homo quotidiè habet determinatam

分。不得多用。
fén; poŭ tĕ tō yóng.
portionem; nec potest plus insumere.

中士又問。若船回
Tchōng sé yeóu ouén: jŏ tchouăn hoûy
Sinensis Doctor iterùm percontatur: Si navis revertatur ad

歐羅巴去。也有險否。
geoù lô pā kiŭ; ỳ yeòu hièn feòu?
Europam; etiam sunt pericula nec-ne?

答曰。回去的險比[1]
Tă yuĕ: houŷ kiŭ tў hièn pỳ
Respondens ait: reditûs pericula si comparantur

來的時更大。因爲
lây tў chê kén tá; ȳn ouý
eis quæ veniendo incurruntur majora sunt; quia

船上載[2]的貨物忒[3]重[4]。行
tchouăn cháng tsáy tў hó oŭ tĕ tchóng; hîn
suprà navim impositæ merces nimis gravant; navigando

[1] **Pỳ.** *Unum cum alio comparare; regula, mensura.* **Pỳ fāng,** *comparatio.*
[2] **Tsaý.** *Continere.*
[3] **Tĕ.** *Excessivum nimis, ut* **tĕ tá,** *nimis magnus.*
[4] **Tchóng.** *Res non levis.* **Tchóng kouý,** *plurimi facere.*

到大[1]浪山。常遇着
taó tá láng chān; chāng yú tchŏ
cum pervenitur ad magnum promontorium Bonæ Spei; semper invenitur

逆風。船上的人若肯
nў fōng; tchouăn cháng tў jên, jŏ kèn
contrarius ventus; qui suprà navim sunt homines, si volunt

隨風退轉。倘好。
souŷ fōng toŭy tchouàn; cháng hào.
obsecundare ventis et regrediantur undè venerunt; tunc optimum est.

若捨不得退轉。畢竟飄
Jŏ chè poū tĕ toúy tchouàn pў kín piaŏ
Si animo substinere non possint ut retrocedant profectò huc illuc fluctuabunt

在水上。那大浪搖動。船
tsáy choùy cháng; lá tá láng yaô tóng, tchouăn
super aquas; illi magni fluctus adeo agitabunt, ut navis

忽裂開。要進不得進。要退
hoû lў kaŷ; yaó tsín poŭ tĕ tsín; yaó touŷ
de repentè findetur; volens progredi non possunt progredi; volens regredi

不得退。還有船到本
poŭ tĕ toŭy. Houân yeoù tchouăn taó pèn
non possunt regredi. Prætereà datur navis perveniens ad proprias

地。將近岸。看見岸上的
tý; tsiàng kín gán; kăn kién gán cháng tў
terras; jàm propè littus est; videatque supra littus

[1] **Tá láng chān.** *Ità Sinenses vocant promontorium Bonæ Spei, magnarum undarum seu procellarum caput.*

人。忽然暴[1]風一[2]起。衆
jên; hoû jân paó fōng ў kў, tchóng
homines; cum de repentè procella mox surgit, et antè omnium

人面前。船又裂沉。
jên mién tsiĕn tchouăn yeóu lў tchĕn;
hominum conspectum navis etiam rumpitur et submergitur;

人盡淹死。但有一個。
jên tsín yēn sè; tán yeòu ў kó
hominesque ad unum omnes submersi intereunt; quod si sit aliquis

把得一塊板。救得
pà tĕ ў kouăy pàn kieóu, tĕ
qui accipere possit unam tabulam quà salvatur, possit

上岸。亦算得大造[3]化。
cháng gán; ў souán tĕ tá tsaŏ hoá;
pervenire ad portum; enim vero censetur magna fortuna;

可[4]惜這許多人。許多貨物
kŏ sў! Tché hiù tō jên hiù tō hó oŭ
miserandum in modum! Isti tot homines nautæque merces

都丢了。問說。這是甚麼緣故。
toū tieōu leaò. Ouén chŏ: tché ché chén mô yuên koú?
omnes pessùm eunt. Iterùm quærit: istius est quænam causa?

[1] **Paó fōng.** *Turbo seu repentinus ventus.* **Paò** *enim explicatur crudelis, damnum inferre, subitò, et improvisò.*
[2] **Ў.** *Præter communes significationes habet etiam hunc sensum: mox, ut v. g.* **ў taó tsieóu sè leào,** *mox ut pervenit, statim mortuus est.*
[3] **Tsaŏ hoá. Tsaŏ,** *facere, principium, exordiri;* **tsaŏ hoá,** *fortunata res seu fortunium.*
[4] **Kŏ sў.** *Mirandum, proh dolor! Gallicè:* hélas!

答 曰。這 個 是 天 主 之 深
Tă yuĕ: Tchĕ kó chĕ Tiĕn tchoŭ tchĕ chēn
Respondens ait: Hoc est Dei profundum

意。人 不 能 解。又 問
ý; jēn poŭ lēn kiăy. Yeoŭ ouén
consilium; homines non possunt illud explicare. Iterum quærit:

人 過 了 一 次 海, 還 敢 走 過
jēn kó leaò ў tsĕ hăy, houăn kăn tseoŭ kó
homo qui pertransivit semel mare, iterum audeat transire

第 二 次 麼?
tý eúl tsĕ mô?
secundâ vice nec-ne?

答 說。這 也 多 往 來。
Tă chŏ: tchĕ ў tŏ ouăng laỳ.
Respondens dicit: ejusmodi etiam multi sunt euntes et redeuntes;

打² 小 西 洋。這 一 條 路, 曾 有
tă siaò sȳ yâng. Tchĕ ў tiāo loŭ; tsēn yeoŭ
percentiunt ad Indias. Hanc unam viam; jám dantur

人 前 後 走 了 二 十
jēn tsiēn heoŭ tseoŭ leaò eúl chĕ
homines qui olim et nunc etiam hoc iter fecerint viginti

遍。險 過 了。上 了 岸, 海 裡 的 險
piēn; hiēn kó leaò, chăng leaò gán, haỳ lȳ tý hiēn
vicibus; periculo transacto, conscendunt littus, intra mare pericula

---

¹ Chēn. Profundum, physicè et moraliter.
² Tă. Percutere, verberare. Est etiam littera auxiliaris quæ cum aliis litteris actiones diversas significantibus componitur, v. g. tă choŭy, haurire aquam; tă pēn tý, sternutare. Hic tă jungitur cum littera loŭ, viâ; unde tă loŭ, terere iter, iter agere. Nec obstet quod hoc complexum non sit immediatum; hoc enim sæpè sæpius fit.

165

就 忘 記 了。但 性 命 比 財 物
tsieoŭ ouăng ký leaò; tăn sín mín pỳ tsâỳ oŭ
statim è memoriâ excidunt; attamen vita comparata divitiis

更 重。是 要 緊 的。
kén tchóng; chĕ yáo kĭn tý.
gravior; hoc est momenti.

中 士 又 問。自 貴 國 到 DES ROYAUMES
Tchōng sé yeoŭ ouén; tsĕ koúy kouĕ táo VISITÉS
Sinensis Doctor iterum interrogat; à vestro nobili regno perveniendo EN ROUTE.

此¹。經 過 了 幾 多 國。
tsĕ; kīn kó leaò kў tŏ kouĕ?
usque húc; jám transivistis quot regna?

答 曰 極 多 國。頭 一 個 是 黑 人 的
Tă yuĕ: kў tŏ kouĕ. Teoŭ ў kó chĕ hĕ jēn tý
Respondit dicens: plurima regna. Primum fuit Cafrorum

國。除 了 眼 白, 除 了 牙 齒。
kouĕ; tchoŭ leaò yĕn pĕ; tchoŭ leaò yâ tchĕ;
regnum; exceptâ oculorum albedine; et exceptis dentibus;

其² 餘 渾³ 身 都 是 黑 的, 如 墨
kў yû bouĕn chēn toŭ chĕ hĕ tý, joû mŏ
corum reliquum caput totum est nigrum sicuti atramentum

一 般。女 人 亦 是 黑 的。與 男 子 差
pān. Niŭ jēn ў chĕ hĕ tý; yù lân tsè tchă'
eodem modo. Mulieres etiam sunt nigræ; à maribus differunt

---

¹ Tsĕ. Sæpè est pronomen híc, hæc, hoc. In hoc loco est adverbium húc.
² Kў yû. Kў, ille, iste, suus. Kў yû, reliquum, quod superest.
³ Houĕn. Varia. Faciens complexum cum chēn significat totum corpus.

166

不 多。他 皆 看 得 白 色 為
poŭ tŏ; tā' kiāy kăn tĕ pĕ sĕ ouý
non multum; illi omnes videntes album colorem reputant eum

醜。黑 色 反 為 美。人 人
tcheoŭ; hĕ sĕ fān ouý meỳ; jēn jēn
fædum; nigrum verò, colorem reputant esse pulchrum; omnes

都 生 得 有 雅 氣 難 當。不
toŭ sēn tĕ yeoŭ tchān kў lân tāng; poŭ
omnino nascuntur habentes hirci fetorem toleratu difficile; non

穿 衣 服。極 多 的 腰 間 掛 一 片
tchouăn ў foŭ; kў tŏ tý yāo kiēn kouá ў piēn
induunt vestes; ad summum circa lumbos appendunt unam fasciam

布。遮 了 前 後。冬 天
poú; tchē leaò tsiēn heoú. Tōng tiēn
telæ; quâ contegunt anteriora et posteriora. Hiberno tempore

也 是 這 等 樣。為 他 的 地 方 真² 正
ў chĕ tchĕ tĕn yáng; ouý tā' tý fāng tchēn tchén
etiam sunt hoc modo; quia eorum regio directè

當² 在 赤 道 底³ 下。四 季
tāng tsáy tchĕ taó tў hiá; sé ký
consistit sub lineâ æquinoxiali; quatuor anni temporibus

---

¹ Piēn. Numerale fragmentorum, foliorum libri et florum.
² Tchēn tchēn explicatur verè, reverà. Hic autem istud complexum verti debet rectè, directè.
³ Tōng. In primo tono multa significat, ut tolerare, resistere, convenit, statuere; in quarto tono significat pignus, loco alterius.
⁴ Tў. Res cujus status est in imo dicitur tў, fundum, rerum concavarum imum.

167

止 是 大 熱 並 無 冬 天。我 們 若
tchĕ chĕ tá jĕ pín oû tōng tiēn. Ngò mēn jŏ tsáy
solùm est magnus calor et nulla hiems. Nos si moraremur

此 地。晒 了 一 天 就 晒
tsĕ tý; cháy leaò ў tiēn tsieoú cháy
in his locis; expositi ad solem vel unâ die statim præ calore

死 了。若 赤 脚 踏 沙, 即 生
sè leaò; jŏ tchĕ kiŏ tă chā; tsié sēn
moreremur si nudis pedibus calcamus arenam; statim nascuntur

泡¹ 出 來。他 們 終 日 晒
paó tchoŭ laỳ; tā' mēn tchōng jĕ cháy.
ampullæ quæ exeunt foras; illi tamen totâ die se exponunt soli.

無 害。牙 齒 都 是 尖 的。如 犬
oû haỳ; yâ tchĕ toŭ chĕ tsiēn tў; joû kiuĕn
absque damno; ipsorum dentes omnes sunt acuti; sicut canum

牙 一 般。少 年 時 取 草
yâ ў pān. cháo niēn chè, tsiŭ tsaò
dentes sine discrimine; pueritiei tempore, accipiunt herbarum

汗 薈 身 上 文 彩。以 為 好
chè, hoă chēn chăng ouēn tsaỳ; ў ouý haò
succum, pingunt suprâ corpus ornamenta; quæ pulchra visu

看。亦 或 取 快 刀。交 橫
kăn; ў houăy tsiŭ kouáy taō; kiāo hêng
reputant; vel etiam accepto acuto cutello; in longum et transversum

割 自 家 皮 肉。刻 做 花
kŏ tsé kiā pý joŭ; kĕ tsoú hoā
concidunt propriam pellem carnis; insculpendo sic faciunt flores

---

¹ Paó. Aquæ bullæ quæ aquis supernatant. Item parvæ vesicæ aquæ in pellis superficie. Pustula, ampulla.

文。 醫 好 了。留 有 痕
ouên; ȳ haò leào; lieôu yeòu hên
et ornamenta; ubi jàm curati sunt; remanent vulnerum

跡。說 是 好 看。
tsy̆; chŏ ché haò kắn.
signa; dicunt hoc esse visu pulchrum.

中 士 又 問。黑 人 國 有 文
Tchōng sé yeóu ouén; hĕ jên kouĕ yeòu ouên
Sinensis Doctor iterùm quærit: in Cafrorum regno sunt studia

字 麼。 答 說。沒 有 文 字。
tsé mô? Tă chŏ: mô yeòu ouên tsé;
litterarum nec-ne? Respondet dicens: non sunt studia litterarum;

不 知 讀[1] 書。學 生 在 那 邊
poŭ tchē toŭ choū; hiŏ sēn tsaý lá piēn
nesciunt legere libros; ego discipulus dùm morabar in hoc loco,

的 時 節。偶 然 敝 朋 友 有 一 封
ty̆ chê tsiĕ; geòu jân pý pŏng yeoú yeoù y̆ fōng
casu à meo humili amico habui unam

書 來。 在 那 黑 人 的 當[2] 面
choū laŷ; tsaý lá hĕ jên ty̆ tāng mién
epistolam venientem; eram autem coràm Cafris

看 書。 我 說 那 書 上 的
kắn choū; ngò chŏ lá choū cháng ty̆
legens epistolam; (cùmque) ego dicerem hujus epistolæ

---

[1] Toŭ. *Legere*. Toŭ choū, *legere, addiscere, studere*; toŭ choū ty̆, *studens scholaris.*

[2] Tāng mién. *Hoc complexum significat coràm, in præsentià.*

意思。那 些 黑 人 以 爲 怪[1] 異。
ý sē; lá sy̆ hĕ jên y̆ ouŷ kouáy ý;
sensum; illi Cafri pro re mirabili (id habuerunt);

問 我 看 那 個 紙。怎 麼
ouén ngò kắn lá kó tchè; tsèn mô
ac interrogaverunt me inspectâ solùm illâ papyro; quomodò

曉 得 那 个 人 的 意思。那 个 紙 會
hiào tĕ lá kó jên ty̆ ý sē; lá kò tchè hoúy
scire possem illius hominis mentem; nàm illa papyrus valeret

講、話 麼。 又 問。 既 這 等 看[2]
kiàng hoá mô? Yeóu ouén; ky̆ tché tèn kắn
loqui nec-ne? Iterùm interrogat; quandòquidem ità claré

來。那 黑 人 都 是 愚 蠢 得 緊。不
laŷ; lá hĕ jên toū ché yû tchoŭen tĕ kìn; poŭ
liquet; illos Cafros omnes esse ignorantes valdè nimis; nec

通 道 理。 答 說。果 然 在 天 地
tŏng taó ly̆. Tă chŏ: kò jân tsáy tiĕn tý
penetrantes rationem. Respondens ait: profectò sunt cœlum et terram

間 與 禽[3] 獸 相[4] 去 不 遠。但 有 一 件
kiēn yù kĭn tcheóu siāng kiŭ poŭ yuèn, tán yeoù y̆ kién
inter à brutis similes non longè, solùm habent unam rem

---

[1] Kouáy ý. Kouáy, *res mirabilis, rara, extraordinaria*; ý, *mirabile, admirari.*

[2] Kắn laŷ. Kắn, *videre, inspicere; hoc complexum significat visum est, liquet.*

[3] Kĭn. *Animal duos habens pedes*; tcheóu, *quadrupes.* Kĭn tcheóu, *bruta, animalia.*

[4] Siāng kiŭ. *Dissimiles, discrepantes.*

大 好 處[1]。有 人 教 他。就 肯 做 好
tá haò tchoŭ; yeoù jên' kiaó tā; tsieóu kèn tsoú haò
valdè bonam; si sit homo docens eos; statim volunt fieri boni

人。又 在 下 伏 事 人。極 重 愛
jên; yeoú tsáy hiá foŭ sé jên; ky̆ tchóng gáy
homines; item quandò subsunt servientes alicui; plurimùm amant

他 的 主 人。中 士 又 問。那 黑 人
tā ty̆ tchoù jên. Tchōng sé yeoú ouén: lá hĕ jên
suum herum. Sinensis Doctor iterùm quærit: illa Cafrorum

國 地 方 出[2] 產 甚 麼 事 物。 答 說。
kouĕ tý fāng tchoŭ tchàn chén mô sé oŭ? Tă chŏ:
regni tellus producit quasnam res? Respondens ait:

出 產 金 子 烏 木 象 牙。那 地 方 的 豬
tchoŭ tchàn kīn tsè oū moŭ siáng yâ; lá tý fāng ty̆ tchoū
producit aurum, ebenum, ebur; illius regionis suilla

肉 却 是 天 下 絕 美 的。他 們 金 子 都
joŭ kiŏ ché tiĕn hiá tsuĕ meỳ ty̆; tā mên kīn tsè toū
caro certè est totius orbis melior; eorum aurum omninò

是 不 希 罕。又 問。他 貴 重 甚 麼
ché poŭ hy̆ hàn; yeoú ouén: tā kouý tchóng chén mô
est non rara res; iterùm quærit: illi in pretio habent quasnam

物 件。 答 說。喜 鐵。 喜 布。 喜
oŭ kién? Tă chŏ: hỳ tiĕ, hỳ poŭ; hỳ
res? Respondens ait: gaudent ferro, gaudent telà; gaudent

---

[1] Tchoŭ. *Quid, aliquid.*

[2] Tchoŭ tchăn. Tchăn, *Filium parere, rem producere, quomodo libet.*

五 彩 玻 璃。商 人 便 帶 這 樣 的
où tsay̆ pō lŷ. Chāng jên pién táy tché yáng ty̆
trigonis vitris. Mercatores opportunè deferunt ejusmodi

東 西。 換 他 的 金 子。人 的 性 情
tōng sȳ; houán tā ty̆ kīn tsè; jên ty̆ sín tsĭn
res; quas permutant cum ipsorum auro; gentis indoles

極 爽[1] 快。聽 見 鼓[2] 樂 的
ky̆ chouàng kouáy; tĭn kién koù yŏ ty̆
admodùm hilaris; cùm audiunt tympani aut musicæ

聲 音。便 禁 不 得。 便 舞 跳。 極
chēn ȳn; pién kín poŭ tĕ; pién oŭ tiăo; ky̆
sonum; mox cohibere se non possunt; statim saltant; ingenti

有 氣 力。一 个 人 敵 得 四 五
yeoù ký ly̆; y̆ kó jên ty̆ tĕ sé où
sunt robore; unus homo resistere potest quatuor aut quinque

个 人。 敝 國 稱 爲 海 鬼。
kó jên. Pý kouĕ tchĕn ouŷ haỳ koúy;
hominibus. Mei humilis regni vocant et reputant marina dæmonia;

就 是 這 壹 類 住[3] 在 水 裡 面
tsieóu ché tché y̆ louý, tchoŭ tsaý choùy lỳ mién
nimirùm hujusmodi sunt generis, habitant in aquis

如 地 上 一 般。中 士 說。亦 恐
joŭ tý cháng y̆ pān. Tchōng sé chŏ: y̆ kŏng
sicut super terram hoc modo. Sinensis Doctor dicit: etiam revereor

---

[1] Chouàng kouáy. Chouàng, *Clarum, splendere, errare, defectus.* Kouáy, *hilaris lætari, velox, celeriter.*

[2] Koù yŏ ty̆ chēn ȳn. Koù, *tympanus*; yŏ, *musica*; chēn, *vox, sonus*: ȳn, *idem.*

[3] Tchoù tsáy. Tchoù, *sistere, stare, morari.* Kiū tchoŭ, *habitare.*

沒 有 這 樣 的事。 想 這 國 人 只 是
mô yeòu tché yáng tỳ sé; siàng tché kouĕ jên tchè ché
ne adsit hujusmodi res; existimo hujus regni homines duntaxat

善 能 浮 水。 不 會 住 在 水 裡。
chán lên feôu choùy; poŭ hoúy tchoú tsáy choùy lỳ.
optimè potentes ad natandum; non verò posse morari in aquis.

答 說。 實 會 藏 在 永 裡。又
Tă yuĕ: chĕ hoúy tsâng tsáy chouỳ lỳ. Yeóu
Respondens ait: reverà possunt latitare in aquis. Iterùm

問。 那 國 亦 有 國 王 否。 答
ouén: lá kouĕ ỳ yeòu kouĕ ouâng feoù? Tă
percontatur: illud regnum etiam habet regem nec-ne? Respondet:

有[1] 些 有。 亦 或 沒 有 國 王 的。
yeòu sȳ yeoù; ỳ houăy mô yeòu kouĕ ouâng tỳ.
sunt qui habent; etiam fortassè sunt qui non habent regem.

SUR LES CAFRES.

中 士 又 問。黑人 都 吃 甚 麼。
Tchōng sé yeóu ouén: hĕ jên toū kỳ chén mô?
Sinensis Doctor iterùm quærit: Cafri universim comedunt quænam?

答 說。 吃 小 米 象 肉 魚
Tă chŏ: kỳ siào mỳ siáng joŭ, yû,
Respondet dicens: comedunt millium, elephantinas carnes, pisces,

猪 肉 等。 亦 喜 吃 人 肉。 若
tchoū joŭ tèn; ỳ hỳ kỳ jên joŭ: jŏ
suillas carnes et cætera; etiam gaudent vesci humanâ carne; si

---

[1] Yeòu tỳ. *Habentes vel qui habent.*

相 鬭[1] 時。 這 邊 人 擄 那
siāng teoú chê: tché piēn jên liù lá
(quo) prœliantur mutuò tempore; ex hac parte homines capiant illius

邊 的 人。 那 邊 人 擄 這 邊
piēn tỳ jên; lá piēn jên liù tché piēn
partis homines; illius partis homines captivis factis istius partis

人。 擄 了 的 人 不 就 食 他。 先
jên; liù leào tỳ jên poŭ tsieóu chĕ tă; siēn
hominibus; captivos homines non statim devorant illos; priùs

養 到 肥 了 纔 殺 他 食。 我
yàng táo fêy leào tsăy chă tă chĕ. Ngò
alunt donec saginati sint, tunc occidunt illos et comedunt. Ego

曾 見 了 養 那 擄 來 一 个 人 許 久。
tsēn kién leào yàng lá liù laŷ ỳ kó jên hiù kieoù;
aliquandò vidi ali unum captivum adductum diutissimè;

他 故 意 食 得 少 常 瘦。
tă koú ý chĕ tĕ chaò châng seoú;
ille de proposito comedebat valdè parùm undè in dies macrescebat;

這 樣 便[2] 不 被[3] 他 們 殺。 人
tché yáng pién poŭ pỳ tă mên chă. jên
hac ratione procul dubio non ab eis fuit occisus. Homines

---

[1] Teóu. *Propriè est dimicare sine armis;* tchàn *verò, cum armis.*

[2] Pién. *Præter significationes aliàs traditas, significat procul dubio, quâ significatione non rarò utuntur.*

[3] Pý *est particula faciens passivum, v. g.* tă pý keòu gaò, *à cane ille fuit morsus.*

相 食 天 下 極 多。 這 一 種[1] 國
siāng chĕ tiēn hiá kỳ tō: tché ỳ tchòng kouĕ
se mutuò comedentes in orbe plurimi sunt; hujusmodi regni

人 沒 有 官 府 斷 他 的 事。 故
jên mô yeoù kouān foù toúan tă tỳ sé; koú
homines non habent præfectos ad judicandum eorum causas; ideò

若 受 了 人 的 辱。 就 拿 弓。
jŏ cheoù leào jên tỳ joŭ, tsieóu lâ kōng,
si acciperent ab aliquo injurias, statim accipiunt arcum,

箭 兵 器。 和 自 家 的 親 戚 朋 友
tsién pīn kỳ; hô tsé kiā tỳ tsīn tsỳ pōng yeoù,
sagittas et alia arma; jungunt sibi proprios cognatos et amicos,

到 那 邊 去 相 戰 報[2] 讐。 殺 的
taó lá piēn kiŭ siāng tchán páo tcheōu; chă tỳ
euntque ibi simul conflicturi ad se vindicandum; occisos

人 或 煑 或 燒 都 食 了。其 中
jên houăy tchoù houăy chaō toū chĕ leaò. Kỳ tchōng
homines vel coquunt vel assant et totum comedunt. Inter eos

還 有 拿 骨 頭 插 在 房 中
houân yeòu lâ koŭ teōu tchă tsaý fâng tchōng
prœterea sunt qui accipiunt ossa eaque infigunt in domorum

墻 裡 作 報 讐 的 表 記。 這 等
tsiāng lỳ tsoú paó tcheōu tỳ piáo ký; tché tèn
parietibus ad faciendum sumptæ vindictæ monumentum; hujus

---

[1] Tchòng. *Semen, seminare. Species, ut* lá tchòng hĕ jên; *illa species Cafrorum;* tchòng tsăy, *omne genus leguminum.*

[2] Paó. *Retribuere sive pro beneficiis sive injuriis.* Paó tcheōu, *vindictam sumere.*

樣 的 人 一 百 年 前 有 無 數 的。
yáng tỳ jên ỳ pĕ niên, tsiēn yeoù oŭ soú tỳ;
modi homines (antè) centum annos, erant innumeri;

如 今 沒 有 十 分 多。 因 爲 敝 國
joŭ kīn mô yeòu chĕ fēn tō, ȳn oúy pý kouĕ
nunc non sunt admodùm multi, quia mei humilis regni

修 道 的 人 到 那 邊 去 勸
sieōu táo tỳ jên taó lá piēn kiŭ kiuĕn
religiosi viri usquè ad illam regionem iverunt ad hortandum

他。 莫 相 殺。 莫 相 食。 也
tă mô siāng chă, mô siāng chĕ; ỳ
illos ne mutuò se occiderent, nec se invicem comederent; etiam

勸 那 有 國 王 的。 但 有 食
kiuĕn lá yeòu kouĕ ouâng tỳ: tán yeòu chĕ
hortati sunt illos qui habent regem ut si esset comedens

人 肉 的 人 極 重 刑 罰。 人 方
jên joŭ tỳ jên kỳ tchòng hîn fâ; jên fāng
humanam carnem homo gravissimè castigaretur; homines tunc

怕 只 是 到 如 今 這 个 風 俗 不 能
pă, tchè ché taó joŭ kīn tché kó fōng sioŭ poŭ lên
timent, tamen usquè nunc iste mos non potuit

全 改。 亦 有 人 殺 自 家 的
tsuĕn kaỳ; ỳ yeòu jên chă tsé kiā tỳ
penitùs eradicari; etiam sunt homines qui occiso proprio

讐 人。 不 但 食 他 的 肉。 亦 拿
tcheōu jên, poŭ tán chĕ tă tỳ joŭ, ỳ lâ
inimico, non solùm comedant ipsius carnes, sed etiam accipiant

他的 小 骨 頭 插 在 面 上 以 爲
tā tў siaò koŭ teŏu tchā tsaý mién cháng ỳ ouỳ
ipsius minora ossa inserantque suprà faciem, pro

美[1] 觀 人 見 了 重 他。 有
meỳ kouān. jên kién leào tchóng tā. yeòu
pulchro id habentes, alii videntes (hoc) æstimant eos, ut potè habentes

殺 讐 的 勇。
chă tcheŏu tў yòng.
ad occidendum inimicos robur.

SUR L'ANTHROPOPHAGIE.

中 士 又 問。那个 惡 地 方 殺
Tchōng sé yeóu ouén : lá kó ngò tý fāng chă
Sinensis Doctor rursùs quærit : in illà malignà regione occidunt

人 食 人。人 人 怎 麽 敢 到
jên, chĕ jên, jên jên tsèn mô kàn taó
homines, comedunt homines, homines quomodò audent accedere

那 裡 居 住。 答 說。眞 不 敢 輕易。
lá lỳ kiū tchoú? Tă chŏ : tchēn poŭ kàn kīn ý:
illo loco ad morandum? Respondens ait : certè non audent facilè;

到 他 國 名 處 但 那 國
taó tā houĕ kŏ tchoŭ tán lá kouĕ
accedere ad quemque illorum regni locum, tamen in illo regno

有 一个 相[2] 熟 的 地 方。 只 管 到
yeòu ў kó siāng choŭ tў tý fāng, tchè kouàn taó
est una familiaris regio, duntaxat curamus accedere

[1] Meỳ kouān. Kouān, *inspicere, respicere.* Meỳ kouān, *pulchrum visu.*
[2] Siāng choŭ. Siāng, *ad invicem*; choŭ, *expertus, assuetus.* Siāng choŭ, *multà consuetudine juncti, familiares.*

那裡 居 住。 亦 多 董 得 他的 話。
lá lỳ kiū tchoú. ў tō tòng tĕ tā tў hoá
ad illum ad commorandum; etiam multi intelligimus illorum idioma,

所 有 不 通。 便 用 通[1]事。
sò yeòu poŭ tŏng. pién yóng tŏng sé.
qui verò sunt non intelligentes illud, commodè utuntur interprete.

過 了 這 个 地 方。就 到 小[2] 西 洋。
Kó leào tchĕ kó tý fāng, tsieóu taó siaò sў yâng;
Præterita hac regione, statim pervenimus ad parvas Indias;

上 涯 住 七 八 月 等
cháng gán tchoú tsў pă yuĕ tèn
conscenso littore subsistimus septem vel octo mensibus exspectantes,

順 風。 常 時 從 敝 國 到
chuén fōng; châng chê tsŏng pý kouĕ taó
prosperum ventum; semper enim ex meo humili regno veniendo usquè

貴 國 來。一 年 有 一 次 順
koúy kouĕ laŷ. ў niên yeòu ў tsĕ chuén
ad vestrum nobile regnum quotannis est semel secundus

風 過 了 那 个 機 會 那 一 年 來
fōng, kó leào lá kó kў hoúy, lá ў niên laŷ
ventus, præteritâ (verò) illà occasione, illo eodem anno pervenire

不 得。 又 問 小 西 洋 人
poŭ tĕ. Yeóu ouén : siào sў yâng jên
ampliùs non potest. Rursùm quærit : Indiani homines

[1] Tŏng sé. Tŏng, *Pervium reddere seu communicabile, intelligere, penetrare*; sé, *res, negotium.*
[2] Siāo sў yâng. *India, ad differentiam Europæ quæ vocatur* tà sў yâng.

怎 麽 樣。 答 說 有 本 事 伶 俐
tsèn mô yáng? Tă chŏ : yeòu pèn sé lîn lý
quomodò (sunt)? Respondens dicit : habent habilitatem (et) ingenium

得 狠。 只 是 以 戲 鬪 作 他 藝 業。
tĕ hèn, tchè ché ỳ hý teóu tsoú tā ў nў
promptissimum, sed in ludicris certaminibus ponunt sua opera

以 斯 人 爲 事。 無 禮 貌
ỳ kў jên oûy sé; oŭ lỳ maô
in fallendis hominibus et habent hoc in momento; inurbani (sunt)

不 成[1] 模 樣。大 半 不 穿 衣 服。 會
poŭ tchĕn moŭ yáng. Tá pán poŭ tchouăn ў foŭ, hoúy
et deformes. Plerique non induunt vestes, norunt

射 箭。 面 色 半 白 半 黑。似 相
chè tsièn, mién sĕ pán pĕ pán hĕ, sé siāng
jacere sagittas, faciei color partim est albus partim niger, similis est

紫 檀 色。 大 槩 用 草 房 子。沒 有
tsè tăn sĕ, tá kaý yóng tsăo fàng tsè; mô yeòu
sandali colori, plerùmque utuntur stramineis domibus; non habent

城 池。地 土 是 魚 米 之 鄉。 樹
tchĕn tchĕ, tý toŭ ché yû mỳ tchē hiāng; choú
mœnium fossa, tellus est piscium et oryzæ patria; et

木 終 年 新 鮮 不 落 葉。這 小 西
moŭ tchōng niên sīn siēn poŭ lŏ yĕ; tchĕ siaò sў
arboribus toto anno recentibus, non decidunt folia; hujusce Indiæ

[1] Tchĕn. *Complere, perficere, perfectum.* Moû yáng, *Forma, figura, species*; poŭ tchĕn moû yáng, *deformis.*

洋 的 米 是 天 下 極 美 的。 噴 香。
yâng tў mỳ ché tiĕn hiá kў meỳ tў, pĕn hiāng.
oryza est totius mundi optima, exhalat odorem.

鷄 鵝 鴨 牛 羊 豬 麵 各
Kў ouô yâ nieôu yâng tchoū mién kŏ
Gallinæ, anseres, anates, boves, oves, porci, farina, cujuscumque

樣 東 西 都 有 烹 調。 飲 食 極 美 有
yáng tōng sў toū yeòu pĕn tiăo; ỳn chĕ kў meỳ yeòu
generis res, omnia ibi sunt condita; edulia optimum habent

味。 只 是 那 本 地 方 的 人 菜 裡[1] 邊
ouý, tchè ché lá pèn tý fāng tў jên tsăy lỳ piēn
saporem, sed illis indigenis hominibus, in cibis interiùs

一 半 是 椒 椒。 食 飯 只
ў pán ché hoû tsiāo. Chĕ fán tchè
una medietas est piper. Dùm manducant oryzam tantùm

用 手 抓。 不 用 快 子。 坐 在
yóng cheòu tchaò, poŭ yóng kouáy tsè, tsó tsáy
utuntur manibus, non utuntur paxillis, sedent super

地 上 不 用 椅 桌 連 國 王
tý cháng, poŭ yóng ỳ tchŏ, liên kouĕ ouâng
humum, non utuntur sedilibus aut mensis, quia ipse regni rex

也 不 戴 巾 不 穿 衣 只 手
ỳ poŭ taý kīn, poŭ tchouăn ў tchè cheòu
etiam non gestat pileum, nec induit vestes, solummodò in manibus

[1] Lỳ pién. Lỳ, *intus, intrà.* Piēn *est extremum, terminus, limes.* Tsaў lỳ piēn, *intrà cibum et in partibus ejus exterioribus tantus est piper ut medietas cibi sit piper.*

上 臾 手 臂¹ 上 帶 許 多 金 鐲。 本
cháng yù cheoù pý cháng taý hiù tŏ kĭn houân. Pèn
et brachiis gestat multas aureas armillas. Propria

地 不 出 馬。 人 騎 象。
tý poŭ tchoŭ mà, jên ký siáng.
tellus (ipsorum) non producit equos, homines equitant in elephantibus.

又 問 有 文 字 麼。 答 說
Yeoù ouên : yeoù ouên tsé mô? Tă chŏ :
Iterùm quærit : habent litterarum studia nec-ne? Respondens ait :

有 文 字。 臾 這 逸 大 不 相
yeoù ouên tsé; yù tchĕ piĕn tá poŭ siāng
habent studia litterarum; cum harum partium admodùm dissimilia,

同。 用 樹 葉 當² 紙。 用 鐵
tŏng; yóng chou yĕ tāng tchè, yóng tiĕ
iis nam utuntur arborum foliis loco papyri, utuntur ferreo

條² 當 筆 寫 字。 這
tiáo tāng pý, siĕ tsé; tchĕ
stylo loco penicilli, ad scribendum characteres; in hujusmodi

宗 樹 葉 子 寫 的 書。 還 有 三
tsōng chou yĕ tsè siĕ tý chou; hoân yeoù sān
arborum foliis conscripti libri; adhuc dantur trecentorum

四 百 年 的。 就 在 水 裡 也 再
sé pŏ niên tý, tsieóu tsaý chouý lý, ý tsaý
et quadringentorum annorum, quamvis sint inter aquas, etiam

---

¹ Pý. Pars brachii à cubito ad manus.
² Tāng. Loco alterius.
³ Tiăo est ramus arboris, particula numeralis rerum oblongarum; stylus ad scribendum in tabulis ut foliis dicitur siāo.

181

不 朽 爛。 又 問。 這 等 怨 不 如
poŭ hieoŭ lán. Yeoù ouên : tchĕ tĕn kŏng poŭ joŭ
non computrescunt. Rursum quærit : hoc modo fortè melior erit

我 們 這 逸 的 文¹ 雅。 答 說
ngŏ mên tchĕ piĕn tý ouên yă. Tă chŏ :
nostratum compositionis venustas. Respondens dicit :

大 不 同。 相 去 得 遠 那
tá poŭ tŏng; siāng kiŭ tŏ yuèn, lá
magnoperè differunt; et inter se discrepant longissimè, in illâ

地 方 有 一 種 樹 極 奇¹ 異 油 醋
tý fāng yeoù ý tchŏng chou ký ký ý. Yeoù, tsoú
regione datur una species arboris valdè mirabilis. Oleum, acetum,

糖 線 繩 子 蓋 房 子 的 造
tāng siên chuên tsè kaý fâng tsè tý tsaŏ
saccharum, fila, funes tegendis domibus, fabricandis

船 的 木 料 都 是 這 一 種
tchouân tý moŭ leáo toū chĕ tchĕ ý tchŏng
navibus (apta) lignorum materia omnia sunt ex hac specie

樹 上 取 的。 人 家 裡 有 這 樣 的
chou cháng tsiŭ tý; jên kiā lý yeoù tchĕ yáng tý
arboris desumpta; familiæ habentes hujus modi

樹 多。 就 天 富 貴 了。
chou tō, tsieóu tă foŭ koúy leào.
arbores multas, statim multùm ditescunt.

---

¹ Ouên. Bonum, pulchrum, ornatum; ouên tchâng, compositio litteraria; ouên tsè, elegantia, litterarum studia. Yă, rectum, justum, conveniens. Ouên yă explicatur compositionis venustas, ingeniosa compositio.
² Ký ý. Rarum, prodigiosum, extraordinarium.

182

中 士 又 問。 他 們 不 穿
Tchōng sé yeóu ouên : tă mên poŭ tchouân
Sinensis Doctor iterùm percontatur : illi Indii non induunt

衣 服。 如 何 當 得 塞¹ 冷。
ý foŭ; joŭ hŏ tāng tŏ hân lèn ?
vestes; quomodò sufferre queunt frigus ?

答 說。 那 地 方 沒 有 冬 天。
Tă chŏ : lá tý fāng mŏ yeoù hân tiēn.
Respondet dicens : In illâ regione (indicâ) non est hiems.

一 年 都 是 天 熱。 若 生 長² 在 塞
ý niên toū chĕ tá jĕ; jŏ sēn tchàng tsaý hân
toto anno semper est magnus æstus; si nati et educati in frigidâ

地 的 人。 當 不 得 那 地 方 的 暑
tý tý jên, tāng poŭ tŏ lá tý fāng tý choŭ
regione homines, sufferre non possunt illius regionis calores

熱。 那 地 方 的 人 亦 當 不
jĕ; lá tý fāng tý jên, ý tāng poŭ
summos; (è contrario) illius regionis homines etiam ferre non

起² 別 處 的 塞 冷。
ký piĕ tchoŭ tý hân lèn.
possunt alterius loci summum frigus.

又 問。 敝 國 的 人 每 年
Yeoú ouên : pý koué tý, jên mèy niên
Iterùm quærit : ex humili nostro regno homines quolibet anno

有 到 小 西 洋 的 否。
yeoù táo siaŏ sý yâng tý feoù ?
dantur accedentes ad Indias nec-ne ?

---

¹ Hân. Summum frigus. Choŭ jĕ, summus calor.
² Tchàng. Crescere, ætate major, adultus. Tchâng, hic significare videtur eos, qui licet nati sint in frigidâ regione.
³ Ký. Surgere, erigere. Hic videtur significare posse.

183

答 說。 學 生 在 那 逸 時
Tă chŏ : hiŏ sēn tsaý lá piĕn chĕ
Respondet dicens : (dùm ego) discipulus morabar illic.

節。 見 過 貴 國 的 許 多 人。
tsiĕ; kiĕn kó kouý kouĕ tý hiù tŏ jên.
vidi vestri nobilis regni multos homines.

又 問。 從 小 西 洋 到 敝
Yeoú ouên : tsōng siaŏ sý yâng taó pý
Iterùm quærit : ab Indiâ usquè ad meum humile

中 國 有 幾¹ 多 路。
tchōng koué yeoù ký tŏ loŭ?
Sinarum regnum datur quantum itineris ?

答 說。 共 有 三 萬 多 里。
Tă chŏ : kŏng yeoù sān ouán tŏ lý.
Respondens ait : cuncti sunt tres myriades et ampliùs stadiorum.

又 問 我 們 所 稱 佛¹ 國
Yeoú ouên : ngŏ mên sŏ tchēn foŭ kouĕ
Iterùm percontatur : nos quod vocamus idolis foŭ regnum

在 貴 處 這 逸 或 在
tsaý koný tchoŭ tchĕ piĕn, houáy tsaý
est-ne situm vestram nobilem regionem citrà, vel est situm

貴 處 那 逸。
koný tchoŭ lá piĕn.
vestram nobilem regionem ultrà ?

---

¹ Ký est modus interrogandi. Ký tŏ, quot; ký hŏ, quantum?
² Foŭ. Sectarius insignis Indiæ orientalis; præcipuum Sinensium idolum ac una ex tribus sectis apud Sinas celeberrimis. Secunda est taó sè; tertia est kŏng tsè; id est Confucii. Sinarum enim Imperator, perfusâ in regno traditione sancti cujusdam in Occidente nascituri, legatos ad Indias misit, qui cùm non invenissent vestigia Sancti Redemptoris, sectarios Foŭ introduxerunt apud Sinas circiter in anno 65 post Christum.

答 說。在 敝 處 這
Tă chŏ: tsaý pý tchoŭ tchĕ
Respondens ait : situm est (citrà) nostram vilem regionem;

邊。但 甚 遠。在 小 西 洋。
piēn; tán chén yuèn; tsáy siaò sȳ yâng
verumtamen admodùm longè; nàm existendo (in) Indiâ

過 佛 國 到 敝 處
kó foŭ kouĕ taó pý tchoŭ
ad transeundum ab idolis foŭ *regno usquè ad meum humile regnum*

還 有 五 萬 里。
houân yeoù où ouán lỳ.
adhuc dantur quinque myriades stadiorum.

又 問 從 貴 處 往[1] 前 還
Yeoú ouén: tsŏng kouý tchoŭ ouàng tsiĕn houân
Rursùm quærit : à vestrà nobili regione eundo ulteriùs adhuc

有 地 方 麼。
yeòu tý fāng mô?
est regio (aliqua) nec-ne?

答 說。從 敝 處 往 西
Tă chŏ: tsŏng pý tchoŭ ouàng sȳ
Respondens ait : ex humili nostrà regione procedendo ad occasum

四 五 萬 里 還 有 天 下
sé où ouán lỳ houân yeoù tiĕn hiá
quatuor vel quinque myriades stadiorum adhuc est totius orbis

一 大 半。
ў tá pán.
una magna medietas.

---

[1] Tsiĕn. *Anteà, antè, prius;* ouàng tsiĕn, *ulterius ire, progredi.*

中 士 說。這 等 天 下 大 得 狠。
Tchōng sé chŏ: tchĕ tèn tiĕn hiá tá tĕ hèn;
Sinensis Doctor ait : hoc modo totus mundus magnus est admodùm;

我 中 國 之 大。比 天 下
ngò tchōng kouĕ tchē tá, pỳ tiĕn hiá
nostri Sinarum imperii magnitudo, respectu totius orbis

相[1] 似 倉 廩 之 中 一 顆[2] 小 米。
siáng sé tsăng lìn tchē tchōng ў kŏ siaò mỳ.
similis est horrei in medio uno grano millii.

西 士 說。分 論 天 下
Sȳ sé chŏ: fēn lén tiĕn hiá
Occidentis Doctor ait : Discurrendo particulatim de totius orbis

一 个 一 个 國。中 國 是 第 一
ў kó ў kó kouĕ, tchōng kouĕ ché tý ў
unoquoque regno, Sinæ sunt primum regnum

大 國。總 論 中 國
tá kouĕ; tsòng lén tchōng kouĕ
in magnitudine; generatim (verò) discurrendo Sinæ

天 下 間 只 有 百 分 之 一。
tiĕn hiá, kiēn tchè yeoù pĕ fén tchē ў,
ex toto orbe, duntaxat habent centum partium unam,

恐 怕 還 不 及[3]。
kŏng pă houân poŭ kў.
et fortassè adhuc non pervenit.

---

[1] Siáng. *Assimilari, esse simile, in quarto tono.* Siáng sé, *simile esse.*
[2] Kŏ. *Numerale rerum rotundarum et granorum.*
[3] Kў. *Pervenire ad; est etiam particula conjunctiva et.*

SUR LA SITUATION GÉOGRAPHIQUE DE LA CHINE.

中 士 又 問。我 中 國
Tchōng sé yeoú ouén: ngò tchōng kouĕ
Sinensis Doctor rursùs percontatur : nostrum sinarum imperium

實 在 天 下 之 中 否。
chĕ tsáy tiĕn hiá tchē tchōng feoù?
verè est totius mundi in medio nec-ne?

答 說。不 在 中。去 中
Tă chŏ: poŭ tsáy tchōng; kiŭ tchōng
Respondit dicens : non est situm in medio; abest à medio

甚 遠。
chén yuèn.
longissimè.

又 問。這 樣 我 們 爲 甚 麼 叫 做
Yeoú ouén: tchĕ yáng ngò mên oúy chén mô kiaó tsoú
Rursùm quærit : si hoc modo nos quare vocamus

中 國。
tchōng kouĕ?
medium regnum?

答 說。叫 做 中 國 有 理。中
Tă chŏ: kiáo tsoú tchōng kouĕ yeoù lỳ; tchōng
Respondet dicens : vocatis medium regnum est ratio; (quæ) medium

國 的 周[1] 圍 四[2] 方 的 國 都
kouĕ tў tcheōu ouŷ sé fāng tў kouĕ toū
regnum circùm circà (sunt) à quatuor partibus regna omnia

---

[1] Tcheōu. *Circumdare, circuire, girare;* oûy, *circumcingere, obsidere.*
[2] Sé fāng. *Quatuor mundi partes, totus orbis.*

是 小 國。禮 貌 文[1] 彩 道 理
ché siaò kouĕ; lỳ maó, ouên tsaў taó lỳ
sunt parva regna; urbanitas, litteratura, elegantia et doctrina

絲[2] 毫 比 不 得 中 國。所 以 貴
sē haô pỳ poŭ tĕ tchōng kouĕ; sò ỳ koúy
vel in minimo comparari non potest cum Sinis; ideò vestrum nobile

國 比 這 些 國 稱 做 中 國。
kouĕ pỳ tchĕ sȳ kouĕ tchĕn tsoú tchōng kouĕ;
regnum comparatum cum his-ce regnis appellatur medium regnum;

極 是 有 理。若 論 實
kў ché yeoù lỳ. Jŏ lén chĕ
valdè est rationi consentaneum. Si verò discurramus (juxtà) veram

理。貴 國 與 敝 國 是
lỳ, kouý kouĕ yù pý kouĕ ché
rationem, vestrum nobile regnum cum nostro humili regno est

海 內 的 地 方。東 西 兩 邊。
haỳ louý tў tý fāng; tōng sȳ leàng piēn,
intrà mare regio; oriente et occidente duabus regionibus terminante,

敝 處 在 西 邊。所 以 有 西
pý tchoŭ tsáy sȳ piēn; sò ỳ yeoù sȳ
nostra humilis regio est ad occidentale latus; ideò habet occidentale

海。沒 有 東 海。貴 處 在
hày: mô yeoù tōng hày, kouý tchoŭ tsáy
mare; et non habet orientale mare, vestra nobilis regio sita est

---

[1] Ouên tsaў. *Elegantia litterarum.*
[2] Sē haô. Sē. *Tenuia fila serica, quæ bombyces emittunt.* Haô *est decima millesima pars unius* leàng *(unciæ), seu decima pars unius* lỳ. Sē haô, *atomus, seu res minima.*

東 邊。所以有東海。沒是西
tōng piēn. Sò ỳ yeoù tōng hày. mô yeoù sȳ
ad orientale latus. Prætereà habet eam mare, et non habet occidentale

海。又問。老先生經過的
háy. Yeoú ouén: Laò siēn sēn, kīn kó tỷ
mare. Iterùm quærit: Domine magister, inter quæ transivisti

國。我們中國亦算得好
kouĕ, ngò mên tchōng kouĕ ỳ souán tĕ haò
regna, nostrum medium imperium etiam censeri potest bonum

麼。
mô?
nec-ne?

答說自然是第一個。這不
Tă chŏ: tsé jân ché tý ỳ kó, tché poŭ
Respondet dicens: utique est (omnium) primum, hoc non

消說。學生從敝國
siāo chŏ; hiŏ sēn tsŏng pý kouĕ
est necesse dicere; (quæ) ego discipulus ex meo humili regno

到這邊經過各國。一點比
taó tché piēn kīn kó kŏ kouĕ, ỳ tièn pỳ
usquè hùc præterivi singula regna, vel minimùm comparari

不得中國。
poŭ tĕ tchōng kouĕ.
non possunt Sinis.

DE LA ROUTE DIRECTE POUR VENIR EN CHINE.

中士又問。老先生
Tchōng sé yeóu ouén: laò siēn sēn
Sinensis Doctor iterùm percontatur: (quandò) Dominatio vestra

來的時節。經過弱[1]水不曾。
laŷ tỷ chê tsiĕ, kīn kó jŏ choùy poŭ tsĕn?
venit, transiit Mortuum mare (vel) non transiit?

答說。恐怕沒有這樣的事。又
Tă chŏ: kŏng pă mò yeòu tché yáng tỷ sé. Yeoú
Respondens ait: timeo ne non sit hujusmodi res. Iterùm

問經過崐[2]崙山否。答曰。
ouén: kīn kó kouèn lên chān feoù? Tă yuĕ:
quærit: transisti dictum kouēn lèn *montem nec-ne? Respondens ait:*

崐崙山在西邊的旱路。
kouēn lên chān tsáy sȳ piēn tỷ hán loú;
kouēn lên *mons situs est in occidentalis partis terrestri itinere;*

我們轉南海到中海。
ngò mên tchouàn lân hày taó tchōng hày,
nos (autem) circuivimus australe mare usquè ad Sinicum mare,

旋繞天下大半。纔得
siuên jaô tiĕn hiá tá pán; tsăy tĕ
circuivimus totius orbis magnam medietatem; tunc (demùm) potuimus

到這裡來。又問。貴處
taó tché lỳ laŷ. Yeóu ouén: kouý tchoŭ
pervenire ad ista loca. Denuò interrogat: vestra nobilis tellus

是海外的地方或是海內的地方。
ché haỳ ouáy tỷ tý fāng houăy ché hày louý tỷ tý fāng?
est ultrà mare regio vel est citrà mare regio?

---

[1] Jŏ. *Debilis, invalidus.* Jŏ choùy, *aqua quæ nihil sustinere potest; vertitur mare Mortuum quia viribus ea aqua est destituta ad naves sustinendas.*

[2] Kouēn lên chān *est quidam mons altissimus inter Occidentem et Meridiem quem Sinenses credunt in medio terræ.*

答說是海內的地方。與中國
Tă chŏ: ché haỳ louý tỷ tý fāng; yù tchōng kouĕ
Respondens ait: est citrà mare regio; cum sinis

相[1]連的。從敝國到貴
siāng liên tỷ; tsŏng pý kouĕ táo kouý
ejusdem continentis; à nostro humili regno usquè ad vestram nobilem

處。一有旱路來得的。
tchoŭ, ỳ yeoù hán loú laŷ tĕ tỷ.
regionem, etiam datur terrestris via (quà) venire possunt.

又問甚麼緣故不起旱
Yeóu ouén chén mô yuên koú poŭ kỷ hán
Iterùm percontatur quâ de causâ non suscepto terrestri itinere

來。答說。旱路雖比水
laŷ. Tă chŏ: hán loú siū pỳ choùy
venistis. Respondens ait: terrestre iter quamvis si comparetur maritimo

路近些。更難走。人當
loú kín sȳ, kén lân tseòu; jên tāng
itineri propinquius sit, magis est difficile obiri; homines sufferre

不得這許多年起旱的勞苦。
poŭ tĕ tché hiù tō niên kỷ hán tỷ laô koŭ;
non possunt hunc tot annorum profectionis terrestris laborem;

另外一路有許多惡人的地方。
lĭn ouáy ỳ loú yeòu hiù tō ngŏ jên tỷ tý fāng,
Prætereà toto itinere sunt plurimæ pessimarum gentium regiones,

---

[1] Siāng liên. Siāng, *simul, mutuò;* liên, *contigua, connexa;* siāng liên, *ejusdem continentis.*

有高山深谷大江[1]。有老虎
yeòu kaō chān, chēn kioŭ, tá kiāng; yeoù laò hoû,
sunt altissimi montes, profundæ valles, magna flumina; sunt tigrides,

獅子。有衆類惡獸。所以極難
sē tsè, yeoù tchóng loúy ngŏ cheóu, sò ỳ kỷ lân
leones, sunt omnis generis feræ perniciosæ, ideò valdè difficile est

通[2]來往。又問路上有怎麼
tŏng laŷ ouàng. Yeoú ouén: loú cháng yeòu tsèn mô
pertransire. Iterùm percontatur: in itinere sunt quænam

樣的人。答曰第一難相處
yáng tỷ jên? Tă yuĕ: tý ỳ lân siāng tchoŭ
gentes? Respondens ait: in primis difficiles cohabitantes

的是回子。回子的地方盜賊
tỷ ché houŷ tsè; houŷ tsè tỷ tý fāng táo tsĕ
sunt Mahumetani; (in hàc) Mahumetanorum regione latrones

極多。無一毫情理與外
kỷ tō; oŭ ỳ haô tsĭn lỳ yù ouáy
(sunt) plurimi; non unum pilum humanitatis (habent) ergà exterorum

國的人。水路來沒有這
kouáy tỷ jên; choùy loú laŷ mô yeoù tché
regnorum homines; per maritimum iter veniendo non dantur ista

許多兇險。中士說。這等旱路
hiù tō hiōng hièn. Tchōng sé chŏ: tché tèn hán loú
tot pericula. Sinensis Doctor ait: hoc modo terrestri itinere

---

[1] Kiāng *et* Hô *sunt fluminum appellativa.* Hô *sunt flumina magis septentrionalia paucioribus aquis contenta;* kiāng *verò australia quæ plura alia flumina recipiunt.*

[2] Tŏng. *Pervium reddere seu communicabile.* Ouàng laŷ, *ire et venire.* Tŏng ouàng laŷ, *pertransire.*

192 DIALOGUES CHINOIS-LATINS.

眞 是 難 得 來。 西 土 說。 學生
tchên chế lân tě laŷ. Sŷ sé chŏ: hiŏ sēn
sanè est difficile posse pervenire. Occidentalis Doctor ait: ego discipulus

來 的 船 上 有 六 七 百
laŷ tỷ tchouán cháng yeŏu loǔ tsỷ pě
veni suprà navim in quâ erant sexcenti vel septingenti

人。 中 士 又 說。 這 許 多 人 在
jēn. Tchŏng sé yeŏu chŏ: tchế hiủ tŏ jēn tsaŷ
homines. Sinensis Doctor iterùm dicit: hi tot homines intrà

裡 頭 怎 安¹ 頓 得 麼。 答
lỷ teoǔ tsên gān tén tě mŏ? Tā
commorantes quomodò providere de necessariis possunt? Respondens

說。 敝 國 的 船 大。 故 此 安
chŏ: pý kouě tỷ tchouán tá; koù tsè gān
ait: mei humilis regni navigia sunt magna; ideòque providerí

頓 得。 然 大 船 不 到
tén tě; jān tá tchouán poǔ taó
de necessariis potest; sed magna ea navigia non perveniunt ad

貴 國。 只 到 小 西 洋
kouý kouě; tchě taó siaŏ sỷ yáng;
vestrum nobile regnum; tantùm perveniunt usquè ad Indias;

在 那 裡 乘² 載 商 人 貨 物。 就
tsaý lá lỷ chén taý cháng jēn hŏ oǔ, tsieoú
in hoc loco manent ut onerentur mercatorum mercibus, statimque

―――――

¹ Gān tén. Gān, pax, quies, valetudo. Gān tén: providere de necessariis.
² Chèn tsaý. Chèn, quadriga; tsaý, contìnere, implere, res quibus naves vel currus sunt onustæ.

DIALOGUES CHINOIS-LATINS. 193

囘 本 國 去。 學 生 同
hoǔy pēn kouě kiů: hiŏ sēn tŏng
revertuntur ad proprium regnum redeuntes; (at) ego discipulus cum

三 四 個 敝 友 換 船 纔
sān sé kó pý yeŏu houán tchouán, tsaý
tribus quatuorve meis humilibus sociis commutavi navim, tunc

到 這 裡 來。 又 問。 貴 處 的
taó tchế lỷ laŷ. Yeoǔ ouén: kouý tchoú tỷ
usquè hùc perveni. Iterùm quærit: vestræ nobilis regionis

商 人 在 小 西 洋 買 甚 麽 貨 物。
cháng jēn tsaý siaŏ sỷ yáng mày chén mŏ hŏ oǔ?
mercatores cùm sunt in Indiâ emunt quasnam merces?

答 說。 買 桂¹ 皮² 椒³ 丁² 香 沙⁴
Tā chŏ: mày kouý pý, hoǔ tsiaō, tīn hiāng; chā
Respondens ait: emunt cinnamomum, piper, caryophyllum, dictam

谷 米 小 西 洋 布 象 牙 烏 木 豆³ 蔻
koǔ mý, siaŏ sỷ yáng poǔ, siáng yâ, oū moǔ, teoǔ keoǔ,
sagou oryzam, indicas telas, ebur, ebenum, cardamomum,

椰⁶ 子 珍 珠 藍⁷ 靛 金 㽵 石 檀⁸ 香
yê tsè, tchēn tchoū, lân tién, kīn kāng chě, tân hiāng,
nuces indicas, margaritas, indicum, adamantes, sandalum,

―――――

¹ Kouý pý, vel etiam communis joû kouý, gallicè: cannelle.
² Hoǔ tsiaō. Gallicè: poivre.
³ Tīn hiāng. Gallicè: clou de girofle.
⁴ Chā koǔ mý. Gallicè: sagou. Apud Sinas non est character proprius ad designandum sagou; ideò duas usurpant voces ad sonum exprimendum.
⁵ Teoǔ keoǔ. Gallicè: noix muscade.
⁶ Yê tsè. Gallicè: coco.
⁷ Lân tién. Gallicè: indigo.
⁸ Tân hiāng. Gallicè: bois de santal.

13

194 DIALOGUES CHINOIS-LATINS.

奇¹ 楠 香 麝² 香 沉³ 香 蘇⁴ 木 蘇⁵ 合
kỷ lân hiāng, chě hiāng, tchēn hiāng, soū moǔ, soū hŏ
lignum calambuc, moschum, lignum aquilæ, brasilicum, storacis

油 金⁶ 銀 香 香⁷ 料 奇 物 各 樣
yeŏu, kīn ŷn hiāng, hiāng leaò, kỷ oǔ kó yáng
oleum, benzoïnum, aromata, rarasque res cujusque generis

都 買。 又 買 茯 苓 冷 飯 頭
toū mày; yeoǔ mày foǔ lîn, lěa fàn teoǔ
omnia emunt; item emunt sinicas radices, lignum fàn teoǔ

大⁹ 黃。
tá houâng.
Rhabarbarum.

又 問。 貴 處 要 大 黃
Yeoǔ ouén: kouý tchoǔ yaó tá houâng,
Rursùm quærit: in vestrâ nobili regione vultis rhabarbarum,

做 甚 麼 用。
tsoú chén mŏ yóng?
ad faciendum quid utimini?

答 說。 敝 處 把 大 黃
Tā chŏ: pý tchoǔ pà tá houâng
Respondens ait: in meâ humili tellure accipiunt rhabarbarum

―――――

¹ Kỷ lân hiāng. Gallicè: calambour, variété du bois d'aloès.
² Chě hiāng. Gallicè: musc.
³ Tchēn hiāng. Gallicè: bois d'aloès ou d'aigle.
⁴ Soū moǔ. Gallicè: bois d'Inde.
⁵ Soū hŏ yeŏu. Gallicè: huile du storax.
⁶ Kīn ŷn hiāng. Gallicè: benjoin.
⁷ Hiāng leaò. Gallicè: aromates.
⁸ Foǔ lîn. Gallicè: squine.
⁹ Tá houâng. Gallicè: rhabarbe.

DIALOGUES CHINOIS-LATINS. 195

是 個 極 貴 的 藥。 能 醫 各
chě kó ký kouý tỷ yŏ; lên ŷ kŏ
eo quod est valdè pretiosa medicina; valens sanare cujuslibet

樣 的 疾 病。 所 以 是 極 貴。 都 對¹
yáng tỷ tsý pín, sŏ ý chě ký kouý, toū touý
generis morbos, propterea est valdè cara, omnino æquali

銀 子 買 的。
ŷn tsè maỷ tỷ.
argenti (pondere) emitur.

中 士 說。 我 們 這 邊 雖 是
Tchŏng sé chŏ: ngŏ mên tchě piēn, siû chě
Sinensis Doctor ait: apud nos in his locis, quamvis sit

上 等 的 藥。 不 過 數 十 个² 錢
cháng tén tỷ yŏ, poǔ kó soǔ chě kó tsiên
supremi ordinis medicina, non excedit aliquot decades sapecarum

一 斤。 西 士 說。 除 了 中 國。
ý kīn. Sỷ sé chŏ: tchoǔ leaò tchŏng kouě,
una libra. Occidentalis Doctor ait: excepto Sinarum regno

普 天 下 沒 有 這 大 黃 所 以 是 這 樣
poǔ tiēn hiá mŏ yeoǔ tchě tá houâng; sŏ ý chě tchě yáng
in toto orbe non est hoc rhabarbarum; ideò est adeò

貴 的。
kouý tỷ.
carum.

―――――

¹ Touý. Rem cum re permutare.
² Chě kó tsiên. Hic particula numeralis kó adeò necessaria est ut si omittatur alius erit sensus, nàm significabit decem denarios.

196 DIALOGUES CHINOIS-LATINS.

中　士　又　問。　　貴　國　果
Tchōng　sé　yeóu　ouén;　kouý　kouĕ　kŏ
Sinensis Doctor iterum interrogat : vestrum nobile regnum vere

貴　重　我　們　這　邊　的　甚　麼　物　件。
kouý tchóng ngŏ mēn tchè piēn chén mŏ oŭ kién?
æstimat   nostratium   quid   rerum?

答　說。這　邊　出　的　物　件　大　槩
Tă chŏ: tchè piēn tchoŭ tý oŭ kién tá kaý
Respondens ait : in hoc loco productæ res plerúmque

敝　處　都　有。惟　麝　香　大　黃。
pý tchoŭ toŭ yeŏu. Ouý chĕ hiāng, tá houâng,
in nostra humili regione omnes dantur. Solùm moschus, rhabarbarum,

磁　器　敝　處　沒　有。所　以　這　三
tsḗ ký pý tchoŭ mŏ yeŏu; sŏ ý tchè sān
porcellana in nostrâ humili tellure non sunt; proptereá ista tres

件　敝　處　是　貴　的。磁　器　敝
kién pý tchoŭ ché kouý tý, tsḗ ký pý
res in meâ humili regione sunt caræ, porcellana in meâ humili

處　雖　有。只　是　中　國　的　絕　精。
tchoŭ, siū yeŏu, tchĕ ché tchōng kouĕ tý tsuĕ tsīn.
regione, quamvis sit, attamen Sinica est perfectior;

形　像　顏　色　上　面　的　釉¹　都　是　這　邊
hîn siáng, yèn sĕ cháng mién tý yeóu toŭ ché tchĕ piēn
figurâ,   colore et superficiei   nitida omnia sunt harum partium

¹ Yeóu. Vasorum quædam sandaraca sinensi illitorum splendor seu lucida
levitas. Hæc sandaraca vocatur yeóu choŭy.

197 DIALOGUES CHINOIS-LATINS.

差　不　多。但　裡　面　的　士　極
tchă poŭ tō; tán lý mién tý toŭ ký
ad multam discrepantia; solùm interior argilla est admodùm

粗。比　這　邊　的　差　得　遠。所　以
tsoŭ; pý tchè piēn tý tchă tĕ yuĕn; sŏ ý
crassa; et comparata nostrati multùm discrepat; proptereá

作　不　得　這　邊　的　樣　細。中
tsŏ poŭ tĕ tchè piēn tý yáng sý. Tchōng
fieri non potest ad instar harum partium subtilis. Sinensis

士　說。我　們　這　邊　好　磁　器　亦　不
sé chŏ : ngŏ mēn tchè piēn haŏ tsḗ ký ý poŭ
Doctor ait : nostra harum partium bona porcellana etiam non

是　到　處　有　的。惟　江　西　有。
ché taó tchoŭ yeŏu tý; ouý kiāng sý yeŏù.
est quæ ubilibet datur; tantùm in kiāng-sý datur.

江　西　一　省　亦　這　饒　州　一　府　有
Kiāng sý ý sĕn ý tchè jaô tcheōu ý foù yeŏu
Et in kiāng sý totâ provinciâ etiam sola tchè tcheōu una civitas habet

好　的。別　處　出　不　得　好　的。連
haŏ tý ; piĕ tchoŭ tchoŭ poŭ tĕ haŏ tý, liēn
bona; in aliis locis prodire non potest bona, ipsa quoque

裡　面　的　士。亦　不　是　饒　州　出　的。
lý mién tý toŭ, ý poŭ ché jaô tcheōu tchoŭ tý;
interior argilla, etiam non est jaô tcheōu productio;

是　徽　州　來　的。老　先　生，要
ché hoūy tcheōu lâ tý. Laŏ siēn sēn, yaó
sed est ex hoūy tcheōu prodiens; Domine magister, qui volunt

198 DIALOGUES CHINOIS-LATINS.

買　絕　精　的　磁　器。爲　何　不　在　中　國
maý tsuĕ tsīn tý tsḗ ký; ouý hŏ poŭ tsaý tchōng kouĕ
emere optimam porcellanam; cur non in Sinis

買。要　在　小　西　洋　買。這　是　甚　麼
maý, yáo tsaý siaŏ sý yâng maý, tchè ché chén mŏ
emunt, sed in Indiâ emunt, quænam hujus modi

緣　故。想　是　小　西　洋　好　似　我
yuên koû? Siàng ché siaŏ sý yâng haŏ sý ngŏ
est causa? Existimant esse in Indiâ meliorem quam

中　國　的　麼。
tchōng kouĕ tý mŏ?
sinicam   nec-ne?

答　說　不　是。都　是　這　邊
Tă chŏ : poŭ ché : toŭ ché tchĕ piēn
Respondens ait : non est sic ; omnis illa est hinc

帶　去　的。但　小　西　洋　人　不　怕
taý kiŭ tý ; tán siaŏ sý yâng jên poŭ pâ
delata ; attamen indici homines non timent

貴。不　惜　價　錢。所　以　中　國
kouý, poŭ sý kiá tsiên; sŏ ý tchōng kouĕ
quod sit cara, non parcunt pretio cariori; proptereá Sinarum

絕　精　的　磁　器。都　從　這　邊　賣
tsuĕ tsīn tý tsḗ ký, toŭ tsông tchè piēn maý
perfectissima porcellana, omnis ex hoc loco ad vendendum

去。到　敝　處　路　甚　遠。
kiŭ, taó pý tchoŭ loû chén yuĕn¹.
adducta est, iter enim ad meam humilem regionem longissimum est ;

¹ Sý. Compati, amare, dolere. Sý ýn tsê, parcere pecuniis, laborare.

199 DIALOGUES CHINOIS-LATINS.

一　路　去　多　破　碎　了　一　半。
ý loû kiŭ tō pŏ souý leaŏ ý pán¹,
toto itinere eundo plurimum frangitur quam una medietas,

價　貴　不　爲　怪　異。
kiá kouý poŭ ouý kouáy ý.
pretii caritas non haberi debet pro mirâ re.

西　士　又　問。敝　處　出　的   DU VERBE.
Sý sé yeóu ouén : pý tchoŭ tchoŭ tý
Occidentalis Doctor iterum dicit : in meâ humili regione sunt

玻　璃。那　邊　值²　二　錢　銀　子。這　邊　值
pō lý ; lá piēn tchĕ eŭl tsiên ŷn tsè; tchè piēn tchĕ
vitra ; ibi valent duos denarios argenti; hîc vero valent

二　十　兩。只　爲　帶　來　十　分
eŭl chĕ leàng, tchĕ ouý táy laý chŏ fén
viginti taelia, solùm quia dùm deportantur (inter) decem partes

中　要　破　壞　了　六　七　分。只
tchōng yaó pŏ houáy leaŏ loŭ tsý fén; tchĕ
volunt frangere sex aut septem partes; tantùm

存　得　三　四　分　全　的。所　以　不
tsên tĕ sān sé fén tsuên tý; sŏ ý poŭ
conservari queunt tres quatuorve partes integræ; proptereá non

得　不　貴。
tĕ poŭ koúy.
possunt non esse cara.

¹ Pŏ. Aliquid rumpi, frangi; souý, res in minutas partes reducta; pŏ
souý, minutatim frangere.
² Tchĕ. Valor, pretium, valere.

中土說。玻璃是出自貴國。
Tchōng sé chŏ : pō lŷ ché tchoŭ tsé kouý kouĕ;
Sinensis Doctor ait : vitrum en venit ex vestro nobili regno;

普天下別的國沒有得麼。答
poŭ tiĕn hiá piĕ tў kouĕ mô yeòu tĕ mô? Tă
in toto orbe aliis in regnis non datur nec-ne? Respondens

說。但敝處出玻璃。中士說。
chŏ : tán pý tchoŭ tchoŭ pō lŷ. Tchōng sé chŏ :
ait : solùm è meâ vili regione prodit vitrum. Sinensis Doctor ait :

我們這邊說絕精的玻璃。是由
ngò mên tché piēn chŏ tsuĕ tsīn tў pō lŷ ché yeôu
nos hic dicimus purissimum vitrum esse ex

倭國來的。西士答說。
ouō kouĕ laŷ tў. Sў sé tă chŏ :
Japoniâ proveniens. Occidentalis Doctor respondens ait :

貴處但有外國的奇物。
koúy tchoŭ tán yeoù ouáy kouĕ tў kў oŭ,
in vestrâ nobili tellure solùm si datur extranei regni rara res,

就說是倭國來的。怎麼見得。
tsieóu chŏ ché ouō kouĕ laŷ tў; tsèn mô kién tĕ
statim dicitur ex Japoniâ venisse; qui videre potestis

原是別處來的。此如這邊
yuên ché piĕ tchoŭ laŷ tў. pỳ joŭ tché piēn
originem esse aliunde provenientem, exempli gratiâ hic

那个好緞子。常叫倭緞。
lá kó haò touán tsè. châng kiaó ouō touán;
illud bonum damascenum, semper vocatis Japonense damascenum;

眞實是敝處來的。又問。
tchēn chĕ ché pý tchoŭ laŷ tў. Yeoú ouén
reverà est de meâ humili regione adveniens. Iterùm percontatur

玻璃是生成[1]的。或是燒成的。
pō lŷ ché sēn tchĕn tў; houăy ché chaō tchĕn tў?
vitrum est naturali productione; vel est igne conflatum?

答是燒成的又問。是甚麼
Tă : ché chaō tchĕn tў. Yeóu ouén : ché chén mô
Respondit : est igne conflatum. Iterùm quærit : est quânam

東西燒的。答說。用一樣的
tōng sў chaō tў? Tă chŏ : yóng ў yáng tў
re conflatum? Respondens ait : utuntur unius generis

沙。又用一種草。還有
chā, yeóu yóng ў tchòng tsaŏ, houân yeòu
arenâ, iterùm utuntur unius cujusdam herbæ, præterea habent

別樣的物[2]料。學生不知其
piĕ yáng tў oŭ leào, hiŏ sēn poŭ tchē kŷ
aliorum generum materias, sed ego discipulus non scio ista

詳。問。那纏絲線花怎麼樣
tsiăng. Ouén : lá tchĕn sē sién hoā tsèn mô yáng
distinctè. Quærit : illi vincti ex sericis filis flores quomodò

做。答說玻璃敝處那邊
tsoú? Tă chŏ : pō lŷ pý tchoŭ lá piēn
fiunt? Respondit dicens : Vitra in meo humili tellure ibi

到處有。所以不曾留心看
taó tchoŭ yeoù; sò ỳ poŭ tsēn lieôu sīn kăn
ubique adsunt; ideò nondùm applicavi animum ad videndum

---

[1] Tchĕn. *Perficere, complere, perfectum, integrum.* Sēn tchĕn, *naturali productione perfectum.* Chaō tchĕn, *conflare, fundere.*

[2] Oŭ leáo. *Quidquid inservit ad aliquid faciendum.*

怎麼樣做。敝處不但有
tsèn mô yáng tsoú; pý tchoŭ poŭ tán yeòu
quonam modo fiant; in meâ humili regione non solùm dantur

玻璃酒盃玻璃盞玻璃瓶。連窓[1]
pō lŷ tsieòu peў, pō lŷ tchàn, pō lŷ pĭn, liên tchouāng
vitrei cyathi, vitrea pocula, vitreæ lagenæ, insuper fenestrarum

戶門亦有玻璃板。亦畫
hoú mên ў yeòu pō lŷ pàn, ў hoâ
valvæ etiam habent vitreas laminas, etiam pingunt (in illis)

山水人物極雅觀。又
chān, ckoùy, jên oŭ kў yà kouān. Yeóu
montes, aquas, homines aliasque res valdè jucundas visu. Iterùm

問。玻璃板透明。怎麼樣做
ouén : pō lŷ pàn teŏu mîn; tsèn mô yáng tsoú
quærit : vitreæ (illæ) laminæ sunt pellucidæ; quomodo fieri

得鏡子。答說。後面
tĕ kín tsè? Tă chŏ : heóu mién
possunt ex eis specula? Respondens ait : in posteriori facie

加一層鉛合水銀
kiā ў tsĕn yuên, hŏ choùy ŷn,
superimponitur una superficies plumbi, commixti cum mercurio,

粘得極牢[2]。這樣纔成鏡子。
niên tĕ kў laô; tché yáng tsăy tchĕn kín tsè,
adhærens admodùm firmiter; hoc modo tunc perficitur speculum,

照[3]得面。
tcháo tĕ mién.
ut spectari possit (in eo) vultus.

---

[1] Tchouāng hoú. *Fenestra et ipsius fores.*

[2] Laô. *Firmum, strictè, arctè.*

[3] Tchaó. *Videre, intueri se in speculo.*

HONORAIRES DES MANDARINS.

中士又問。貴處那邊
Tchōng sé yeóu ouén : kouý tchoŭ lá piēn
Sinensis Doctor iterùm quærit : in vestrâ nobili regione ibi

有官與我們這邊一樣否。答
yeòu kouān yù ngò mên tché piēn ў yáng feoù? Tă
sunt mandarini cum nostratibus in his locis similes nec-ne? Respondit

說。亦有。只是敝國官
chŏ : ў yeoù; tchè ché pý kouĕ kouān
dicens : etiam dantur; verumtamen in meo humili regno mandarinorum

的俸[1]祿比這邊更厚。
tў fóng loŭ pỳ tché piēn kén heoú.
stipendia comparata cum vestris magis pinguia sunt.

一個宰[2]相一年有六
Ў kó tsày siáng ў niên yeòu loŭ
Nàm unus consiliarius regis intimus in uno anno habet sexaginta

萬兩的。也有十萬兩
ouán leàng tў, ỳ yeòu chĕ ouán leàng
millia taelia, et etiam sunt (qui habent) centum millia taelia.

的。又問。貴處的官亦貪
tў. Yeoú ouén : koúy tchoŭ tў kouân ў tăn
Iterùm quærit : vestræ nobilis terræ Præfecti etiam inhiant

不貪。答亦有個[3]把。少不
poŭ tăn? Tă ў yeòu kó pà, chaò poŭ
vel non inhiant auro? Respondit etiam sunt aliquot, deesse non

---

[1] Fóng. *Redditur à rege præfectis attibutus.* Loŭ, *idem est.*

[2] Tsaý siáng. *Supremus consiliarius.*

[3] Kó pà. *Aliquis;* lá kó, *ille;* tché kó, *iste.*

得有一兩個。但敝處有
tĕ yeòu y̆ leàng kó, tán pý tchoŭ yeòu
potest quin sint unus vel alter, sed in meâ humili regione adest

一件好處。人不眞犯罪。
y̆ kién haò tchoŭ; jên poŭ tchēn fán tsoúy.
una res benè statuta; si quis non reverà sit reus delicti,

官府毫厘難爲他不得。他
Kouān foù haò lŷ lân oûy tā poŭ tĕ, tā
Præfectus vel minimam molestiam illi non potest, si ille

不肯伏從。官府要不得
poŭ kèn foŭ tsŏng. Kouān foù yaó poŭ tĕ
noluit se submittere. Præfectus non potest exigere

他一个錢。就是官府要。那个
tā y̆ kó tsiĕn, tsieóu ché Kouān foù yaó; lá kó
ab eo vel unam sapecam, etiamsi Præfectus velit; ille

人若不肯送他。官府也莫奈他不
jên jŏ poŭ kèn sóng tā, Kouān foù y̆ mô laý tā poŭ
homo si nolit dare illi, Præfectus etiam velit, nolit, acquiescere

何。又越是貧人寡婦。官府越
hô; yeoú yuĕ ché pĭn jên, kouà foú. Kouān foù yuĕ
debet; eò magis si sit pauper, vel vidua. Præfectus eò magis

怕難爲他。問爲甚麼。
pā lân oûy tā. Ouén: oúy chén mô?
veretur vexare illos. Quærit: quâ de causâ?

答寡[1]婦貧人受了官府
Tă: kouā foú pĭn jên cheoù leào kouān foù
Respondit: vidua vel pauper quæ acceperit præfecti

[1] Kouà. *Sine marito.* Kouá, *sine uxore. Vidua,* kouà foú; *viduus,* kouá foū.

的累。寫一張[1]狀[2]詞。待
tў louý, siè y̆ tchāng tchouáng tsĕ; taý
molestias, scribit unum libellum accusationis; et exspectat

朝[3]廷出朝外。跪在
tchāo tĭn tchoŭ tchāo ouáy. kouỳ tsaý
imperatorem prodeuntem è suo palatio foràs, genuflectens in

路上。手裡拿一張紙。沒有人
loú cháng; cheoù lỳ lâ y̆ tchāng tchè; mô yeoù jên
viâ; intrà manus tenens folium papyri; non datur homo

敢阻擋他。朝廷一出來。那個人
kàn tsoù táng tā. Tchāo tĭn y̆ tchoŭ laŷ, lá kó jên
audens impedire illum. Imperator ut prodiit, ille homo

將狀詞放在頭上。別
tsiàng tchouáng tsĕ fáng tsáy teŏu cháng, piĕ
accipit accusationis libellum elevatque suprà caput, alii

人就曉得那个人有所告
jên tsiéou hiaò tĕ lá kó jên yeòu sò kaó
homines statim intelligunt illum hominem habere de quo accuset

于[4]國王。有人収管那一
yū kouĕ ouâng; yeòu jên cheōu kouàn lá y̆
apud Regem; est (enim) aliquis habens curam colligendi hujusmodi

[1] Tchāng. *Numerale foliorum papyri.*
[2] Tchouáng tsĕ. Tchouáng, *accusatio;* tsĕ, *verba, scriptura, querela.* Tchouáng tsĕ, *libellus accusationis.*
[3] Tchaŏ tĭn. *Imperator. Item ejus Aula ubi ad audientiam sedet.*
[4] Yū *est præpositio* in *vel* ex, *apud.*

樣狀詞。朝廷回來了。自家
yáng tchouáng tsĕ. Tchāo tĭn houŷ laŷ leaò, tsé kiā
accusatorios libellos. Imperator post reditum, ipsemet

折[1]開。別人不敢展[2]開。狀
tsĕ kaў, piĕ jên poŭ kàn tchén kaў. Tchouáng
recludit, alii homines non auderent proprio velle recludere. In accusationis

詞上說。某官府害我。
tsĕ cháng chŏ: mòng kouān foù háy ngò;
libello dicitur: talis Mandarinus damnum intulit mihi;

朝廷自家叫一个人細察。
tchāo tĭn tsé kiā kiáo y̆ kó jên sý tchă.
Imperator ipsemet vocat unum hominem qui diligenter examinet (rem).

若果然有這樣的事。就重形罰
Jŏ kò jân yeòu tché yáng tў sé, tsieóu tchóng hîn fă
Si reverà detur hujusmodi res, mox graviter punit

他。
tā.
præfectum.

DES EXAMENS LITTÉRAIRES.

中土又問。貴處亦
Tchōng sé yeoú ouén: kouý tchoŭ y̆
Sinensis Doctor iterùm percontatur: in nobili vestrâ regione etiam

取土否。亦開[3]科否。
tsiŭ sé feoù? y̆ kaў kŏ feoù?
accipiunt Doctoratum nec-ne? etiam instituunt examina nec-ne?

[1] Tsĕ. *Rumpendo aperire ut epistolam;* tsĕ kaў, *id est recludere.*
[2] Tchén. *Suo se arbitratu regere, majorum sibi munia usurpare, suâpte auctoritate.*
[3] Kaў kŏ. Kaў, *instituere;* kŏ kaŏ, *examinare;* haў kŏ, *instituere examina.*

答說。敝處從古
Tă chŏ: pý tchoŭ tsŏng koù
Respondens ait: in meâ humili regione ex antiquo tempore

似來常設科取土。
ỳ laŷ châng chĕ kŏ tsiŭ sé.
usquè nunc semper instituère examina et assumpsère Doctoratum.

又問亦考四[1]書五[2]
Yeóu ouén y̆ kaŏ sé choū où
Iterùm quærit: etiam examinant ex tetrabiblio classico et quinque

經麼。
kīn mô?
sacris libris doctrinam nec-ne?

答說。四書五經的名字。
Tă chŏ: sé choū où kīn tў mìn tsè,
Respondens ait: tetrabiblii et quinque librorum nomen,

敝處不曾聞得。
pý tchoŭ poŭ tsĕn ouên tĕ.
in nostrâ vili regione nondùm auditum est.

問讀甚麼書赴[3]考。
Ouén; toŭ chén mô choū foú kaŏ?
Quærit; student quibusnam libris ut adeant examina?

答第一个是天主敎的學。其
Tă tý y̆ kó ché tiĕn tchoù kiaó tў hiŏ; kў
Respondet: imprimis sunt divinæ litteræ; præter

[1] Sé choū. *Sic vocantur quidam libri continentes præcepta, sententias ad mores et familias rectè gubernandas. Hoc opus nedum Confucii, sed et Mencii ejus discipulus est opus.*
[2] Où kīn; *quatuor ex eis libris concinnavit Confucius ex antiquis philosophis; quintum suo marte ipse conscripsit.*
[3] Foú. *Ire.* Foú kaŏ, *ad examen pergere.*

208 — DIALOGUES CHINOIS-LATINS.

餘 是 聖 人 的 書。 問 是 甚 麼 聖
yû ché chén jên tỷ choŭ.   Ouén : ché chén mô chén
has sunt sanctorum libri. Rursum quærit : sunt quinam sancti

人？ 是 我 們 這 邊 孔 子 麼。
jên? Ché ngŏ mên tchê piên kòng tsè mô?
viri? Est (inter eos) noster hic Confucius nec-ne ?

答 各 處 另¹ 有 各
Tă kŏ tchoŭ lĭn yeoŭ kŏ
Respondit in quâcis regione alii ac alii sunt sancti cujusque

處 的 聖 人。 敝 處 將 二 千
tchoŭ tỷ chén jên,   pý tchoŭ tsiàng eŭl tsien
regionis sancti viri, in meâ humili regione circiter à bis mille

年 以 來。 世² 世 有 聖 人。
nién ỷ laý, ché ché yeoŭ chén jên,
annis usque modo, singula sæcula habuerunt suos sanctos viros;

做 絕 妙 的 書。 到 如 今 不
tsoŭ tsuĕ miáo tỷ choŭ, taó joŭ kin poŭ
qui fecerunt præstantissimos libros, usque ad præsens sine

絕。
tsuĕ.
intermissione.

又 問 也 做 文 章 麼。
Yeoŭ ouén ỷ tsoŭ ouén tchăng mô?
Iterum quærit etiam faciunt litterarias compositiones nec-ne ?

---

¹ Lĭn. Alter, diversus ; alii atque alii.
² Ché. Tempus triginta annorum. Ỷ ché, totum vitæ alicujus tempus. Cháng ché, sæcula præterita; ché kiaỷ, sæculum, mundus.

209 — DIALOGUES CHINOIS-LATINS.

答 說。 敝 國 考 不 在
Tă chŏ : pý kouĕ kăo poŭ tsaý
Respondens ait : nostri humilis regni examina non consistunt

做 文 章。 在 論 理。
tsoŭ ouén tchăng, tsaý lŭn lỷ;
in faciendis rhetoricis compositionibus, consistunt in ratiocinando;

當 面 二 三 十 个 考 一 个。 一 日
tăng mién eŭl săn ché kŏ kăo ỷ kŏ, ỷ jĕ
coram bis vel ter denis examinatur unus, qui uno die

考 一 个 人。 設 難 他。 探 他
kăo ỷ kŏ jên, ché lân tă, chén tă
examinant unum hominem, proponunt difficilia illi, explorant illum

肚 裡 實 實 落 落 有 才 學 否。 所 以 不
toŭ lỷ ché ché lŏ lŏ yeoŭ tsaý hiŏ feoŭ? Sŏ ỷ poŭ
interiùs an verè solidèque habeat scientiam nec-ne? Ideoque non

能 發 有 憢² 倖。
lĕn keoŭ yeoŭ kiăo hín.
potest esse fortuna sine merito.

問 這 樣 考 法 難 似 我 們
Ouén : tchĕ yáng kăo fă lân sè ngŏ mên
Interrogat : hujusmodi examinandi regula difficilis videtur nobis

這 邊。 一 中 就 有 官
tchĕ piên ; ỷ tchóng tsieoŭ yeoŭ kouăn
hujus regionis ; semel in examine approbato illicò datur magistratum

做 麼。
tsoŭ mô?
ad regendum nec-ne ?

---

¹ Kiăo hín. Inopinatus et felix casus. Casu assequi quod meritò non debetur.
² Sè. Videri. Hæc littera deservit etiam comparativis faciendis. Undè nân sè difficilior explicatur.

14

210 — DIALOGUES CHINOIS-LATINS.

答 未 定。 然 先 要 試 他
Tă : ouý tín; jân sien yaó chè tă
Respondit : non certum est ; profectò priùs debent probare illum

若 有 做 官 的 力 量 否。 有
jŏ yeoŭ tsoŭ kouăn tỷ lỷ leáng feoŭ? Yeoŭ
an habeat gerendi magistratum aptitudinem nec-ne ? Sunt enim

許 多 人 能 辨 治 百 姓 之
hiŭ tŏ jên lên piên tchè pĕ sín tchĕ
multi homines habiles ad discernendum de regendi populum

法。 只 是 他 自 家 不 能 治 百 姓。
fă, tchĕ ché tă tsé kiā poŭ lên tchè pĕ sín.
regulis, attamen sunt ipsimet incapaces gubernandi populum.

又 問。 每 三 年 一 考 麼。
Yeoŭ ouén : meỳ săn nién ỷ kăo mô?
Iterum quærit : quolibet triennio semel fit examen nec-ne ?

答 說。 亦 不 同 些。 隔 一
Tă chŏ: ỷ poŭ tóng eỳ; kŏ ỷ
Respondens ait : etiam aliquantulùm differentia est ; interjecto uno

年 考¹ 一 科。
nién kăo ỷ leáo.
anno examen fit ex uno cursu.

問 取 幾 百 名。
Ouén : tsiŭ kỷ pĕ mìn?
Quærit : accipiunt quot centena nomina ?

---

¹ Kăo ỷ kŏ vertitur fit examen ex uno cursu. Kŏ kăy, examinare; kŏ tiăo vel kỷ kŏ, ordinata series. Kŏ moŭ, index ; kŏ, cursus; verti etiam potest scientia ; et itá kăo ỷ kŏ fit examen de unâ scientiâ. Kŏ enim ad scientias et artes liberales significandas, v. g. ỷ kŏ, ars medica. Kĕ oŭ kŏ, philosophia et sic de aliis scientiis.

211 — DIALOGUES CHINOIS-LATINS.

答 說。 沒 有 定 數。 該
Tă chŏ: mô yeoŭ tín soŭ, kaỷ
Respondit dicens : non datur determinatus numerus, qui digni sunt

中 的 都 中。
tchóng tỷ toŭ tchóng.
graduari omnes graduantur.

又 問 有 武¹ 科 麼。 答 說
Yeoŭ ouén : yeoŭ oŭ leáo mô? Tă chŏ:
Iterùm quærit : datur militare examen nec-ne ? Respondens ait :

沒 有。 但 有 醫 科。 一 年
mô yeoŭ : tán yeoŭ ỷ leáo ; ỷ nién
non datur ; tantùm datur medicinæ examen ; uno enim anno

考 醫。 一 年 考
kăo ỷ, ỷ nién kăo
instituitur examen de medicinâ ; altero enim anno examen fit

文。
ouén.
de scientiis.

中 士 又 問。 貴 處 人   DE
Tchóng sé yeoŭ ouén : kouý tchoŭ jên   L'ASTRONOMIE.
Sinensis Doctor iterùm percontatur : in vestra nobili regione omnes

人 都 學 天 文 麼。
jên toŭ hiŏ tien ouén mô?
homines omninò student astronomiæ nec-ne ?

答 亦 有 不 學 的。 敝
Tă : ỷ yeoŭ poŭ hiŏ tỷ ; pý
Respondet : equidem sunt qui non student ; nostri humilis

---

¹ Oŭ. Fortis, durus, miles. Oŭ kouăn, præfecti militares; ouén oŭ, litteræ et arma) oŭ kŏ, examen militare.

國 的 學 問 不 在 學 天 文;
kouĕ tў hiŏ ouén poŭ tsaý hiŏ tiĕn ouên
regni scientiæ non consistunt in studio mathesis;

專 學 天 文 的 絕 妙。
tchouān hiŏ tiĕn ouên tў tsuĕ chaò,
qui de proposito addiscunt mathesim paucissimi sunt,

讀 書 的 人 閒[1] 暇 時 節 或
toŭ choū tў jên hiên hiá chê, tsiĕ houăy
cùm vacuntibus libris, hominibus est otium et vacatio, fortassè

有 一 兩 个 喜 天 文 之 學。 考
yeoù ў leàng kó hỳ tiĕn ouên tchē hiŏ; kaŏ
datur unus vel duo qui gaudeant astronomiæ studio; dùm examen

的 時 節。不 十 分 看 知 天 文 或 不
tў chê tsiĕ, poŭ chĕ fēn kān tchē tiĕn ouên houăy poŭ
fit, non admodùm attendunt noverit astronomiam vel non

知。 因 這 邊 人 有 問
tchē; ȳn tché piēn jên yeòu ouén
noverit; quia verò hic homines sunt percontantes

天 文。 所 以 我 們 講 天 文 的
tiĕn ouên; sò ỳ ngò mên kiàng tiĕn ouên tў
de astronomià; propterea nos disserimus de astronomiæ

事。 本 心 不 在 此。 原 不
sé; pèn sīn poŭ tsaý tsè; yuên poŭ
rebus; propria mens cujusque non est in his; ex suâ origine non

---

[1] **Hiên hiá. Hiên**, *otiari, otiosus, quiescere;* **hiá** *dicitur de otio illo quod quis inter multa negotia assequitur;* **hiên hiá**, *à negotiis vacans.*

是 要 緊 的 學 問。 知 亦 可。不 知
ché yáo kìn tў hiŏ ouén, tchē ў kŏ; poŭ tchē
est necessaria scientia, nosse (illam) equidem licet; non nosse

亦 可。
ў kŏ.
etiam licet.

又 問。 貴 處 占 卜
Yeóu ouén: kouý tchoŭ tchān poŭ
Iterùm percontatur: in vestrà nobili regione ducuntur sortes

否。
feòu?
nec-ne?

答。 這 樣 的 事 一 些 不 信。
Tă: tché yáng tў sé ў sў poŭ sín.
Respondet: istius modi rei pauci credunt.

問。 這 等 為 甚 麼 學 天 文。
Ouén: tché tèn ouý chén mô hiŏ tiĕn ouên?
Qui ait: si res sic se habet cur addiscunt astronomiam?

答 天 文 有 一 个 正 正 的 道
Tă: tiĕn ouên yeoù ў kó tchén tchén tў taó
Respondet: astronomia continet unam rectissimam rationem

理。 學 要 知 天 文 這 个
lỳ; hiŏ yáo tchē tiĕn ouên tché kó
et regulam; eam addiscunt qui volunt scire astronomiæ hanc

正 道 理。
tchén taó lỳ.
veram rationem ac regulam.

問。 我 們 中 國 人 學 天 文 的。
Ouén: ngò mên tchōng kouĕ jên hiŏ tiĕn ouên tў
Quærit: nos Sinenses studemus astronomiæ

測 將 來 風 雨。 測
tsĕ tsiāng laŷ fōng yù, tsĕ
ad prænoscendum venturos ventos et pluvias, ad prænoscendum

將 來 旱 潦 之 災。 測
tsiāng laŷ hán laò tchē tsāy, tsĕ
imminentes siccitatis et eluvionis calamitates, ad prænoscendum

吉 凶 禍 福 休[1]
kў hiōng, hó foŭ, hieóu
felicitatem et infortunium, adversitatem et prosperitatem, commoda

咎。
kieóu.
vel ærumnas.

答 說。 這 個 與 天 文 毫 厘 不
Tă chŏ: tché kó yù tiĕn ouên haô lŷ poŭ
Respondet dicens: hæc ad astrologiam vel minimùm non

相 干。 問。 我 們 這 邊 常 常 有
siāng kān. Ouén: ngò mên tché piēn chāng chāng yeòu
pertinent. Interrogat: apud nos hisce locis semper habet

驗[2]。 答。 那 个 是 偶 然。 非 天 文
nién. Tă: lá kó ché ngeoù jân, feў tiĕn ouên
effectum. Respondit: hoc est fortuitum, non est astronomia

所 能 定。
sò lên tín.
quæ possit (illud) determinare.

---

[1] **Hieóu.** *Bonum;* **kieóu**, *malum.*
[2] **Nién.** *Effectus;* **hiaó nién**, *effectus causa probans.*

問。 我 學 得 學 不 得。
Ouén: ngò hiŏ tĕ hiŏ poŭ tĕ?
Quærit: ego addiscere possum vel addiscere eam non possum? nec?

答。 怎 麼 學 不 得。自 然 老 先 生
Tă: tsèn mô hiŏ poŭ tĕ! tsé jân laò siēn sēn
Respondet: quomodò addiscere non posses! utique vestra Dominatio

聰 明 有 餘。 惟 恐
tsòng mîn yeòu yû, oûy kŏng
ingenium habet plus quàm satis, tantummodò vereor ne

老 先 生 不 得 閒。若 真 要 學。
laò siēn sēn poŭ tĕ hiên; jŏ tchēn yaó hiŏ,
Vestra Reverentia non habeat otium; si reverà vult addiscere,

拿 幾 个 月 註[1] 門[2]
lâ kỳ kó yuĕ, tchoú mên
accipiat aliquot menses, ad memoriam adnotentur ad januam

籍 却[3] 諸 書。不 過 幾
tsiĕ kiŏ tchoū choū, poŭ kó kỳ
in libro venientes et recuset omnes libros, non excedit aliquot

月 之 功 而[4] 巳。
yuĕ tchē kōng eûl ỳ.
menses labor et non ampliùs.

---

[1] **Tchoú.** *Aliquid scribere ad memoriam ne pereat ejus notitia.*
[2] **Mên tsiĕ.** *Ità vocant librum in quo visitantes inscribuntur apud janitorem.*
[3] **Kiŏ.** *Recusare, sistere; sensus est: pro eo tempore quo operam navare vult astronomiæ debet se subducere à studio aliorum librorum et etiam à visitationibus præcipiendo janitori ut scribat in libro visitantes.*
[4] **Eûl ỳ**, *et non ampliùs, et satis erit.*

中 士 說。看 後 月 比
Tchōng sé chŏ : kăn heóu yuĕ pỳ
Sinensis Doctor dicit : videbo in sequenti mense an respectum

這 月 還 會 閑 些。那[1] 時
tché yuĕ houân hoúy hiên sȳ. Lá chê
ad hunc mensem adhuc habere valeam otii paululùm. Tunc

節 潔 誠 来 拜 門 下 求
tsiĕ kiĕ tchén laŷ paý mên hiá kieŏu
libentissimè veniam salutabundus ad ostii tui limen rogans

教。我 還 要 學 算 法 測[2]
kiáo; ngò houân yaó hiŏ souán fă tsĕ
doceri; ego prætereà volo addiscere arithmeticam et artem

量 遠 近 高 低 深 淺。
leáng yuèn, kín, kaō, tỳ, chēn, tsién.
dimetiendi distantia, propinqua, alta, humilia, profunda, vadosa.

DE LA MÉDECINE.

中 士 又 問。貴 處 有
Tchōng sé yeóu ouén : kouý tchoŭ yeòu
Sinensis Doctor iterùm quærit : in vestrâ nobili regione dantur

高 醫 否。
kaō ȳ feòu?
excellentes medici nec-ne?

答 說 有。又 問。亦 有 好
Tă chŏ : yeòu. Yeóu ouén : ў yeòu haò
Respondens ait : dantur. Iterùm quærit : etiam datur præclara

法 麽 極 有 極 妙 的。
fă mô? Tă : yeòu kў miâo tў.
medendi ars nec-ne? Respondit : datur præstantissima.

---

[1] Lá chê tsiĕ. *Tunc, tunc temporis.*
[2] Tsĕ loáng. *Propriè est geometria.*

問 老先生 畢竟是 精[1] 的。
Ouén laò siēn sēn pў kín ché tsīn tў!
Quærit : Vestra Reverentia utique est perita!

答 醫 病 之 方[2] 單 醫[3] 家
Tă : ȳ pín tchē fāng tān ȳ kiā
Respondet : medendi morbis artem solùm medicinæ professores

曉 得。學 生 從 来 不 曾 習 慣
hiaò tĕ; hiŏ sēn tsŏng laŷ poŭ tsĕn sў kouán
sciunt; ego discipulus usquè modò nondùm (me) exercui

這 一 家 書。不 曾 學 得 甚 麽 妙
tché ў kiā choū; poŭ tsên hiŏ tĕ chén mô miáo
in hujus modi libris; nondùm didici aliquam excellentem

方。
fāng.
medendi regulam.

問。貴 國 醫 生 亦 看 脉
Ouén : kouý kouĕ ȳ sēn ў kăn mĕ
Quærit : in vestro nobili regno medici etiam explorant pulsum.

否。
feòu?
nec-ne?

答。敝 國 醫 生 精 于 看
Tă : pý kouĕ ȳ sēn tsīn yū kăn
Respondet : in nostro humili regno medici periti sunt in explorando

---

[1] Tsīn. *Peritus seu curiosus in aliquâ arte.*
[2] Fāng. *Locus, quadratum; ars, regula.*
[3] Ȳ kiā. *Medicorum schola seu medicinæ professores.*

脉。看 脉 就 曉 得 死 時。一
mĕ; kăn mĕ tsieóu hiào tĕ sè chê, ў
pulsu; explorato (enim) pulsu illicò norunt mortis horam, et

點 不 差。若 看 不 得 脉。
tièn poŭ tchā. Jŏ kăn poŭ tĕ mĕ,
tantillùm non errant. Si quandò explorare non possunt pulsum,

看 小[1] 便 水 都 明 白 曉 得。如
kăn siào pién choùy toū mîn pĕ hiào tĕ, joŭ
explorant urinam et omnia perspicuè norunt, veluti si

看 脉 一 般 様。看 脉 又
kăn mĕ ў pān yáng; kăn mĕ yeóu
explorassent pulsum eodem modo; explorato pulsu etiam

看 小 便 水 認 得 更 眞。内[2] 科
kăn siào pién choùy jên tĕ kén tchēn; louý kō
inspiciant urinam noscunt perfectiùs; medicinæ

之 藥 各 處 差 不 多。外 科
tchē yŏ kŏ tchoŭ tchā poŭ tō; ouáy kō
remedia in quovis loco differunt non admodùm; chirurgiæ

之 藥。敝 處 又 絶 精。
tchē yŏ. pý tchoŭ yeóu tsuĕ tsīn.
medicamenta in nostra humili regione item sunt omninò perfecta.

貴 國 古 書 所 記 華 舵
Koúy kouĕ koù choū sò ký hoâ tŏ
Nobilis vestri regni antiqui libri quæ memorant de hoâ tŏ *chirurgi*

---

[1] Siaò pién. *Mingere;* tá pién, *cacare. Sunt etiam partes quibus ista fiunt.* Siaò pién choùy, *urina. Urbaniùs verò mingere dicitur* siaò kōng; *plebeiani Sinenses dicunt* niáo, *sed hæc vox non adhibetur ab honestis viris.*
[2] Louý kŏ *est medicus;* ȳ kŏ, *medicina. Chirurgia verò dicitur* ouày kŏ.

的 奇 法 敝 處 現 有。問。
tў kў fă pý tchoŭ hién yeoù. Ouén :
insigni arte in meâ humili regione nota sunt. Interrogat.

貴 處 藥 與 敝 處 的
kouý tchoŭ yŏ yù pý tchoŭ tў
vestræ nobilis regionis medicamenta cum nostris humilis regionis

同 不 同。答 有 同 的。有
tŏng poŭ tŏng? Tă : yeoù tŏng tў, yeòu
similia vel non similia sunt? Respondet : dantur eadem, et dantur

不 同 的。連 病 也 有 不 同 的。敝
poŭ tŏng tў; liên pín ў yeòu poŭ tŏng tў; pý
non eadem; imò morbi etiam dantur diversi; in nostrâ humili

處 醫生 不 許 賣 藥。各 處
tchoŭ ȳ sēn poŭ hiù maý yŏ; kŏ tchoŭ
regione medicis non permittitur vendere remedia; sed quolibet in loco

有 藥 鋪。京 師 每 年 出 来
yeoù yŏ poŭ; kīn sē meŷ niên tchoŭ laŷ
exstant pharmacopolia; ex aulâ imperiali quot annis egreditur

太[1] 醫 院 官。考 一 國 的 藥 鋪。
taý ȳ ouân kouān, kaŏ ў kouĕ tў yŏ poŭ,
archiater, examinaturus totius regni pharmacopolia,

或 遇 着 假 藥 舊 藥。
houăy yú tchŏ kià yŏ kieóu yŏ,
si fortè inveniat falsum remedium aut vetustum medicamentum

---

[1] Tăy ȳ ouân. Tăy, *magnum, supremum;* ȳ, *medicus;* yuên, *domus bonziorum;* kòng yuên *dicitur domus litteratorum ubi fiunt examina. Hic verò significat collegium.* Hiŏ kouān *est litteratorum præfectus.*

就 傾¹ 倒 問² 罪 開 一个 藥舖
tsieóu kìn taò ouén tsouý; kaỹ ỹ kó yỏ poù
illicò projicit et sumit pœnas; aperiendo alicui pharmacopolia

要 五 六 千 金 本³ 錢。這个 是
yaó où loù tsiēn kīn pèn tsièn; tchè kó chè
opus est quinque vel sex millium aureorum capitalis; hoc est

為 重 人 命。
oúy tchóng jên mìn.
quia magni faciunt hominis vitam.

DE LA MONNAIE.

中 士 又 問： 貴 國 亦
Tchōng sé yeóu ouén : Kouý kouè ỹ
Sinensis Doctor iterùm quærit : In vestro nobili regno etiam

用 銀子 麼。答。金 銀 銅 都
yóng ỹn tsè mô? Tǎ: kīn、ỹn, tŏng, toū
utuntur argento nec-ne? Respondet : auro, argento, ære, his omnibus

兼 用。只是 不 用 厘⁴ 戥 稱
kiēn yóng, tchè ché poù yóng lỹ tèn tchēn
pariter utuntur, verùmtamen non utuntur staterà ad ponderandum

銀子。金 銀 銅 都 做錢。
ỹn tsè. Kīn ỹn tŏng toū tsoú tsièn.
argentum. Ex auro, argento et cupro his omnibus fiunt monetæ.

---
¹ Kìn taò. *Prosternere, dejicere, abjicere.*
² Ouén tsoúy. *Damnare reum; pœnas sumere.*
³ Pèn tsiĕn. *Sors, capitalis, summa.*
⁴ Lỹ tèn. Lỹ, *decima pars unius fèn*. Lỹ tèn, *parva libra ad ponderandum argentum.*

221

要 買 萬 斤 的 貨物。不 過
yaó maỹ ouán kīn tỹ hó où, poù kó
Qui vult emere decem mille libros merciùm, non transit

數 錢。
soù tsièn.
nisi ad numerandam pecuniam.

中 土 說 這个 極 便 省¹
Tchōng sé chō : tchè kó kỹ piēn sèn
Sinensis Doctor ait : hoc (quidem) valdè commodum ad evitandum

好 些 事。不 知 錢 有 多少
haò sỹ sé ; poù tchē tsiēn yeòu tō chaò
benè plurima negotia ; nescio vestras monetas habere quantùm

重。
tchóng;
ponderis.

答。 金 銀 極 小 的 有 一 錢
Tǎ : kīn ỹn kỹ siào tỹ yeòu ỹ tsiēn
Respondet : aureus nummus ad minimum habet unius drachmæ

重。銀 錢 極 大 的 有 八 錢
tchóng; ỹn tsiēn kỹ tá tỹ yeòu pā tsiēn
pondus; argenteus nummus maximus habet octo drachmarum

重 有 四 錢 的。有 二
tchóng; yeòu sé tsiēn tỹ yeòu eùl
pondus ; datur (etiam) quatuor drachmarum, datur et duarum

錢 的。到 五 分 就 是 絕
tsiēn tỹ, taó où fēn tsieóu ché tsuĕ
drachmarum, usque ad quinque fēn, qui jàm est omnium

---
¹ Sèn. *Parcere sumptibus*; sèn sé, *evitare inconvenientia.*

222

少 的¹。五 分 以 下 都 用 銅
chaò tỹ. où fēn ỹ hiá toū yóng tŏng
minimum ; infrà quinque fēn prorsùs utimur cupreis

錢。都 有 國 王 的 印。私 下 做 不
tsièn. toū yeòu kouĕ ouáng tỹ ỹn; sē hiá tsoú poù
nummis; omnes habent regium sigillum; clanculùm cudi non

得 假 不 得。
tĕ, kià poù tĕ.
possunt, adulterari non possunt.

又 問。若 假 了 怎 麼 樣？
Yeóu ouén : jŏ kià leaò : tsèn mô yáng?
Rursùm quærit : si adulterentur quid tunc?

答。問² 死 罪。又 問。金子
Tǎ : ouén sè tsoúy. Yeóu ouén : kīn tsè
Respondet : morte reus plectitur. Iterùm quærit : aurum

多 少 換。答。十
Tō chaò houán. Tǎ : chĕ
quanto pondere (argenti) commutatur. Respondet : duplice

換 有 餘。問。貴 處 銀子
hoán. yeòu yǔ Ouén : kouý tchoù ỹn tsè
commutatur, et ampliùs. Quærit : in vestra nobili regione argentum

比 我 中 國 是 更 賤 些 麼。
pỹ ngŏ tchōng kouĕ ché kén tsièn sỹ mô?
respectu nostri imperii Sinarum est paulò vilius nec-ne?

---
¹ Ỹ hiá. *Hoc complexum significat infrà.*
² Ouén sè. *Morte damnare*; ouén tsoúy, *reum damnare*; ouén sè tsoúy *reum morte damnare.*

223

答 是 賤 些 又 問 這 許 多
Tǎ : ché tsièn sỹ. Yeoú ouén : tchè hiù tō
Respondet : est vilius paululùm. Iteriàm quærit : hoc tantùm

銀子 是 那 裡 來 的 答 都 是 鑛
ỹn tsè ché lá lỹ laỹ tỹ. Tǎ: toū ché kouàng
argenti undenàm venit ? Respondet : totum est ex fodinis

裡 出 來 的。不 是 鍊 的。問。那
lỹ tchoū laỹ tỹ, poù ché liēn tỹ. Ouén : lá
proveniens, sed non est expurgatum. Quærit : isti

廣 東 商 人 來 買 這 許 多 水 銀，
kouäng tōng chāng jên laỹ maỹ tchè hiù tō chouỷ ỹn,
cantonenses mercatores veniunt ad emendum hoc tantùm mercurii,

是 甚 麼 緣 故。答。 鑛 裡 新
ché chén mō yuēn koú ? Tǎ: kouáng lỹ sīu
est quænam ratio ? Respondet : ex fodinis recenter

取 的 金 銀 與 土 混 做
tsiŭ tỹ kīn ỹn yù toū houén tsoú
(eruptis) sumitur aurum argentum cum terrà confusum et faciunt

一 塊。若 沒 有 水 銀。分 別 不 出 來。
ỹ kouaỳ, jŏ mô yeoù chouý ỹn, fēn piĕ poù tchoū laỹ,
unam massam, si non sit mercurium, secerni non possunt,

所 以 要 買 水 銀。
sò ỹ yaó maỷ chouý ỹn.
ideò opus est emere mercurium.

DES PAUVRES.

中 土 又 問。 貴 處 亦
Tchōng sé yeóu ouén : kouý tchoù ỹ
Sinensis Doctor iterùm quærit : in vestrà nobili regione etiam

有 窮 人 否。 答 窮 人 也 有。
yeoù kiǒng jên feoù? Tă : kiǒng jên ỳ yeoù;
dantur pauperes nec-ne? Respondit : pauperes etiam dantur;

只 是 沒 有 這 許 多。亦 沒 有
tchè ché mô yeoù tchě hiū tō, ў mô yeoù
verumtamen non dantur tanti, etiam non dantur sicuti

貴 國 這 樣 十 分 的 窮。一 千 年
kouý kouĕ tchě yáng chě fén tў kiǒng; ў tsiĕn niên
in vestro nobili regno adeò pauperrimi; mille annis

沒 有 一个 餓 死 的 人。亦 沒 有 爲
mô yeoù ў kó ouō sè tў jên, ў mô yeoù ouý
non datur unus fame mortuus homo, etiam non datur propter

窮 賣 兒 女 的 人。雖 有
kiǒng maý eûl niù tў jên, siû yeoù
paupertatem vendens filios aut filias homo, quamvis sit

窮 人。富 貴 的 喜 施 捨 他 人
kiǒng jên; foŭ kouý tў hỳ chĕ chĕ tā jên
pauper; opulenti gaudent elargiri eleemosynam illis hominibus

死 的 時 節。各 各 留 一 分
sè tў chê tsiĕ. Kŏ kŏ lieôu ў fén
mortis (enim) tempore. Singuli relinquunt unam portionem

財 物 分 散 與 窮 人。又 各
tsaў oŭ fēn sán yù kiǒng jên; yeóu kŏ
(suarum) divitiarum distribuendam pauperibus; prætereà quælibet

府 各 縣 各 鄉 村 有 養 濟 院。
foù, kŏ hién, kŏ hiāng tsĕn yeoù yàng tsý ouán,
urbs, quælibet civitas, quodlibet oppidum et pagus habet xenodochia

窮 人 隨 他 到 那 裡 去。有 飯 食
kiǒng jên soûy tā taó lá lỳ kiŭ. Yeòu fán chĕ,
pauperes ad arbitrium euntes ibi. Habent potum et cibum,

衣 服 房 子。 都 白 白 把 與 他 們。
ў foŭ fâng tsè, toū pĕ pĕ pà yù tā mên.
vestimenta et habitationem, omnia gratis dantur illis.

中 士 又 問。 貴 有
Tchōng sé yeóu ouén : koúy tchoŭ yeòu
Sinensis Doctor iterùm percontatur : in vestro nobili regno sunt

房 子 麽。
fâng tsè mô?
domus nec-ne?

答。 敝 國 的 人。普 天 下
Tă : pý kouĕ tў jên, poŭ tiĕn hiá
Respondet : mei exigui regni homines ubique terrarum

大, 小 的 地 方。無 所 不 到。
tá, siaò tў tý fāng, oŭ sò poŭ taó.
sive magnus, sive parvus locus, nullus locus quò non adierint,

到 如 今 不 曾 遇 得 好 過[1]
taó joŭ kīn poŭ tsĕn yú tĕ haò kó
tamen usquè hodiè nondùm invenerunt meliores (domos)

敝 國 的 房 子。 現[2] 有 二
pý kouĕ tў fâng tsè. Hièn yeòu eúl
quam nostri humilis regni domus. In præsens exstant antè bis

[1] Kó *facit comparativa, v. g,* tsòng mín kó yū ngỳ *est ingeniosior te.*
[2] Hién. *In præsens.* Hién tsaý, *res de facto existens.*

千 年 前 蓋 的 房 子。到 如 今 沒 有
tsiĕn niên tsiĕn kaý tў fâng tsè, taó joŭ kīn mô yeoù
mille annos exstructæ domus, usquè nunc obsunt

一 些 損 壞。
ў sў sèn houáy.
vel tantillùm labefactatæ.

問 想 必 貴 處 木 頭 好 似[1]
Ouén : siàng pў kouý tchoŭ moŭ teŏu haó sé
Quærit : existimo planè vestræ nobilis regionis ligna meliora

我 們 這 邊 的。
ngò mên tchĕ piēn tў.
quam nostra in his locis.

答 墻 做 得 極 厚。 外 面 的 氣
Tă : tsiāng tsoú tĕ kў heóu, ouáy mién tў kў
Respondet : muri fiunt densissimi, exterior aer

透 不 進 去。所 以 房 子 冬 天 是
teŏu poŭ tsín kiŭ; sò ỳ fâng tsè tōng tiĕn ché
penetrando non ingreditur; ideò domus hiemis tempore sunt

煖 的。夏 天 是 涼 的。大 槩 我 們
louàn tў, hiá tiĕn ché leâng tў; Tá kaý ngò mên
temperatæ, æstivo tempore sunt subfrigidæ; plerùmque nostrates

那 邊 的 房 子 有 三 四 層 樓。
lá piēn tў fâng tsè yeoù sān sé tsĕn leoû;
horum locorum domus habent tres quatuorve consignationes;

所 以 極 爽 快 的。
sò ỳ kў chouàng kouáy tў.
propterea amœnissimæ sunt.

[1] Sé. *Aliquandò deservit comparativis faciendis.*

中 士 又 問。 貴 鄉 山 中
Tchōng sé yeóu ouén : koúy hiāng chān tchōng
Sinensis Doctor iterùm quærit : in vestrà nobili patrià in montibus

有 獅 子 否。 答 本 國 沒 有。
yeòu sē tsè feoù? Tă : pèn kouĕ mô yeòu,
sunt leones nec-ne? Respondet : in proprio regno non sunt,

隔 海 一 日 路 便 多。 眞
kĕ haỳ ў jĕ loú pién tō: tchén
sed intervallo maritimi unius diei itineris sunt permulti; et profecto

是 天 下 第 一 个 生 獅 子 的 所
ché tiĕn hiá tý ў kó sēn sē tsè tў sò
est totius orbis præcipuus in quo nascuntur leones et in quo

在 又 問。怎 麽 拿 他。
tsáy. Yeoú ouén : tsèn mô lâ tā?
ipsi habitant. Iterùm quærit : quomodò capiunt illos?

答。 有 數 十 个 騎 馬 的 人。
Tă : yeòu soú chĕ kó kў mà tў jên,
Respondet : sunt aliquot decades equitantium hominum,

拿 利 鎗 四 方 週 圍 趕 去
lâ lý tsiāng, sé fāng tcheōu ouў kàn kiŭ
qui acceptis acutis lanceis, à quatuor partibus circumeundo insequuntur

刺 他。又 問。 這 樣 殺 他。他
tsĕ tā. Yeóu ouén : tchĕ yáng chă tā, tā
et occidunt eos. Iterùm percontatur : hoc modo occidendo eos, ipsi

亦 殺 人 否。 答。 趕 他 的
ў chă jên feoù? Tă : kàn tā tў
etiam occidunt homines nec-ne? Respondet : ex insequentibus eos

人。常 有 相 被[1]他 殺的。人
jên, chãng yeòu siāng pý tā chă tỹ; jên
viris, plerùmque datur aliquis vicissim ab ipsis occisis; quando homines

惹 他的時節。更厲害。他的 本 性
jĕ tā tỹ chê tsiĕ kén lỳ háy, tā tỹ pèn sín
visitant eos magis ferociunt, ipsorum propria natura

是十分驕傲。 有 一千 騎馬 的人
ché chĕ fén kiaō gaó, yeòu ў tsiĕn kỹ mà tỹ jên
est superbissima, etiamsi fuerint mille equitantes viri

趕 逐他。覺得 有 人 看 見 他。
kàn chŏ tā, kiŏ tĕ yeòu jên kān kién tā,
insequentes eos, si advertant esse homines (qui) videant ipsos,

他 再 不 奔 走。只 是 一 步 一 步
tā tsáy poŭ pēn tseòu, tchè ché ў poú ў poú
ipsi tunc neutiquàm fugiunt, attamen pedetentim

慢 慢 走。 若 覺 得 沒 有 人
mán mán tseòu. Jŏ kiŏ tĕ mô yeòu jên
ac lentissimè incedunt. Si verò adverterint non esse homines

看 得 見 他。就 跑 得 快。 人
kān tĕ kién tā, tsieóu paŏ tĕ kouāy. Jên
qui videre possint eos, illicò fugiunt celeriter. Homines verò

若不 惹 他 他 本 性 善 不 喜
jŏ poŭ jĕ tā, tā pèn sín chán; poŭ hỳ
si non irritent eos, leones suàpte naturà mites sunt; non gaudent

殺 人。不 如 象 虎 豹 熊
chă jên, poŭ joŭ siáng, hoù, paó, hiông,
occidere homines, non sicut elephantes, tigrides, leopardi, ursi,

---

[1] Pý *facit passivum.*

豺狼 喜 殺 人。 禽[1] 獸 ·
tchāy lâng hỳ chă jên. kĭn cheóu
lupi qui gaudent occidere homines, (inter enim) bruta animalia

中 沒 有 比得 獅 子 有 情
tchōng mô yeòu pỳ tĕ sē tsè; yeòu tsĭn
non est comparandum leoni; ipse habet indolem

感 恩。 受 人 的 恩
kàn gēn; cheòu jên tỹ gēn
cognoscendi beneficia; acceptum enim ab homine beneficium

終 身 不 忘。
tchōng chēn poŭ ouâng.
in fine usquè vitæ non obliviscitur.

HISTOIRE D'UN CERTAIN LION.

西 士 說：一个 獅 子 的 怪 異 事
Sỹ sé chŏ: ў kó sē tsè tỹ kouāy ý sé
Occidentis Doctor proponit unum de leone mirabile successum

與 中 士。古 時 大西 洋 有 一个 家 奴
yù tchōng sé. Koù chê tá sỹ yâng yeoù ў kó kiā loû
Sinensi Doctori. Olim in Europà erat unum mancipium

犯 事。 家 主 要 殺 他。 他
fán sé; kiā tchoù yaó chă tā, tā
reus gravis delicti; ipsius herus volens occidere illum, ille servus

怕 死。逃 走 到 山 林。 有 獅 子
pā sè, taŏ tseòu taó chān lĭn, yeòu sē tsè
pertimescens mortem, aufugit in montuosa loca, ubi erat leonum

所 在。 將 晚 此 人 驚 怕。 恐 獅 子
sò tsáy; tsiàng ouàn tsè jên kīn pā, kŏng sē tsè
locus; sub vesperè iste homo timens, ne fortè leones

---

[1] Kĭn cheoú. *Animalis nomen genericum;* volatile animal *vocatur* kĭn niaò; animal terrestre, tsè cheóu; *animal aquatile,* kĭn yû; *animal domesticum,* kiuén cheoú; *animal destinatum pro sacrificiis,* hỹ sēn.

來 畢竟被 他 咬。 便 上 一根
laŷ pў kìn pỳ tā ngào, pién cháng ў kēn
venientes profectò ab ipsis devoraretur, illicò ascendit unam

樹 木。 在 樹 上 的時 節 一个 獅子
choú moŭ, tsáy choú cháng tỹ chê tsiĕ, ў kó sē tsè
arborem, cùm esset suprà arborem quidam leo

到 樹 下。 仰 視 那 个人 時。
taó choú hiá, niàng ché lá kó jên chê,
pervenit infrà arborem, quod suspiciens illum hominem,

相 似 痛 哭。 多 久 不 去。 這 个
siàng sé tŏng koŭ, tō kieòu poŭ kiŭ; tché kó
videbatur flens abundanter, diutissimè non abscedebat; iste

人 想。 我 在 這 裡 免 不 得
jên siàng, ngò tsaý tché lỳ mièn poŭ tĕ
homo ista cogitavit, ego si sim hìc evadere non possum

餓 死。 寧 可 下 去 看 那个
ouō sè lîn kŏ hiá kiŭ kān lá kó
quin fame moriar; satiùs est ut descendam, et videam illa

禽 獸 要 甚 麼。一 下 來。 覺得 那 獅 子
kĭn cheóu yáo chén mô, ў hiá laŷ, kiŏ tĕ lá sē tsè
bellua velit quid. Illicò ille descendit, advertit illum leonem

脚 上 插 有 一根[1] 刺。 痛 哭
kiŏ cháng tchā yeòu ў kēn tsĕ, tŏng koŭ
in pede infixam habere unam spinam, dolens et lacrymabundus

求 拔 出 來。此 人 便 替[2]他 取 出 來。
kieŏu pă tchoŭ laŷ. Tsè jên pién tỳ tā tsiŭ tchoŭ laŷ,
rogabat ut extraheretur. Iste homo illicò ab ipso extrahit,

---

[1] Kēn *est numerale arborum, herbarum.*
[2] Tỳ *facit dativum.*

擠 血。 又 把 一 塊 布 褁 他的
tsý hiuĕ yeóu pà ў kouāy poú kò tā tỹ
expressit sanguinem et accipiens unum frustum telæ obvolvit ejus

脚。那 獅 子 過 幾日 好 了。再 不
kiŏ. Lá sē tsè kó kỳ jĕ haò leào, tsáy poŭ
pedem. - Ille leo post aliquot dies convaluit, tunc nunquàm

忘 這 个 人 的 恩。 日日 拿 鹿
ouâng tché kó jên tỹ gēn; jĕ jĕ lâ loŭ,
oblitus est illius hominis beneficium; quotidiè captabat cervos,

兎 山 羊 等 送 來 與此
toŭ chān, yâng tèn sóng lây yù tsè
lepores, sylvestres capras et alia (animalia) et offerebat afferens huic

人 食。 幾 年 之 後。國 王 的
jên chĕ. Kỳ niên tchē heoú, kouĕ ouâng tỹ
homini ut comederet. Post aliquot annos, Regii

獵人 拿了 那个獅子。原 主 亦 拿 了 這个
lỹ jên lâ leào lá kó sē tsè, yuên tchoù ў lâ leào tché kó
venatores ceperunt illum leonem, prior herus etiam cepit illud

家 奴。 問 罪。 把 此 人 交 結
kiā loû, ouén tsoúy, pà tsé jên, kiaō kiĕ
mancipium suum, morte plectendum, arripuit illum hominem, tradidit

獅子。 憑 他 殺 食。 偶 然 遇 着
sē tsè, pĭn tā chă chĕ. Geoù jân yú tchŏ
leoni ut pro libitu suo occidens devoraret. Casu occurrit

原 舊 的獅子。 一 見 那个 人。 就
yuên kieòu tỹ sē tsè, ў kién lá kò jên, tsieóu
antiquo huic leoni, qui statim ac vidit illum hominem, illico

認得 是 他的 恩 人。 伏 在 那个 人
jèn tĕ ché tā tỹ gēn jên, foŭ tsáy lá kó jên
cognovit esse ipsius benefactorem, abjecit se ad illius hominis

脚下。 餂 脚 如 犬。人 見 以
kiŏ hiá. tièn kiŏ joŭ kiuĕn. Jên kién ỳ
pedes et lambebat pedes ut canis. Alii id aspicientes habuerunt

爲 怪 異。 卽 稟 國 王。
oûy kouáy ý. tsiĕ pìn kouĕ ouâng;
(hoc) pro re mirabili ac rarâ, statimque retulerunt (hoc) regi;

王 問 此 人 何 故。如 此。他
Ouâng ouén tsè jên hô koú joŭ tsè. Tā
Rex quæsivit ab hoc homine quam ob causam hoc esset. Ille

將 前 事 一 一
tsiàng tsiĕn sé ў ў
assumens superiorum dierum successus omnia et singula minutim

詳[1] 告。國 王 反 饒 他的 罪。 又
siâng kaó. Kouĕ ouâng fàn jaô tā tў tsoúy; Yeoú
narravit. Rex è contrà condonavit illi crimen; Insuper

賞 賜 他那个獅子。 此 獅 常
chàng tsé tā lá kó sē tsè. Tsè sē châng
in præmium dedit illi hunc leonem. Leo autem deinceps semper

跟[2] 隨 着 他。
kēn soûy tchŏ tā.
sequebatur præeuntem illum.

---

[1] Siâng. *Minutatim, minutim, distinctè, clarè.*

[2] Kēn soûy tchŏ. Kēn, *talus, ima pars pedis*; kēn soûy, *præeuntem sequi, pedisequus.*

DIALOGORUM FINIS.

拝客訓示

(3) 拜客訓示

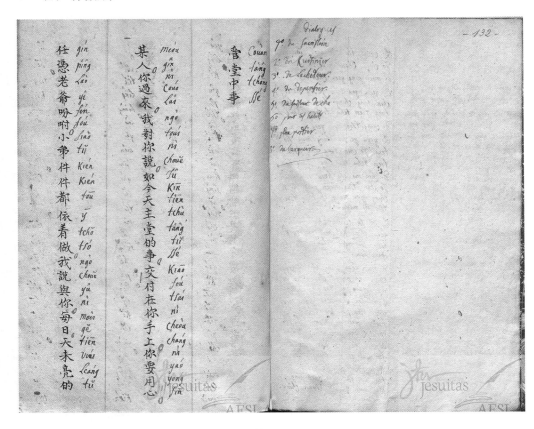

『拜客訓示』翻字

※原文沒有○或標點符号是由編者加上的

管堂中事

○某人,你過來,我對你說。如今天主堂的事,交付在你手上,你要用心。

○任憑老爺吩咐,小弟件件都依着做。○我說與你。每日,天未亮的

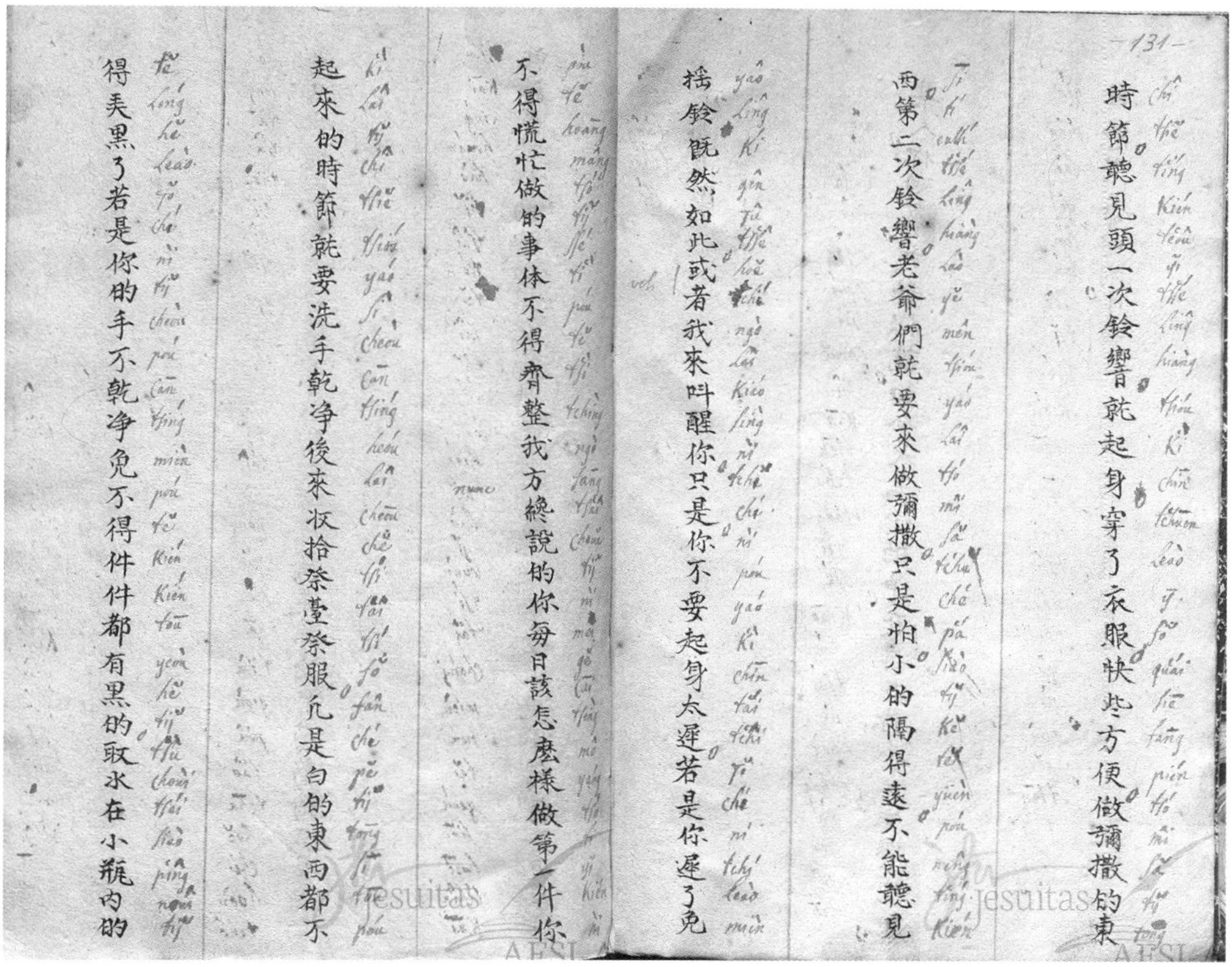

時節，聽見頭一次鈴響就起身，穿了衣服，快些方便做彌撒的東西。第二次鈴響，老爺們就要來做彌撒。〇只是怕小的隔得遠，不能聽見搖鈴。〇既然如此，或者我來叫醒你。只是你不要起身太遲，若是你遲了，免不得慌忙，做的事体不得齊整。我方纔說的，你每日該怎麼樣做。第一件：你起來的時節就要洗手，乾淨後，來收拾祭臺、祭服。凡是白的東西，都不得弄黑了。若是你的手不乾淨，免不得件件都有黑的。取水在小瓶內的

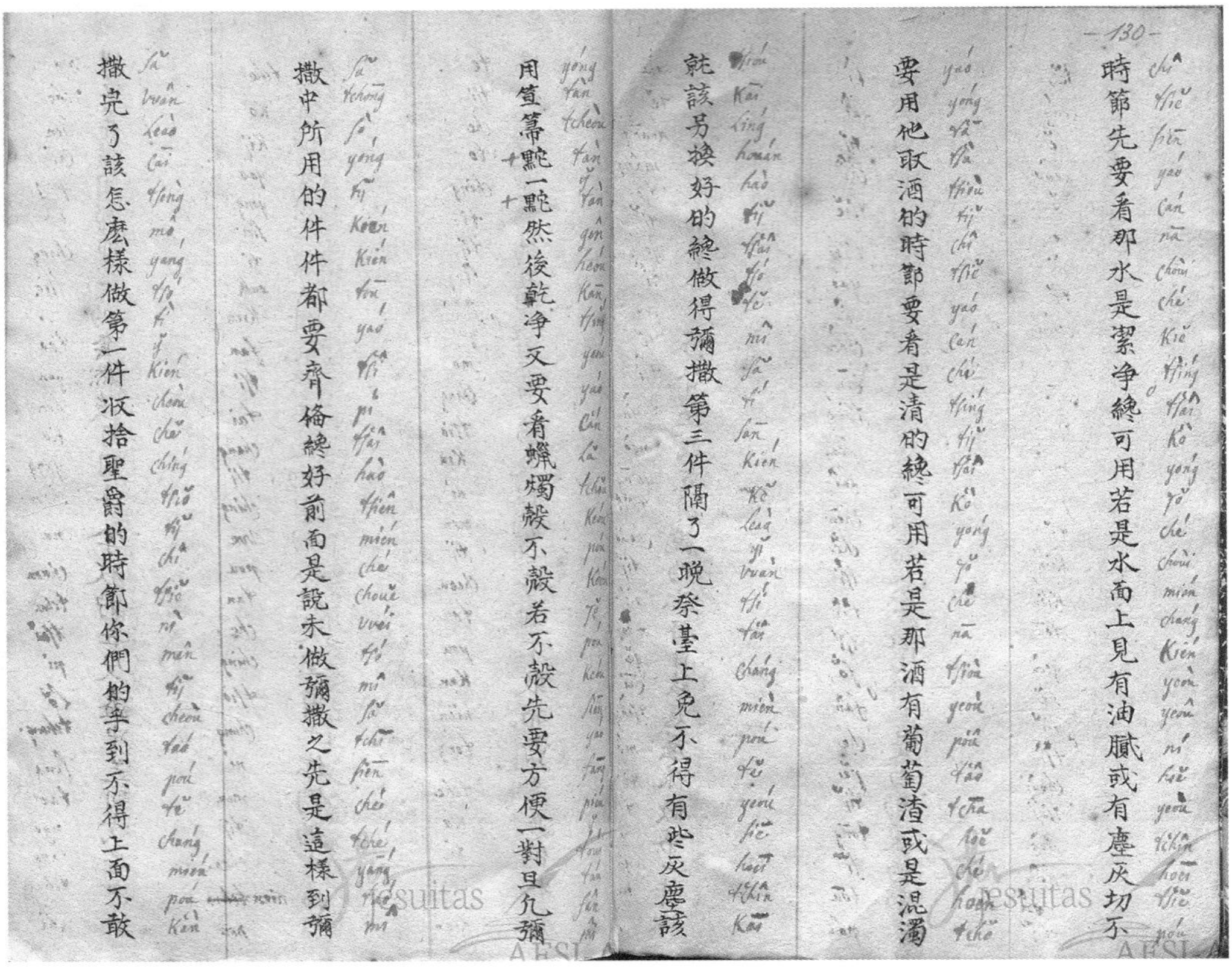

時節，先要看那水是潔淨纔可用。若是水面上見有油膩或有塵灰，切不要用他。取酒的時節，要看是清的纔可用。若是那酒有葡萄渣或是混濁，就該另換好的纔做得彌撒。第三件：隔了一晚，祭臺上免不得有些灰塵，該用笪箒䵯一䵯，然後乾淨。又要看蠟燭殼不殼，若不殼，先要方便一對。旦凡彌撒中所用的，件件都要齋備纔好。前面是說未做彌撒之先是這樣，到彌撒完了，該怎麼樣做。第一件：收拾聖爵的時節，你們的手到不得上面，不敢

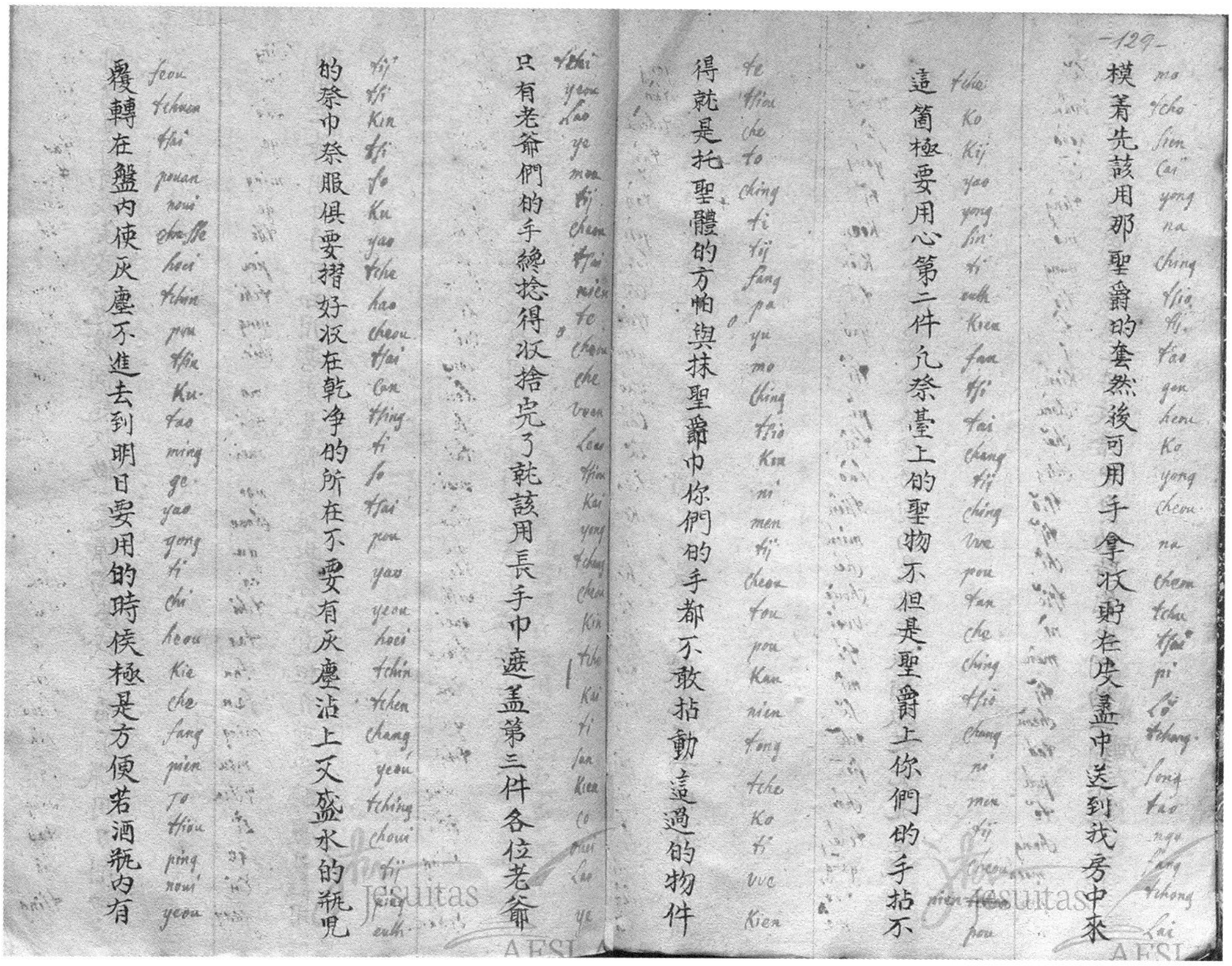

摸著。先該用那聖爵的套，然後可用手拿，收貯在皮盞中，送到我房中來。

這箇極要用心。第二件：凡祭臺上的聖物，不但是聖爵上，你們的手拈不

得，就是托聖體的方帕與抹聖爵巾，你們的手都不敢拈動。這過的物件，

只有老爺們的手纔捻得。收拾完了，就該用長手巾遮蓋。第三件：各位老爺

的祭巾、祭服，俱要摺好，收在乾淨的所在，不要有灰塵沾上。又盛水的瓶兒，

覆轉在盤內，使灰塵不進去，到明日要用的時候，極是方便。若酒瓶內有

(7) 拜客訓示

剩的葡萄酒或多或少也該倒起收做一處。蠟燭臺或有溜下蠟，用刀削淨。

○請問老爺，明日子不知用甚麼臺幃？○我說與你知道。但凡聖母瞻禮日，該用白色臺幃。凡過主日瞻禮，該用綠色臺幃。凡過十二位宗徒與致命之聖人瞻禮日，該用紅臺幃。遇四十日大齋及為死者的瞻禮日，該用紫黑色臺幃。凡遇大瞻禮日與主日，該先一晚把臺幃舖上。其臺巾、方領、汗巾，都該換新的，與平常日不同。另外，要收拾齋整。但祭服照臺幃同色就是。○老爺，那個

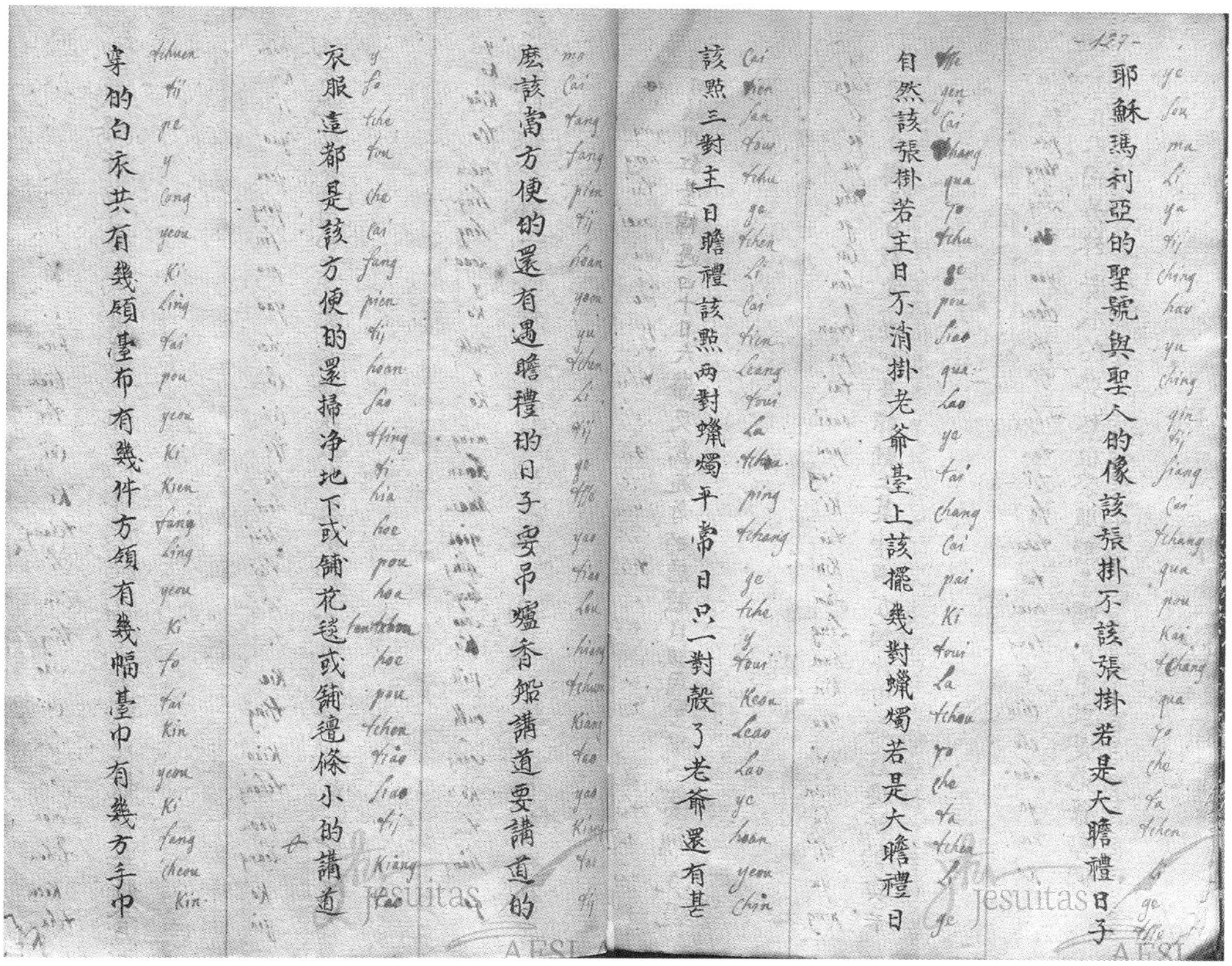

耶穌瑪利亞的聖號與聖人的像，該張掛不該張掛？○若是大瞻禮日子，
自然該張掛。若主日，不消掛。○老爺，臺上該擺幾對蠟燭？○若是大瞻禮日，
該點三對。主日瞻禮，該點兩對爉燭。平常日，只一對彀了。○老爺，還有甚
麼該當方便的？○還有，遇瞻禮的日子，要吊爐、香船。講道，要講道的
衣服。這都是該方便的。還掃淨地下，或鋪花毯或鋪氈條。小的講道，
穿的白衣共有幾領，臺布有幾件，方領有幾幅，臺巾有幾方，手巾

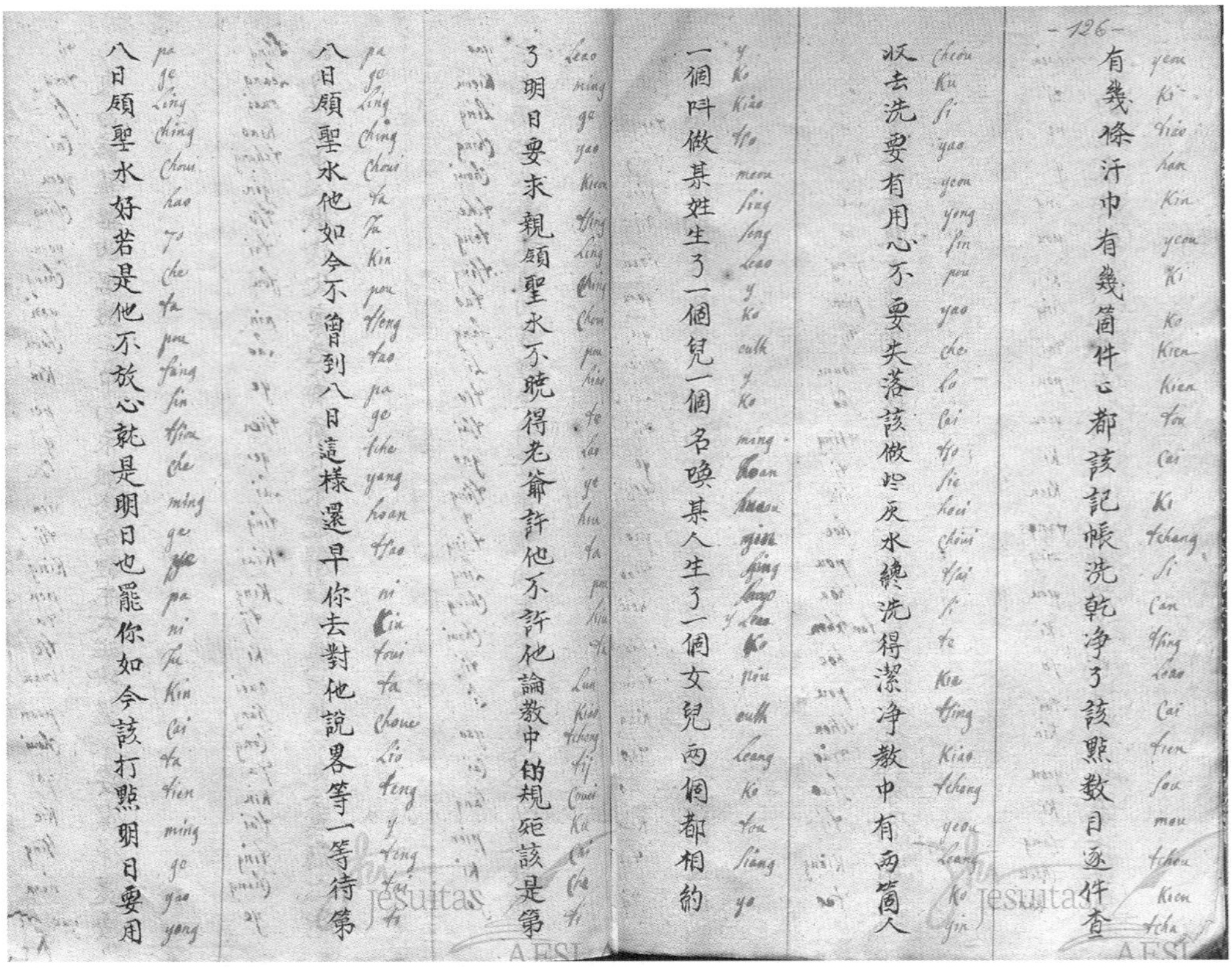

有幾條，汗巾有幾箇，件件都該記帳。洗乾淨了，該點數目，逐件查
收。去洗要有用心，不要失落。該做些灰水，纔洗得潔淨。〇教中有兩箇人，
一個叫做某姓，生了一個兒；一個名喚某人，生了一個女兒。兩個都相約
了明日要求親領聖水。不曉得老爺許他不許他？〇論教中的規矩，該是第
八日領聖水。他如今不曾到八日，這樣還早。你去對他說，畧等一等，待第
八日領聖水好。若是他不放心，就是明日也罷。你如今該打點明日要用

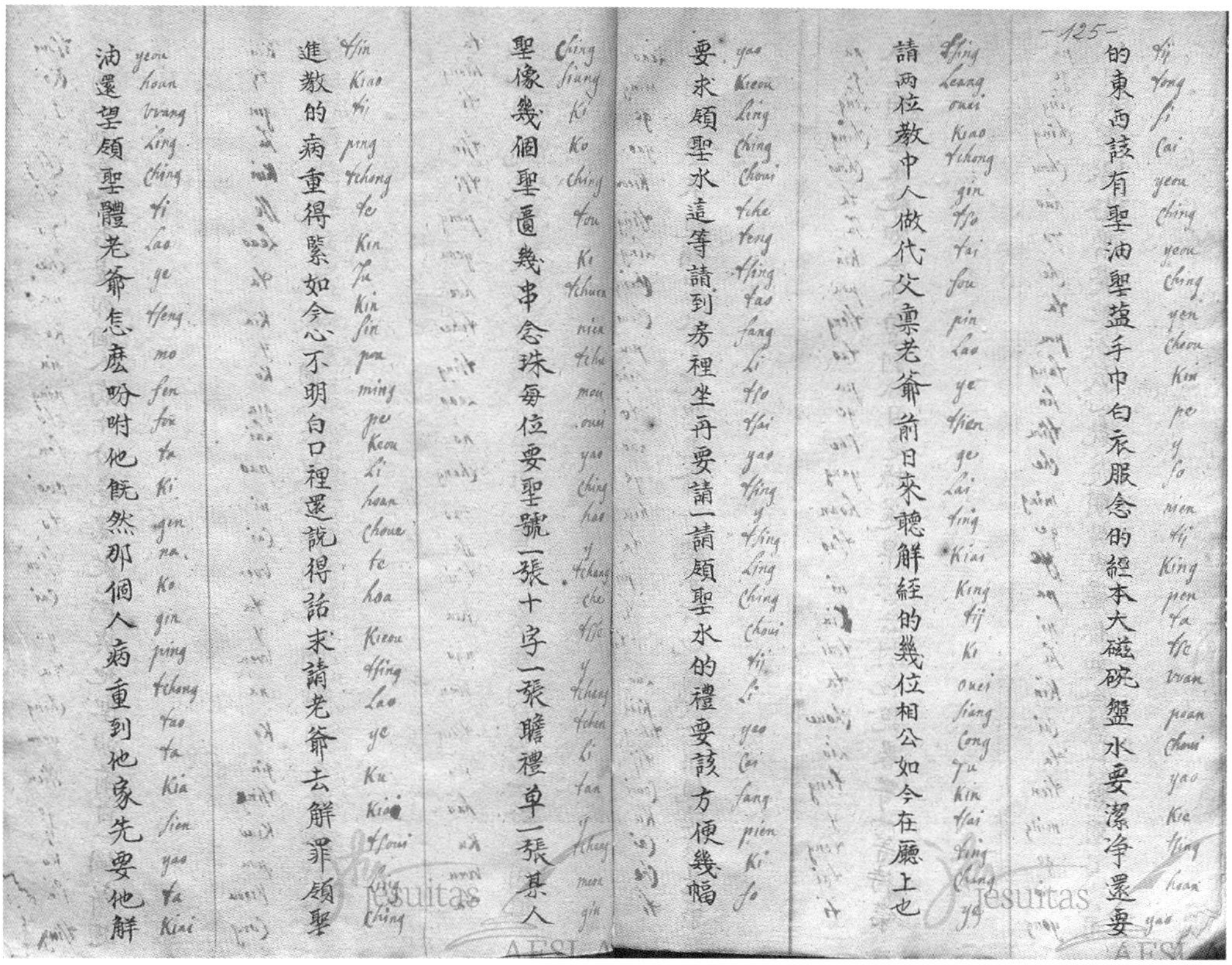

的東西，該有聖油、聖塩、手巾、白衣服、念的經本、大磁碗盤。水要潔淨。還要
請兩位教中人做代父。〇稟老爺，前日來聽解經的幾位相公，如今在廳上也
要求領聖水。〇這等請到房裡坐，再要請一請領聖水的禮。要該方便幾幅
聖像、幾個聖匱、幾串念珠。每位要聖號一張、十字一張、瞻禮單一張。〇某人
進教的，病重得緊，如今心不明白，口裡還說得話。求請老爺去解罪，領聖
油，還望領聖體。老爺怎麼吩咐他？〇既然那個人病重，到他家先要他解

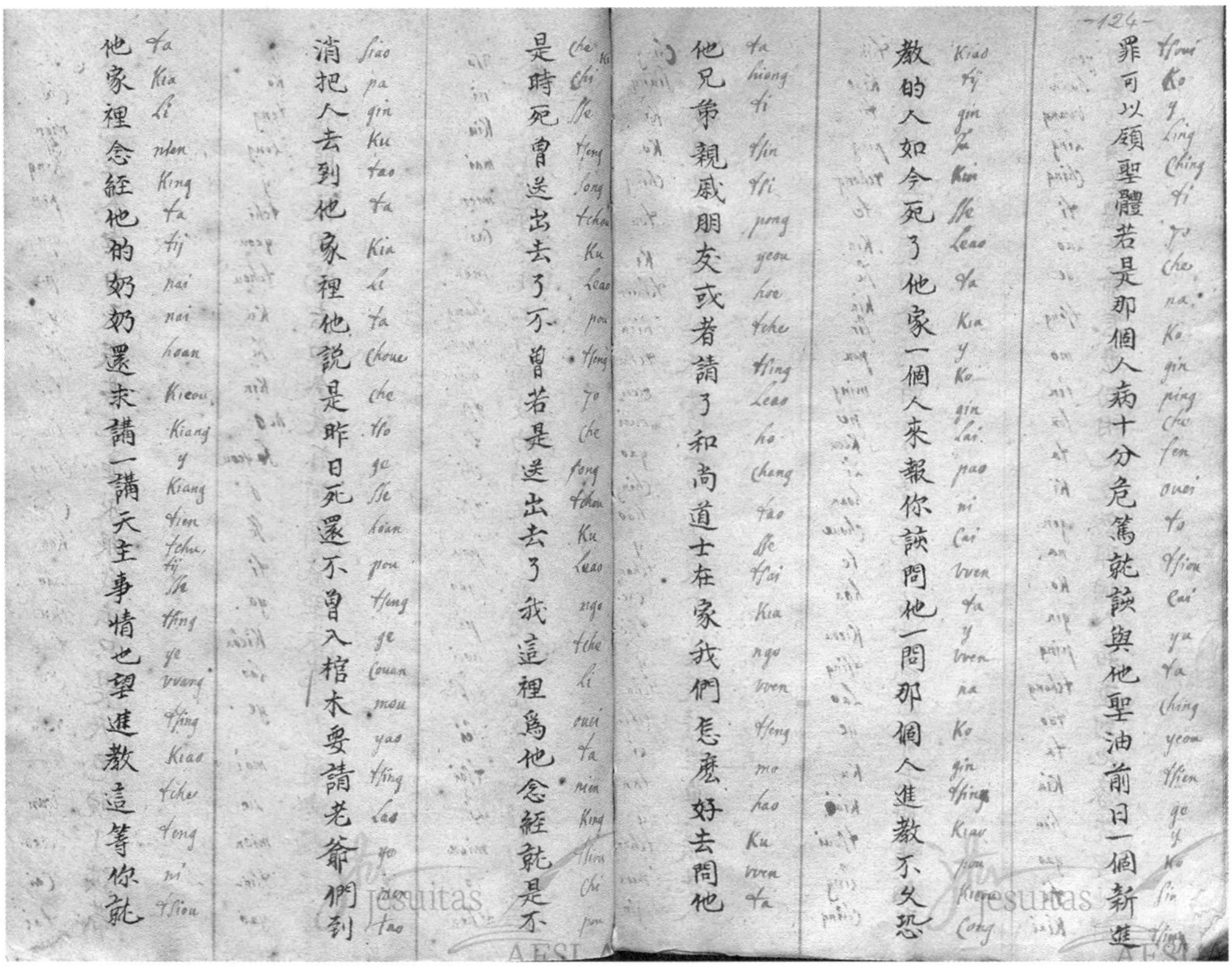

罪，可以領聖體。若是那個人病十分危篤，就該與他聖油。◯前日一個新進
教的人，如今死了，他家一個人來報。◯你該問他一問。那個人進教不久，恐
他兄弟親戚朋友，或者請了和尚道士在家，我們怎麼好去問他
是時死，曾送出去了不曾。若是送出去了，我這裡為他念經就是，不
消把人去到他家裡。◯他說是昨日死，還不曾入棺木，要請老爺們到
他家裡念經。他的奶奶還求講一講天主事情，也望進教。◯這等你就

收拾念經本與白衣服，帶些聖水跟我去。只是天色晚了，該帶一個燈籠、一枝油燭去。○如今沒有阿斯底亞，求老爺買些麵，就要做。○你去買麵，該買上白麵。做的時節，不要把灰塵飛在裡面。若沾了灰塵，做出來面上多有黑點了，就難用。你做完了，都要一個一個剪得精緻。○老爺，後日是聖灰的日子。吩咐小的，該是怎麼樣做？○你明日就該取下那天蓬與紅幔帳子，臺幃、祭衣都要換黑的。若是沒

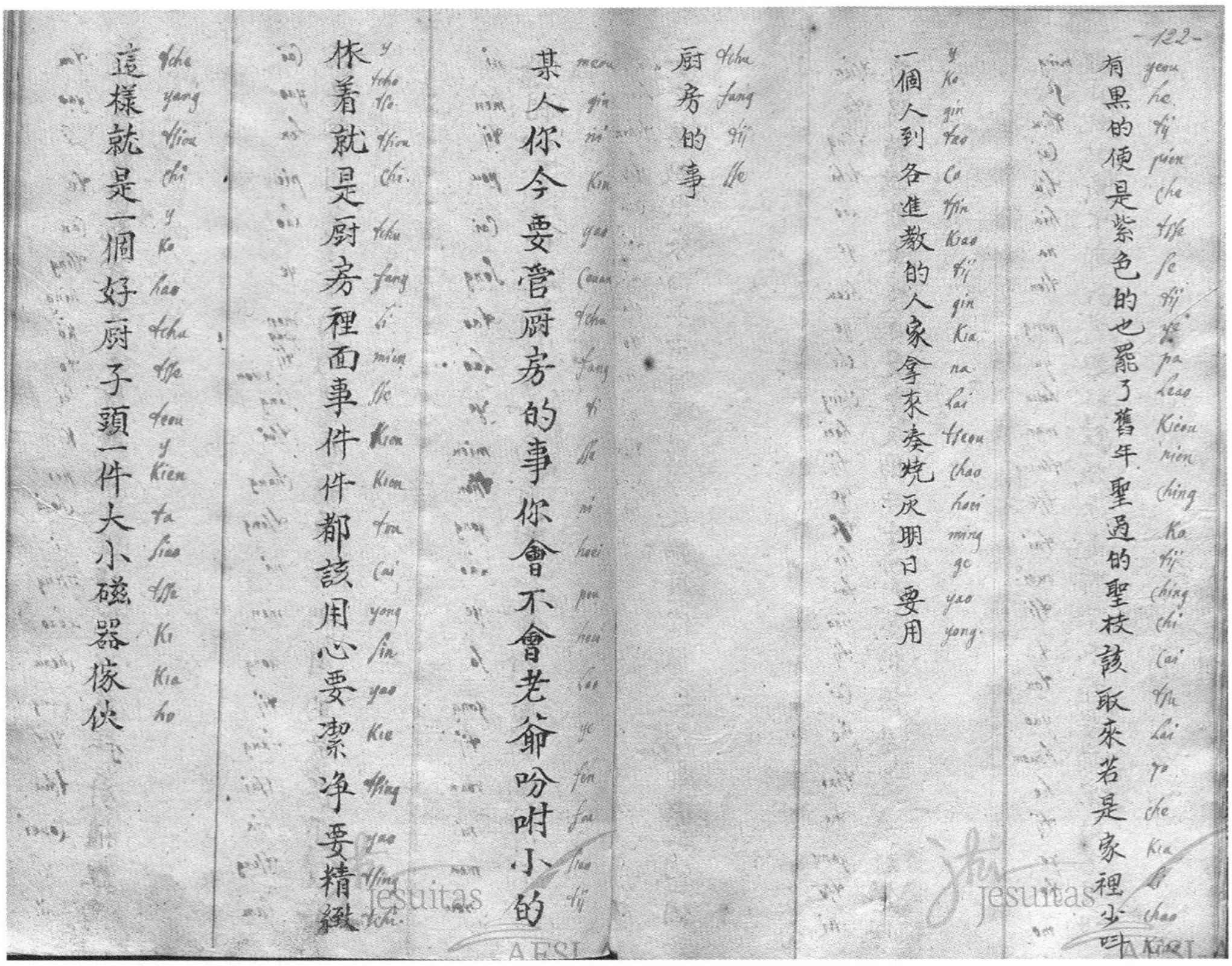

有黒的，便是紫色的也罷了。舊年聖過的聖枝該取來。若是家裡少，吽
一個人到各進教的人家拿來湊燒灰，明日要用。

廚房的事

○某人，你今要管廚房的事，你會不會？○老爺吩咐，小的
依着就是。○廚房裡面事，件件都該用心。要潔淨，要精緻，
這樣就是一個好廚子。頭一件：大小磁器傢伙

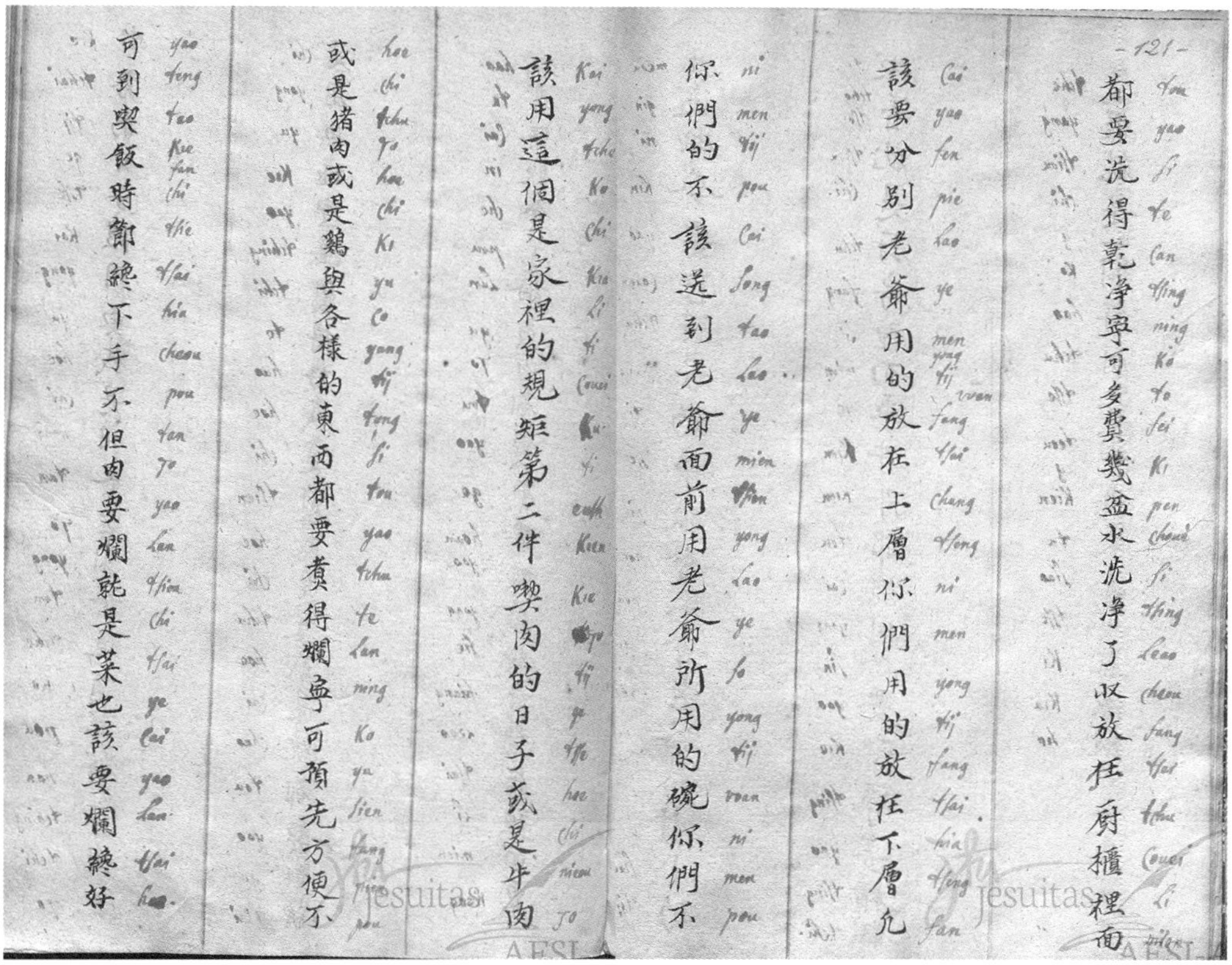

都要洗得乾淨，寧可多費幾盆水，洗淨了收放在廚櫃裡面。
該要分別，老爺用的放在上層，你們用的放在下層。凡
你們的不該送到老爺面前用，老爺所用的碗，你們不
該用，這個是家裡的規矩。第二件：喫肉的日子，或是牛肉
或是豬肉或是雞與各樣的東西，都要煑得爛，寧可預先方便，不
可到喫飯時節纔下手。不但肉要爛，就是菜也該要爛纔好。

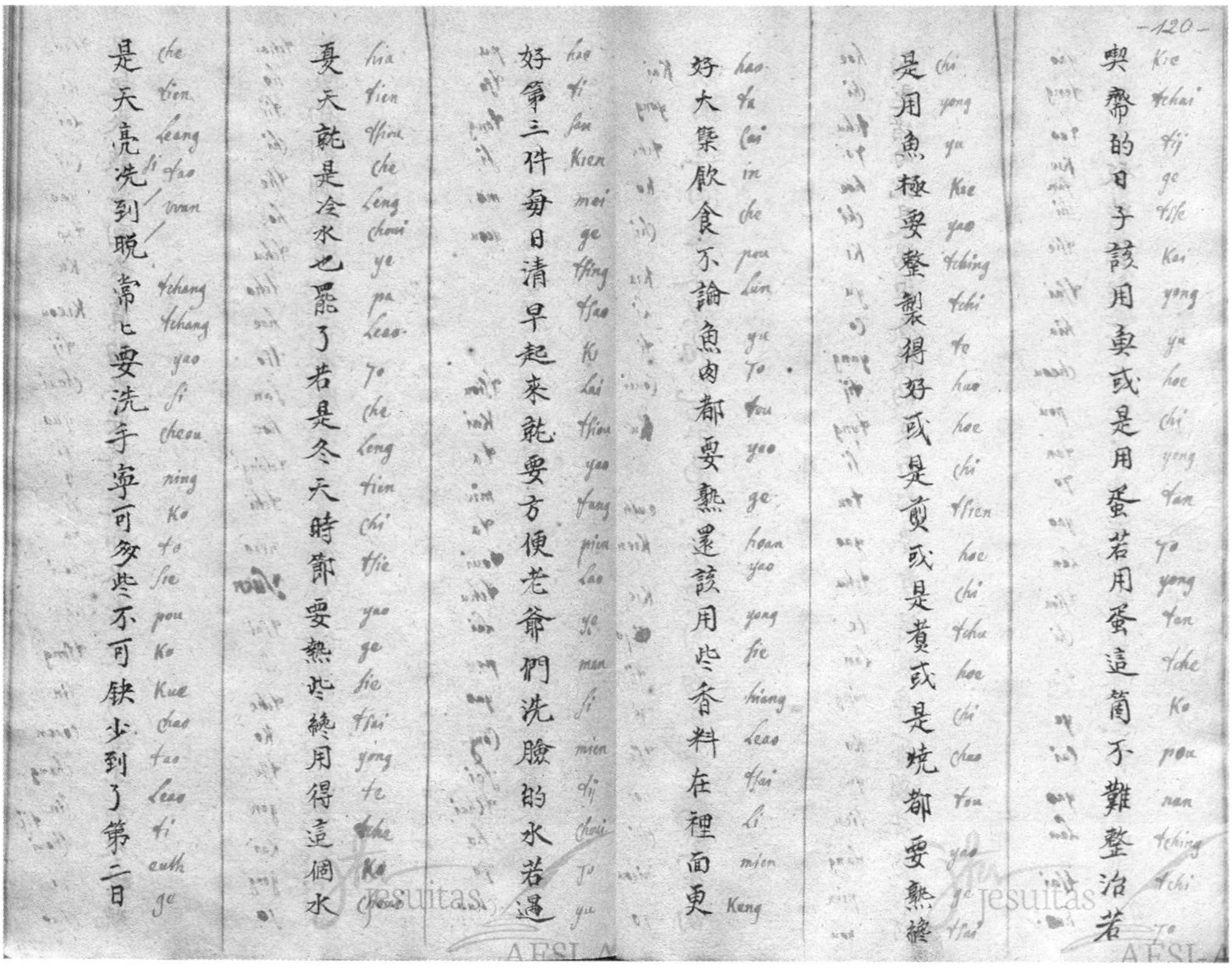

喫齋的日子，該用魚或是用蛋。若用蛋，這箇不難整治。若是用魚，極要整製得好，或是煎或是煑或是燒，都要熟纔好。大槩飲食，不論魚、肉，都要熟，還該用些香料在裡面更好。第三件：每日清早起來，就要方便老爺們洗臉的水。若遇夏天，就是冷水也罷了。若是冬天時節，要熱些纔用得。這個水是天亮洗到晚，常常要洗手，寧可多些不可缺少。到了第二日

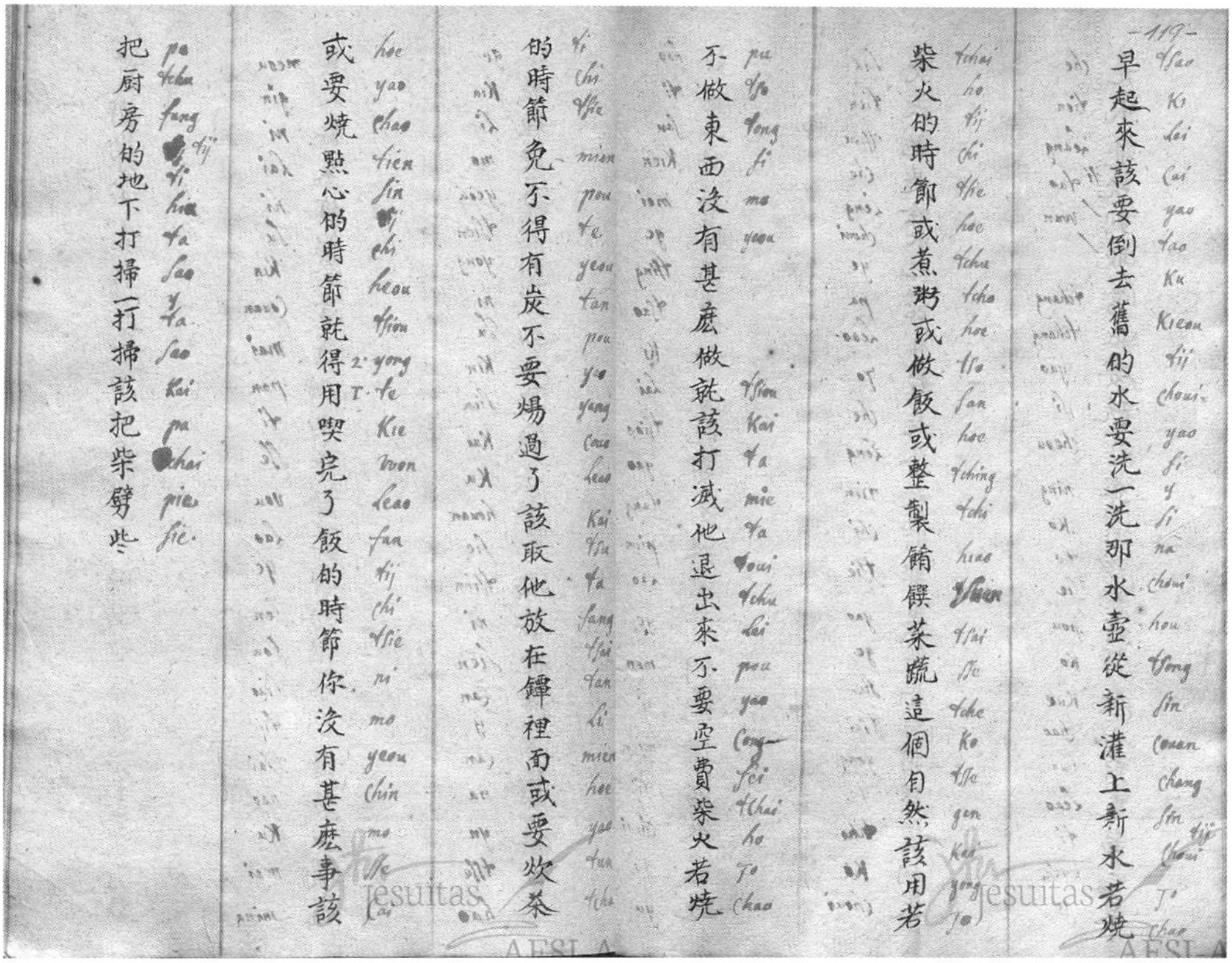

早起來，該要倒去舊的水。要洗一洗那水壺，從新淮上新水。若燒
柴火的時節，或煮粥或做飯或整製餚饌菜蔬，這個自然該用。若
不做東西，沒有甚麼做，就該打滅他，退出來，不要空費柴火。若燒
的時節，免不得有炭，不要煬過了，該取他放在鐔裡面，或要炊茶
或要燒點心的時節，就得用。喫完了飯的時節，你沒有甚麼事，該
把廚房的地下打掃一打掃，該把柴劈些。

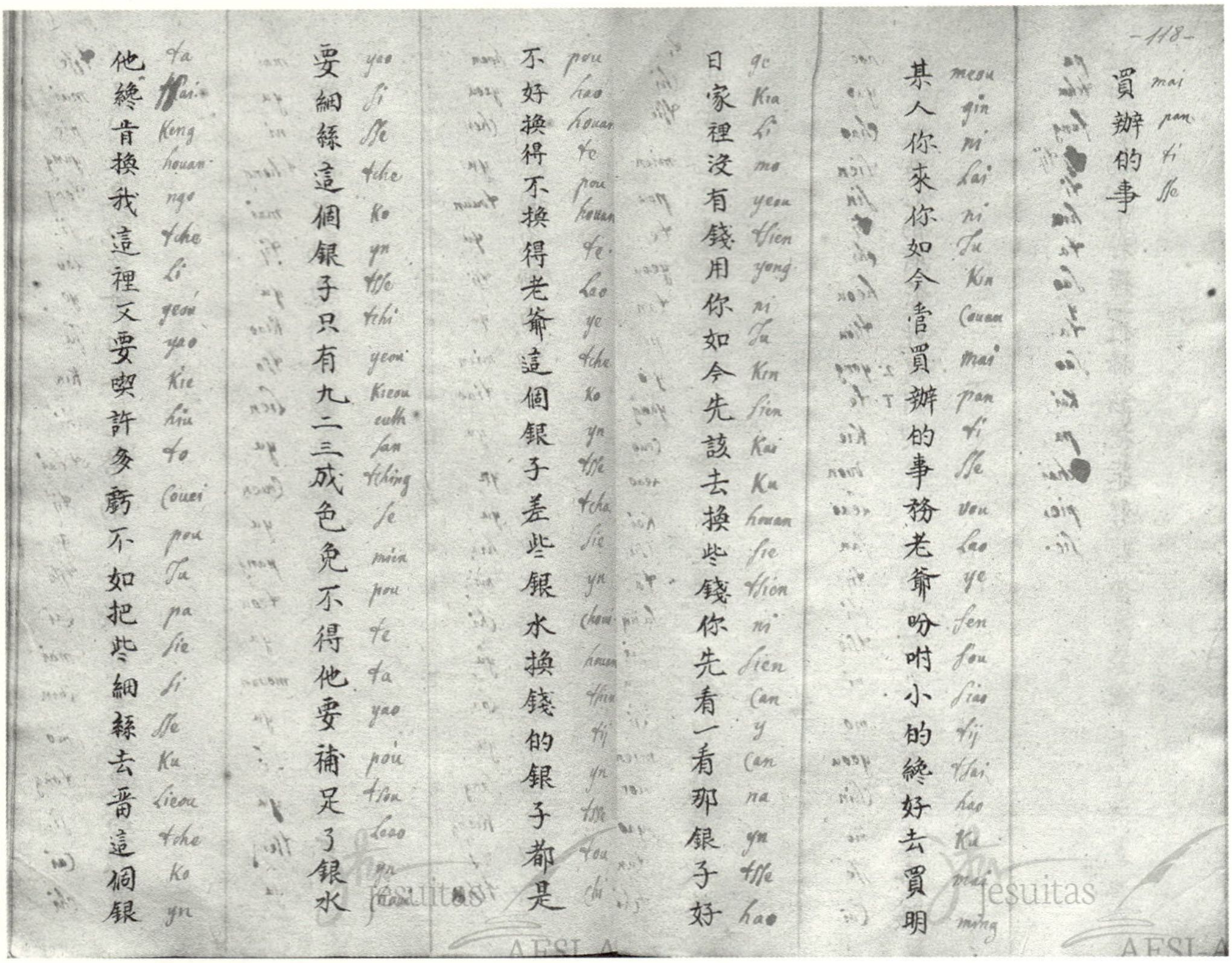

買辦的事

〇某人，你來，你如今管買辦的事務。〇老爺吩咐，小的纔好去買。〇明日家裡沒有錢用，你如今先該去換些錢。你先看一看，那銀子好不好，換得不換得。〇老爺，這個銀子差些銀水。換錢的銀子都是要細絲，這個銀子只有九二三成色，免不得他要補足了銀水，他纔肯換。〇我這裡又要喫許多虧。不如把些細絲去，留這個銀

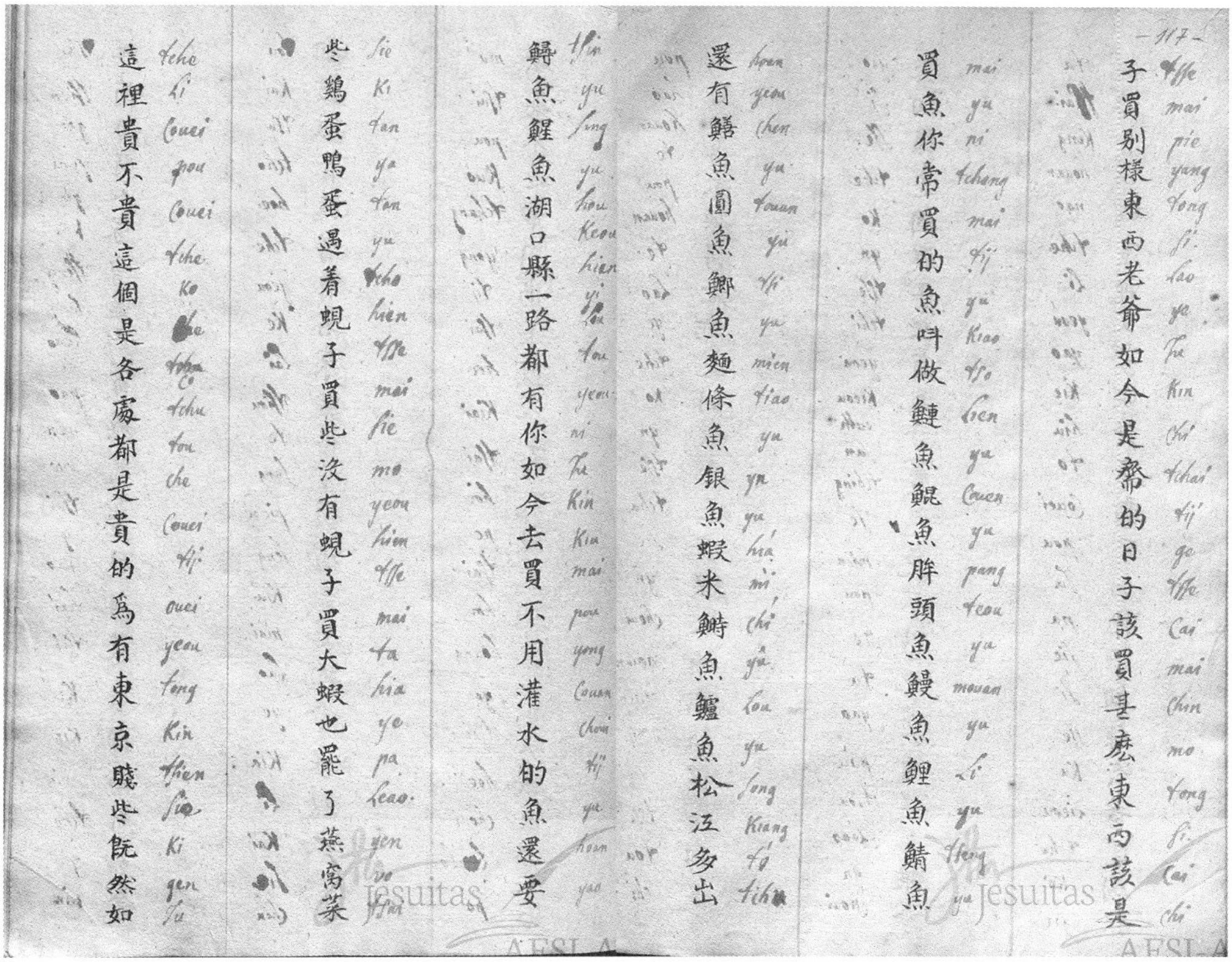

子買別様東西。◯老爺，如今是斎的日子，該買甚麼東西？◯該是
買魚。你常買的魚叫做鰱魚、鯤魚、胖頭魚、鰻魚、鯉魚、鯖魚，
還有鱔魚、圓魚、鯽魚、麵條魚、銀魚、蝦米、鰣魚、鱸魚，松江多出。
鱘魚、鯹魚，湖口縣一路都有。你如今去買，不用淹水的魚。還要
些雞蛋、鴨蛋。遇着蜆子買些，沒有蜆子，買大蝦也罷了。燕窩菜
這裡貴不貴？◯這個是各處都是貴的，為有東京賤些。◯既然如

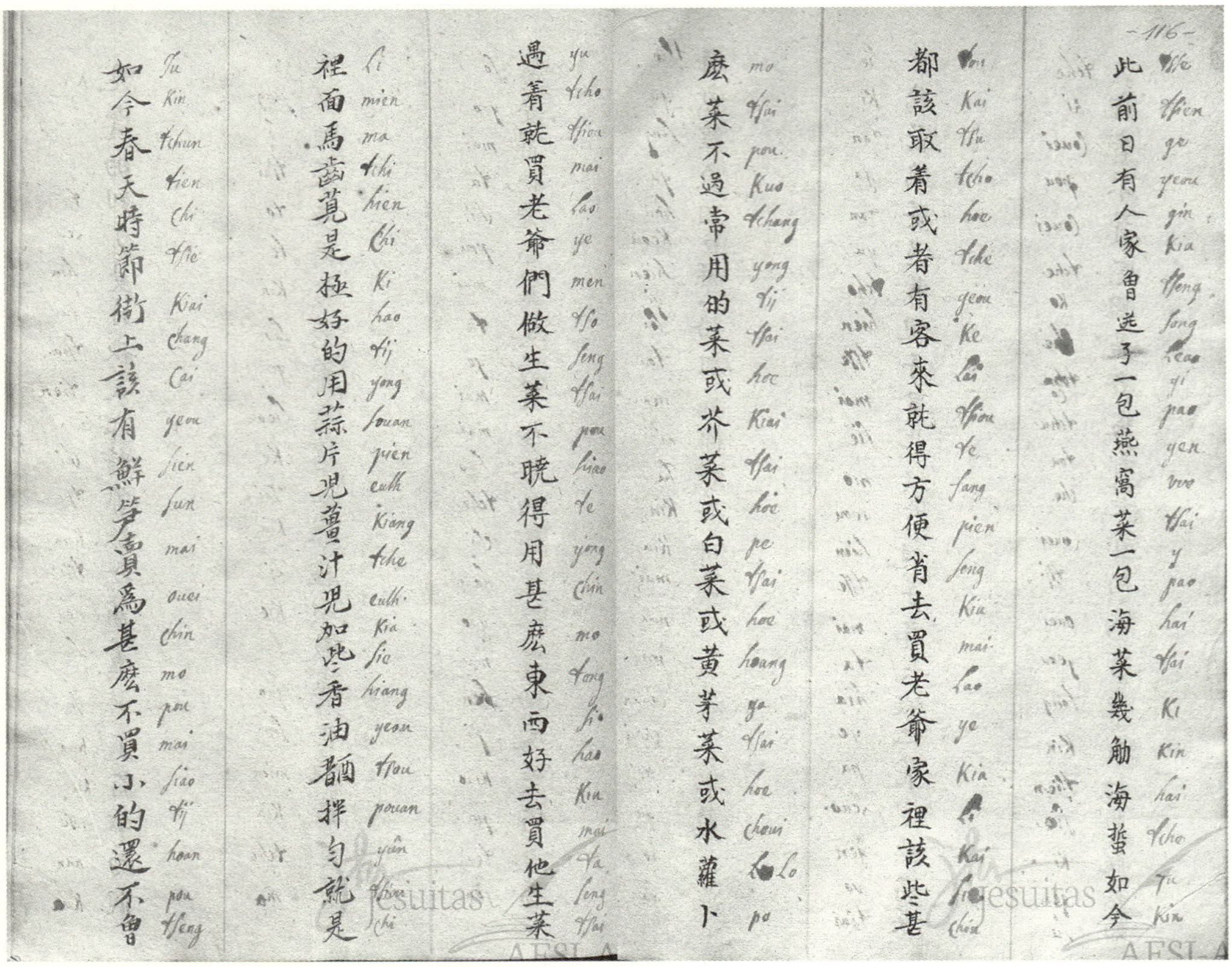

此，前日有人家曾送了一包燕窩菜、一包海菜、幾觔海蜇，如今
都該取着，或者有客來就得方便，省去買。◯老爺，家裡該些甚
麼菜？◯不過常用的菜，或芥菜或白菜或黃芽菜或水蘿卜，
遇着就買。◯老爺們做生菜，不曉得用甚麼東西，好去買他。◯生菜
裡面馬齒莧是極好的。用蒜片兒、薑汁兒，加些香油、醋，拌勻就是。
如今春天時節，街上該有鮮笋賣，為甚麼不買？◯小的還不曾

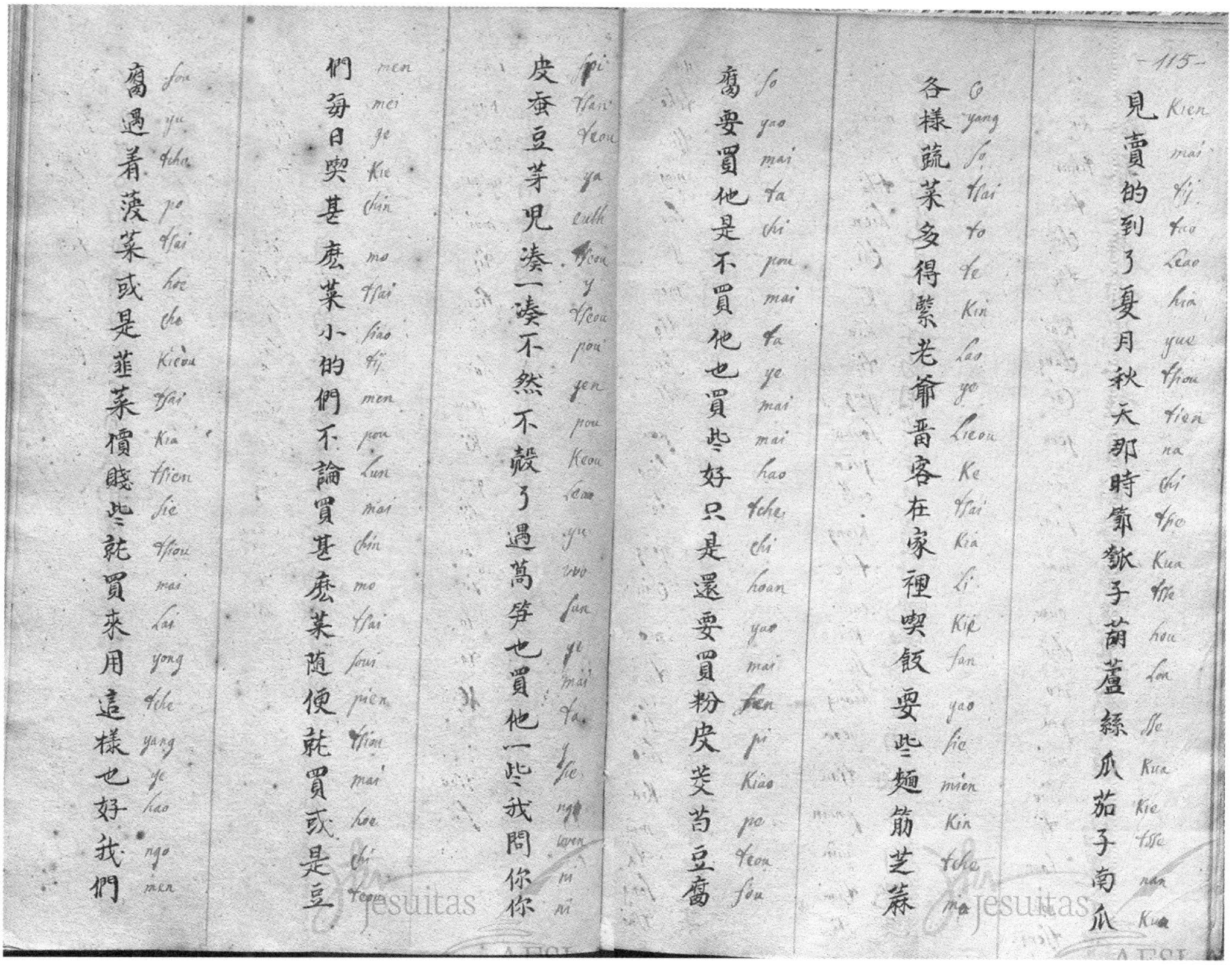

見賣的。到了夏月秋天那時節，瓠子、葫蘆、絲瓜、茄子、南瓜、各樣蔬菜多得緊。老爺留客在家裡喫飯，要些麵筋、芝麻腐。要買他是不買他？○也買些好。只是還要買粉皮、茭苩、豆腐皮、蚕豆芽兒湊一湊，不然不殼了。遇萵笋也買他一些。我問你，你們每日喫甚麼菜？○小的們不論買甚麼菜隨便就買，或是豆腐，遇着菠菜或是韮菜，價賤些就買來用。○這樣也好。我們

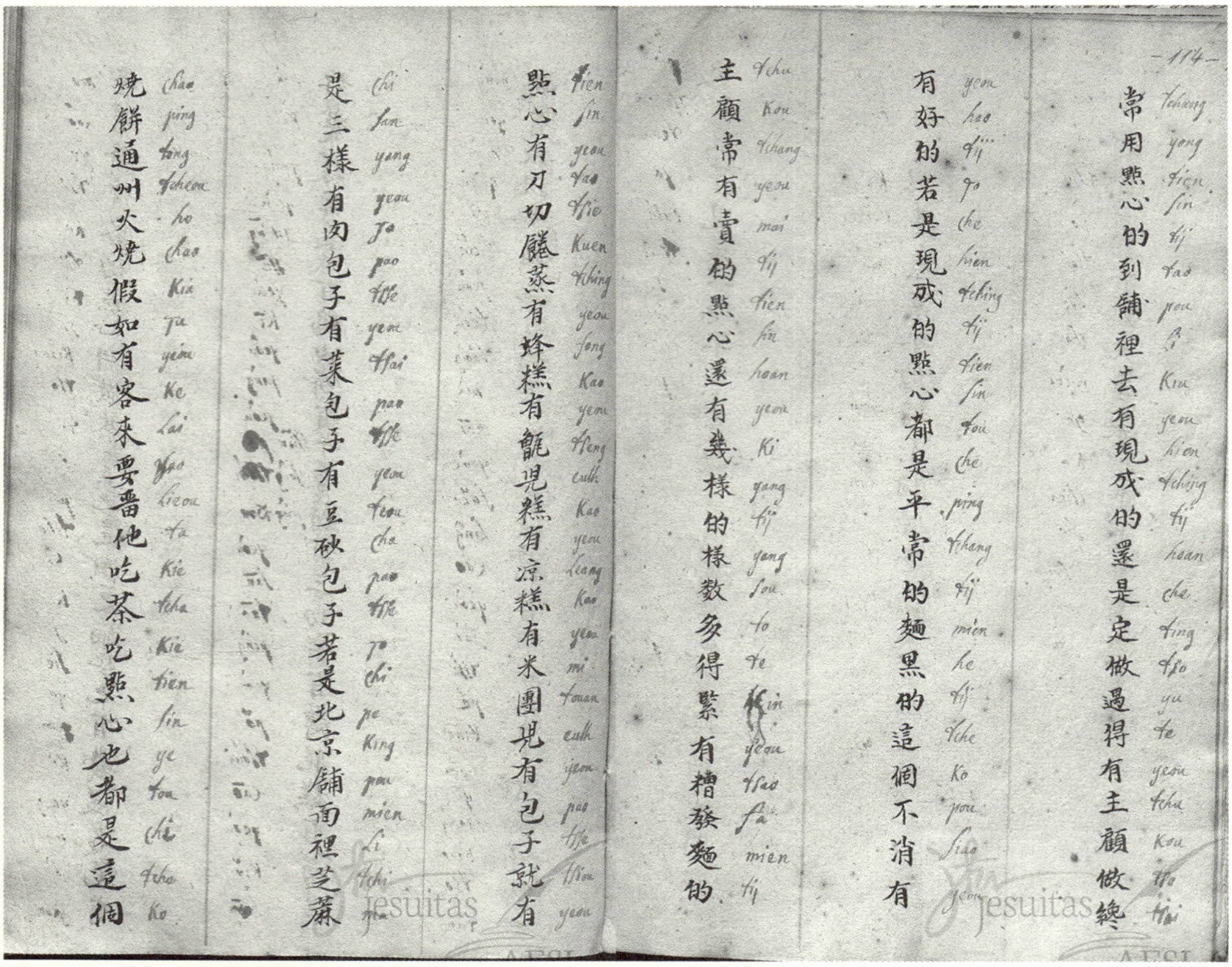

常用點心的，到舖裡去有現成的，還是定做？〇遇得有主顧做纔
有好的。若是現成的點心，都是平常的麵，黑的，這個不消有
主顧。〇常有賣的點心，還有幾樣的？〇樣數多得緊，有糟發麵的
點心，有刀切饆蒸，有蜂糕，有甑兒糕，有涼糕，有米團兒，有包子，就有
是三樣，有肉包子，有菜包子，有豆砂包子。若是北京舖面裡，芝麻
燒餅、通州火燒。〇假如有客來，要留他吃茶，吃點心，也都是這個

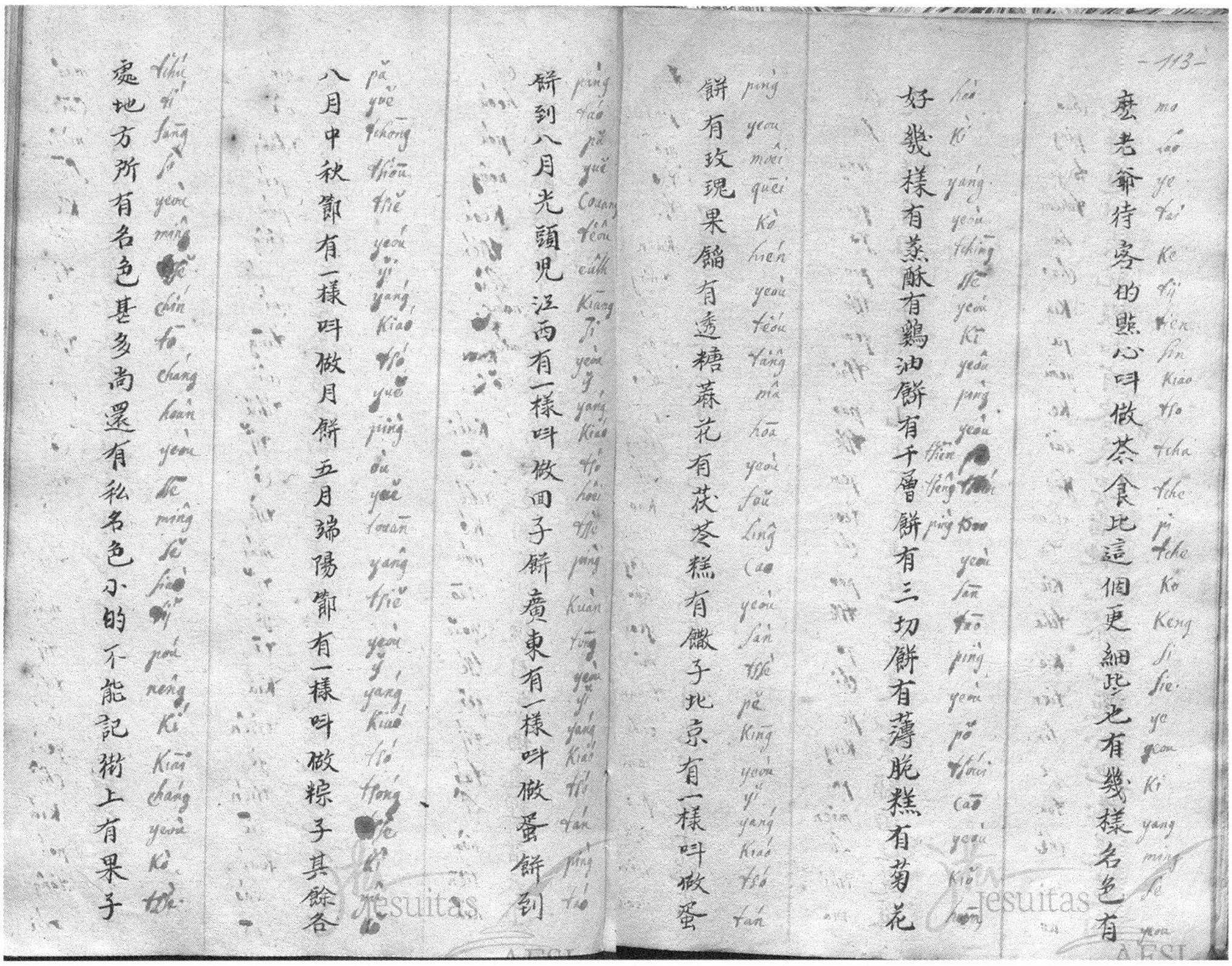

麼？○老爺待客的點心，叫做茶食；比這個更細些；也有幾樣。名色有
好幾樣，有蒸酥、雞油餅，有千層餅，有三切餅，有薄脆糕，有菊花
餅，有玫瑰果餡，有透糖蔴花，有茯苓糕，有饊子。北京有一樣叫做蛋
餅。到八月光頭兒，江西有一樣叫做回子餅，廣東有一樣叫做蛋餅。到
八月中秋節，有一樣叫做月餅。五月端陽節，有一樣叫做粽子。其餘各
處地方，所有名色甚多。尚還有私名色，小的不能記。○街上有果子

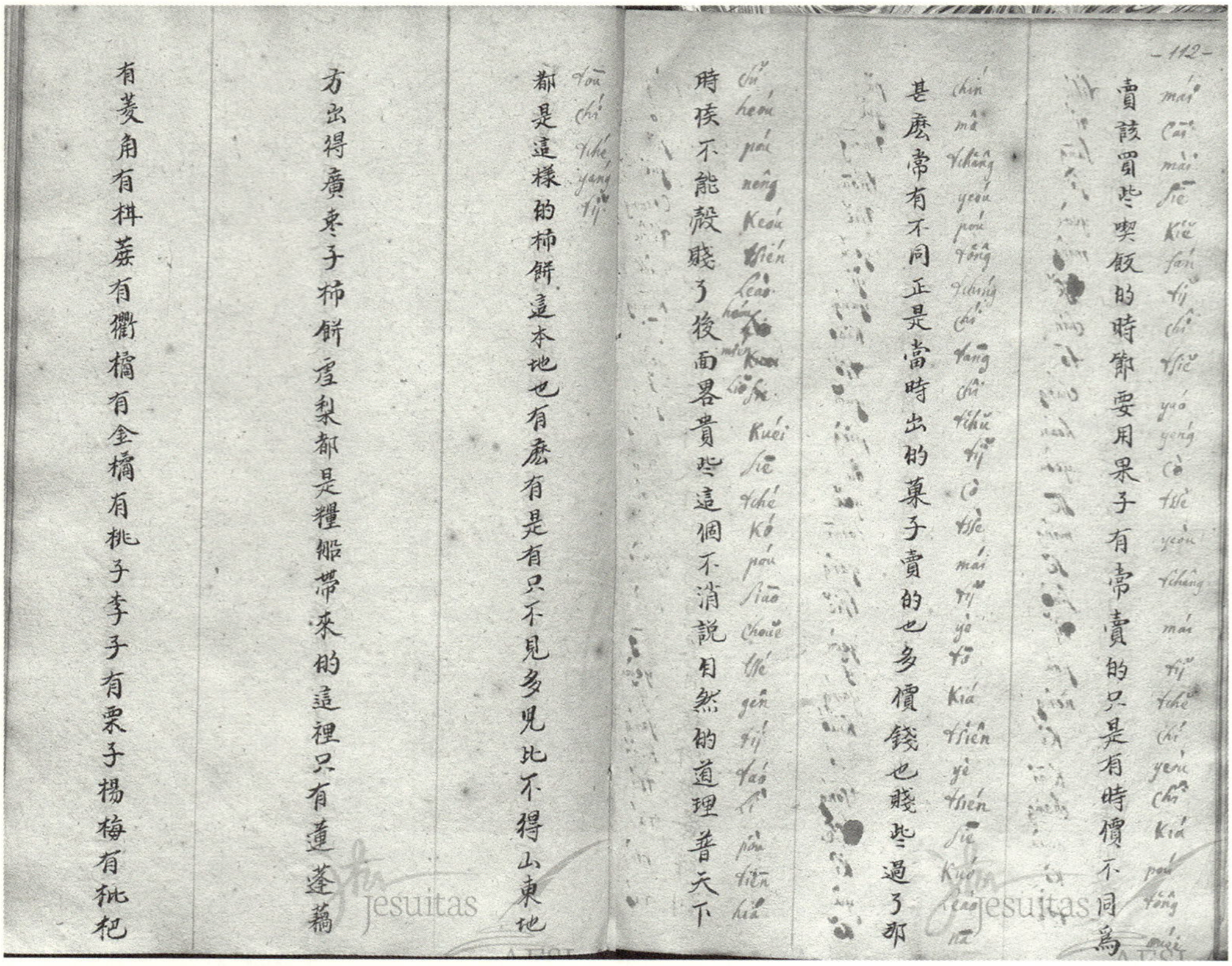

賣，該買些。喫飯的時節，要用果子。〇有常賣的，只是有時價不同。〇為
甚麼常有不同？〇正是當時出的菓子，賣的也多，價錢也賤些。過了那
時候，不能彀賤了，後面畧貴些。〇這個不消說，自然的道理，普天下
都是這樣的。〇柿餅這本地也有麼？〇有是有，只不見多見兒，比不得山東地
方出得廣。棗子、柿餅、雪梨都是糧船帶來的。這裡只有蓮蓬、藕，
有菱角，有柑蔗，有衢橘，有金橘，有桃子、李子，有栗子、楊梅，有枇杷，

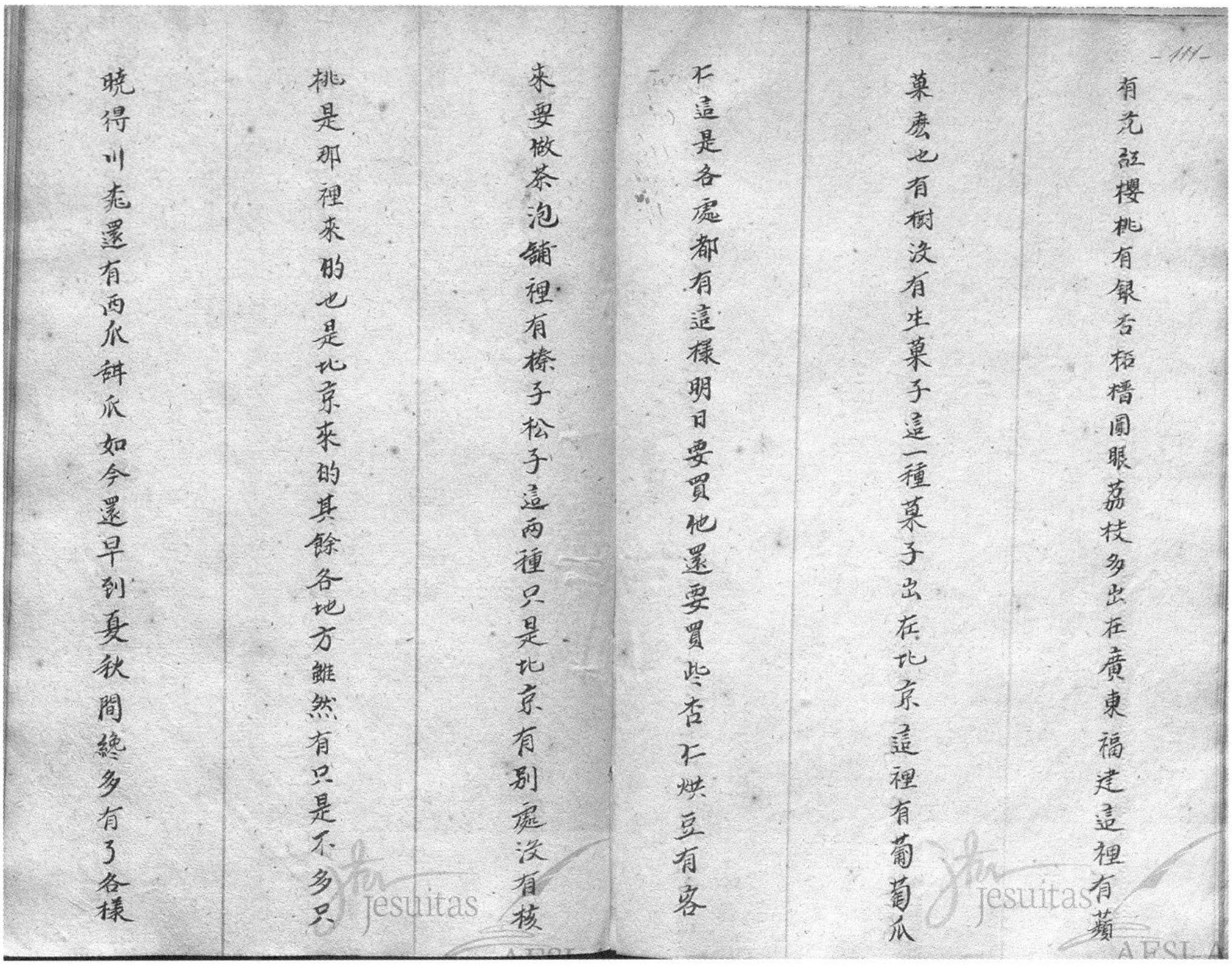

-111-

有花紅櫻桃有銀杏柘榴圓眼荔枝多出在廣東福建這裡有蘋
菓麼也有樹沒有生菓子這一種菓子出在北京這裡有葡萄瓜
仁這是各處都有這樣明日要買他還要買些杏仁烘豆有客
來要做茶泡鋪裡有榛子松子這兩種只是北京有别處沒有核
桃是那裡來的也是北京來的其餘各地方雖然有只是不多只
曉得川桃還有西瓜甜瓜如今還早到夏秋間纔多有了各樣

有花紅、櫻桃，有銀杏、柘榴、圓眼。荔枝多出在廣東、福建。〇這裡有蘋菓麼？〇也有，樹沒有生菓子，這一種菓子出在北京。這裡有葡萄、瓜仁。〇這是各處都有。這樣明日要買他，還要買些杏仁、烘豆。有客來，要做茶泡。〇鋪裡有榛子、松子，這兩種只是北京有，別處沒有。〇核桃是那裡來的？〇也是北京來的，其餘各地方雖然有，只是不多，只曉得川桃還有西瓜、甜瓜。如今還早，到夏秋間纔多。有了各樣

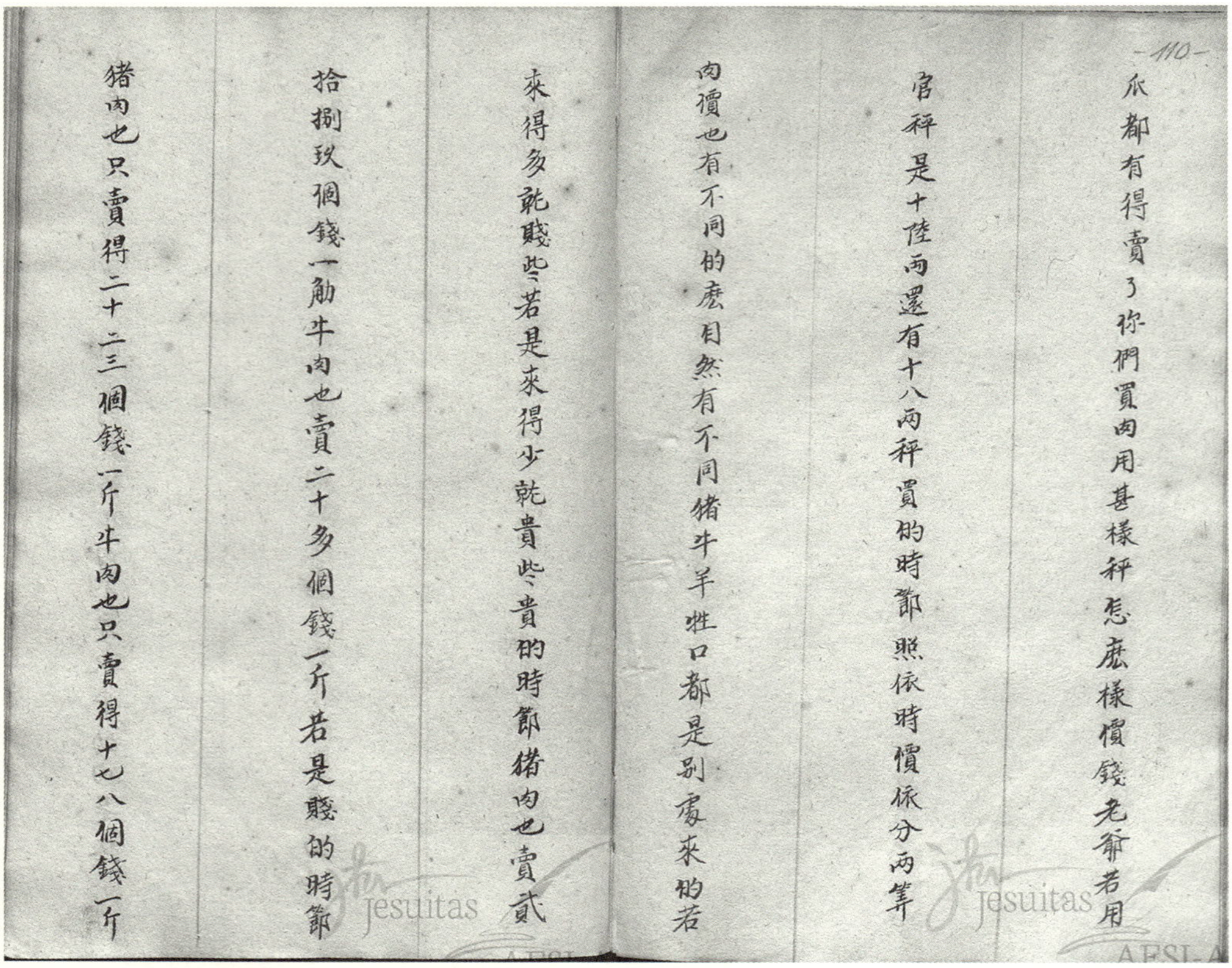

瓜，都有得賣了。〇你們買肉用甚様秤？怎麼様價錢？〇老爺若用
官秤是十陸兩，還有十八兩秤。買的時節，照依時價依分兩筭。
〇肉價也有不同的麼？〇自然有不同。豬牛羊牲口都是別處來的，若
來得多就賤些，若是來得少就貴些。貴的時節，豬肉也賣貳
拾捌玖個錢一觔，牛肉也賣二十多個錢一斤。若是賤的時節，
豬肉也只賣得二十二三個錢一斤，牛肉也只賣得十七八個錢一斤。

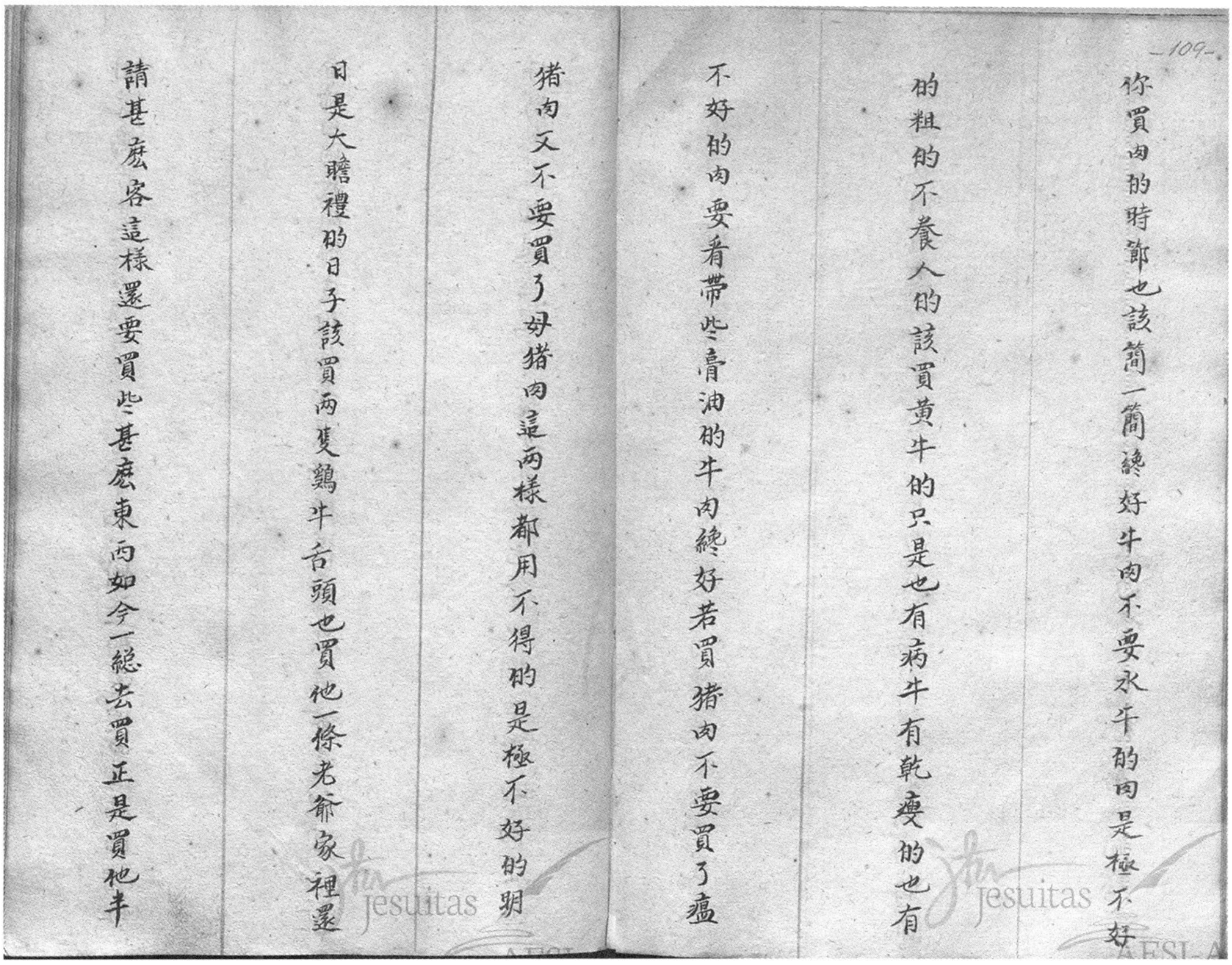
-109-
你買肉的時節也該簡一簡纔好牛肉不要水牛的肉是極不好
的粗的不養人的該買黄牛的只是也有病牛有乾瘦的也有
不好的肉要看帶些膏油的牛肉纔好若買猪肉不要買了瘟
猪肉又不要買了母猪肉這兩様都用不得的是極不好的明
日是大瞻禮的日子該買兩隻雞牛舌頭也買他一條老爺家裡還
請甚麽客這様還要買些甚麽東西如今一総去買正是買他半

○你買肉的時節，也該簡一簡纔好。牛肉，不要水牛的肉，是極不好
的，粗的，不養人的。該買黄牛的。只是也有病牛，有乾瘦的，也有
不好的肉。要看帶些膏油的牛肉纔好。若買豬肉不要買了瘟
豬肉，又不要買了母豬肉，這兩樣都用不得的，是極不好的。明
日是大瞻禮的日子，該買兩隻雞，牛舌頭也買他一條。○老爺，家裡還
請甚麼客？這樣還要買些甚麼東西？如今一総去買正是。○買他半

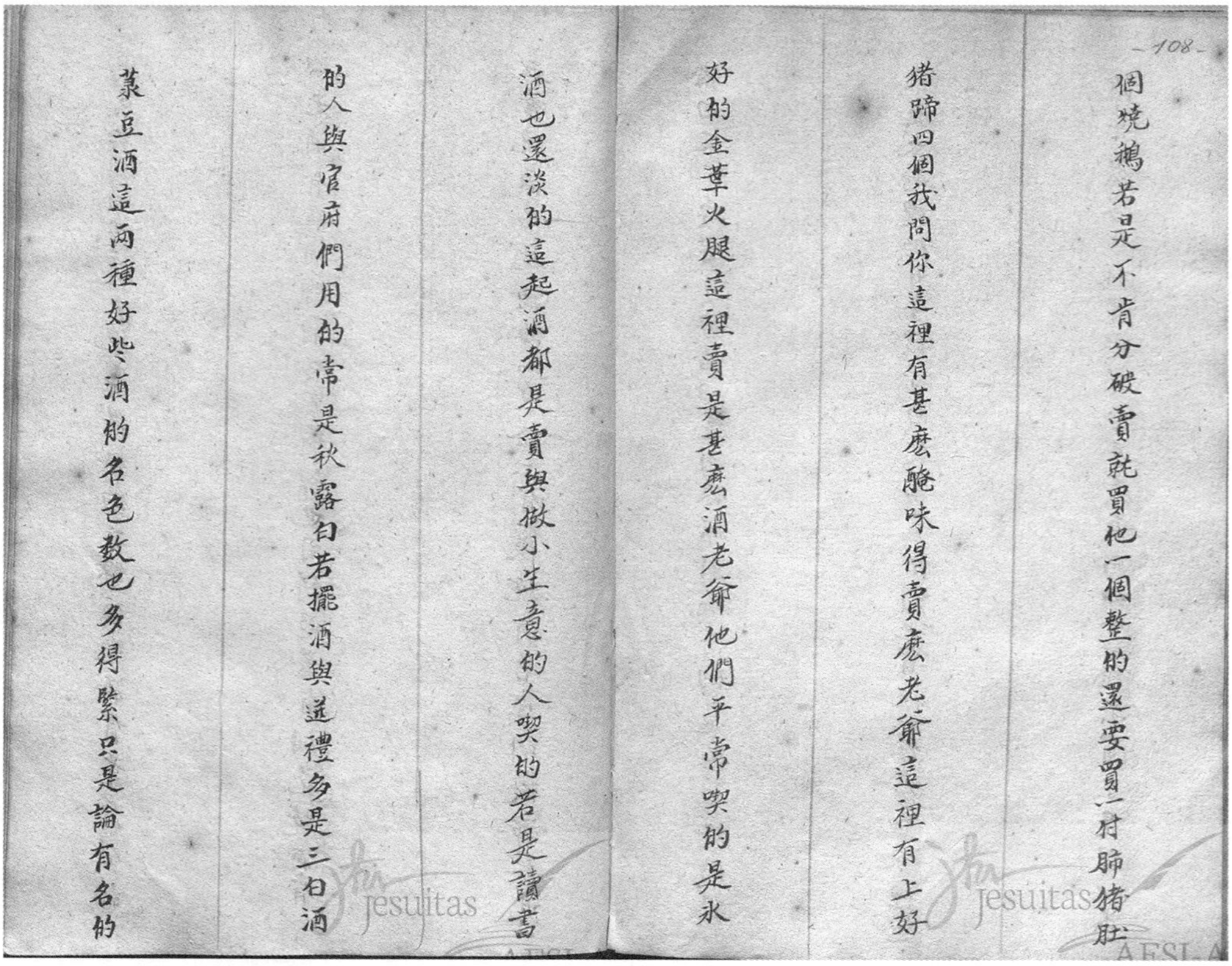

個焼鵝。若是不肯分破賣，就買他一個整的。還要買一付肺、豬肚，豬蹄四個。○我問你，這裡有甚麼醃味得賣麼？○老爺，這裡有上好好的金華火腿。○這裡賣是甚麼酒？○老爺，他們平常喫的是氷酒，也還淡的。這起酒都是賣與做小生意的人喫的。若是讀書的人與官府們用的，常是秋露白。若擺酒與送禮，多是三白酒、菉豆酒，這兩種好些。酒的名色數也多得緊。只是論有名的，

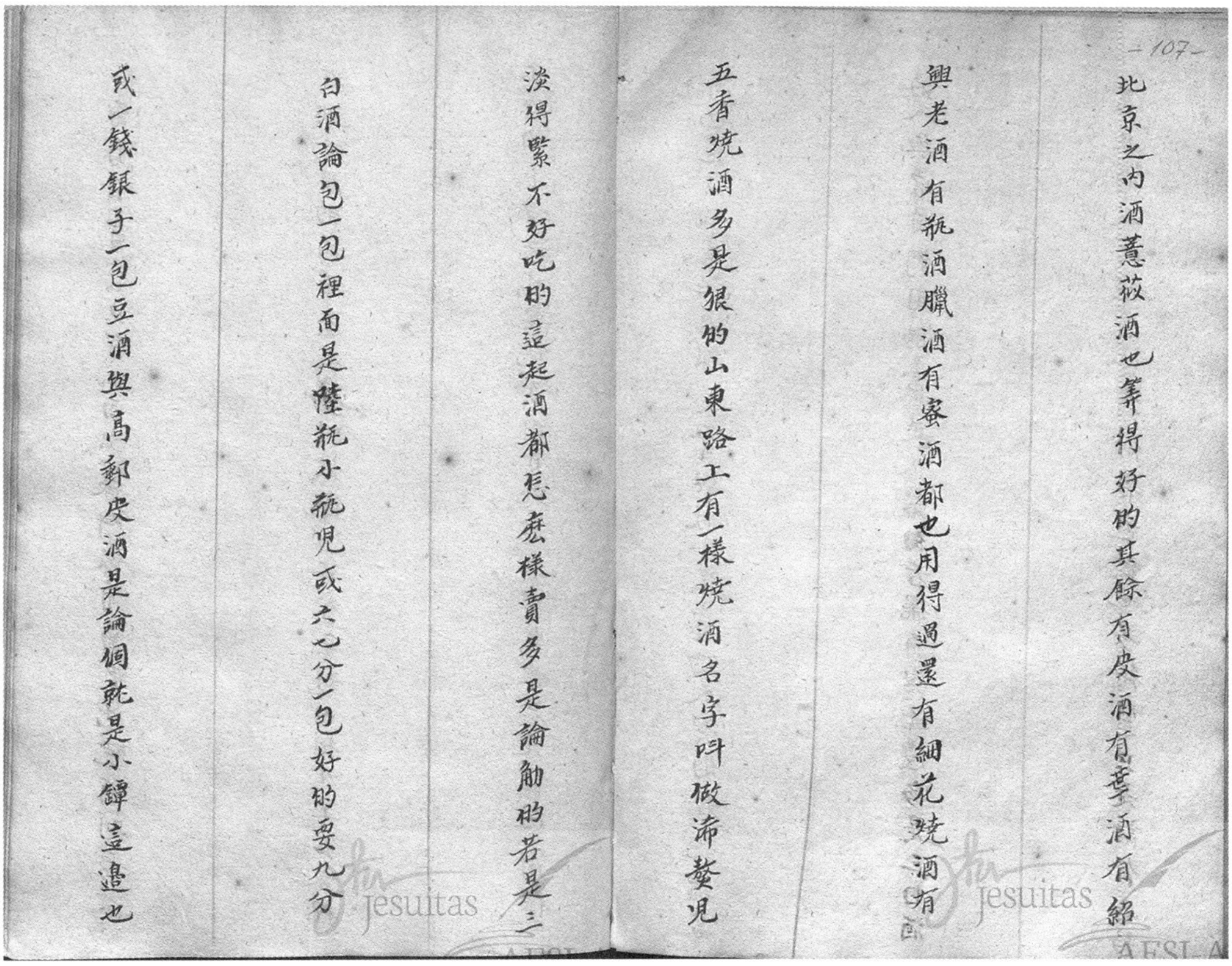

北京之內酒，薏苡酒也筭得好的。其餘有皮酒，有華酒，有紹
興老酒，有瓶酒、臘酒，有蜜酒，都也用得過。還有細花燒酒，有
五香燒酒，多是狠的。山東路上有一樣燒酒，名字呌做浠熬兒，
淡得緊，不好吃的。〇這起酒都怎麼樣賣？〇多是論斛的。若是三
白酒，論包，一包裡面是陸瓶小瓶兒，或六七分一包，好的要九分
或一錢銀子一包。豆酒與高郵皮酒是論個，就是小罈。〇這邊也

（29） 拜客訓示

有葡萄酒賣麼？○只有山西出一樣叫做葡萄枣兒燒酒，別處沒有。○朝廷用的酒甚麼名字？○叫做御酒。只有皇親內相進上的。○家裡米恐怕不多，幾日要完了。明日就要去買幾担，只是該問一問價錢看何如。○老爺，如今春天的米雖然不十分貴，也不十分賤的。在北方是種麥子，我們南方是種稻子。北方麥子，有秋麥，有春麥，秋麥到五月就收成，春麥到八九月纔收成。南方稻子，有早稻，有晚稻，

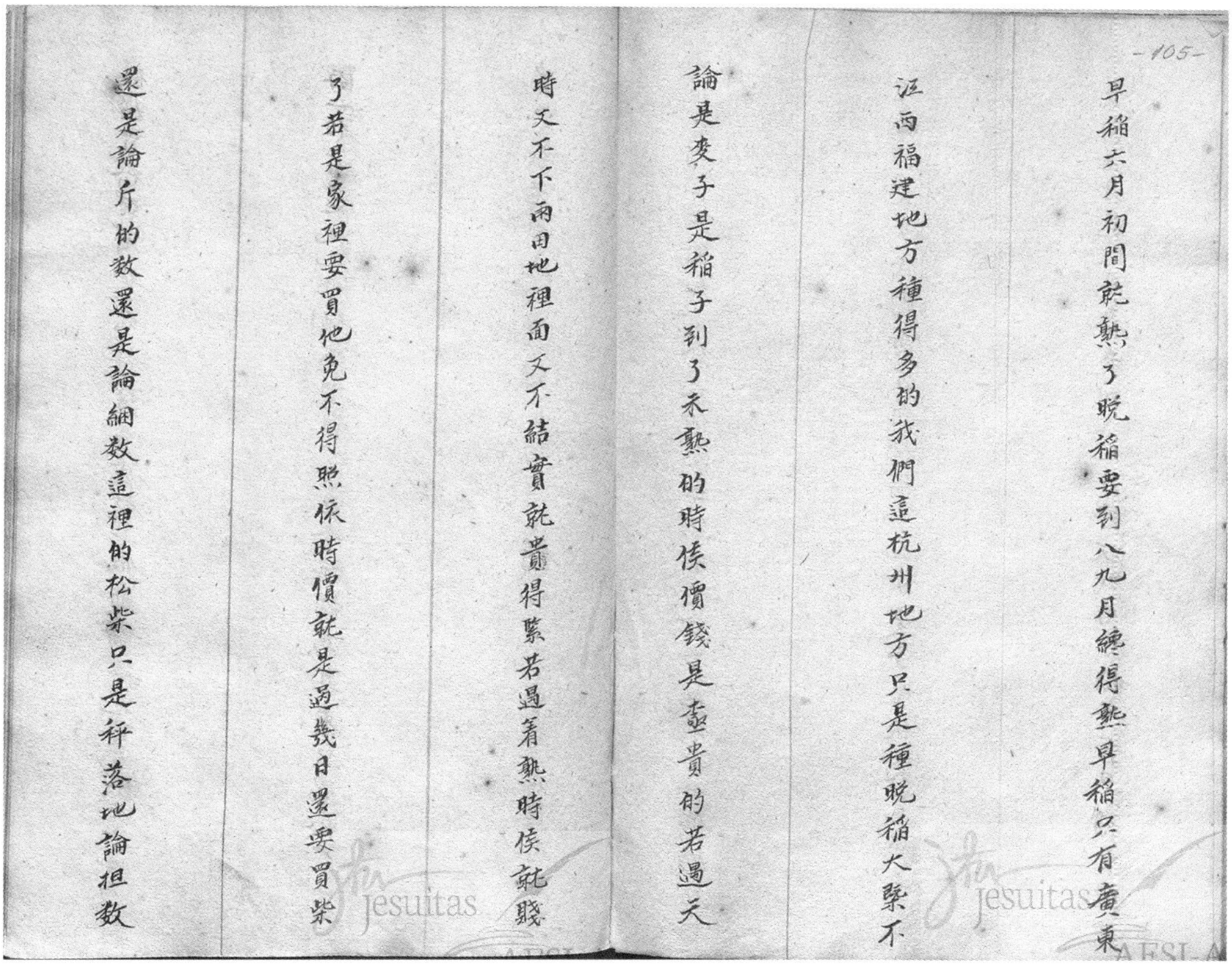
-105-
早稻六月初間就熟了晚稻要到八九月纔得熟早稻只有廣東
江西福建地方種得多的我們這杭州地方只是種晚稻大槩不
論是麥子是稻子到了未熟的時候價錢是極貴的若遇天
時又不下雨田地裡面又不結實就貴得緊若遇着熟時候就賤
了若是家裡要買他免不得照依時價就是過幾日還要買柴
還是論斤的數還是論細數這裡的松柴只是秤落地論担數

早稻六月初間就熟了，晚稻要到八九月纔得熟。早稻只有廣東、江西、福建地方種得多的。我們這杭州地方，只是種晚稻。大槩不論是麥子是稻子，到了未熟的時候，價錢是極貴的。若遇天時又不下雨，田地裡面又不結實，就貴得緊。若遇着熟時候，就賤了。若是家裡要買他，免不得照依時價就是。〇過幾日還要買柴，還是論斤的數，還是論細數？〇這裡的松柴只是秤落地論担數。

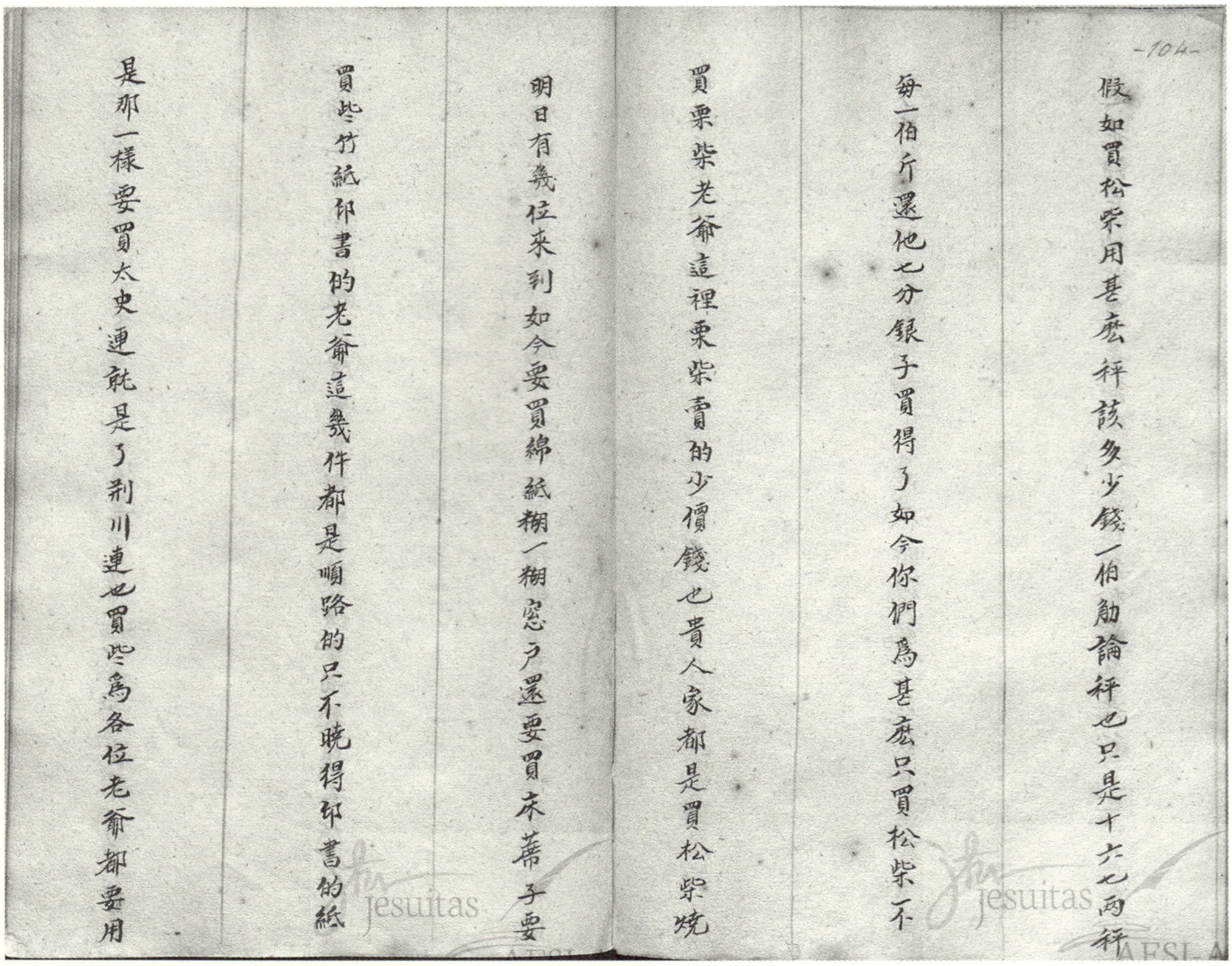
-104-
假如買松柴用甚麼秤該多少錢一伯觔論秤也只是十六七兩秤
每一伯斤還他七分銀子買得了如今你們為甚麼只買松柴不
買栗柴老爺這裡栗柴賣的少價錢也貴人家都是買松柴燒
明日有幾位來到如今要買綿紙糊一糊窓戶還要買床蓆子要
買些竹紙印書的老爺這幾件都是順路的只不曉得印書的紙
是那一樣要買太史連就是了荊川連也買些為各位老爺都要用

○假如買松柴用甚麼秤？該多少錢一伯觔。○論秤也只是十六七兩秤。
每一伯斤還他七分銀子買得了。○如今你們為甚麼只買松柴，不
買栗柴？○老爺，這裡栗柴賣的少，價錢也貴，人家都是買松柴燒。
○明日有幾位來到，如今要買綿紙糊一糊窓戶，還要買床蓆子，要
買些竹紙印書的。○老爺，這幾件都是順路的，只不曉得印書的紙
是那一樣？○要買太史連就是了。荊川連也買些，為各位老爺都要用。

○老爺，這兩樣紙該買多少？○買他四五簍，買得多些便宜。若買得少，要喫些虧。○老爺，都是一樣平買，還是那一樣該多些？○自然印書紙該多買些，寫字的買一簍就殼子。○我問你，這裡的布是怎麼樣買？○這裡的布都是別處來的。綿布出在松江府，夏布出在蘇州府太倉州，葛布出在廣東雷州府，這都是中國有名的布。或是細布，價錢或多或少，依布還價，沒有一定的。若是羢布、羢襪、氊賀，行裡面畧有

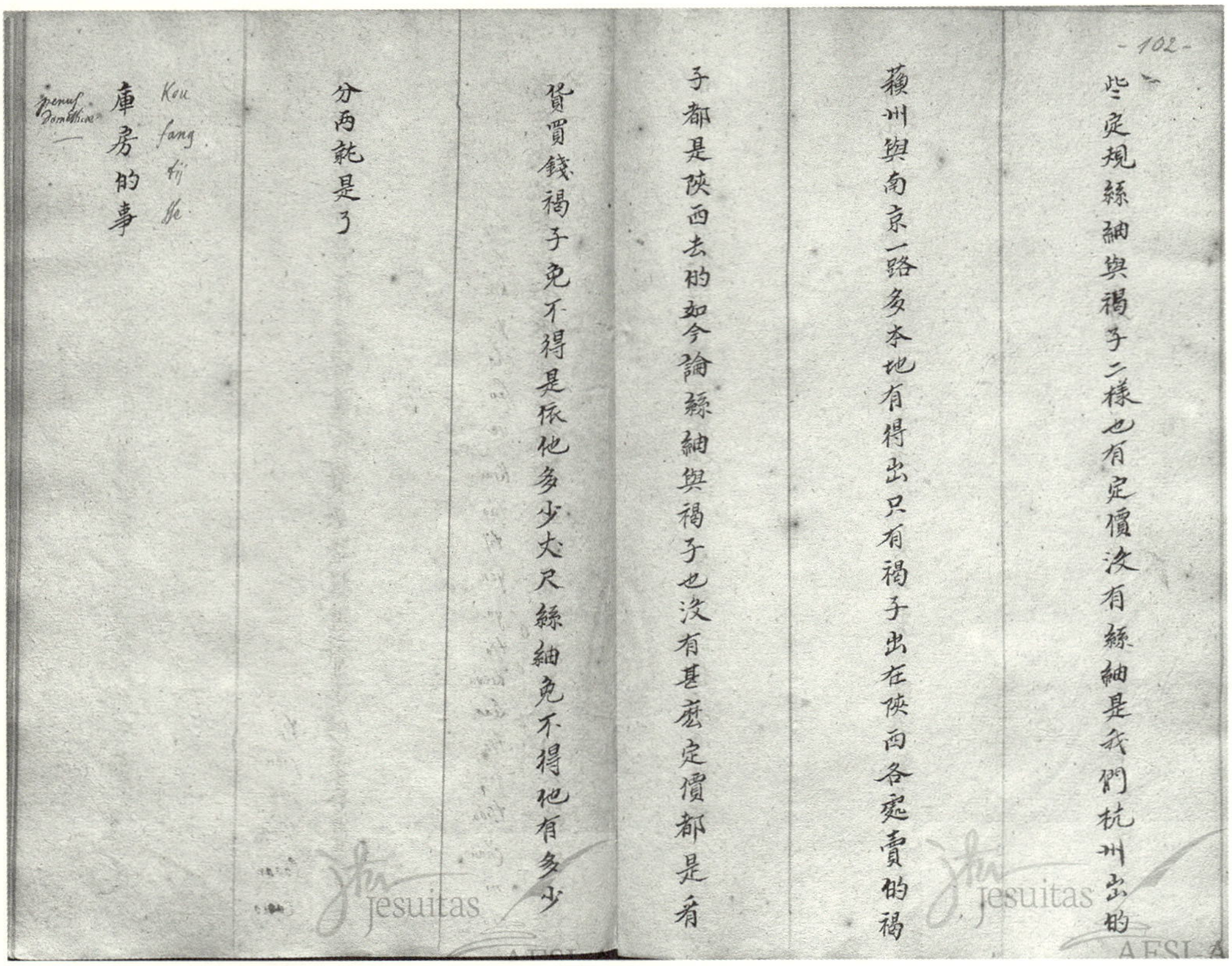

些定規。○絲紬與褐子二樣也有定價沒有？○絲紬是我們杭州出的，蘓州與南京一路多，本地有得出。只有褐子出在陝西，各處賣的褐子，都是陝西去的。如今論絲紬與褐子，也沒有甚麼定價，都是看貨買錢。褐子免不得是依他多少丈尺，絲紬免不得他有多少分兩就是了。

庫房的事

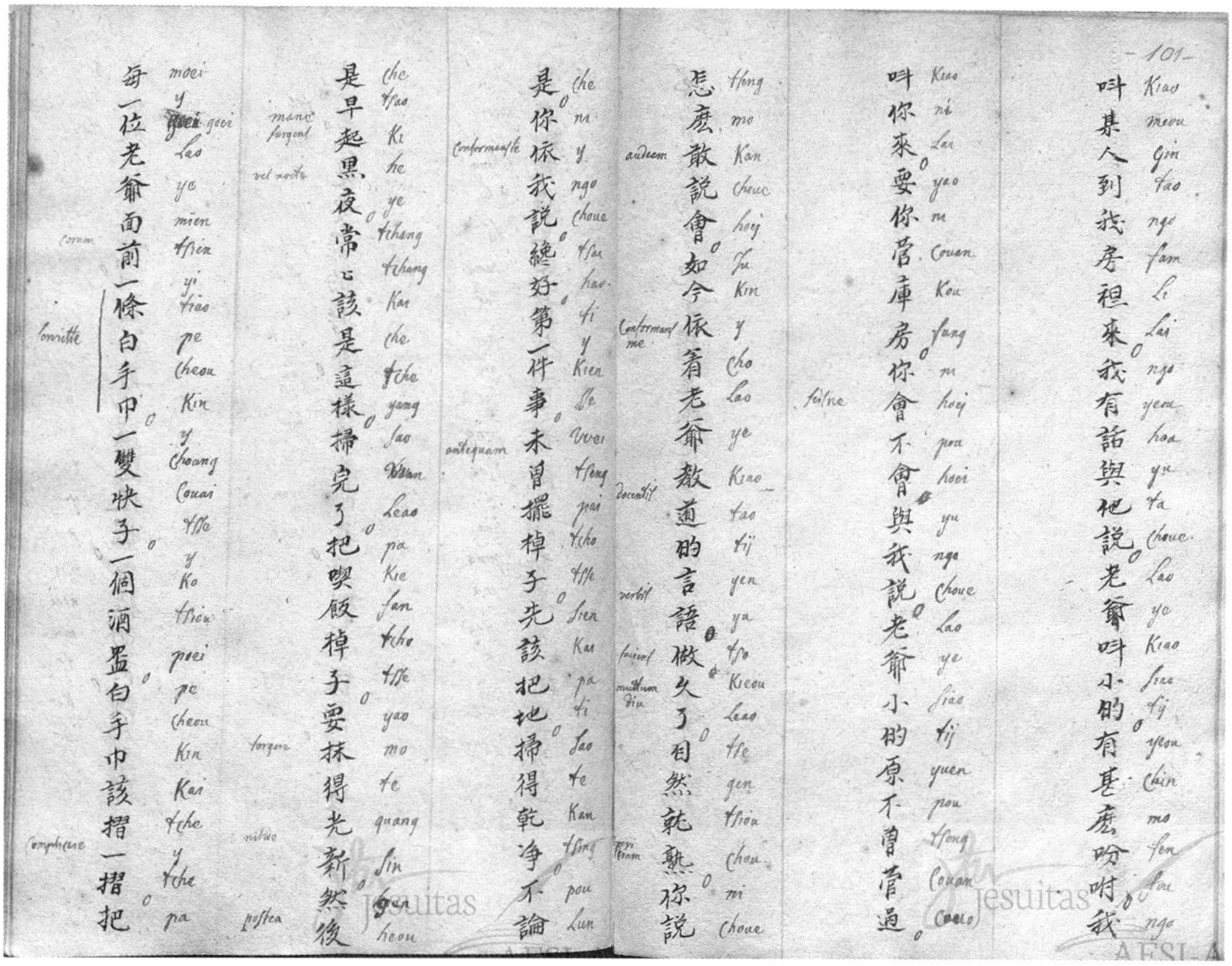

○叫某人到我房裡來：我有話與他說。○老爺叫小的，有甚麼吩咐？○我
叫你來，要你管庫房，你會不會，與我說。○老爺，小的原不曾管過，
怎麼敢說會？如今依着老爺教道的言語，做乆了自然就熟。○你說
是，你依我說纔好。第一件事：未曾擺棹子，先該把地掃得乾淨。不論
是早起黑夜，常常該是這樣。掃完了，把喫飯棹子要抹得光新，然後
每一位老爺面前一條白手巾、一雙筷子、一個酒盃。白手巾該摺一摺，把

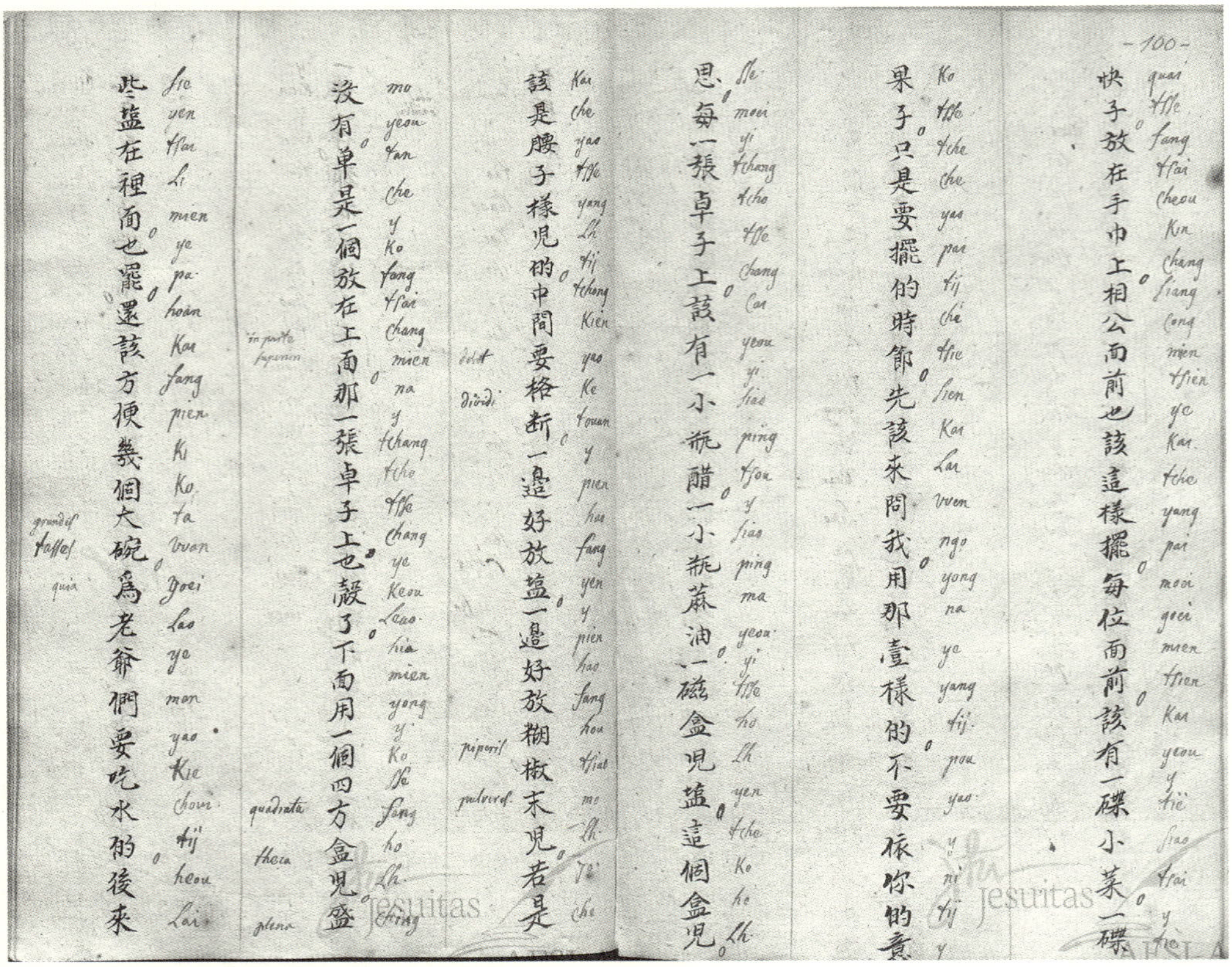

快子放在手巾上，相公面前也該這樣擺。每位面前該有一碟小菜、一碟
果子。只是要擺的時節，先該來問我，用那壹樣的，不要依你的意
思。每一張卓子上該有一小瓶醋、一小瓶蒜油、一磁盒兒塩，這個盒兒
該是腰子樣兒的，中間要格断，一邊好放塩，一邊好放糊椒末兒。若是
沒有，單是一個放在上面，那一張卓子上也殼了。下面用一個四方盒兒，盛
些塩在裡面也罷。還該方便幾個大碗，為老爺們要吃水的。後來

吃完了飯的時節，這些器皿都收在庫房裡面。那時用水洗淨了，一件一件都收在個小櫥櫃裡，不要放在外面打破了。第二件事：喫飯的時候到了，或是肉或是魚，分開各分送了喫飯廳裡。或者畧有些剩的，也該收進庫房裡面去。就是老爺們所剩的東西，一齊都該在庫房裡面。或者肉與魚，新買的不彀分，免不得要在庫房裡面取出來湊。既是湊足，又剩的依舊該收進庫房去。但收在庫房的，

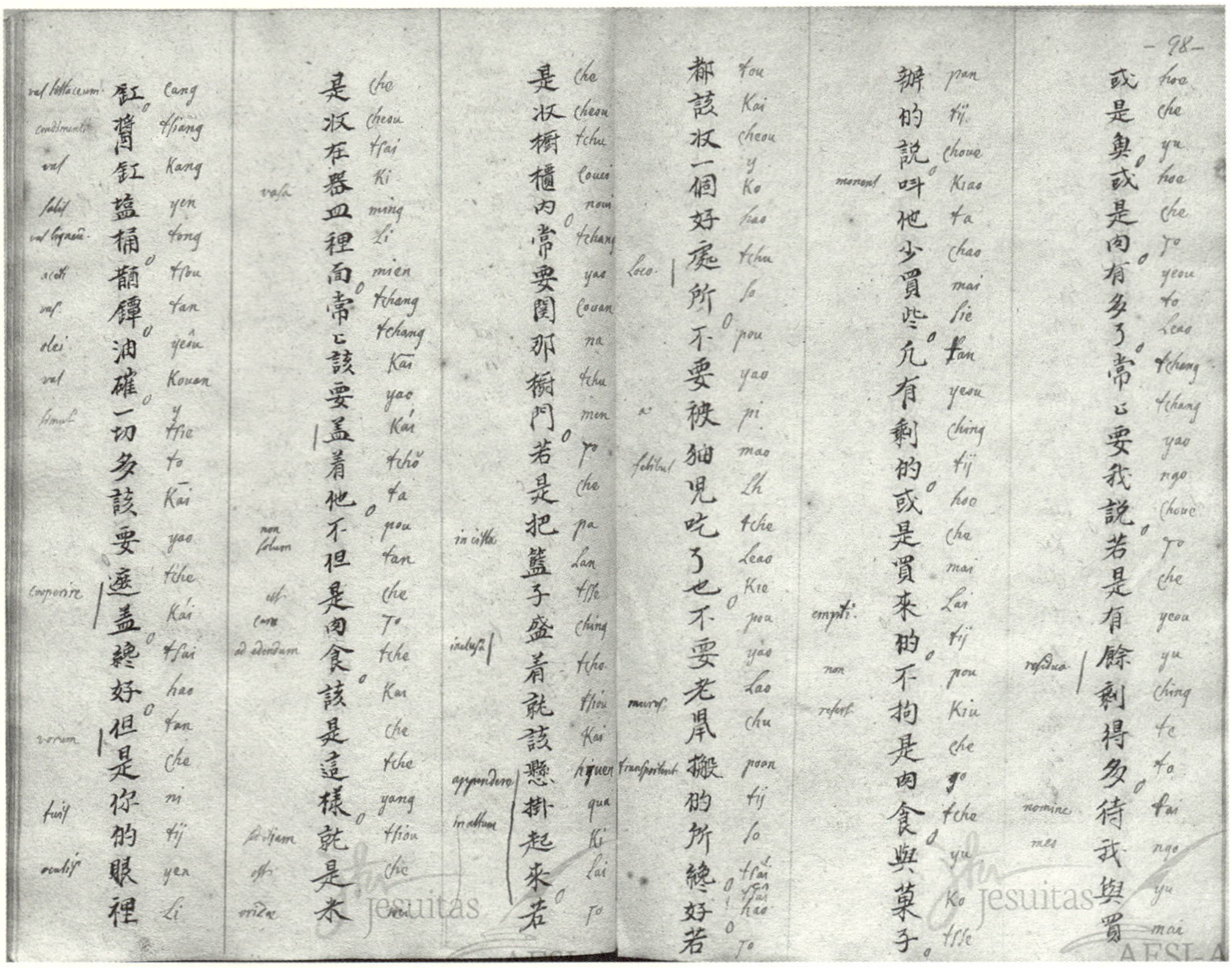

或是魚或是肉有多了，常常要我說。若是有餘剩得多，待我與買辦的說，吽他少買些。凡有剩的，或是買來的，不拘是肉食與菓子，都該收一個好處所，不要被貓兒吃了，也不要老鼠搬的所纔好。若是收櫥櫃內，常要関那櫥門。若是把籃子盛着，就該懸掛起來。若是收在器皿裡面，常常該要盖着他。不但是肉食該是這樣，就是米缸、醬缸、塩桶、醋罈、油罐，一切多該要遮盖纏好。但是你的眼裡

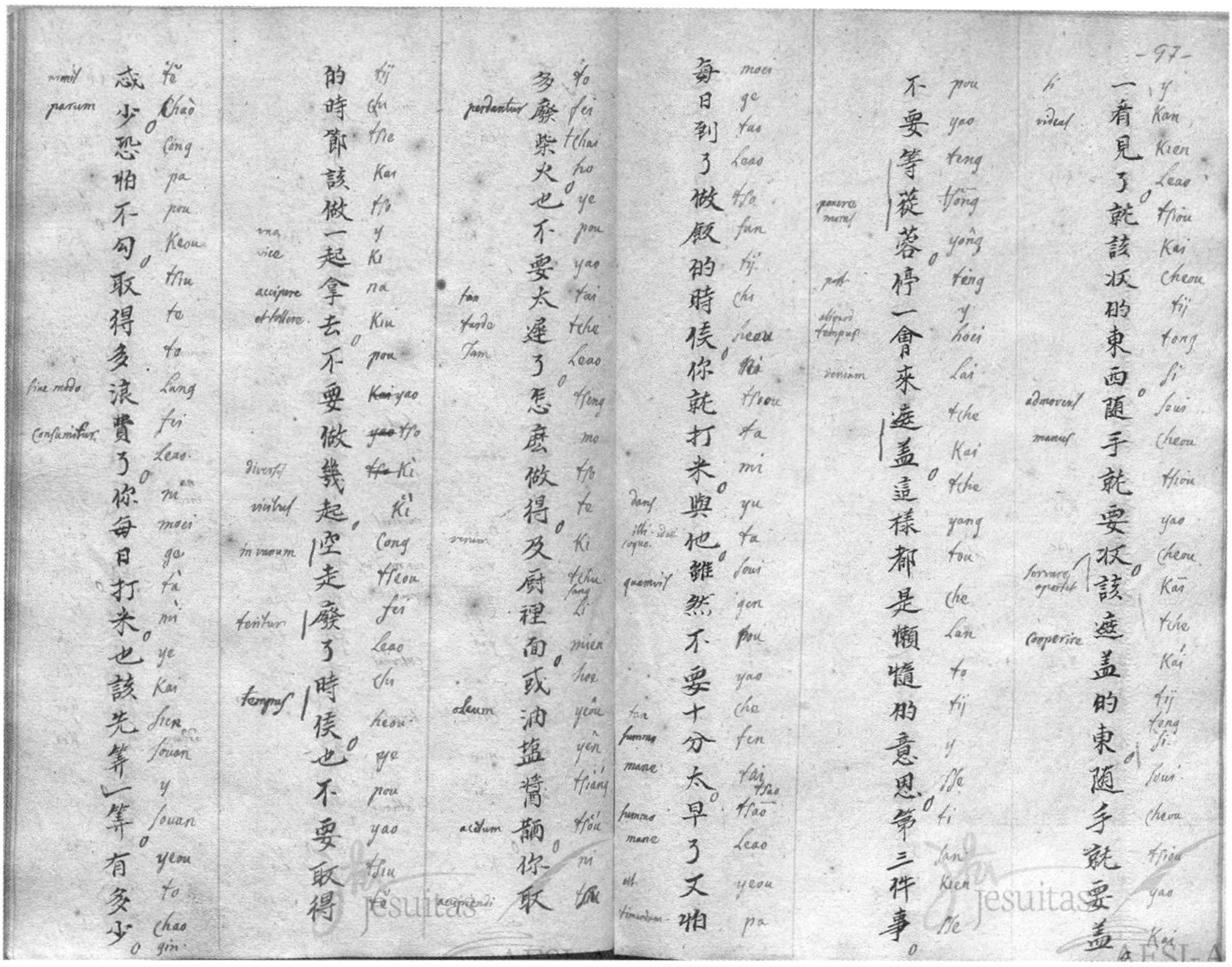

一看見了就該收的東西，隨手就要收，該遮盖的東，隨手就要盖，
不要等萒蓉停一會來遮盖，這樣都是懶惰的意思。第三件事：
每日到了做飯的時候，你就打米與他。雖然不要十分太早了，又怕
多廢柴火，也不要太遲了。◯怎麼做得及？◯廚裡面或油、塩、醬、醋，你取
的時節該做一起拿去，不要做幾起，空走廢了時候。也不要取得
忒少，恐怕不勾，取得多，浪費了。你每日打米，也該先筭一筭，有多少

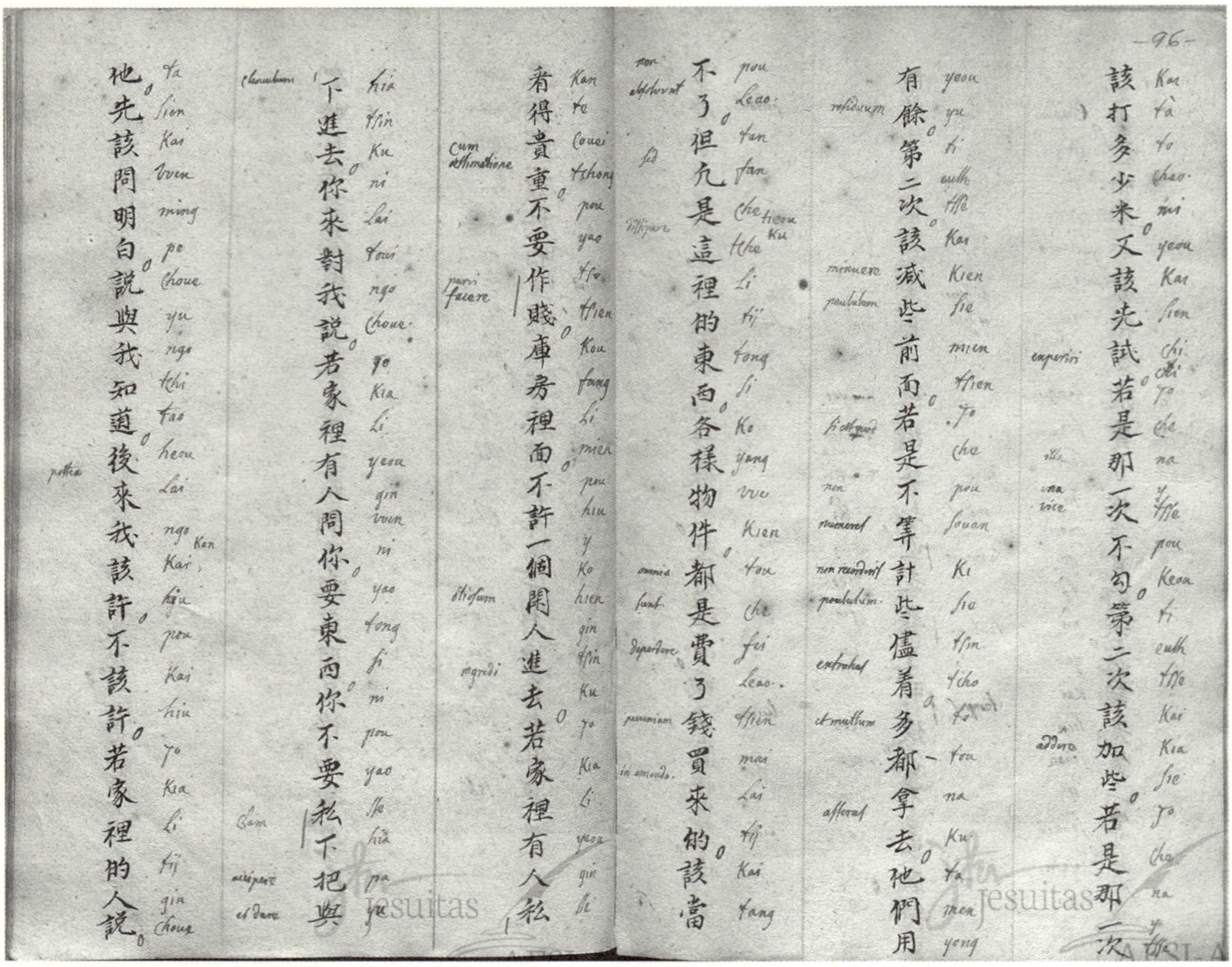

該打多少米。又該先試，若是那一次不勾，第二次該加些，若是那一次
有餘，第二次該減些。前面若是不筭計些，儘着多都拿去，他們用
不了。但凡是這裡的東西，各樣物件，都是費了錢買來的，該當
看得貴重，不要作賤。庫房裡面，不許一個閑人進去。若家裡有人私
下進去，你來對我說。若家裡有人問你要東西，你不要私下把與
他，先該問明白，說與我知道，後來我該許不該許。若家裡的人說

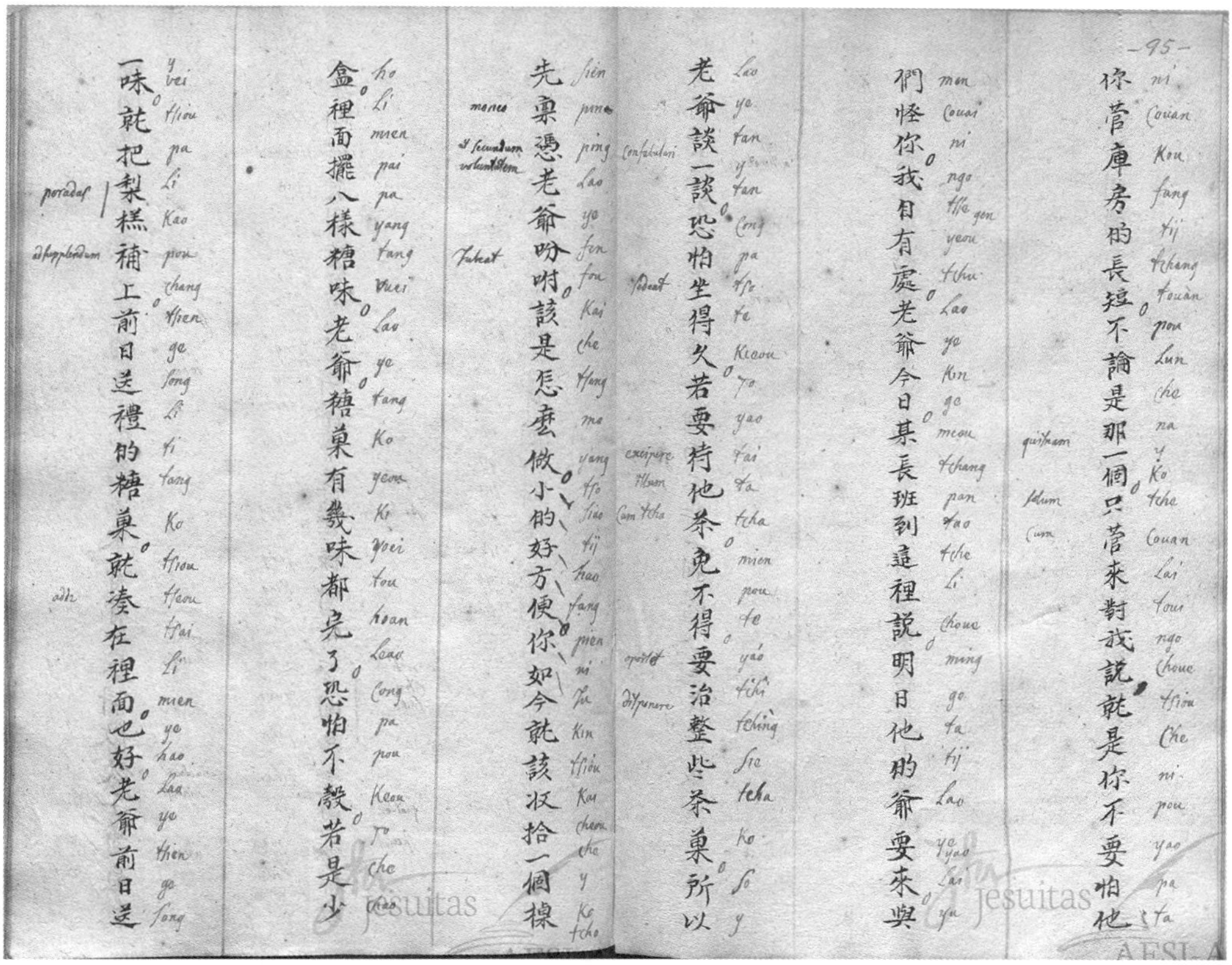

你管庫房的長短,不論是那一個,只管來對我說,就是你不要怕他們怪你,我自有處。○老爺,今日某長班到這裡說,明日他的爺要來與老爺談一談。恐怕坐的久,若要待他茶,免不得要治整些茶菓,所以先稟,憑老爺吩咐,該是怎麼做,小的好方便。○你如今就該收拾一個楪盒,裡面擺八樣糖味。○老爺,糖菓有幾味都完了,恐怕不彀。○若是少一味,就把梨糕補上。前日送禮的糖菓就湊在裡面也好。○老爺,前日送

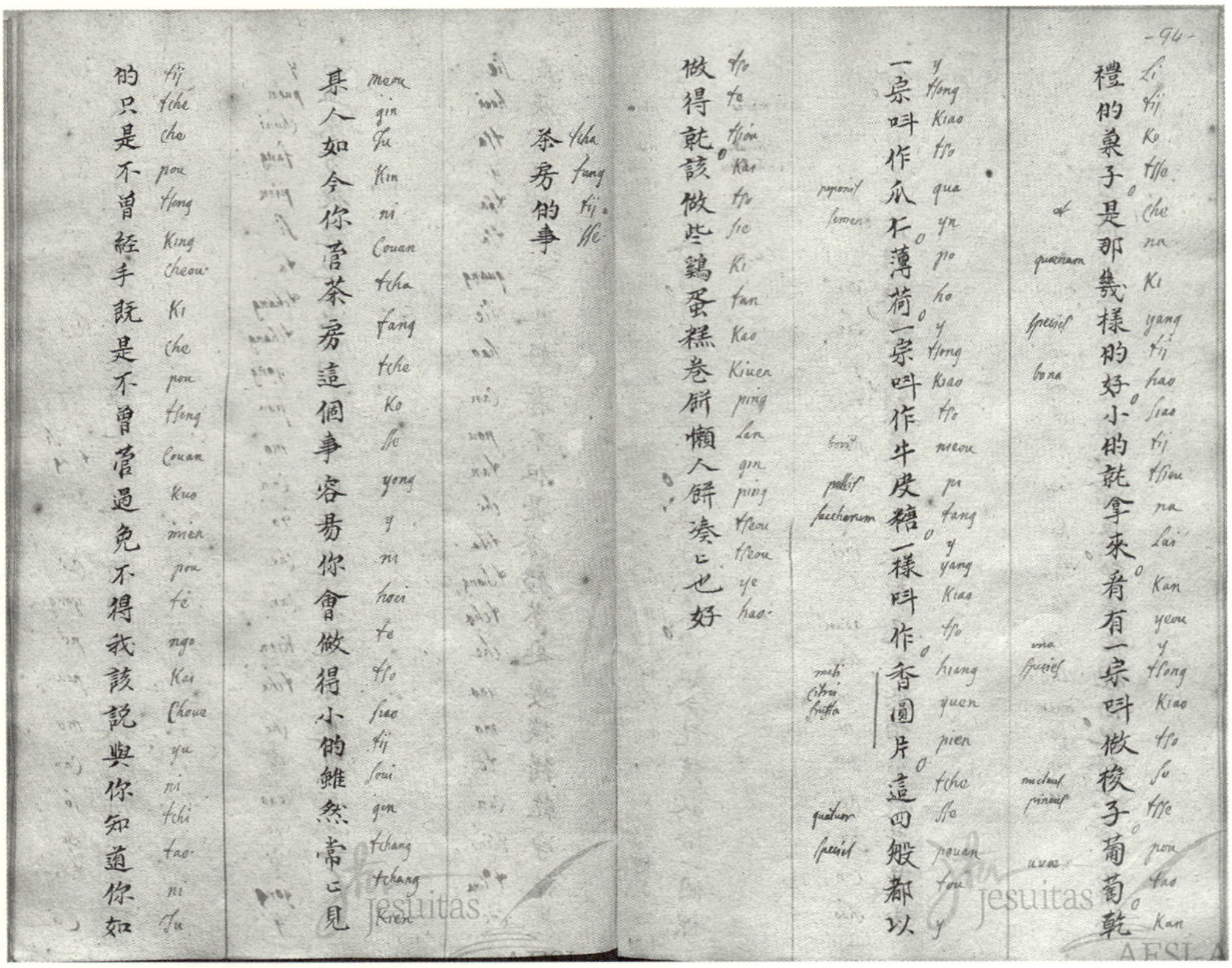

禮的菓子是那幾樣的好，小的就拿來。○看有一宗叫做梭子葡萄乾，
一宗叫作瓜仁薄荷，一宗叫作牛皮糖，一様叫作香圓片，這四般都以
做得。○就該做些雞蛋糕、巻餅、懶人餅，凑凑也好。

茶房的事

○某人，如今你管茶房，這個事容易，你會做得。○小的雖然常常見
的，只是不曾經手。○既是不曾管過，免不得我該說與你知道。○你如

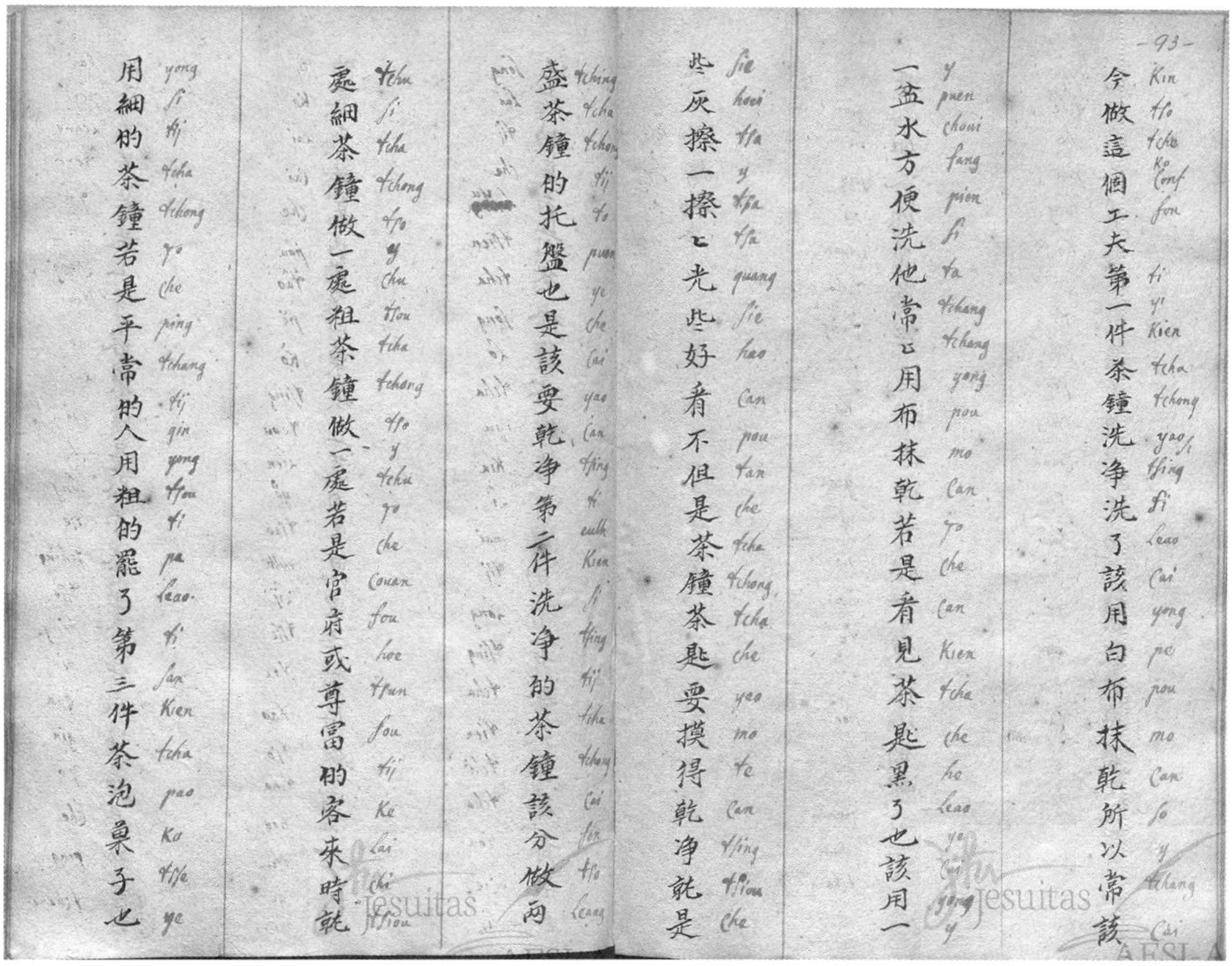

今做這個功夫。第一件：茶鐘洗净，洗了該用白布抹乾，所以常該
一盆水方便洗他，常常用布抹乾。若是看見茶匙黒了，也該用一
些灰擦一擦，擦光些好看。不但是茶鐘、茶匙要摸的乾净，就是
盛茶鐘的托盤，也是該要乾净。第二件：洗净的茶鐘該分做兩
處，細茶鐘做一處，粗茶鐘做一處。若是官府或尊富的客來時，就
用細的茶鐘，若是平常的人，用粗的罷了。第三件：茶泡菓子也

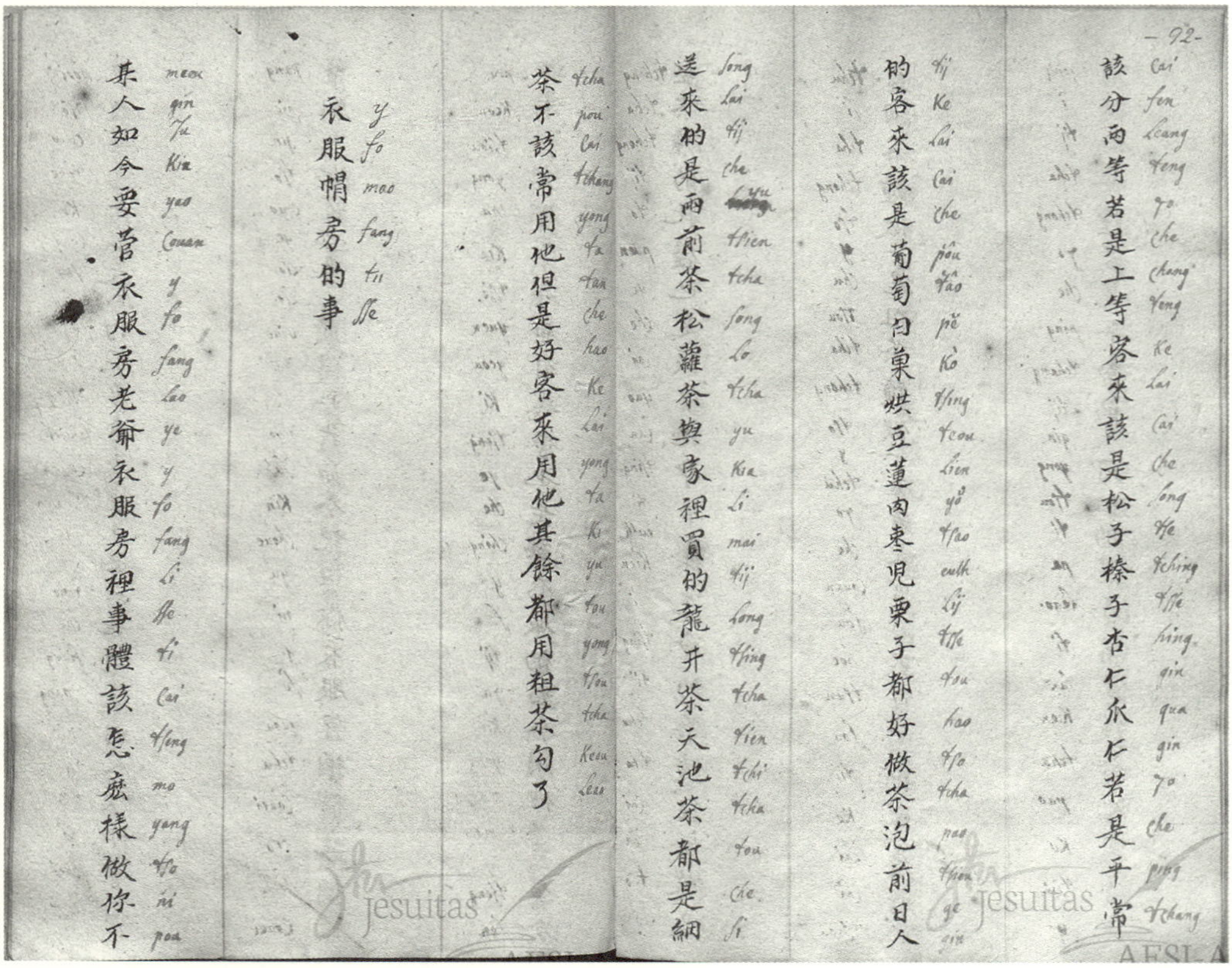

該分兩等。若是上等的客來，該是松子、榛子、杏仁、瓜仁，若是平常的客來，該是葡萄、白菓、烘豆、蓮肉、枣兒、栗子，都好做茶泡。前日人送來的是雨前茶、松蘿茶與家裡買的龍井茶、天池茶都是細茶，不該常用他。但是好客來用他，其餘都用粗茶勾了。

衣服帽房的事

○某人，如今要管衣服房。○老爺，衣服房裡事體該怎麼樣做？○你不

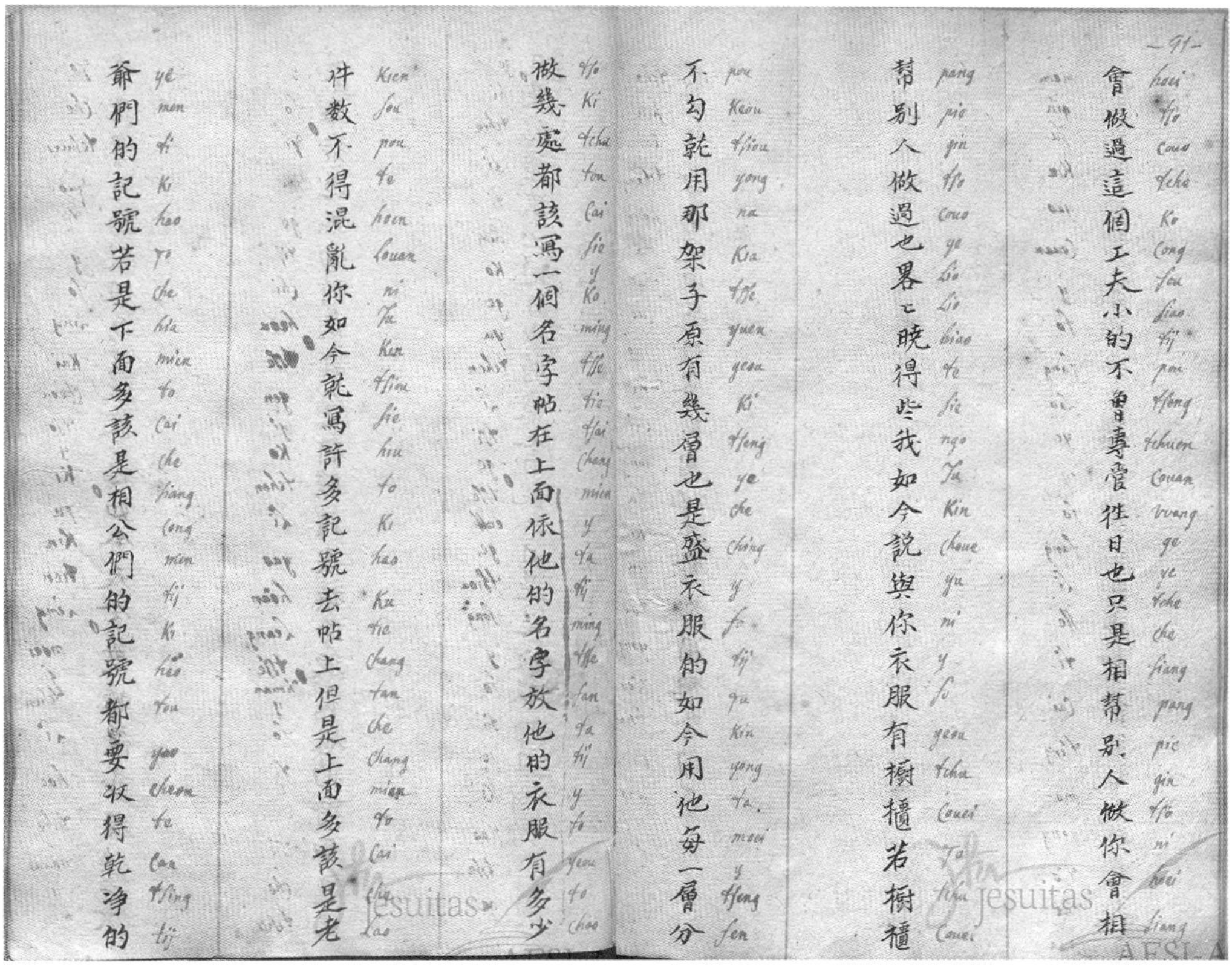

會做過。◯這個功夫小的不曾專管，往日也只是相幫別人做。◯你會相幫別人做過，也畧畧曉得些。我如今說與你。衣服有櫥櫃，若櫥櫃不勾就用那架子。原有幾層也是盛衣服的，如今用他，每一層分做幾處，都該寫一個名字帖在上面，依他的名字放他的衣服，有多少件數，不得混亂。你如今就寫許多記號去帖上，但是上面多該是老爺們的記號，若是下面多該是相公們的記號，都要收得乾淨的。

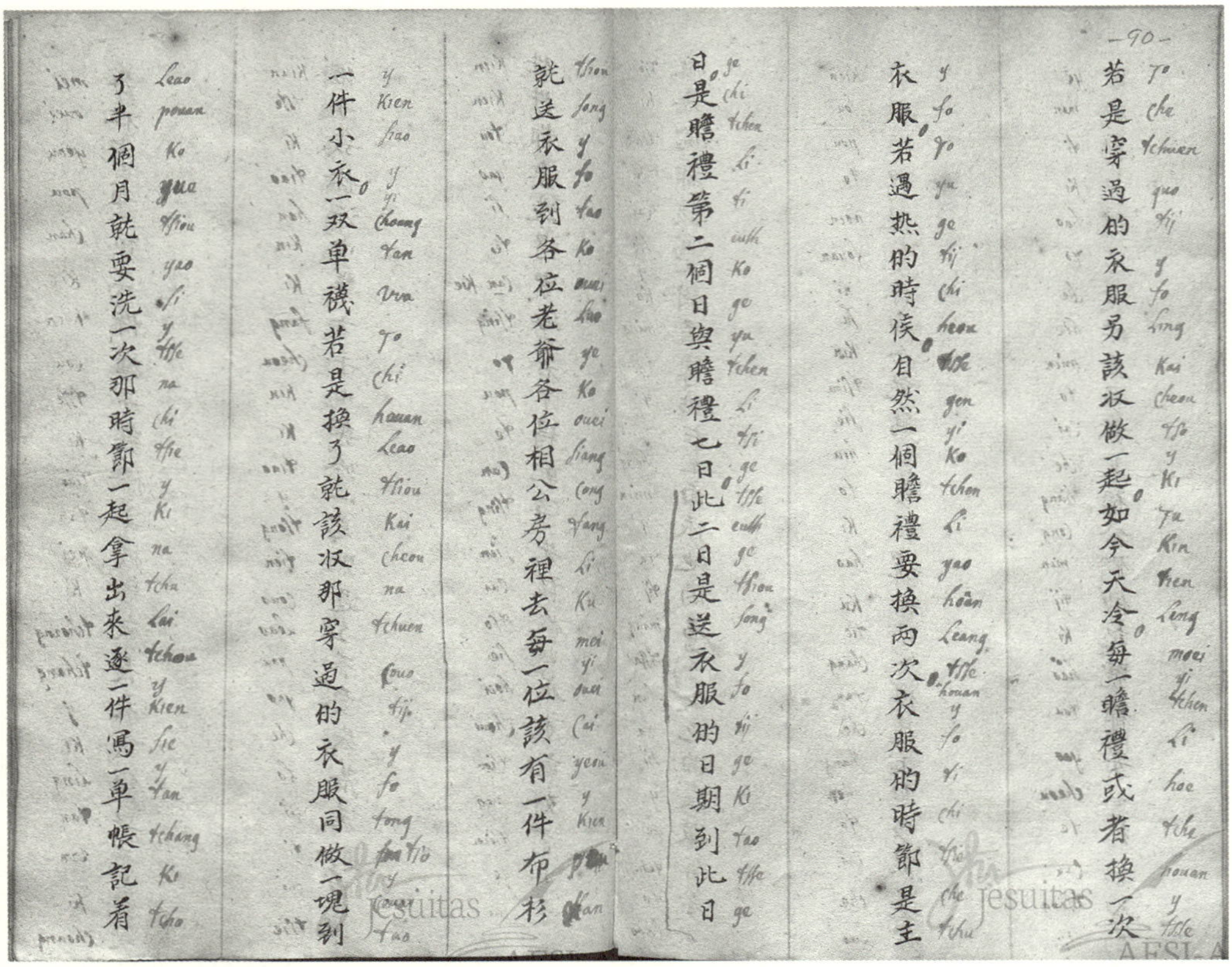

若是穿過的衣服，另該收做一起。如今天冷，每一瞻禮或者換一次
衣服。若遇熱的時候，自然一個瞻禮要換兩次衣服的時節是主
日，是瞻禮第二個日與瞻禮七日，此二日是送衣服的日期。到此日，
就送衣服到各位老爺、各位相公房裡去。每一位該有一件布衫、
一件小衣、一雙單襪。若是換了，就該收那穿過的衣服同做一塊，到
了半個月，就要洗一次。那時節一起拿出來，逐一件寫一單帳記着，

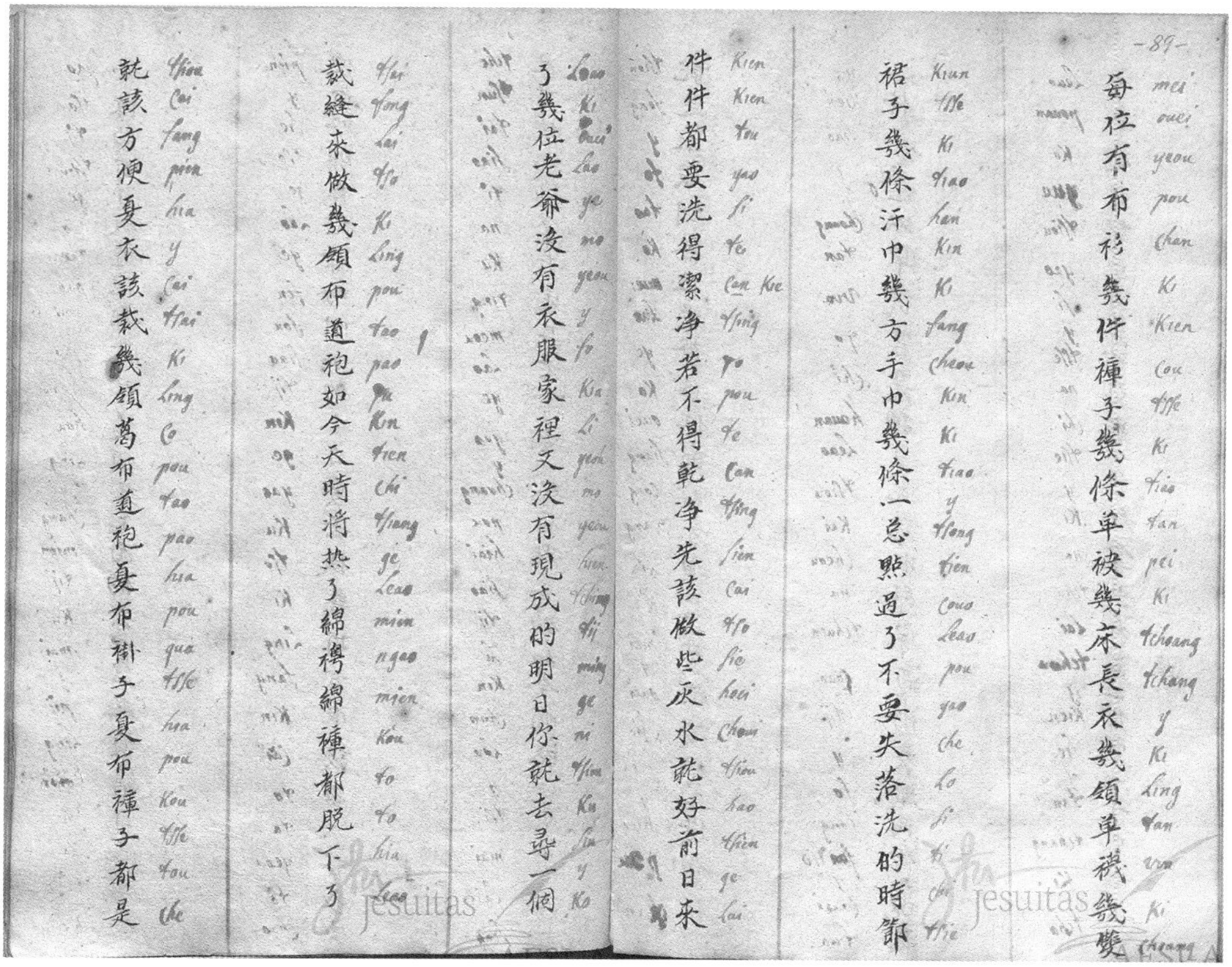

每位有布衫幾件、褲子幾條、單被幾床、長衣幾領、單襪幾雙、
裙子幾條、汗巾幾方、手巾幾條，一总點過了，不要失落。洗的時節，
件件都要洗的潔淨，若不得乾淨，先該做些灰水就好。前日來
了幾位老爺沒有衣服，家裡又沒有現成的。明日你就去尋一個
裁縫來，做幾領布道袍。如今天時將熱了，棉襖棉褲都脫下了，
就該方便夏衣，該裁幾領葛布道袍，夏布褂子、夏布褲子，都是

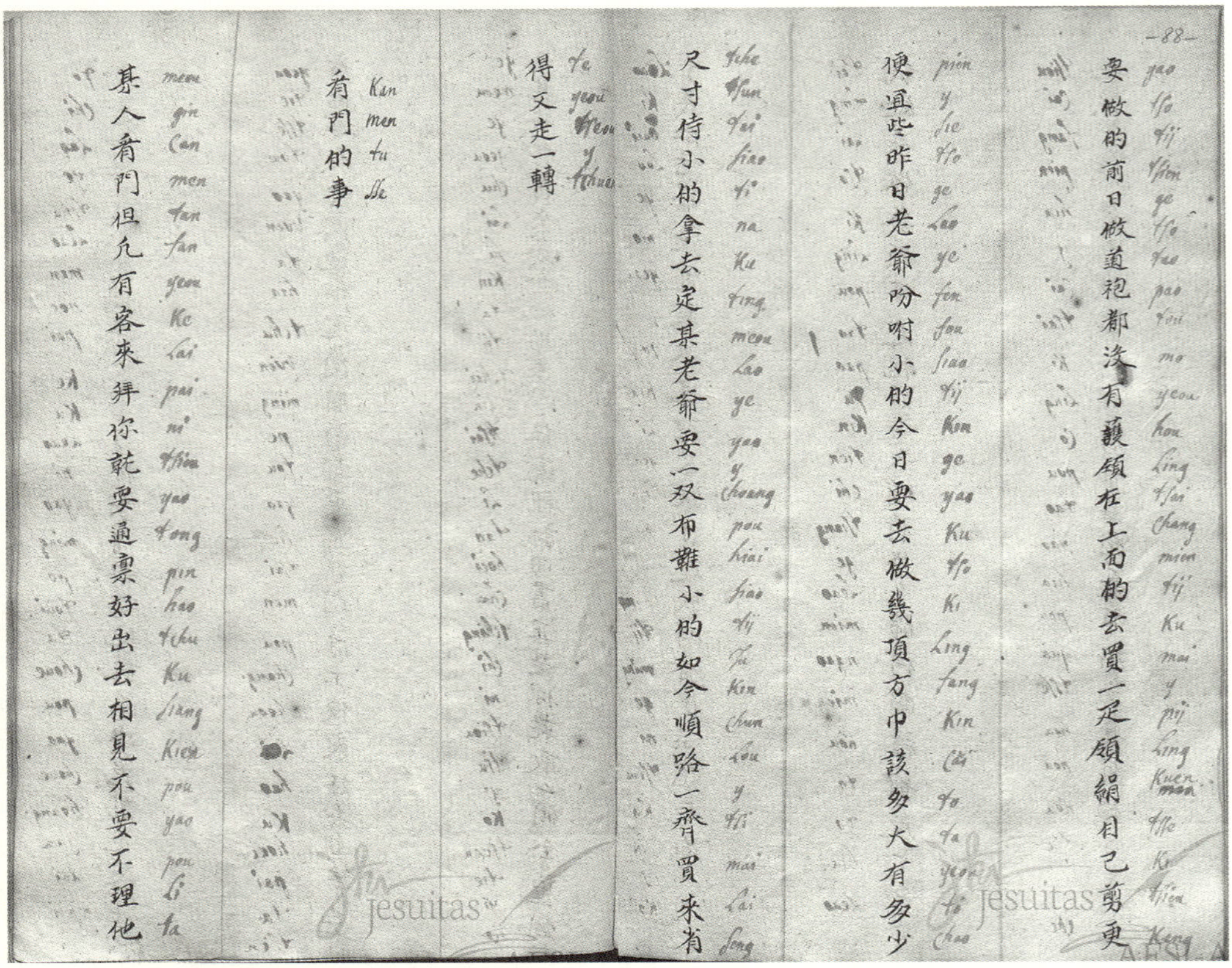

要做的。前日做道袍都沒有護領在上面的，去買一疋領絹，自己剪，更便宜些。〇昨日老爺吩咐小的，今日要去做幾頂方巾，該多大？有多少尺寸？待小的拿去定。某老爺要一双布鞋，小的如今順路，一齊買來，省得又走一轉。

看門的事

〇某人，看門但凡有人來拜，你就要通稟，好出去相見，不要不理他。

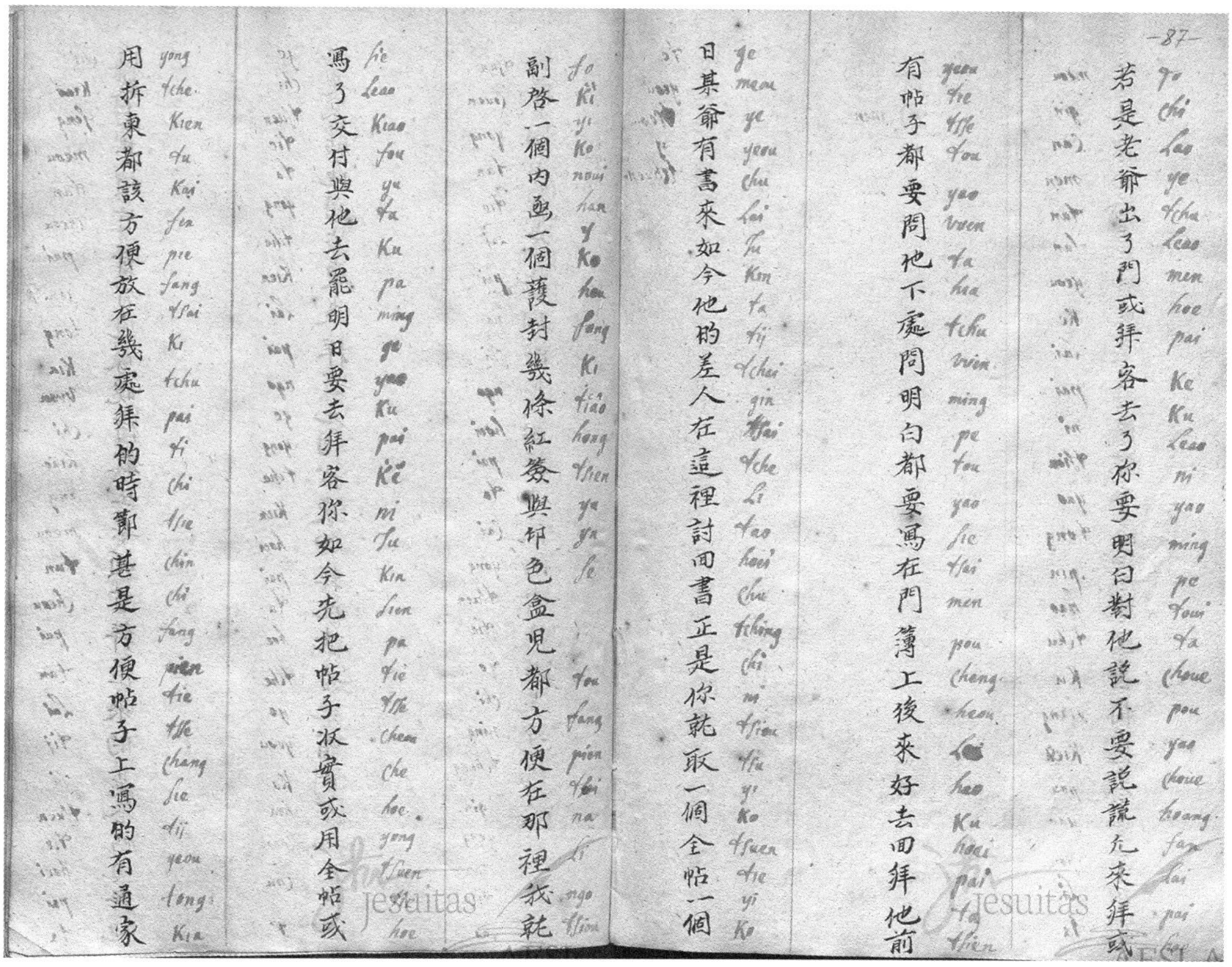

若是老爺出了門或拜客去了，你要明白對他說，不要說謊。凡來拜，或
有帖子，都要問他下處，問明白，都要寫在門簿上，後來好去回拜他。〇前
日某爺有書來，如今他的差人在這裡討回書。〇正是你就取一個全帖、一個
副啓、一個內函、一個護封、幾條紅簽與印色盒兒，都方便在那裡，我就
寫了交付與他去罷。明日要去拜客，你如今先把帖子收實，或用全帖或
用折柬，都該方便，放在幾處，拜的時節甚是方便。帖子上寫的，有通家

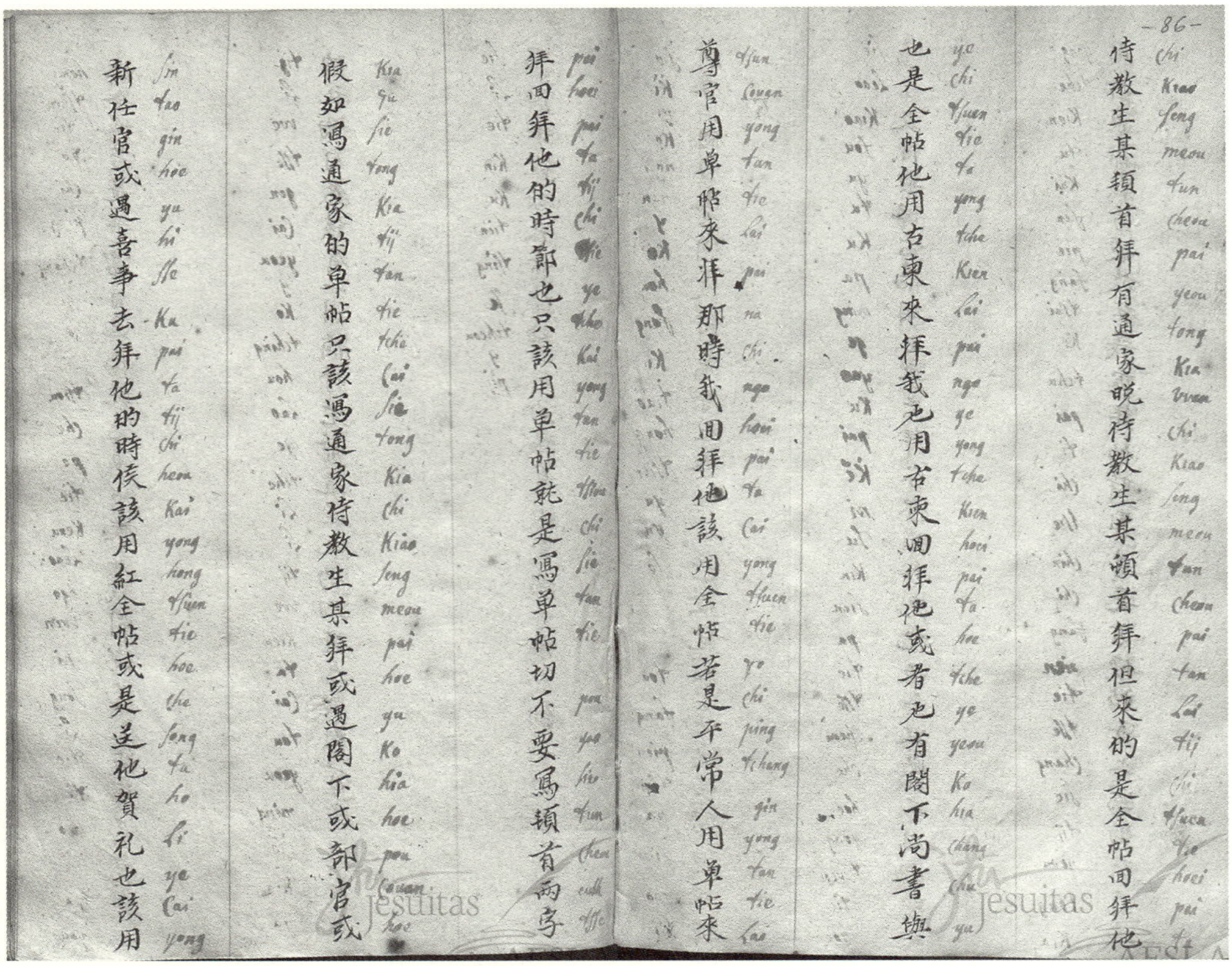

侍教生某頓首拜，有通家晚侍教生某頓首拜。但來的是全帖，回拜他
也是全帖，他用古東來拜，我也用古東回拜他。或者也有閣下、尚書與
尊官，用單帖來拜，那時我回拜他該用全帖。若是平常人用單帖來
拜，回拜他的時節，也只該用單帖，就是寫單帖切不要寫頓首兩字。
假如寫通家的單帖，只該寫通家侍教生某拜。或遇閣下或部官或
新任官或遇喜事，去拜他的時候，該用紅全帖，或是送他賀礼，也該用

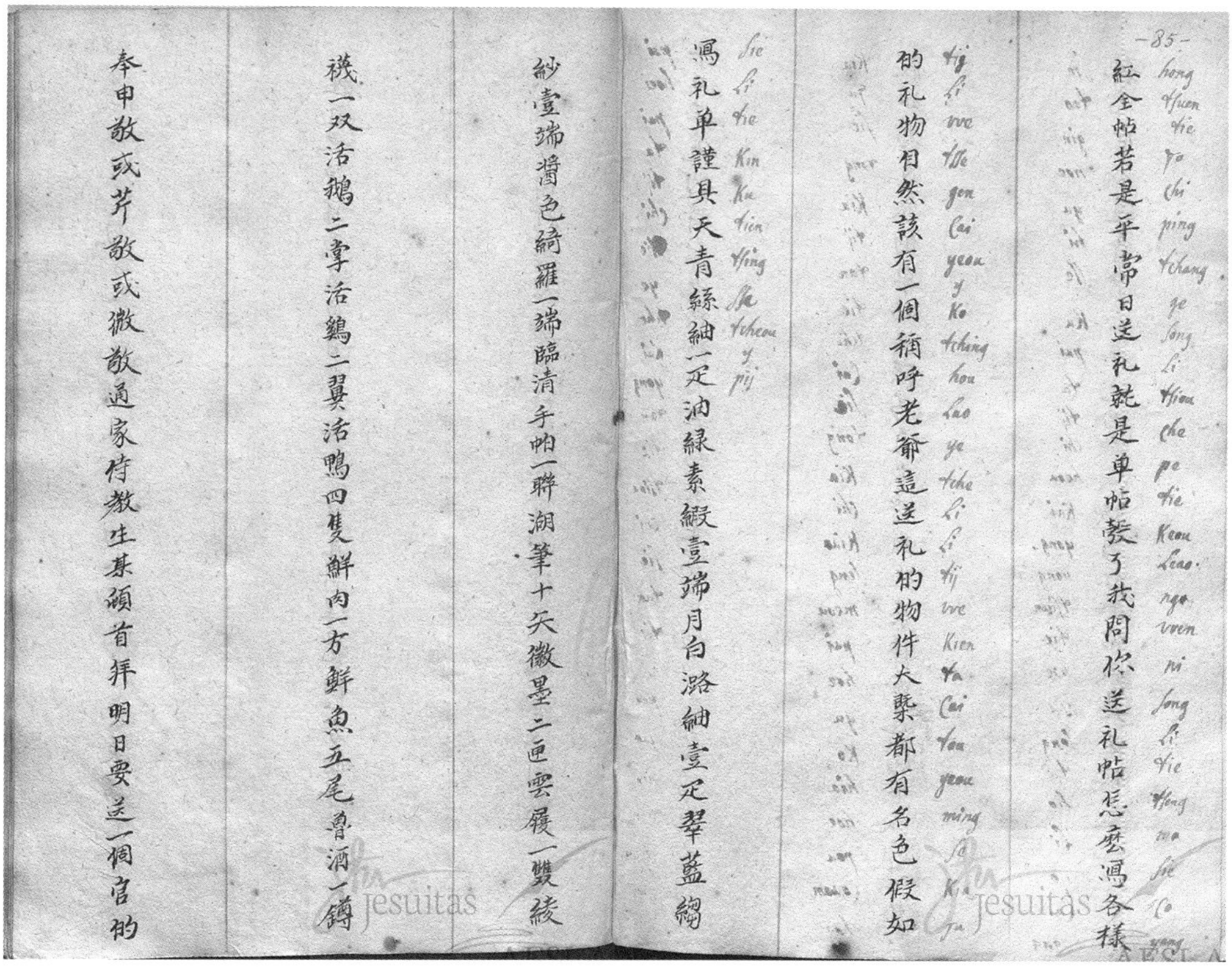

紅全帖。若是平常日送礼，就是單帖穀了。我問你，送礼帖怎麼寫？◯各樣
的礼物自然該有一個稱呼。老爺這送礼的物件，大槩都有名色。假如
寫礼單，謹具天青絲紬一疋、油綠素緞壹端、月白潞紬壹疋、翠藍縐
紗壹端、醬色綺羅一端、臨清手帕一聯、湖筆十矢、徽墨二匣、雲履一雙、綾
襪一双、活鵝二掌、活雞二翼、活鴨四隻、鮮肉一方、鮮魚五尾、魯酒一罇，
奉申敬或芹敬或微敬，通家侍教生某頓首拜。◯明日要送一個官的

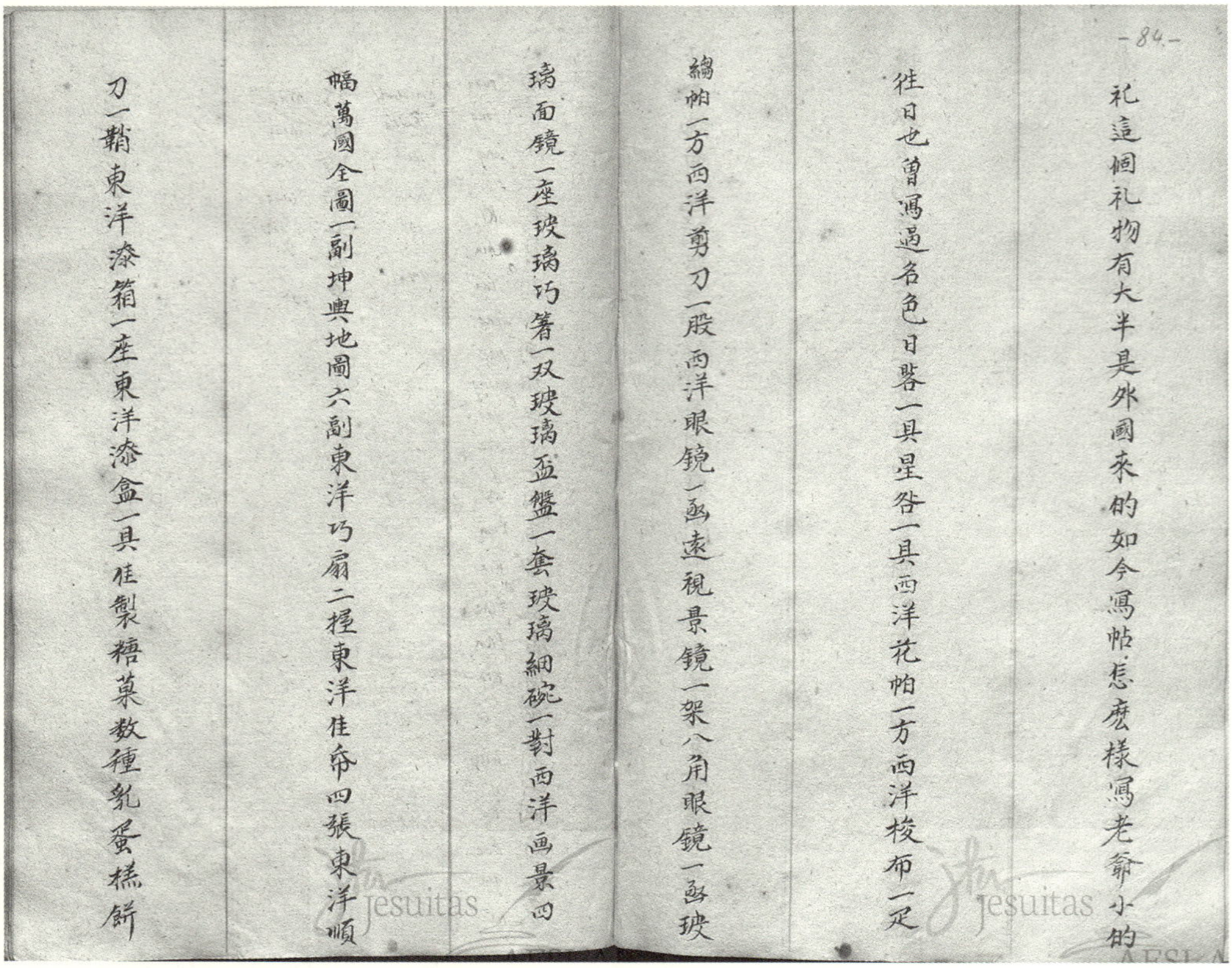
-84-
礼這個礼物有大半是外國來的如今寫帖怎麼樣寫老爺小的
往日也曾寫過名色日晷一具星晷一具西洋花帕一方西洋梭布一疋
縐帕一方西洋剪刀一股西洋眼鏡一函遠視景鏡一架八角眼鏡一函玻
璃面鏡一座玻璃巧箸一双玻璃盃盤一套玻璃細碗一對西洋画景四
幅萬國全圖一副坤輿地圖六副東洋巧扇二握東洋佳帋四張東洋順
刀一鞘東洋漆箱一座東洋漆盒一具佳製糖菓数種乳蛋糕餅

礼，這個礼物有大半是外國來的。如今寫帖，怎麼樣寫？◯老爺，小的
往日也曾寫過名色，日晷一具、星晷一具、西洋花帕一方、西洋梭布一疋、
縐帕一方、西洋剪刀一股、西洋眼鏡一函、遠視景鏡一架、八角眼鏡一函、玻
璃面鏡一座、玻璃巧箸一双、玻璃盃盤一套、玻璃細碗一對、西洋画景四
幅、萬國全圖一副、坤輿地圖六副、東洋巧扇二握、東洋佳帋四張、東洋順
刀一鞘、東洋漆箱一座、東洋漆盒一具、佳製糖菓數種、乳蛋糕餅

幾器、棕竹飯筯二把、龍涎扇墜一枚、百合高香一封、西洋佳画幾幅。

行水路船上的事

○廣東省城起身到了南雄，要下一個店家。這店家要揀一個好人家，顧轎，寫人夫包管行李過山，沒一毫失落。這等樣我們常常往來，就在他家。○老爺，如今船到了南雄，隔關上不多路，且住在這裡，待小的先上去尋了店家，叫個腳夫來把這行李搬上去。○你說得是，

（53）拜客訓示

這般也到不得關裡面。這關上甚是瑣碎的，只是你如今去，就該快些回來。行李明早就要打發過山，你先該說與店主人家知道，待他好方便。○某人，今日天時還早，你先過山去，到了南安主人家，就該先轎馬與腳夫。到河下去看一看船有沒有。若是有，揀一個小些兒的，中間兩倉勾老爺與相公們住就是，不消用大船。若是行李多，免不得要大些的。如今勾了就問一問船價貴賤如何。只是要先看過那個船是裡面乾燥，就是

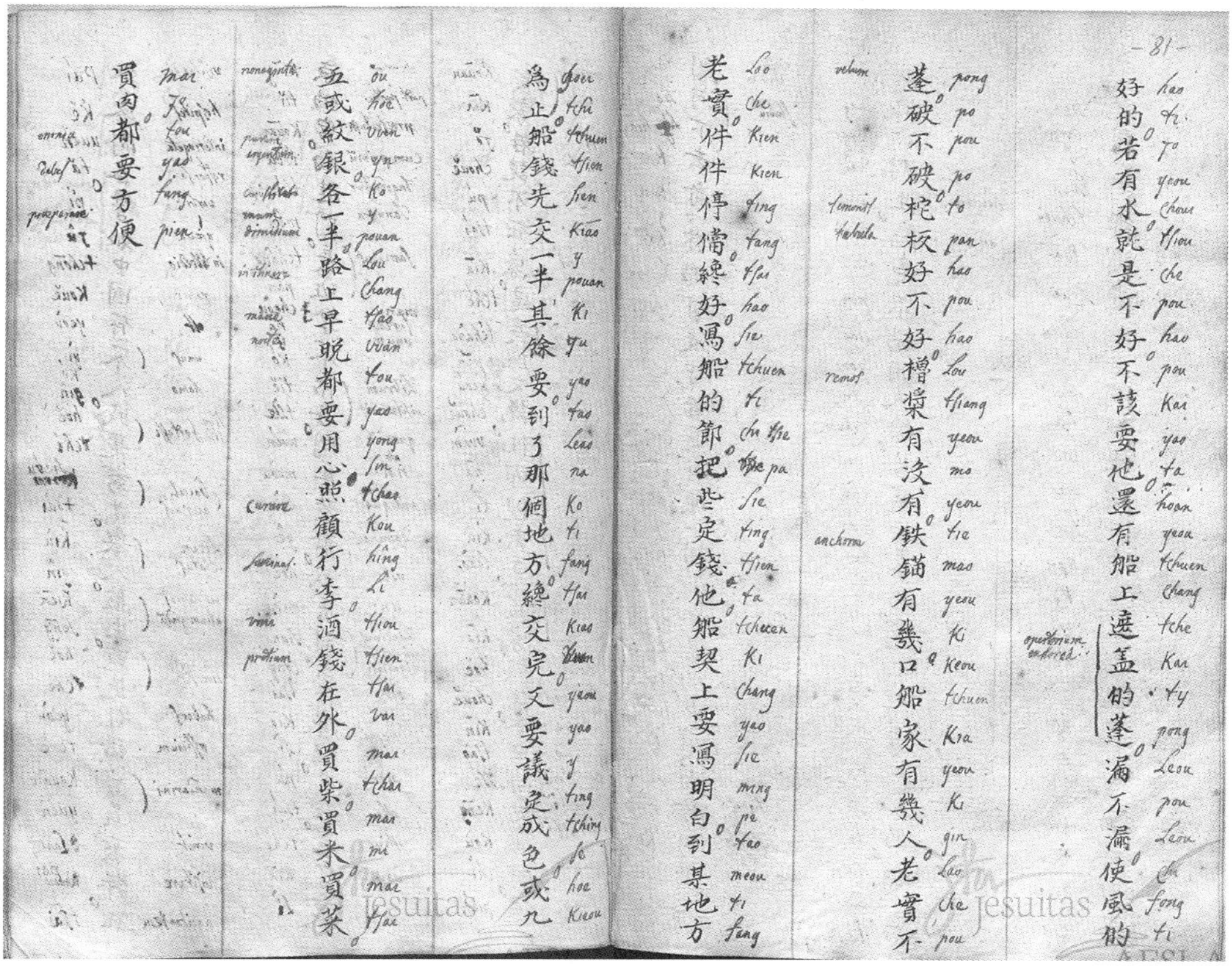

好的，若有水，就是不好，不該要他。還有船上遮蓋的蓬漏不漏，使風的
蓬破不破，柁板好不好，櫓槳有沒有，鐵錨有幾口，船家有幾人，老實不
老實，件件停當纔好。寫船的節，把些定錢他，船契上要寫明白到某地方
為止。船錢先交一半，其餘要到了那個地方纔交完。又要議定成色，或九
五或紋銀各一半。路上早晚都要用心照顧行李。酒錢在外，買柴，買米，買菜，
買肉，都要方便。

拜客問答一、譬如中國有一个人，或是秀才、舉人、監生或是有職官員，來拜在京的官。初進門，長班手拿一个帖子問：「某老爺或某相公在家裡不在？」這家裏管家若說不在家，這長班又說：「往那裡去了？」管家或說：「今早四更鼓時便進朝裡去脩理自鳴鐘，後又要去拜多客。」又問：「幾時回來得？」答說：「往常午時初回來，今日事多，必竟回來得遲些，在未時來得。」這長班留下一拜帖說：「某相公回來多拜上。」這拜客的相公自己說：「我要面拜相會，改日再來相拜。」

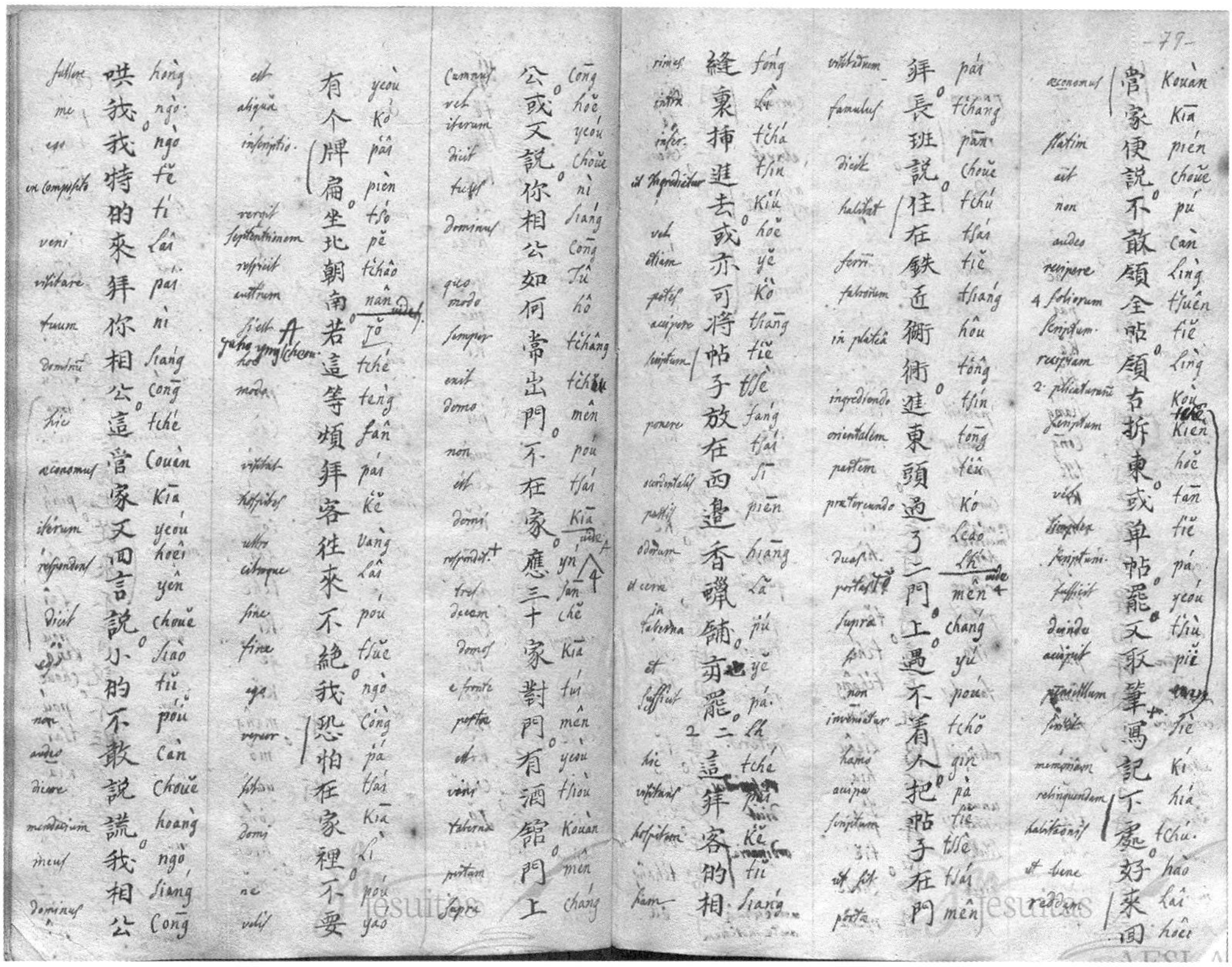

管家便說：「不敢領全帖，領古折東或單帖罷。」又取筆寫記下處，好來回拜。長班說：「住在鉄匠衚衕，進東頭過了二門上，遇不着人，把帖子在門縫裏插進去，或亦可將帖子放在西邊香臘鋪亦也罷。」二、這拜客的相公或又說：「你相公如何常出門不在家。應三十家對門有酒館，門上有个牌扁，坐北朝南，若這等煩，拜客往來不絕，我恐怕在家裡，不要哄我，我特的來拜你相公。」這管家又回言說：「小的不敢說謊，我相公

(57) 拜客訓示

實不在家，若在家時節，就有些病也從來不肯說不在家裡。我相公回來，若曉得相公來，或說：「再不敢勞相公來。這幾日極忙，沒有空閒，沒有一日得在家裡。還要過幾日，拜完了客方閒。」管家又自己說：「若相公十分要會我相公，再不要親自來拜，且先叫一個人來看我相公，或偶然不曾出門或又出了門方好，莫又空走。我相公聞得不過意。」三、或者在家。主人的管家亦名大官說：「小的相公是在家裡，只是裏面有客，客去了還

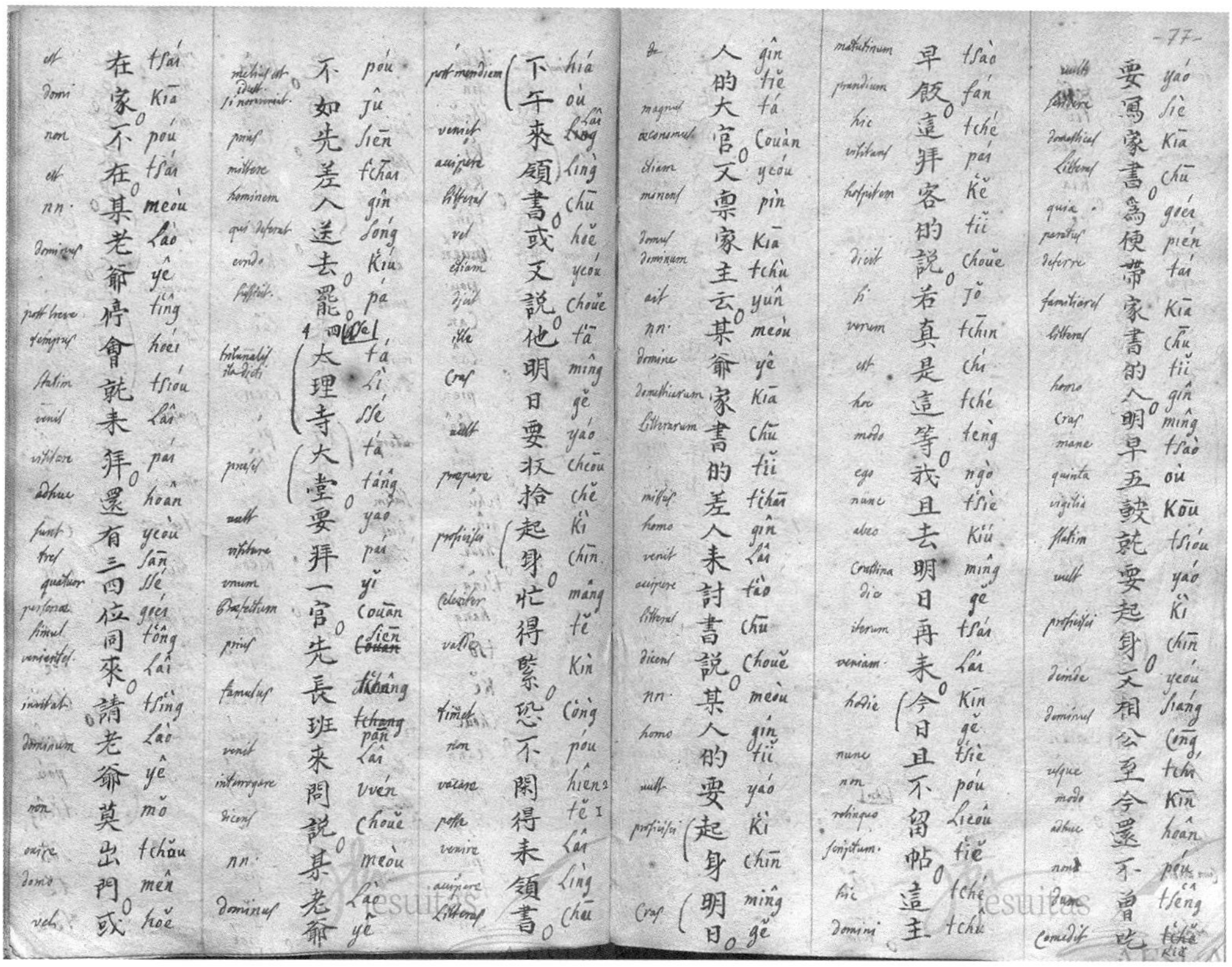

要寫家書，為便帶家書的人。明早五皷就要起身，又相公至今還不曾吃

早飯」。這拜客的說：「若真是這等，我且去，明日再來，今日且不留帖。」這主

人的大官又稟家主云：「某爺家書的差人來討書說，某人的要起身，明日

下午來領書。」或又說：「他明日要收拾起身，忙得緊，恐不閑得來領書，

不如先差人送去罷。」四、大理寺大堂要拜一官，先長班來問說：「某老爺

在家不在？某老爺停會就來拜，還有三四位同來，請老爺莫出門。」或

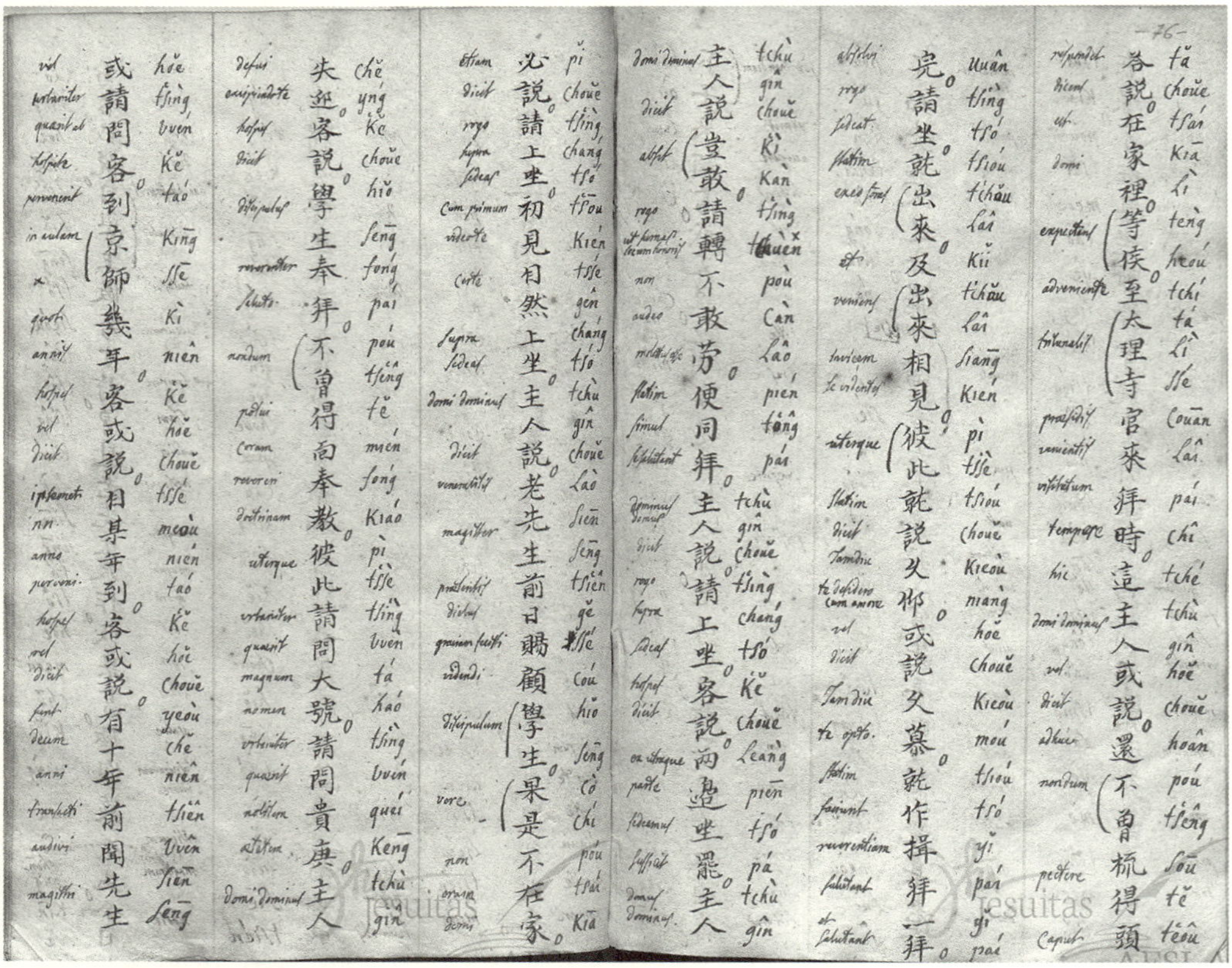

答說：「在家裡等候。」至大理寺官來拜時，這主人或說：「還不曾梳得頭完，請坐，就出來。」及出來相見，彼此就說「久仰」或說「久慕」，就作揖拜一拜。主人說：「豈敢，請轉不敢劳。」便同拜。主人說：「請上坐。」客說：「兩邊坐罷。」主人必說：「請上坐，初見自然上坐。」主人說：「老先生前日賜顧學生，果是不在家，失迎。」客說：「學生奉拜，不曾得面奉教。」彼此請問大號，請問貴庚。主人或請問客：「到京師幾年？」客或說：「自某年到。」客或說：「有十年前聞先生

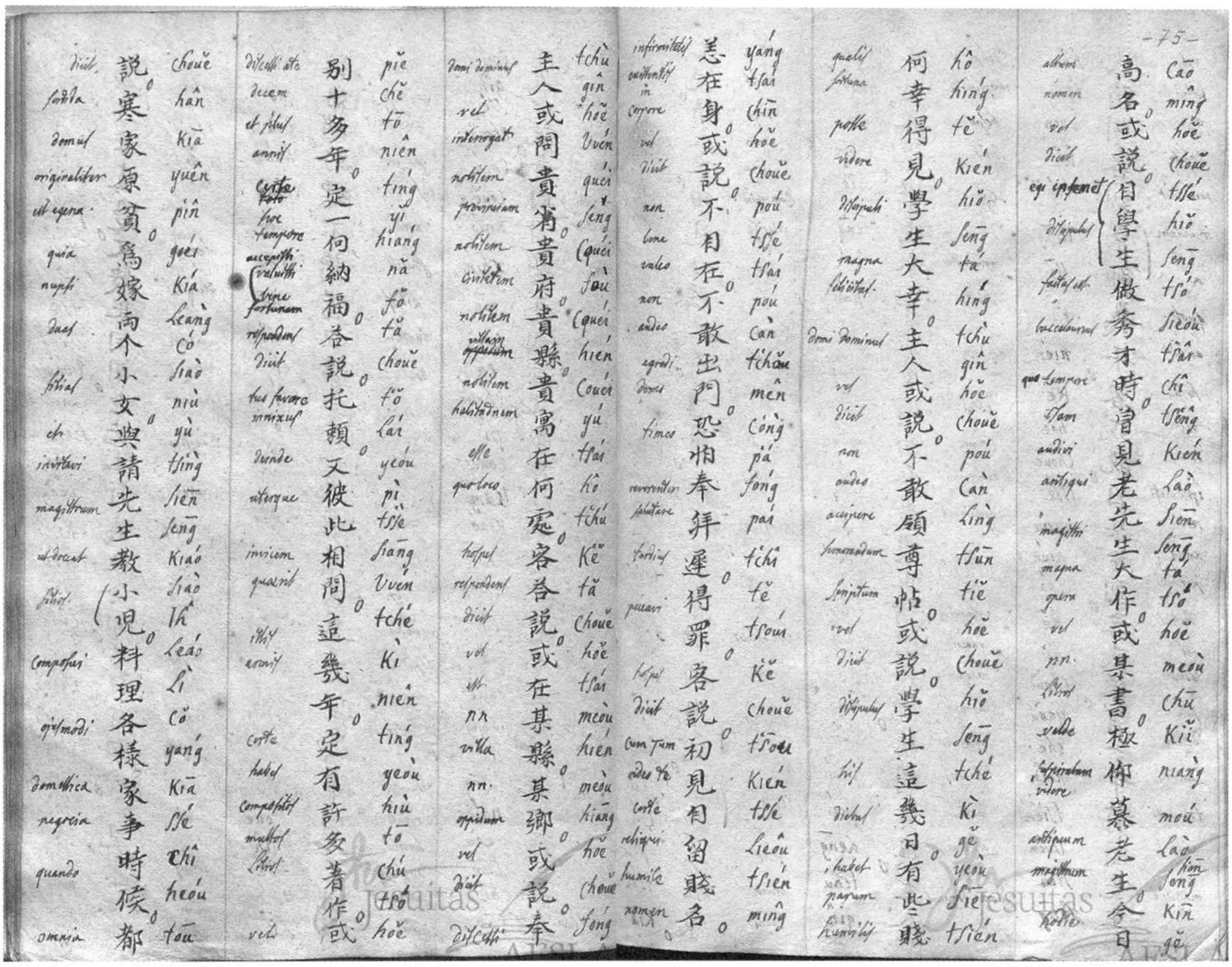

高名。」或說：「自學生做秀才時，曾見老先生大作或某書，極仰慕老生，今日
何幸得見，學生大幸。」主人或說：「不敢領尊帖。」或說：「學生這幾日，有些賤
恙在身。」或說：「不自在不敢出門，恐怕奉拜遲，得罪。」客說：「初見自留賤名。」
主人或問：「貴省、貴府、貴縣、貴寓在何處？」客答說：「或在某縣、某鄉。」或說：「奉
別十多年，定一向納福。」答說：「托賴。」又彼此相問，這幾年定有許多著作。或
說「寒家原貧，為嫁兩个小女，與請先生教小兒。料理各樣家事時候，都

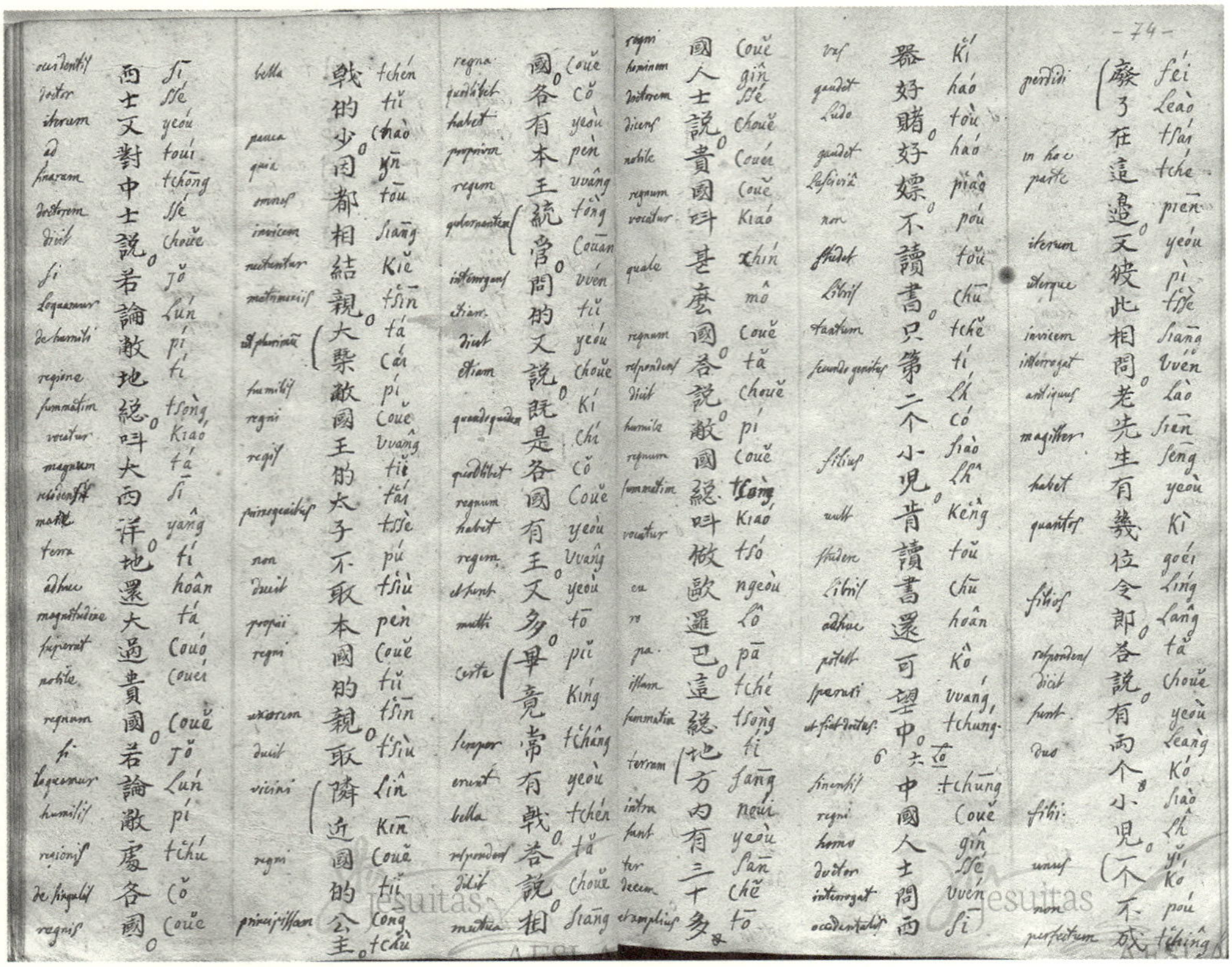

廢了在這邊。」又彼此相問：「老先生有幾位令郎？」答說：「有兩个小兒，一个不成器，好賭、好嫖、不讀書，只第二个小兒，肯讀書，還可望中。」六 中國人士問西國人士說：「貴國叫甚麼國？」答說：「敝國総叫做歐邏巴。這総地方內，有三十多國，各有本王統管。」問的又說：「既是各國有王，又多，畢竟常有戟。」答說：「相戰的少，因都相結親。大槩敝國王的太子不取本國的親，取鄰近國的公主。」

西士又對中士說：「若論敝地，総叫大西洋，地還大過貴國。若論敝處各國，

又是貴國大。」申士又問西士說：「貴國的風俗與我們也都是一樣或是不全一樣？」大西士說：「敝國的風俗與我們也都是一樣或是不全一樣？」問：「貴國人穿的衣服與我這邊是一樣不一樣？」西士說：「敝國衣服與貴國做法不同。若做衣服，物料也同，亦有絲紬，有緞子，但多鎖服、鎖鞋襪。若布疋都是一般。」又問：「貴國紬緞是那裡來的？」答說：「本地出，也養蠶取絲，但裡面衣服多是用布的。」西士又說：「貴國真天鵝絨都是敝國來的。敝國另外又有金花緞，每一疋價值一二百兩。」又問西士說：

（63） 拜客訓示

「貴國做官的也帶紗帽穿員領如何？」答說：「衣冠都不同貴國。」問曰：「貴國做官的衣冠怎麼樣？」曰：「都是長大衣冠，戴方巾等。不用展翅。各品都不同。」中士又問：「包網子不包？是甚麼樣？都是被髮不？」答說：「不是。敝國男子不甚蓄髮，也不全剃頭。只頭髮二三寸長，便剪短寸。鬚便都蓄。」又問：「貴國人都是翻子？」答說：「十分中八九分多鬚，二分少鬚。」中士又問：「貴處的女人也生得標致如何？」答說：「敝處婦女生得美的醜的都有。」又

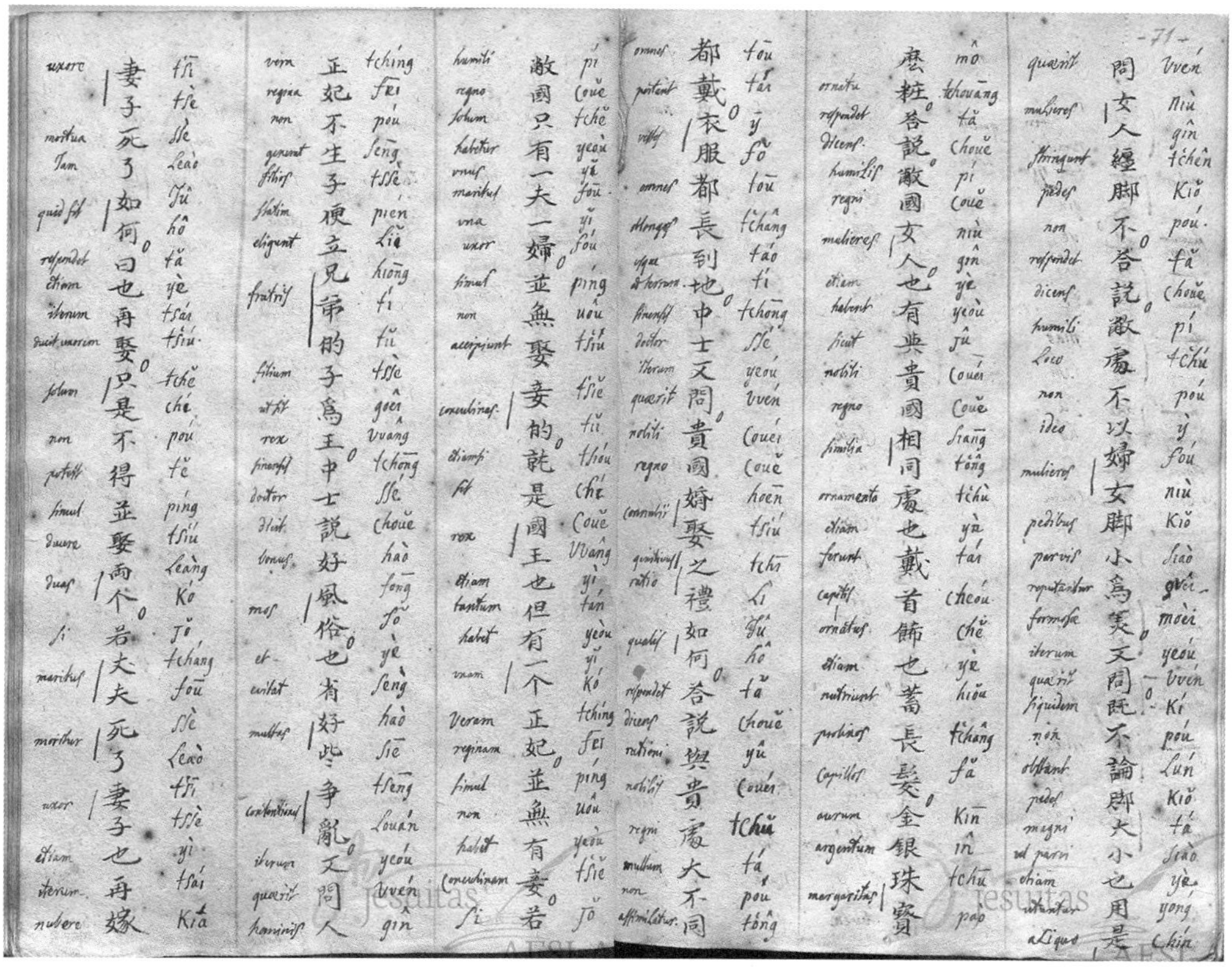

問：「女人纏脚不？」答說：「敝處不以婦女脚小為美。」又問：「既不論脚大小，也用是
麽粧？」答說：「敝國女人也有與貴國相同處，也戴首飾，也蓄長髮，金銀珠寶
都戴。衣服都長到地。」中士又問：「貴國婚娶之禮如何？」答說：「與貴處大不同。
敝國只有一夫一婦，並無娶妾的。就是國王也但有一个正妃，並無有妾。若
正妃不生子，便立兄弟的子為王。」中士說：「好風俗，也省好些爭亂。」又問：「人
妻子死了如何？」曰：「也再娶，只是不得並娶兩个。若丈夫死了，妻子也再嫁

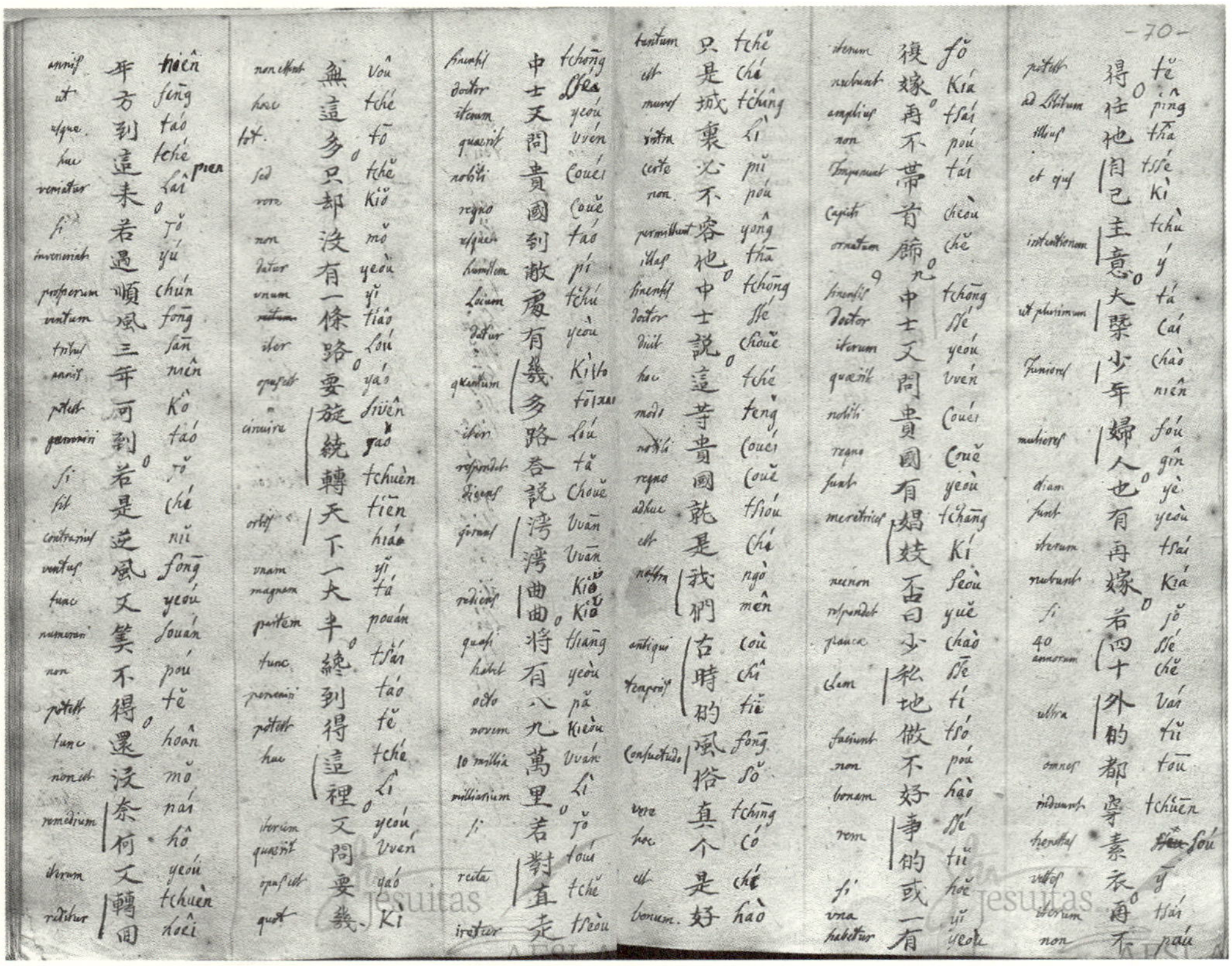

得，任他自己主意。大槩少年婦人，也有再嫁。若四十外的，都穿素衣，再不復嫁，再不帶首飾。[九]中士又問：「貴國有娼妓否？」曰：「少私地做不好事的。或一有，只是城裏必不容他。」中士說：「這等貴國就是我們古時的風俗，真个是好。」

中士又問：「貴國到敝處有幾多路？」答說：「湾湾曲曲，將有八九萬里。若對直走，無這多，只卻沒有一條路，要旋繞轉天下一大半，纔到得這裡。」又問：「要幾年方到這來？」「若遇順風，三年可到。若是逆風，又筭不得，還沒奈何又轉回

本國。空走幾个月，又還等順風復來，又問：「日日湾得船不?」答說：「在敝國初

下得船之時，有六个月不得泊岸，晝夜常行，所見上只有天下只有水。」

又問：「這等一路，豈不多險?」曰：「生死常在眼前，但倚賴天地萬物真主，纏到得這

裏，不是容易。盖用逆風大兔不得倒退逆行或橫斜行。若逆風甚大，便下蓬，

儘船在水上飄蕩。」又問：「若風極大便怎麼處?」答說：「船大不怕風浪。」又問：「船既

不怕風浪，卻怕甚麼?」答說：「只怕有淺，怕石頭，怕火。」又問：「船在水上如何怕怕火?」

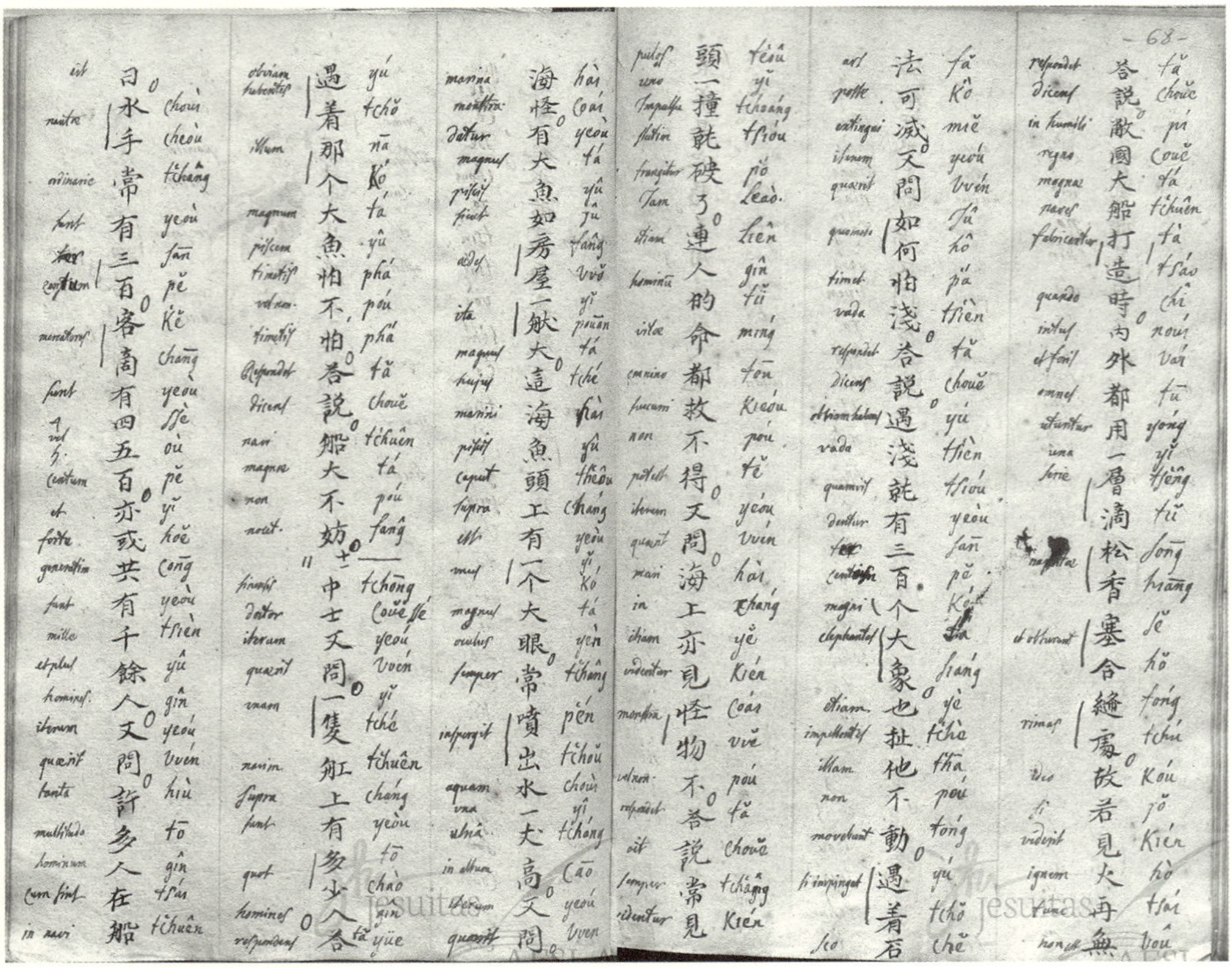

答說：「敝國大船打造時，內外都用一層滴松香塞合縫處，故若見火，再無法可滅。」又問：「如何怕淺？」答說：「遇淺，就有三百个大象也扯他不動。遇着石頭一撞就破了，連人的命都救不得。」又問：「海上亦見怪物不？」答：「說常見海怪，有大魚如房屋一般大。這海魚頭上有一个大眼，常噴出水一丈高。」又問：「遇著那个大魚，怕不怕？」答說：「船大不妨。」十一 中士又問：「一隻舡上有多少人？」答曰：「水手常有三百，客商有四五百，亦或共有千餘人。」又問：「許多人在船，

飲食怎得方便?」答說:「都帶有餘糧,各樣的烟肉,各樣的鮮魚與乾糧等。第一費事是帶水,盖為經過赤道下,天氣極熱,若無水,就是有酒人也渴死。水若盡,再無處可取。所以用水都有一定的規矩。有人專管分水,每一日人有定分,不得多用。」十二又問:「若船回歐邏巴去,也有險不?」答說:「回去的險,比來時更大,為因船載的貨物忒重,行到大浪山,常遇着逆風。船上的人,若肯隨風退轉尚好,若捨不得退轉,畢竟漂在水上,那大浪搖動,船忽

然裂開,要進不得進,要退也不得退。亦有船到本地近岸,看見涯上的人,忽然暴風一起,眾人面前,船又裂沉,人盡淹死。但有人把得一塊板,救得上岸,亦筭得有大造化。可惜許多人,許多財物,都送丟了。」「這是甚麼緣故?」「這是天意,不能解。」中士又問:「人過了海一次,又敢走兩次麼?」答說:「這也多往來,打小西洋這一條路,曾前後有人走了二十遍。除過了,上了岸海裏險的就怎記。但性命比財物大,是要緊的。」

十三 中士又問：「自貴國到此，經過了幾多國？」答說：「極多國。頭一个是黑人國，除眼白，除了牙齒，其餘渾身都是黑的，如墨一般。女人亦是黑的，與男子差不多。他皆看得白色為醜，黑色反為好。人人都生得有羶氣難當，不穿衣服極多，腰間掛一片布，遮了前後。冬天也沒這等，為他一方真正當在赤道底下，四季只是大熱，並無冬天。我等若在此地晒一日就晒死了，赤腳踏沙，就生泡出來，他們終日晒無害。牙齒都是尖的，如狗牙一般。少

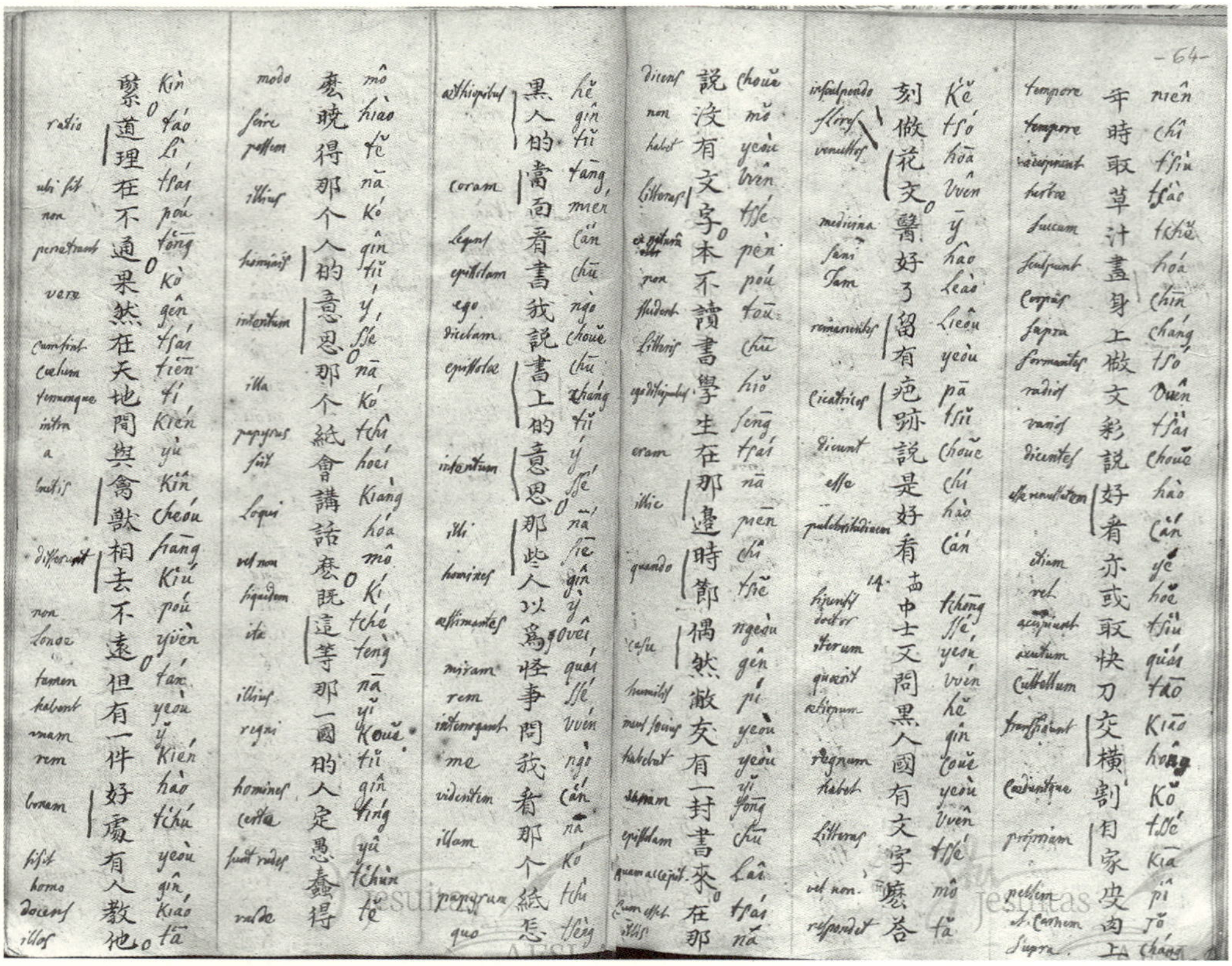

年時取草汁畫身上做文彩，說好看，亦或取快刀交橫割自家皮肉上
刻做花文，醫好了，留有疤跡，說是好看。[十四]中士又問：「黑人國有文字麼？」答
說：「沒有文字，本不讀書。學生在那邊時節，偶然敝友有一封書來，在那
黑人的當面看書，我說書上的意思，那些人以為怪事，問我看那个紙，怎
麼曉得那个人的意思，那个紙會講話麼？」「既這等，那一國的人定愚蠢得
緊。道理在不通，果然在天地間與禽獸相去不遠。」「但有一件好處，有人教他，

就肯做好人，又在下服事人的極重愛他的主人。」　中士又問：「那黑人國地方出產甚麼物事？」答說：「出產金子、烏木、象牙。那地方的豬肉，卻是天下絕美的。他金銀都不希罕。」中士說：「他貴重甚麼物件？」答說：「喜鐵，喜布，五彩玻璃。商人便帶這幾樣東西換他的金子。人的性情極爽快，聽見鼓樂的聲音，便禁不得，便跳舞。極有力氣，一个人敵得四五个人。敝國稱為海鬼，就是這一類居住水裡面如地上一樣。」中士說：「亦恐沒有這樣事思，這國人只是善

(73) 拜客訓示

能浮水，不能勾住在水裡。答說：「實能藏住在水裡」問：「這國亦有國王？」答：「但有的有，或亦沒有國王的。」十六〇又問：「黑人都吃甚麼？」〇答說：「食小米、象肉、魚、豬肉，亦喜食人肉。相鬥這邊擄那邊人，那邊擄這邊人。擄了的人不就食他，先養，養肥了纔殺食。我曾見了，養那擄來一个人許久，他故意食得少，常瘦，這等便亦不被他殺。人相食，天下極多。這一種國，人沒有官府斷他的事，故若受了人的辱，就拿弓箭兵器，這一个人和自家的親戚朋

友邊去相戰報仇，殺的人，或煮或燒都食了，其中還有拿骨頭插在房中牆裡，作殺讐的表記。這等樣的人，一百年前有無數的，如今不十分多。因為敝友脩道的人，到那邊去勸他莫相殺，莫相食。也勸他有國王的，但有食人肉的人，極重刑罰。人若怕只是到如今，這个風俗不得全改，亦有殺人。自家的仇人不但食他的肉，亦拿他的小骨頭插于面上，以為美觀。人看見，重他有殺仇的勇。」十七又問：「那个惡地方食人，人怎敢到那裡居住？」答說：「真不敢輕易到他

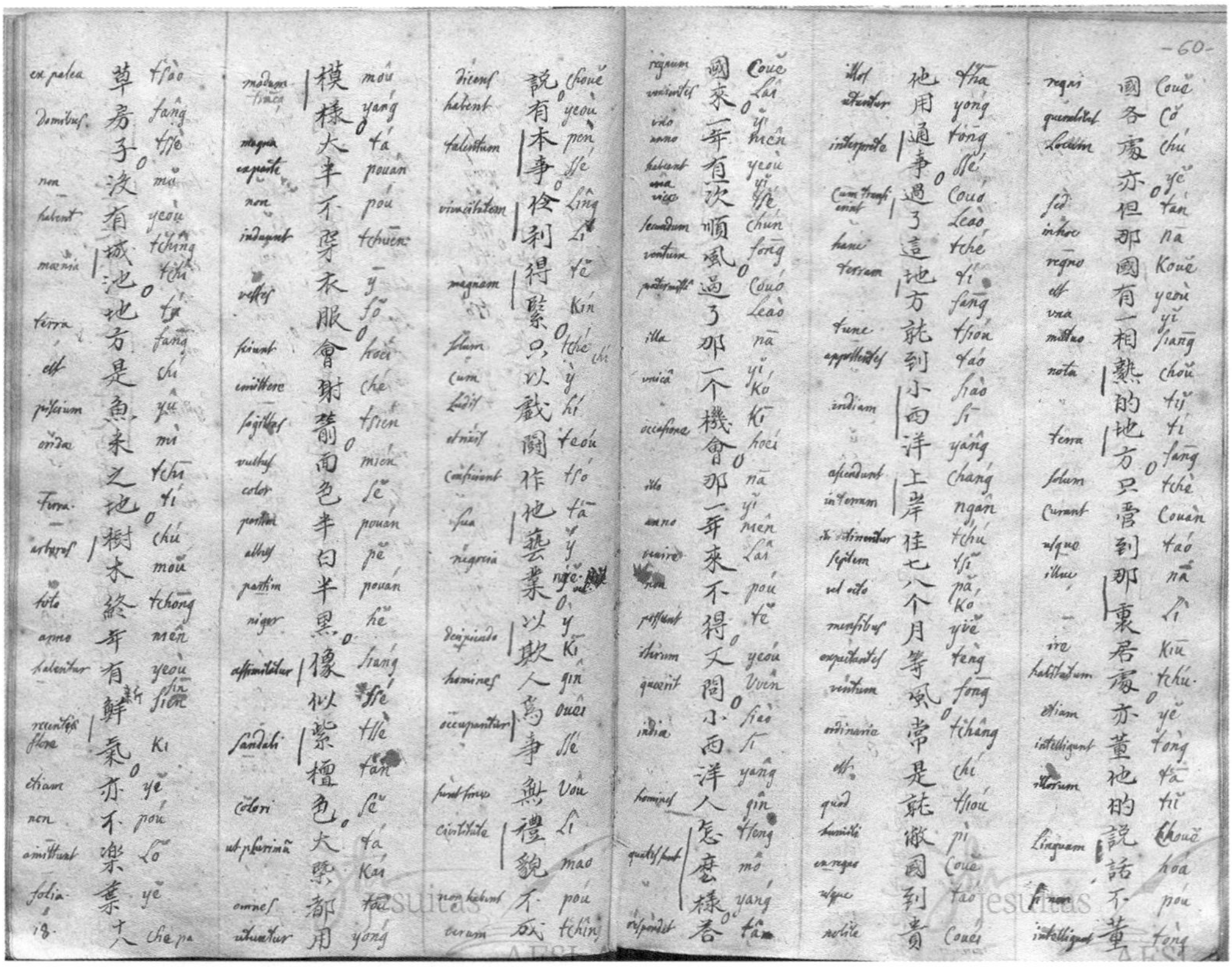

國各處。亦但那國有一相熟的地方，只管到那裏居處。亦董他的說話，不董
他，用通事。過了這地方，就到小西洋，上岸住七八个月等風。常是就敝國到貴
國來，一年有一次順風，過了那一个機會，那一年來不得。」又問：「小西洋人怎麼樣？」答
說：「有本事，伶利得緊。只以戲闘作他藝業，以欺人為事，無禮貌，不成
模樣。大半不穿衣服，會射箭，面色半白半黑，像似紫檀色。大槩都用
草房子，沒有城池。地方是魚米之地，樹木終年有新鮮氣，亦不樂葉。」十八

「這小西洋地方，米亦是天下絕美的，噴香。雞、鵝、鴨、牛、羊、豬、麵，各樣東西都有。
烹調飲食極美、有味。只是那地的人，菜裏邊多用是胡椒，食飯只用
手抓，不用快子。地上坐，沒有卓椅，連國王也不帶巾不穿鞋，只手上與手
臂上帶許多金環。本地不出馬，人騎象。」又問：「有文字麽？」答說：「有文字，與
這邊大不同。用樹葉當紙，鉄條當筆寫字。這樣樹葉子寫的書還有
三四百年的，就在水裏也再不朽爛。」又問：「這等恐不如我這邊的文雅。」答

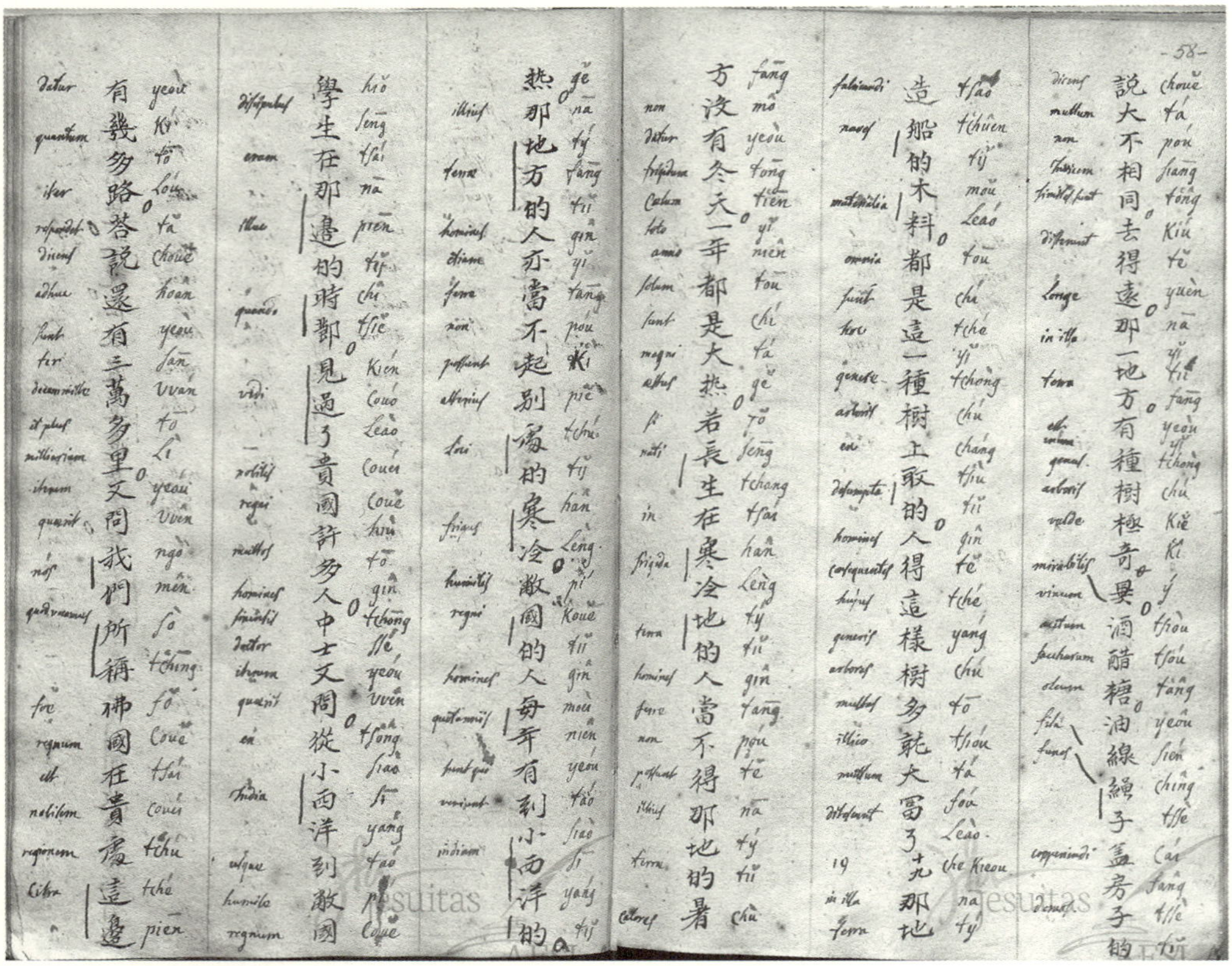

說：「大不相同，去得遠。那一地方，有種樹極奇異。酒、醋、糖、油線、繩子、蓋房子的、造船的木料，都是這一種樹上取的。人得這樣樹多，就大富了。」十九「那地方沒有冬天，一年都是大熱。若長生在寒冷地的人，當不得那地的暑熱，那地方的人亦當不起別處的寒冷。敝國的人，每年有到小西洋的。學生在那邊的時節，見過了貴國許多人。」中士又問：「從小西洋到敝國有幾多路？」答說：「還有三萬多里。」又問：「我們所稱佛國，在貴處這邊？」

在貴處那邊？」答說：「在敝處這邊甚遠，在小西洋邊。佛國到敝處，還有五萬里。」又問：「從貴處往前還有地方麼？」答：「從敝處往西四五萬里，還有天下一大半。」中士又說：「這等天下大得緊。我中國之大比天下相似倉廩之中一顆小米。」西士說：「分論一个一个國，中國是第一大國。總論天下間，只有百分之一，恐怕還不及。」三十中士說：「我中國實在天地之中不？」答：「不在中，去中大遠。若在中亦不好，天地的中是天下絕不好的地方。」問：「為甚麼？」答：「為在赤

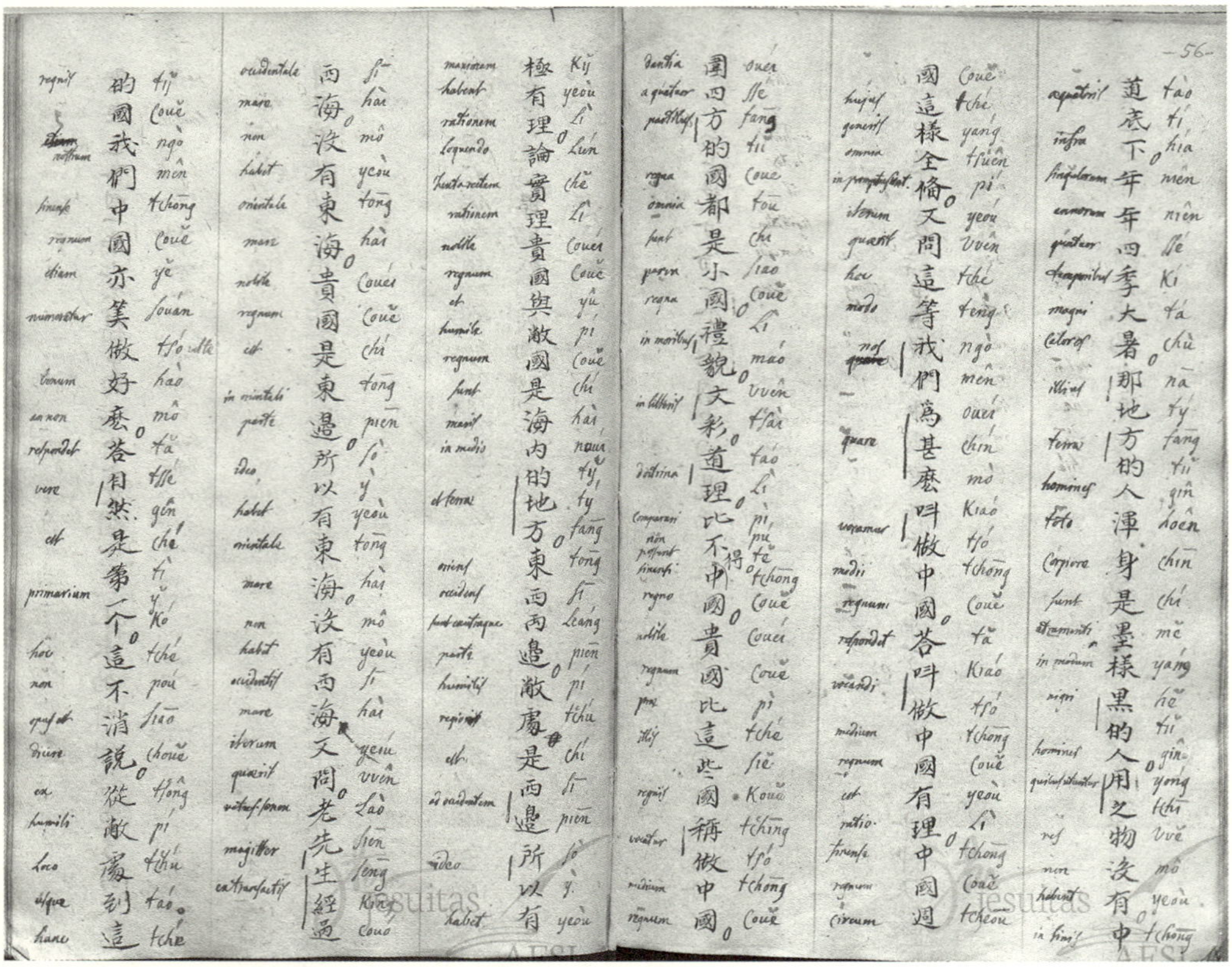

道底下，年年四季大暑。那個地方的人，渾身是墨樣黑的人，用之物沒有中

國這樣全俻。」又問：「這等我們為甚麼叫做中國？」答：「叫做中國有理。中國週

圍四方的國都是小國，禮貌、文彩、道理比不得中國。貴國比這些國稱做中國，

極有理。論實理，貴國與敝國，是海內的地方，東西兩邊。敝處是西邊，所以有

西海，沒有東海，貴國是東邊，所以有東海，沒有西海。」又問：「老先生經過

的國，我們中國亦筭做好麼？」答：「自然是第一个，這不消說。從敝處到這

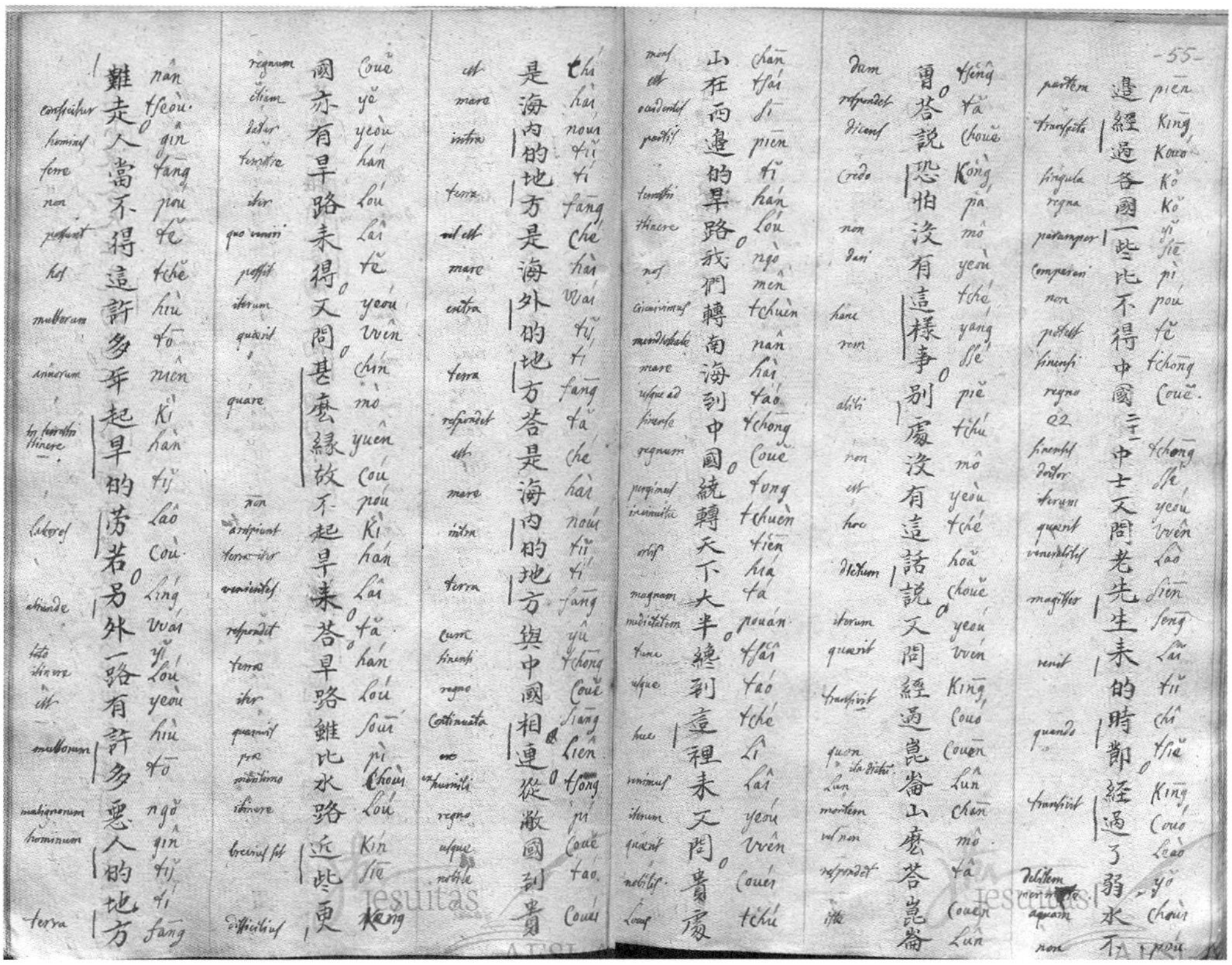

邊，經過各國，一些比不得中國。」二十一中士又問：「老先生來的時節，經過了弱水不
曾？」答說：「恐怕沒有這樣事。別處沒有這話說。」又問：「經過崑崙山麼？」答：「崑崙
山在西邊的旱路。我們轉南海到中國，繞轉天下大半，纔到這裡來。」又問：「貴處
是海內的地方？是海外的地方？」答：「是海內的地方，與中國相連。從敝國到貴
國，亦有旱路來得。」又問：「甚麼緣故，不起旱來？」答：「旱路雖比水路些，更
難走。人當不得這許多年起旱的勞苦。另外一路，有許多惡人的地方，

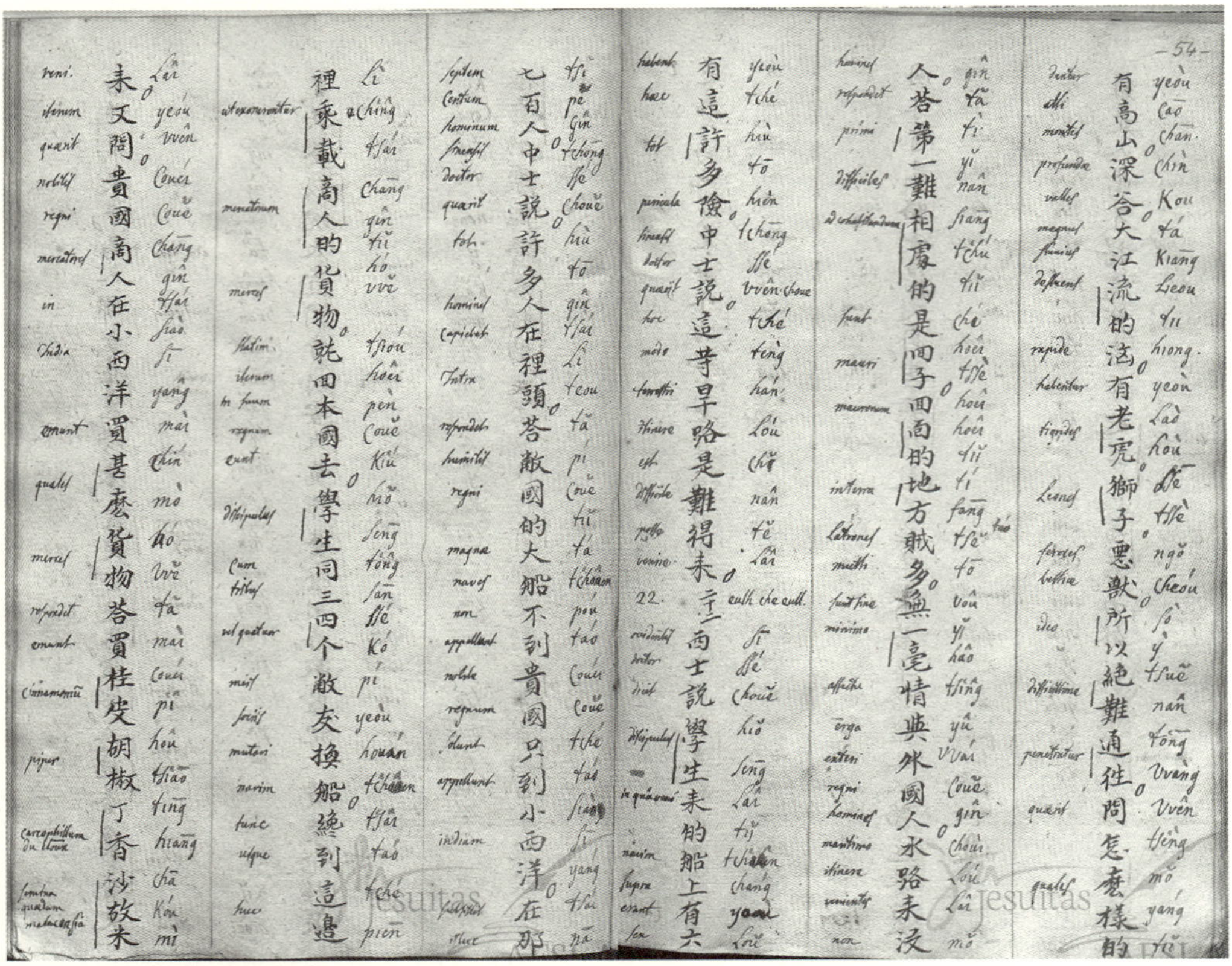

有高山、深谷，大江流的汹，有老虎、獅子、惡獸，所以絕難通往。」問：「怎麼樣的人？」「第一難相處的是回子。回回的地方賊多，無一毫情與外國人。水路來沒有這許多險。」中士說：「這等旱路是難得來。」二十二西士說：「學生來的船上有六七百人。」中士說：「許多人在裡頭。」答：「敝國的大船，不到貴國，只到小西洋，在那裡乘載商人的貨物，就回本國去。學生同三四个敝友換船纔到這邊來。」又問：「貴國商人在小西洋買甚麼貨物？」答：「買桂皮、胡椒、丁香、沙故米、

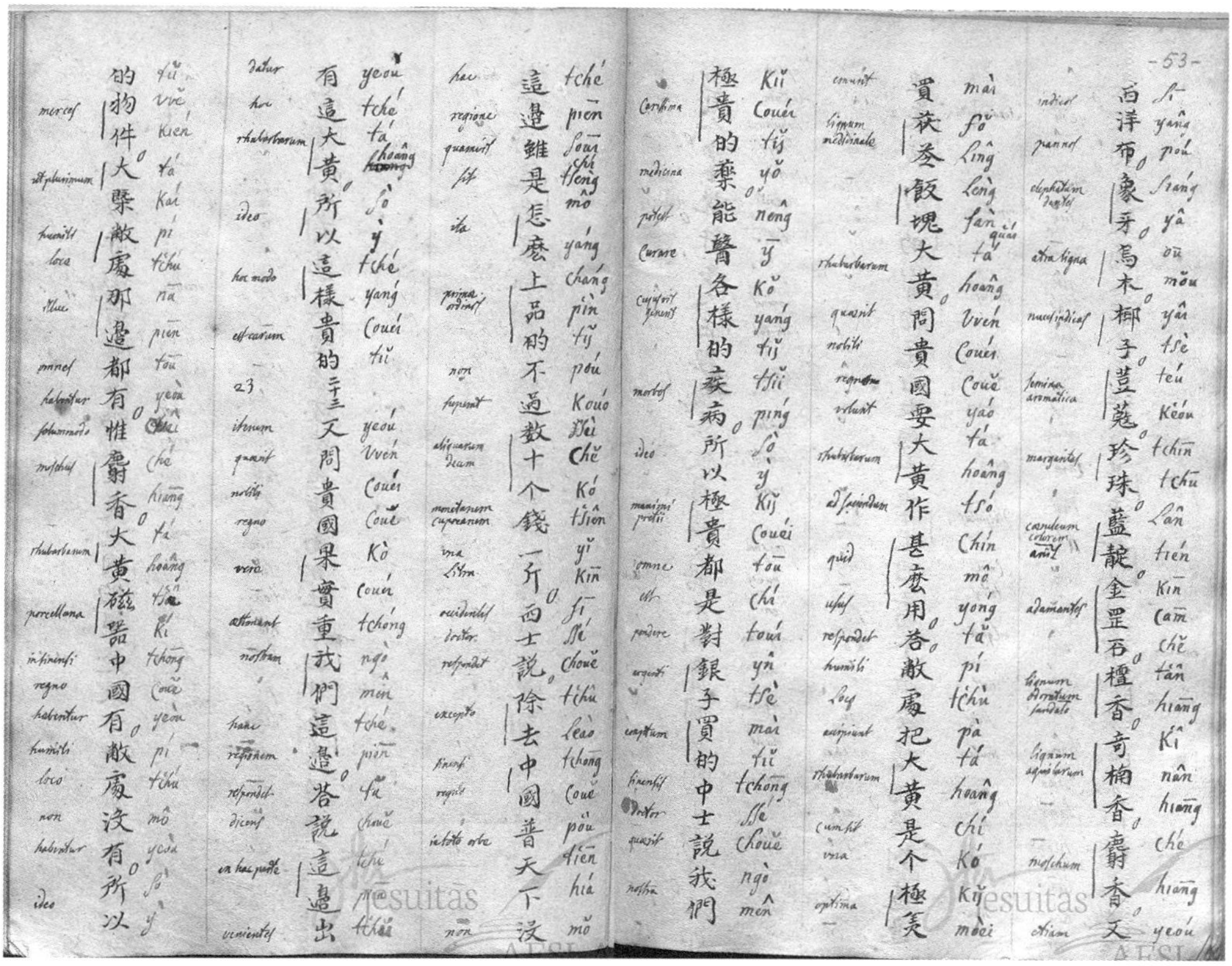

西洋布、象牙、烏木、椰子、荳蔻、珍珠、藍靛、金罡石、檀香、奇楠香、麝香，又買茯苓、飯塊、大黃。」問：「貴國要大黃作甚麼用？」答：「敝處把大黃是个極美極貴的藥，能醫各樣的疾病，所以極貴，都是對銀子買的。」中士說：「我們這邊雖是怎麼上品的，不過數十个錢一斤。」西士說：「除去中國，普天下沒有這大黃，所以這樣貴的。」二十三又問：「貴國果實重我們這邊？」答說：「這邊出的物件，大槩敝處那邊都有。惟麝香、大黃、磁器中國有，敝處沒有，所以

這三件敝處貴磁器敝處雖有，只是中國的却是天下絕美的，形像、顏色、上面的�981都與這邊差不遠，但裏面的土極粗比這邊差得遠，所以做不得這邊這樣細。」中士說：「我這邊好磁器亦不是到處有的。但江西一省，亦只饒州府有。敝別處出不得。連裏面的土，亦不是江西出的，是徽州來的。」西士說：「老先生要買絕精的磁器，不要在中國買，在小西洋買。」中士說：「這个是甚麽緣故？小西洋的好似我中國的麽？」答：「不是，都是這邊帶去的。那

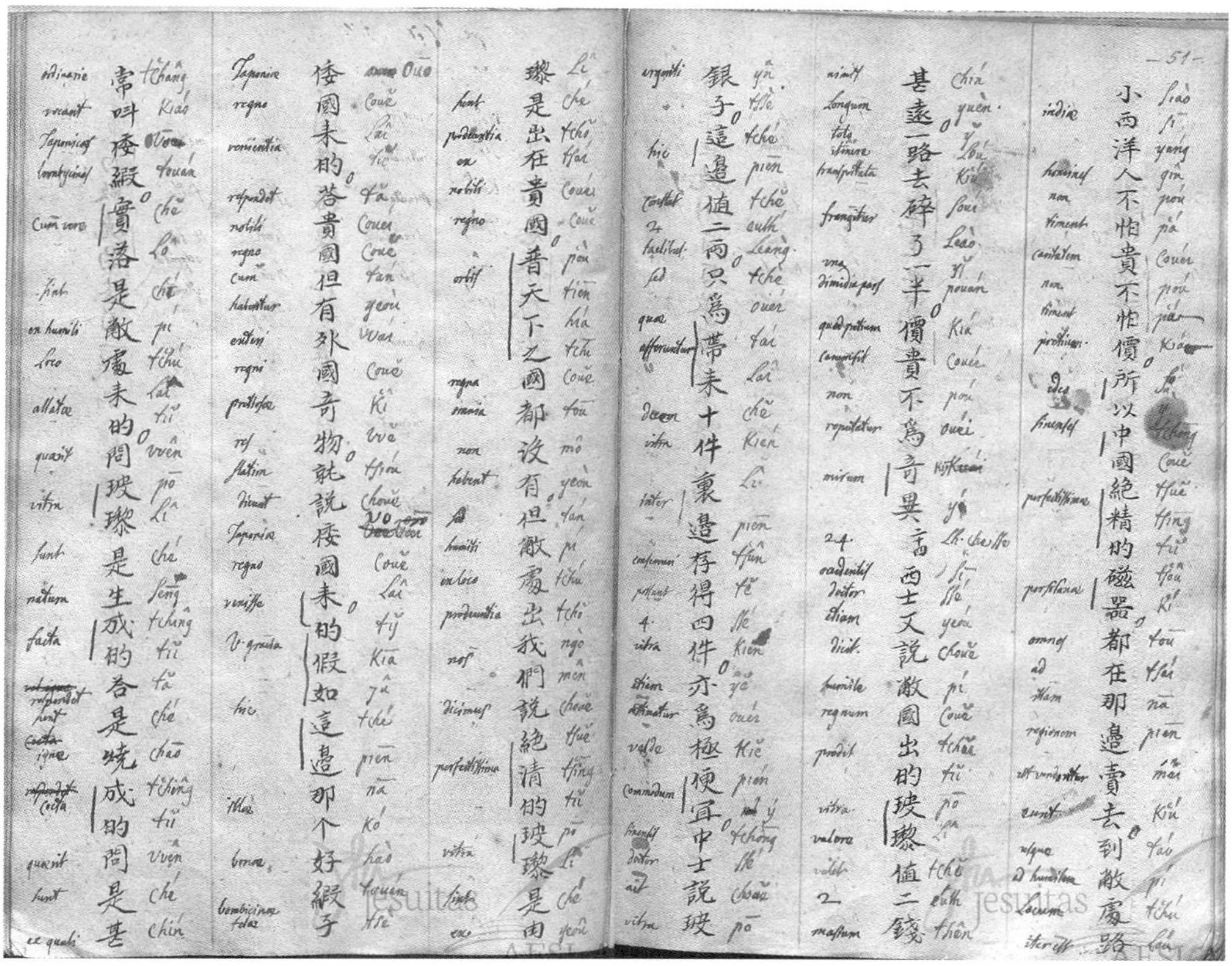

小西洋人不怕貴，不怕價，所以中國絕精的磁器都在那邊賣去。到敝處路
甚遠，一路去碎了一半，價貴不為奇異。」二十四西士又說：「敝國出的玻瓈值二錢
銀子，這邊值二兩，為帯來十件裏邊存得四件，亦為極便宜。」中士說：「玻
瓈是出在貴國，普天下之國都沒有，但敝處出。我們說，絕清的玻瓈是由
倭國來的。」答：「貴國但有外國奇物，就說倭國來的。假如這邊那个好緞子，
常叫倭緞，實落是敝處來的。」問：「玻瓈是生成的？」答：「是燒成的。」問：「是甚

麼東西做燒的？」答：「用一樣的沙、一種草,還有別樣料。學生不知甚詳問纏絲線花怎麼樣做敝處玻璃敝處那邊到處有,所以不詳。」問：「纏絲線花怎麼樣做？」答：「玻璃敝處那邊到處有,所以不曾留心看怎麼樣做。敝處不但有玻璃酒盃、玻璃盞、玻璃餅,連窗戶門亦有玻璃板,亦畫山水人物,極雅觀。」又問：「玻璃板透明,怎麼樣做得鏡子？」答：「面上加一層鉛合水銀,粘得極牢,這樣成鏡子,照得面。」二十五又問：「貴處那邊有官與我們這邊一樣不？」答：「亦有,

只是敝國官的俸祿比這邊厚。一個宰相，一年有六萬十萬兩的。」

問：「貴處的官亦貪不貪？」答：「亦有个把，少不得有一兩个。敝國有一件好處，人不真犯罪，官府一些難為他不得，他不肯服，官府要不得他一个錢。就是官府要，那一个人不肯把他，官府也沒奈他何。又越是寡婦窮人，官府越怕難為他。」問：「為甚麼？」答：「寡婦、窮人受官府的累，寫一个狀詞待朝廷出朝外，跪在路上，手裏一張紙，沒有人敢

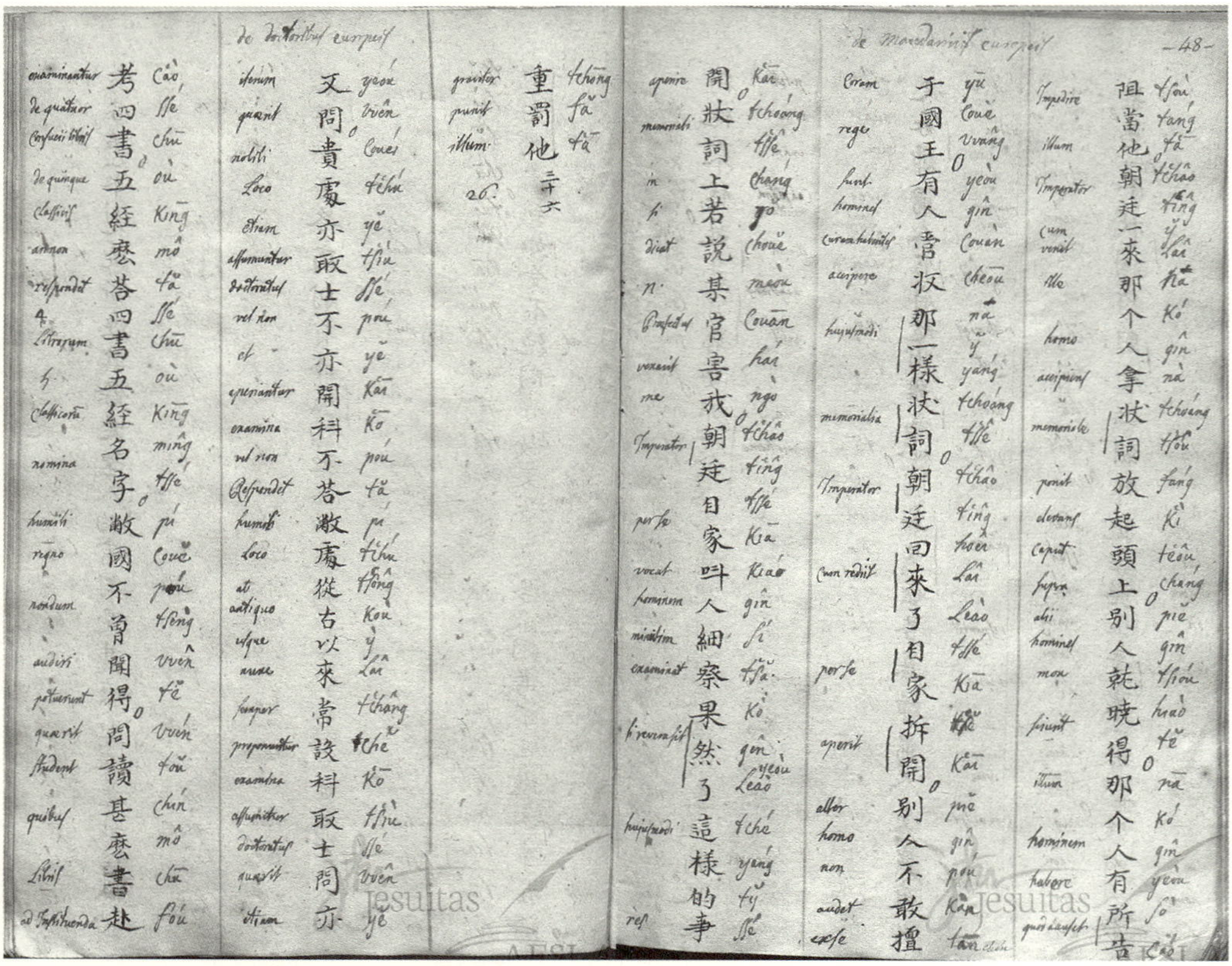

阻當他。朝廷一來，那个人拿狀詞放起頭上，別人就曉得那个人有所告于國王。有人管收那一樣狀詞，朝廷回來了自家拆開，別人不敢擅開。狀詞上若說某官害我，朝廷自家叫人細察。果然了這樣的事，重罰他。」二十六

又問：「貴處亦取士不？亦開科不？」答：「敝處從古以來常設科取士。」問：「亦考四書五經麼？」答：「四書五經名字，敝國不曾聞得。」問：「讀甚麼書赴

考？」答：「第一个是陡斯經，其餘是聖人的書。」問：「是甚麼聖人？是我這邊聖
孔子不？」答：「各處別有各處的聖人。敝處將二千以來，世世有聖人做
絕好的書，到如今不絕。」問：「亦做文章麼？」答：「敝國考不在做文章，在論
理。當面二三十个考一个人，設難難他，探他肚裡實實落落有才學，所
以不能勾有僥倖。」問：「這樣考法難似我這邊。一中就有做官麼？」答：「未必
然。先試他有做官的力量。有許多人能辨治百姓之法，只是自家

不能治百姓。」問:「每三年亦考麼?」答:「亦不同些,隔一年一考。」「一科取幾百名?」

「沒有定數,該中的都中。」問:「有武科麼?」答:「沒有,但有醫科,一年考醫。」三十七。

又問:「甚麼道理?」答:「第一个是陡斯經道理。假如陡斯經的性體何如?怎麼樣

是一無二?怎麼樣不變移?其全能全知何如?怎麼知人心裡面的念頭善惡?」

「無所不知,無所不在。」「何如?」「無始、無終、無聲、無形、無方,以無中造有萬物。」

「怎麼樣為萬物之根原?怎麼樣為最大?」「無對無相等。」「怎麼樣是天

地真主？怎麼樣照管天下？怎麼樣養萬物？」「這一類之學問極多。」問：「譜若之性情何如？有幾品？有何益與我？人該不該奉敬他？其念慮主意怎麼樣相通？魔鬼為甚麼叫做魔鬼？與譜若有甚麼分別？能傷人不能傷人？其害怎麼樣避得？能知得不能知得未來？」問：「天有幾重？怎麼樣運動？誰運動他？與下地相去幾多遠？幾多厚？能朽不能朽？」問：「五星、二十八宿星多少？」「或大或小于地。」問：「日月之食怎麼樣緣故？」三十八問：「日月之食怎麼樣？」

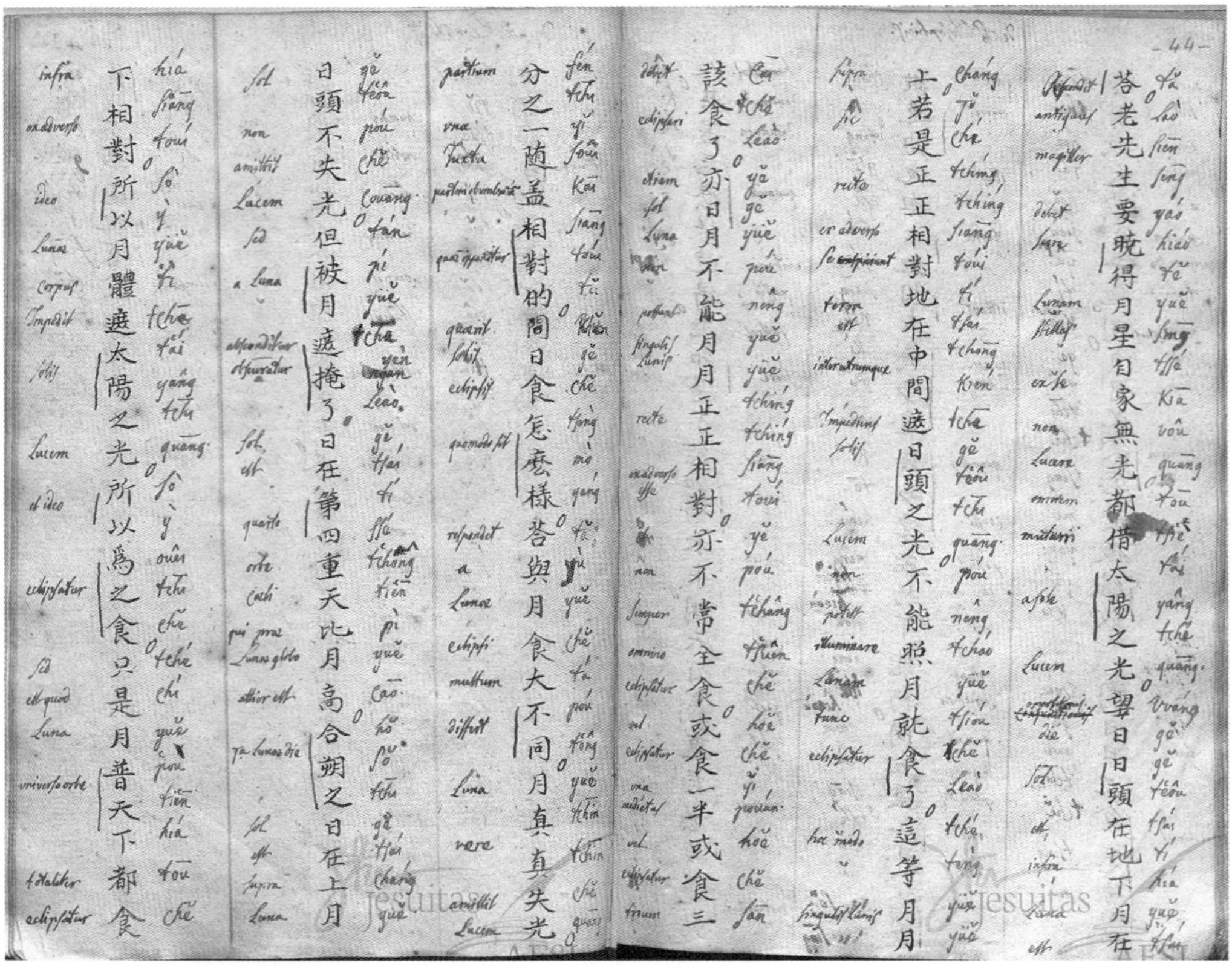

答：「老先生要曉得，月星自家無光，都借太陽之光。望日，日頭在地下，月在上。若是正正相對，地在中間遮日頭之光，不能照月，就食了。這等月月該食了，亦日月不能月月正正相對，亦不常全食，或食一半，或食三分之一，隨蓋相對的。」問：「日食怎麼樣?」答：「與月食大不同。月真真失光，日頭不失光，但被月遮掩了。日在第四重天，比月高，合朔之日在上月下相對，所以月體遮太陽之光，所以為之食。只是月普天下都食，

日頭不然,這地方食,那地方不食。」

二十九問:「貴處人人俱學天文麼。」答:「亦不學。敝國的學問不等,在學天文的絕小的。讀書的人閑暇的時節,或有一兩个喜學天文,考的時節不十分看知天文不知天文。因這邊人有問天文,所以我們講天文的事。本心不在此,原亦不是甚麼要緊的學問,知亦不知亦可。」問:「貴處占卜不占卜?」答:「這樣的事一些不信。」問:「這等為甚麼學天文。」答:「天文有一个

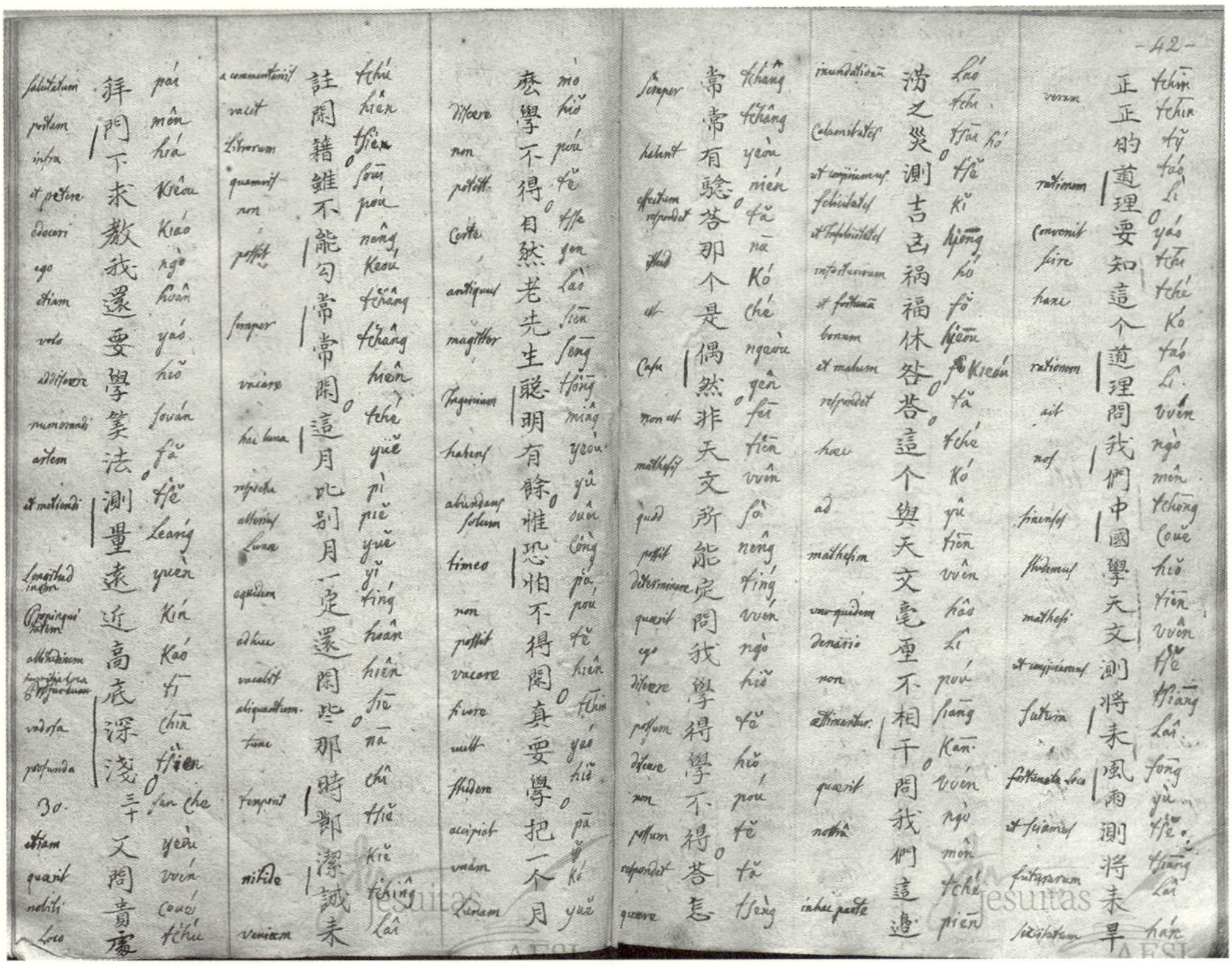
正正的道理要知這个道理問我們中國學天文測将來風雨測将来旱
澇之災測吉凶禍福休咎答這个與天文毫厘不相干問我們這邊
常常有驗答那个是偶然非天文所能定問我學得學不得答怎
麽學不得自然老先生聰明有餘惟恐怕不得閑真要學把一个月
註閑籍雖不能勾常常閑這月比别月一定還閑些那時節潔誠来
拜門下求教我還要學筭法測量遠近高底深淺三十又問貴處

正正的道理，要知這个道理。」問：「我們中國學天文，測將來風雨，測將來旱澇之災，測吉凶禍福休咎。」答：「這个與天文毫厘不相干。」問：「我們這邊，常常有驗。」答：「那个是偶然，非天文所能定。」問：「我學得學不得？」答：「怎麼學不得。自然老先生聰明有餘，惟恐怕不得閑。真要學，把一个月註閑籍。」「雖不能勾常常閑，這月比別月一定還閑些。那時節，潔誠來拜門下求教。我還要學筭法，測量遠近高低深淺。」三十又問：「貴處

有高醫不？」答：「有。」問：「亦有好法麼？」答：「有極妙的。」問：「老先生必竟精。」答：「醫病之方，但醫家曉得，學生從來不曾習慣這一家書，不曾學得甚麼妙方。」問：「貴處醫者，亦看脈麼？」答：「敝處醫者精于看脈，看脈就曉得死時，一些不差。若不得看脈，看小便水都明白曉得，如看脈一般樣，看脈又看小便水，認得極精。內科之藥各處差不多。外科敝處絕精的。貴國古書所記華陀的奇法，敝處現有。」問：「貴處藥與敝處藥同不同？」答：「有不同，

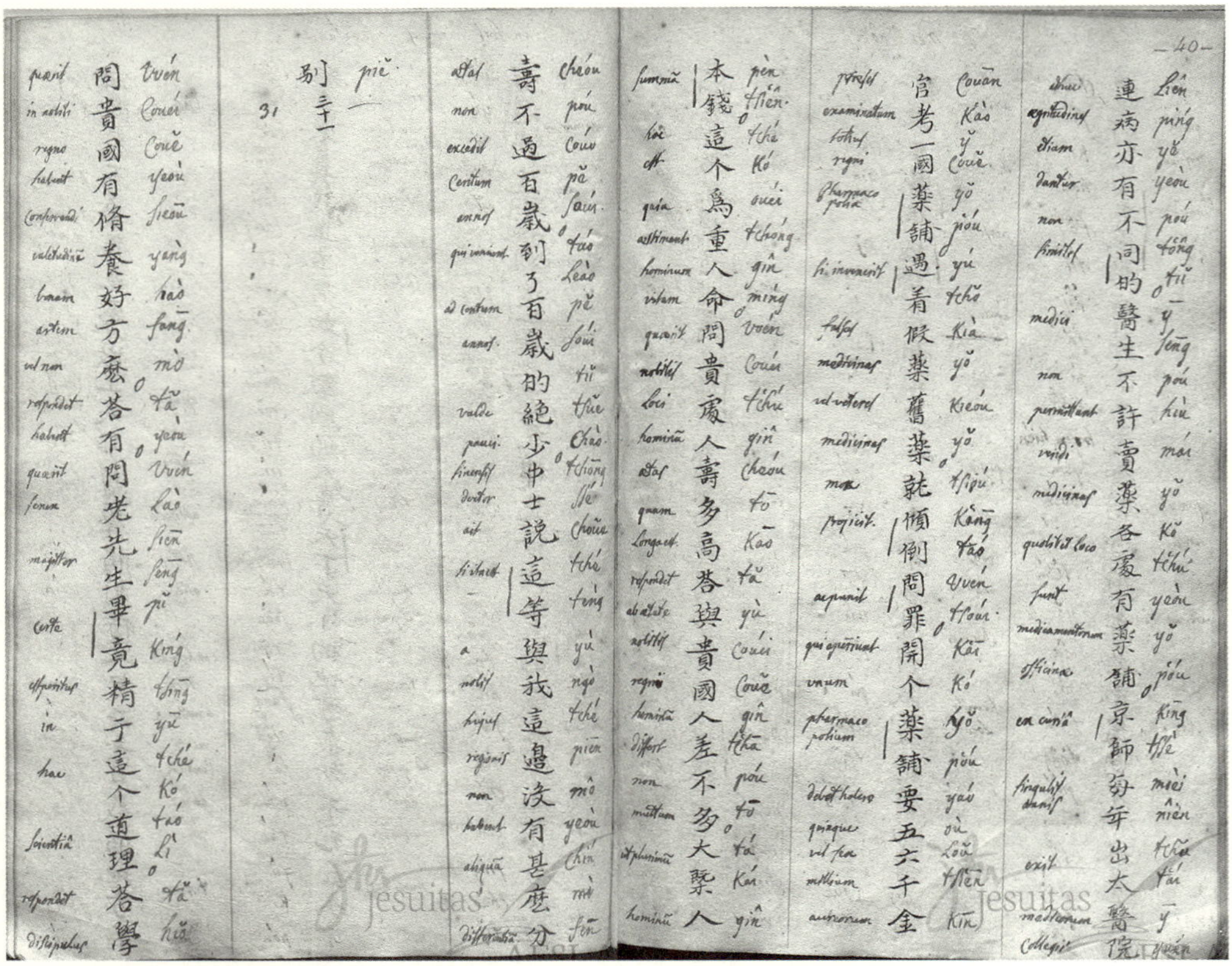

連病亦有不同的。醫生不許賣藥，各處有藥舖。京師每年出太醫院官考一國藥舖，遇着假藥舊藥就傾倒問罪。開个藥舖要五六千金本錢，這个為重人命。」問：「貴處人壽多高?」答：「與貴國人差不多，大槩人壽不遇百歲，到了百歲的絕少。」中士說：「這與我這邊沒有甚麼分別。」三十一。

問：「貴國有脩養好方麼?」答：「有。」問：「老先生畢竟精于這个道理。」答：「學

生從來不曾在這一家做工夫，不曾學得。聞得人有二三百歲的地方，不知真不真。或上古有。如今敝國的人，普天下大小的地方無所不到。如今不曾遇得這一樣國。這一樣人，這等都是好長生人的虛誕。但是有病少的、容易的、保安的地方，要保自身形二三百歲的壽，恐怕非人之力能及」。問：「貴處亦有神仙麼？」答：「沒有這樣人。這等樣事一些不信。從古以來，有生畢竟有死，未見有人常生。」中士說：「我們這邊有許多這樣的，白日飛

(97) 拜客訓示

昇天山間，亦常有人遇見他。」西士說：「學生也聞得有這个說，但想必不真

這个說話，極有害于正德。人要做好人，死時之念常常在眼前。若是自

信不死，死念就絕，做好人就難。」

三十二問：「老先生，到了這邊二十年，費用亦大，是那裡來的？」答：「是敝國來的。

兩三年一次，同會之朋友寄來。」問：「這邊許多年，還有人寄銀子來麼？」答：

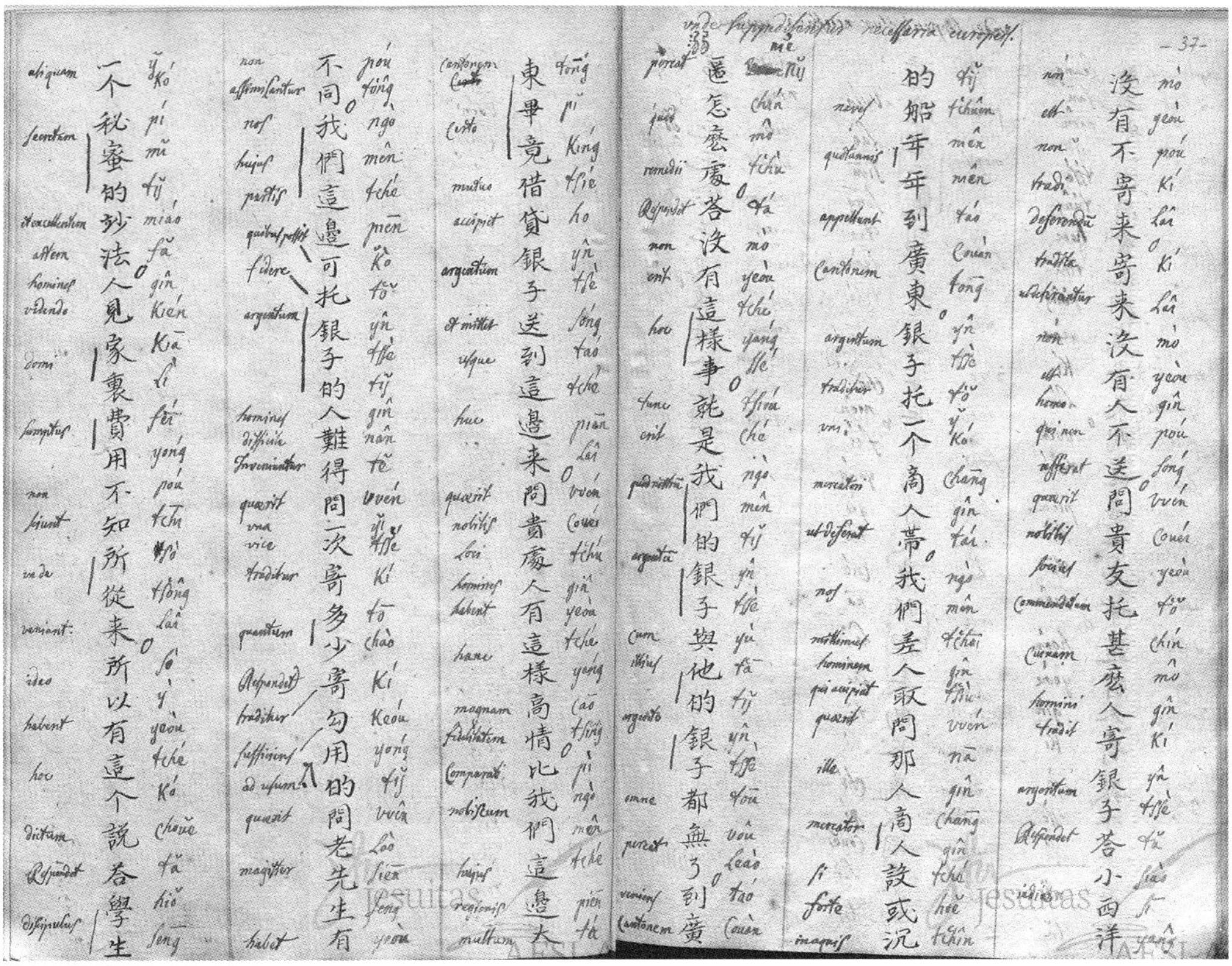

沒有不寄來，寄來沒有人不送。」問：「貴友托甚甚麼人寄銀子？」答：「小西洋的船，年年到廣東。銀子托一个商人帶，我們差人取。」問：「那人商人設或沉匿怎麼處？」答：「沒有這樣事。就是我們的銀子與他的銀子都無了，到廣東畢竟借貸銀子送到這邊來。」問：「貴處人有這樣高情，比我們這邊大不同。我們這邊可托銀子的人難得。」問：「一次寄多少？」『寄勾用的。」問：「老先生有一个秘蜜的妙法。人見家裏費用不知所從來，所以有這个說。」答：「學生

素不信有這法，亦恐怕普天下沒有人做得來。就是有這个法，學生與敝友不是重這樣事的人。」

三十三問：「貴國亦有用銀子？」答：「金銀銅都兼用，只是不用厘等秤。金銀銅都做錢，要買萬斤的貨物不過數錢。」中士說：「這个極便，省好些事。不知錢有多少重？」答：「金銀極少的有一兩銀子，銀錢極大的有八錢重，有四錢的，有二錢的，到五分就是絕少的。五分以下都用銅錢，都有國王的印。做私下做不

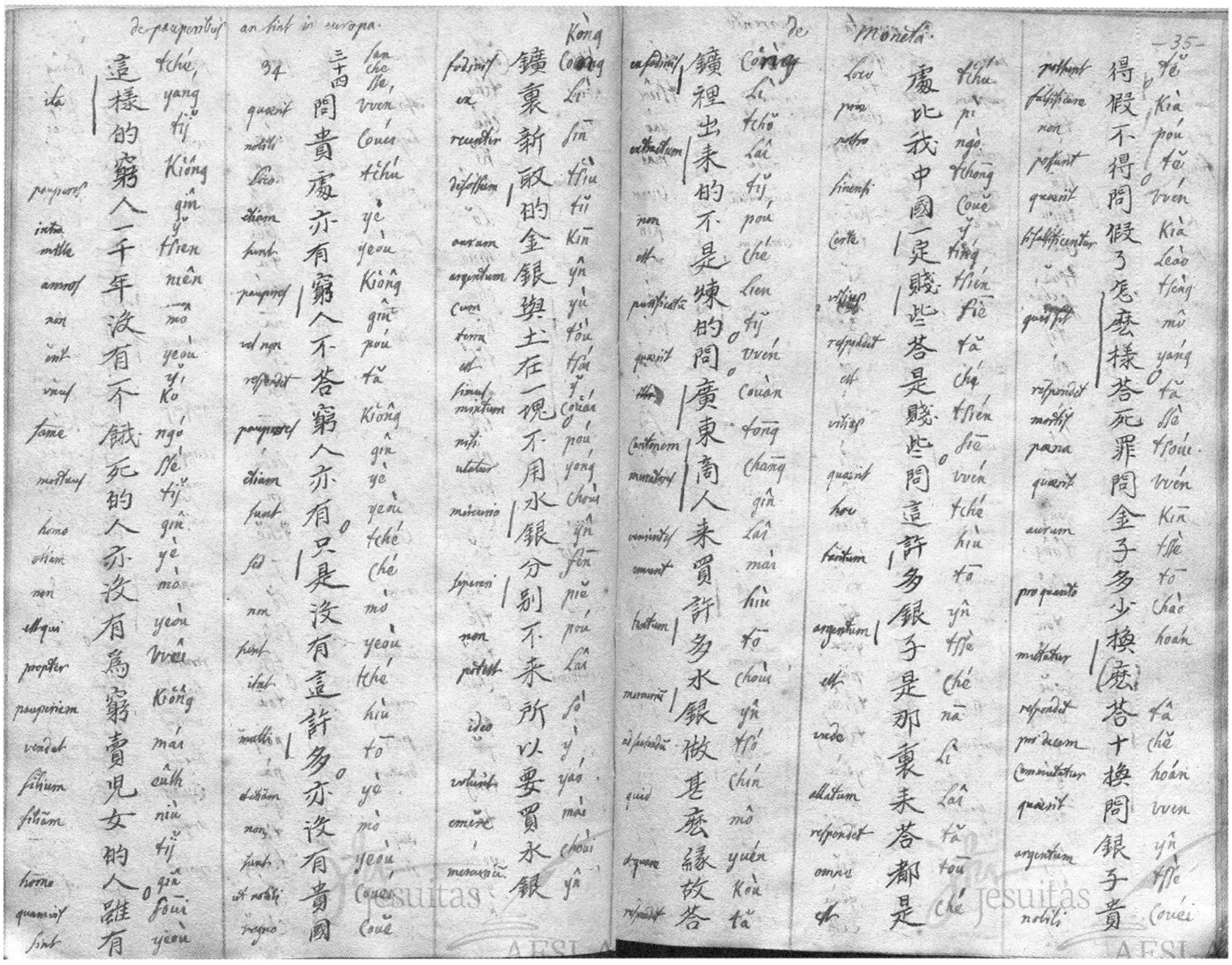

得，假不得。」問：「假了怎麼樣？」答：「死罪。」問：「金子多少換麼？」答：「十換。」問：「銀子貴處比我中國一定賤些。」答：「是賤些。」問：「這許多銀子是那裏來？」答：「都是鑛裡出來的，不是煉的。」問：「廣東商人來買許多水銀做甚麼緣故？」答：「鑛裏新取的金銀與土在一塊，不用水銀分別不來，所以要買水銀。」

三十四 問：「貴處亦有窮人不？」答：「窮人亦有，只是沒有這許多。亦沒有貴國這樣的窮人，一千年沒有一个餓死的人，亦沒有為窮賣兒女的人。雖有

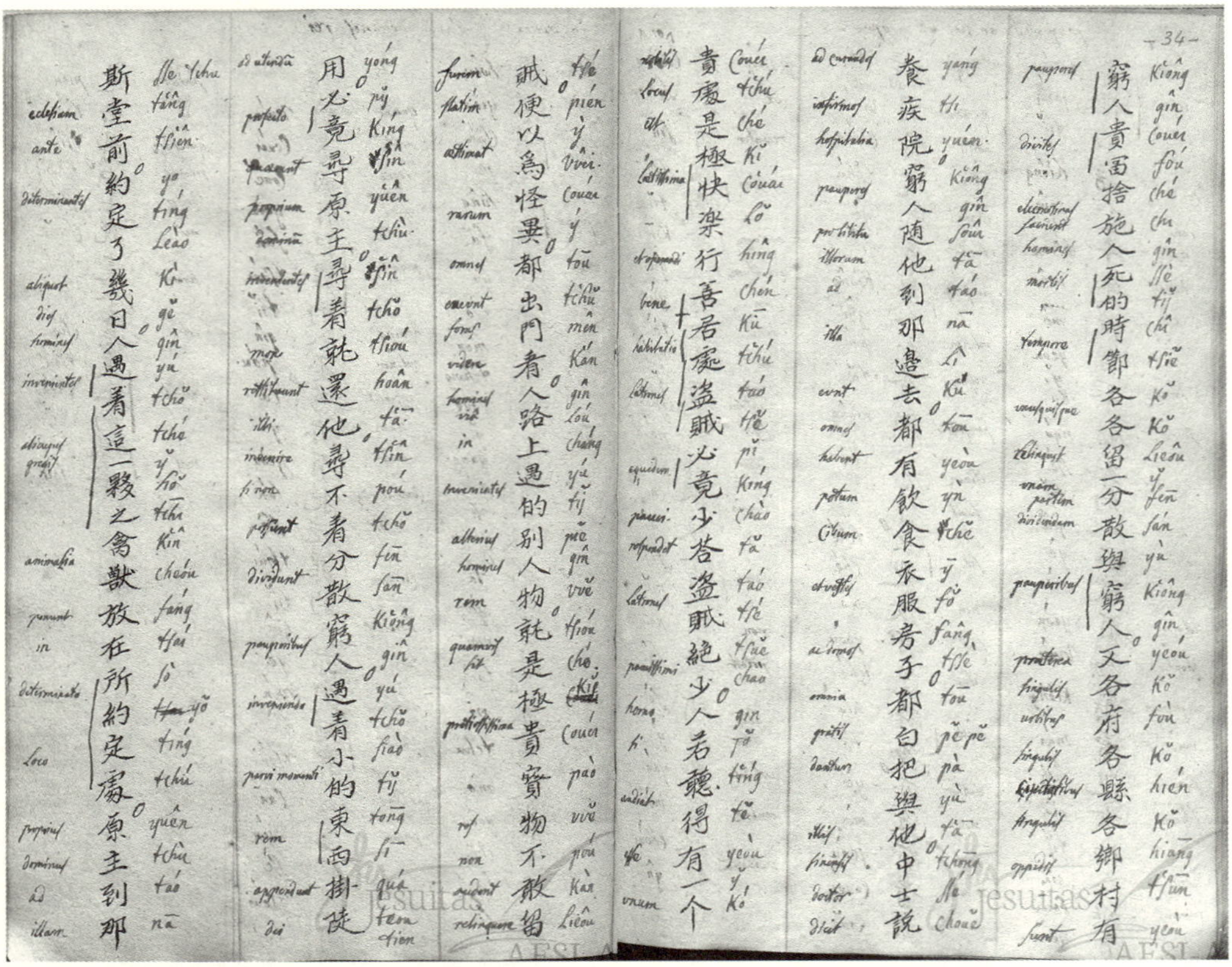

窮人，貴富捨施，人死的時節，各各留一分散與窮人。又各府各縣各鄉村有
養疾院，窮人隨他到那邊去，都有飲食衣服房子，都白把與他。」中士說：
「貴處是極快樂行善居處，盜賊必竟少。」答：「盜賊絕少。人若聽得有一个
賊，便以為怪異，都出門看。人路上遇的別人物，就是極貴寶物，不敢留
用，必竟尋原主，尋着就還他，尋不着分散窮人。遇着小的東西，掛陡
斯堂前，約定了幾日，人遇着這一夥之禽獸放在所約定處，原主到那

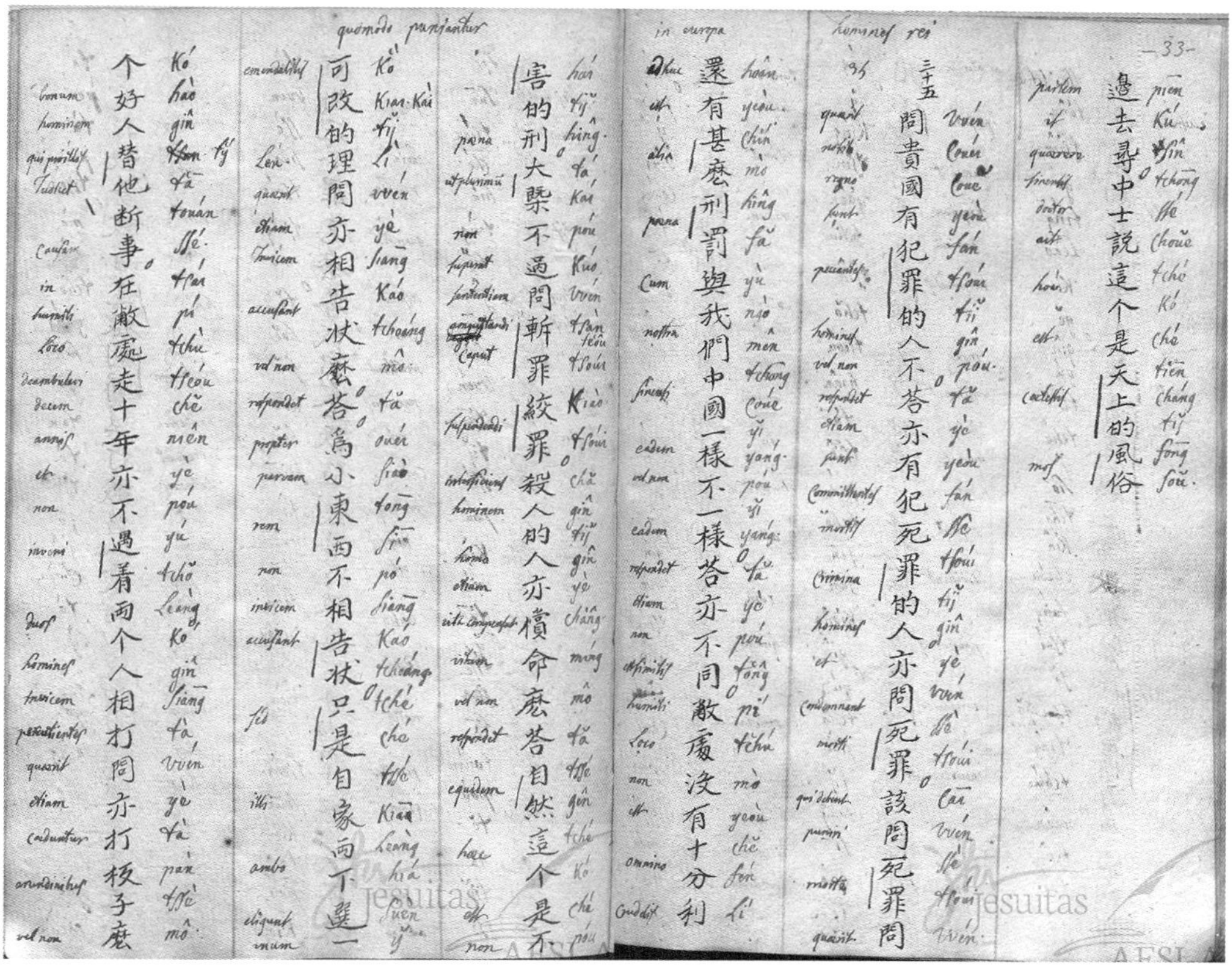

邊去尋。」中士說：「這个是天上的風俗。」

三十五問：「貴國有犯罪的人不？」答：「亦有犯死罪的人，亦問死罪，該問死罪。」問：「還有甚麼刑罰與我們中國一樣不一樣？」答：「亦不同。敝處沒有十分利害的刑，大槩不過問斬罪、絞罪。」「殺人的人，亦償命麼？」答：「自然，這个是不可改的理。」問：「亦相告狀麼：」答：「為小東西不相告狀，只是自家兩下選一个好人替他断事。在敝處走十年亦不遇着兩個人相打。」問：「亦打板子麼？」

答：「不打板子，沒有這樣刑罰，但打賊。若人受打以為辱，寧可死，不要受打。」〇問：「死小罪怎麼？」答：「或罰金或監幾月或放流。父母的罪雖極大，不及子孫。就是下等的人，官府問他的事，不敢罵他。一次寫他斷不得他的事，犯罪的人，以為有怨，就改告別衙門。」

三十六問：「貴處亦有房子不？」答：「敝國的人，普天下大小的地方無所不到，到如今不曾遇得好過敝國的房子。現今有二千年前蓋的房子如新，沒

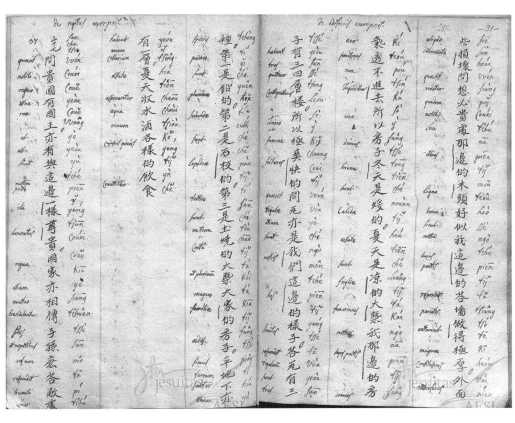

些損壞問想必貴處那邊的木頭好似我這邊的答牆做得極厚外面氣透不進去所以房子冬天是煖的夏天是涼的大槩我那邊的房子有三四層樓所以極爽快的問瓦亦是我們這邊的樣子答瓦有三種第一是鉛的第二是石板的第三是土燒的大槩大家的房子平地下亦有一層夏天收水酒各樣的飲食

卅七問貴國有國王亦有與這邊一樣尊貴國家亦相傳子孫麽答敝處

些損壞。」問:「想必貴處那邊的木頭好似我這邊的。」答:「牆做得極厚,外面氣透不進去,所以房子冬天是暖的,夏天是涼的。大槩我那邊的房子有三四層樓,所以極爽快的。」問:「瓦亦是我們這邊的樣子?」答:「瓦有三種,第一是鉛的,第二是石板的,第三是土燒的。大槩大家的房子,平地下亦有一層,夏天收水酒、各樣的飲食。」

三十七問:「貴國有國王,亦有與這邊一樣尊貴?國家亦相傳子孫麼?」答:「敝處

(105) 拜客訓示

有許多國,大檗國王都是歷代相傳。但有一个皇上叫做教化皇,第一个尊貴,其位不傳與子孫,只傳與賢。他亦不娶,沒有子孫。別國雖不是他的地方,雖不管他的百姓,教他的事體,都聽他的命。他自家亦有一个大國收糧稅。天主教中有難解的道理,就問他,他斷定,沒有人不服。

別國的王與民,都看他做大父母一般,所以稱聖父。」三十八問::「貴處有城池麼?」答::「有極堅固的城池,石頭合石灰蓋的。」問::「有爭戰麼?」答::「本國從古以來,

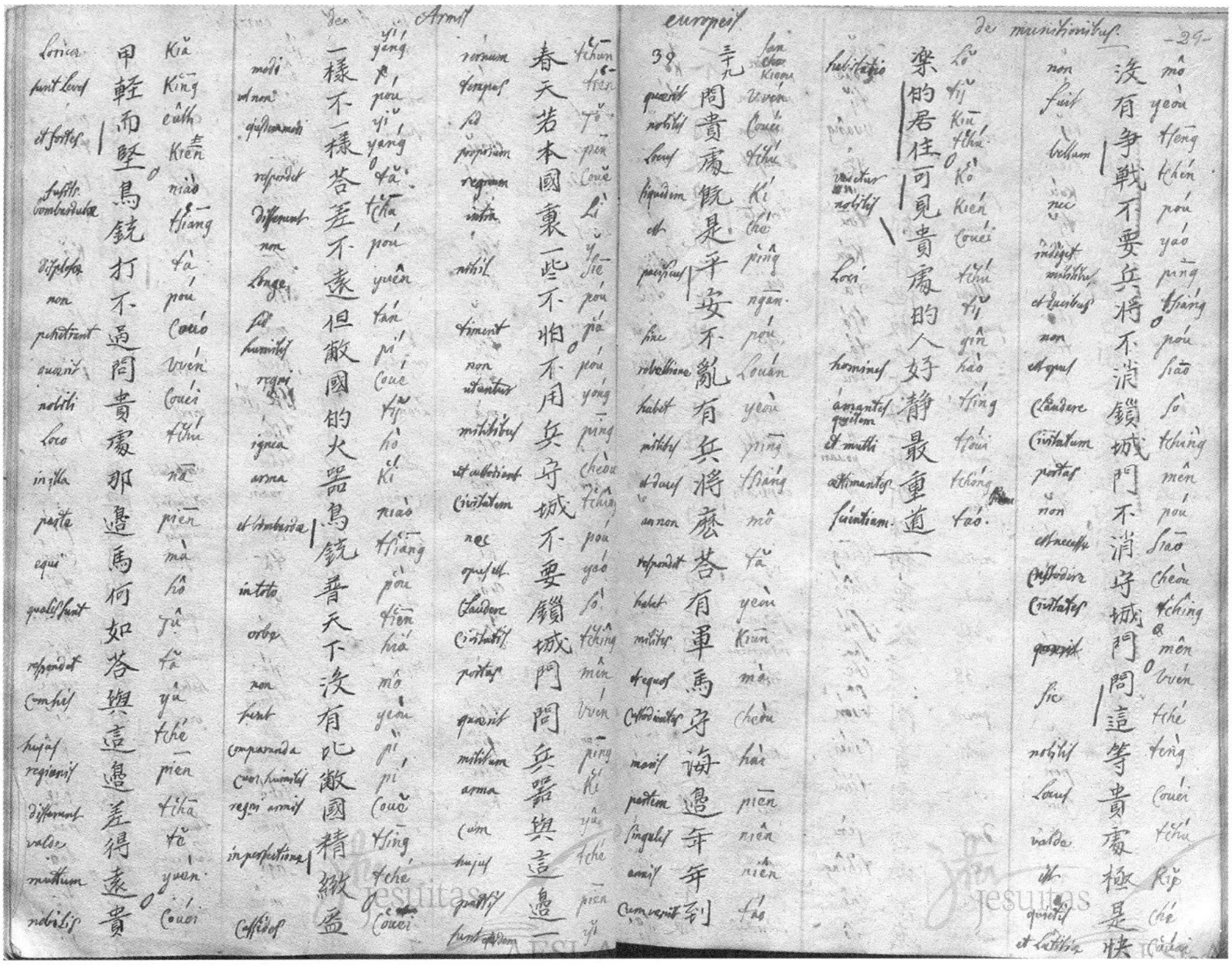

沒有爭戰。不要兵將，不消鎖城門，不消守城門。」問：「這等貴處極是快
樂的居住，可見貴處的人好靜最重道。」
三十九問：「貴處既是平安不亂，有兵將麼？」答：「有軍馬守海邊。年年到
春天，若本國裏一些不怕，不用兵守城，不要鎖城門。」問：「兵器與這邊（一）
一樣不一樣？」答：「差不遠。但敝國的火器鳥銃，普天下沒有比敝國精緻。盔
甲輕而堅，鳥銃打不過。」問：「貴處那邊馬何如？」答：「與這邊差得遠。貴

（107）拜客訓示

國的馬都是騸割的，所以無力氣、無胆。敝國的馬極有力氣，極耐勞，一些不怕，人常騎他往打獅子，馬見獅子只管趕他，亦不怕。」中士說：「這邊我們的馬不要說見獅子，見鞭子的馬就沒力氣，無一些胆就跑回去了。」

四十問：「貴國亦朝貢我們這邊？」答：「敝國大遠，另是一個國都。國王亦大自以為尊，不肯朝貢他國。」問：「貴國的王亦有宮殿？」答：「沒有貴國這樣大，各省城有極齊整、極華麗的宮殿。」問：「宗室亦是尊貴麼？」答：「宗室都

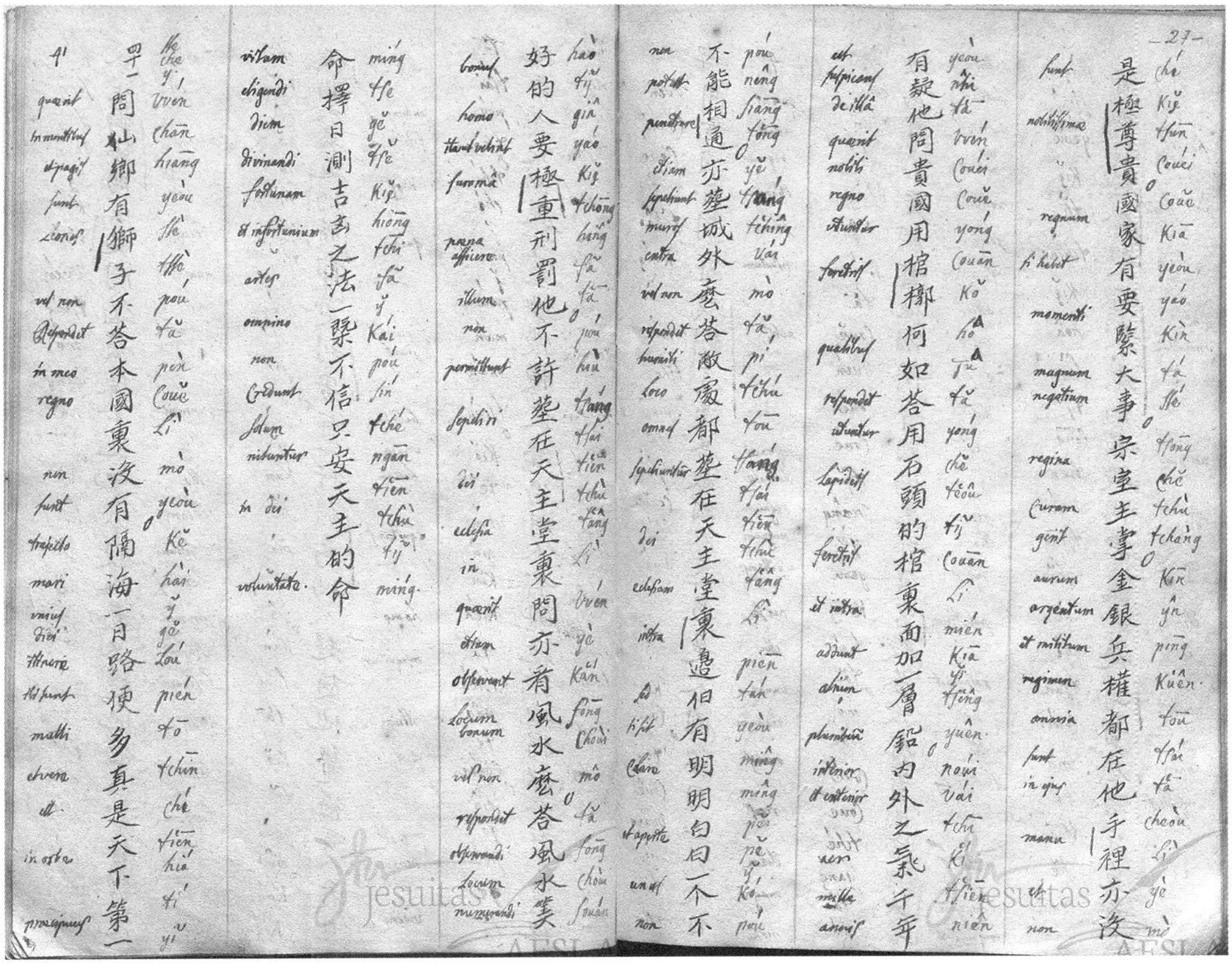

是極尊貴。國家有要緊大事，宗室主掌，金銀、兵權都在他手裡，亦沒
有疑他。」問：「貴國用棺槨何如？」答：「用石頭的棺，裏面加一層鉛，內外之氣千年
不能相通。」(問)：「亦葬城外麼？」答：「敝處都葬在天主堂裏邊。但有明明白白一个不
好的人，要極重刑罰他，不許葬在天主堂裏。」問：「亦看風水麼？」答：「風水筭
命擇日測吉之法，一槩不信，只安天主的命。」

四十一 問：「仙鄉有獅子不？」答：「本國裏沒有。隔海一日路便多，真是天下第一

四十二　古時大西洋，有一个家奴，原主要殺他，怕死走了，到山林有獅子所

受人的恩，終身不忘。」

本性善不喜殺人。如象、虎、豹喜殺人，禽獸中沒有比得獅子有情感恩，

他再不走，只是一步一步慢慢走，覺得有人看見他就跑得快。人若不惹他，

殺的。人惹他的時節更利害。有一杆騎馬的人趕隨，他覺得有人看見

个生獅子的去處。」問：「怎麼樣拿他？他亦殺人麼？」答：「趕他的人，常有被他

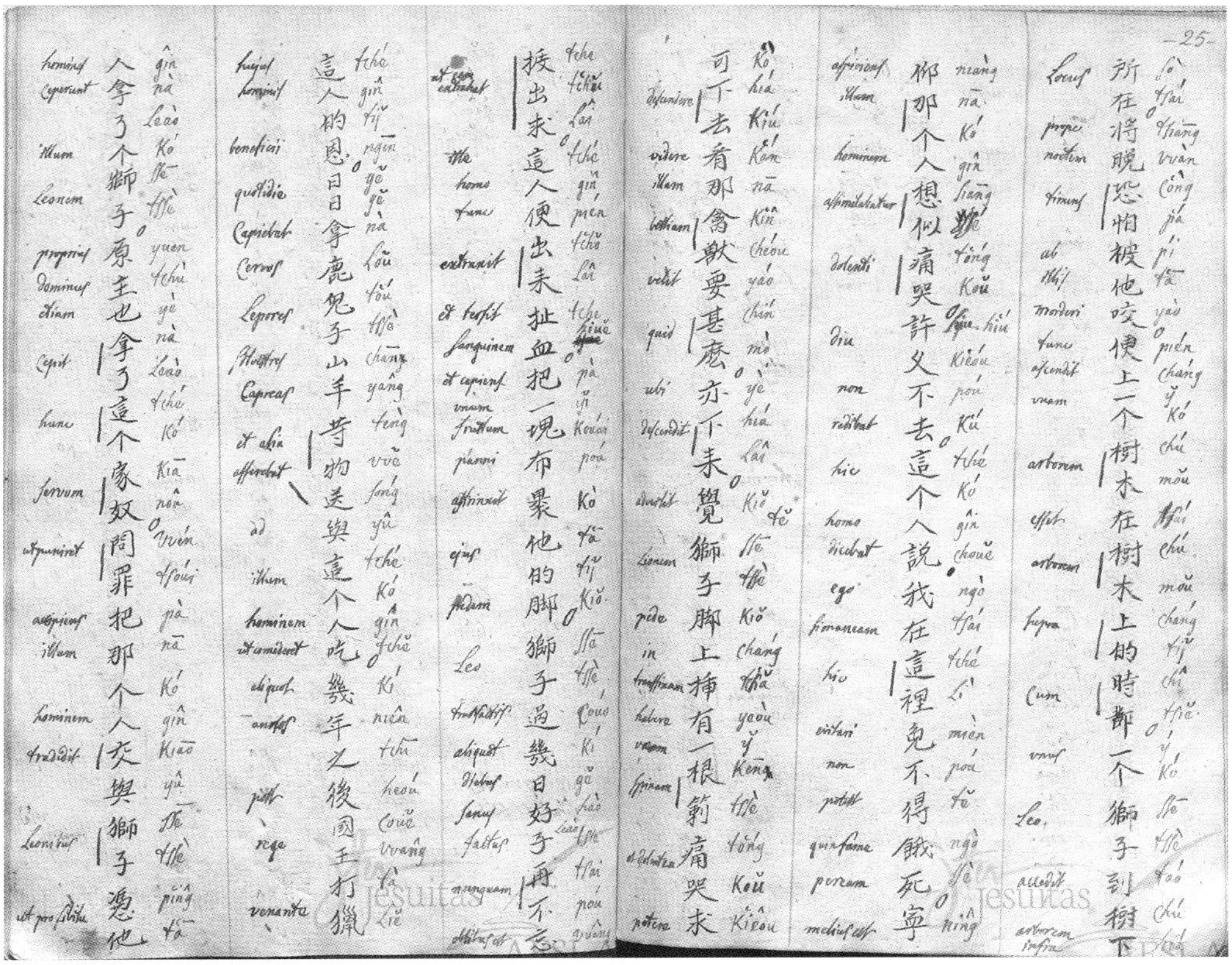

在。將晚，恐怕被他咬，便上一個樹木。在樹上的時節，一个獅子到樹下仰，那个人想似痛哭，許久不去。這个人說：「我在這裡免不得餓死，寧可下去，看那禽獸要甚麼。」亦下來，覺獅子腳上插有一根箣，痛哭求拔出來。這人便出來扯血，把一塊布裹他的腳。獅子過幾日好子，再不忘這人的恩，日日拿鹿、兔子、山羊等物送與這个人吃。幾年之後，國王打獵，人拿了個獅子，原主也拿了這個家奴問罪，把那個人交與獅子，憑他

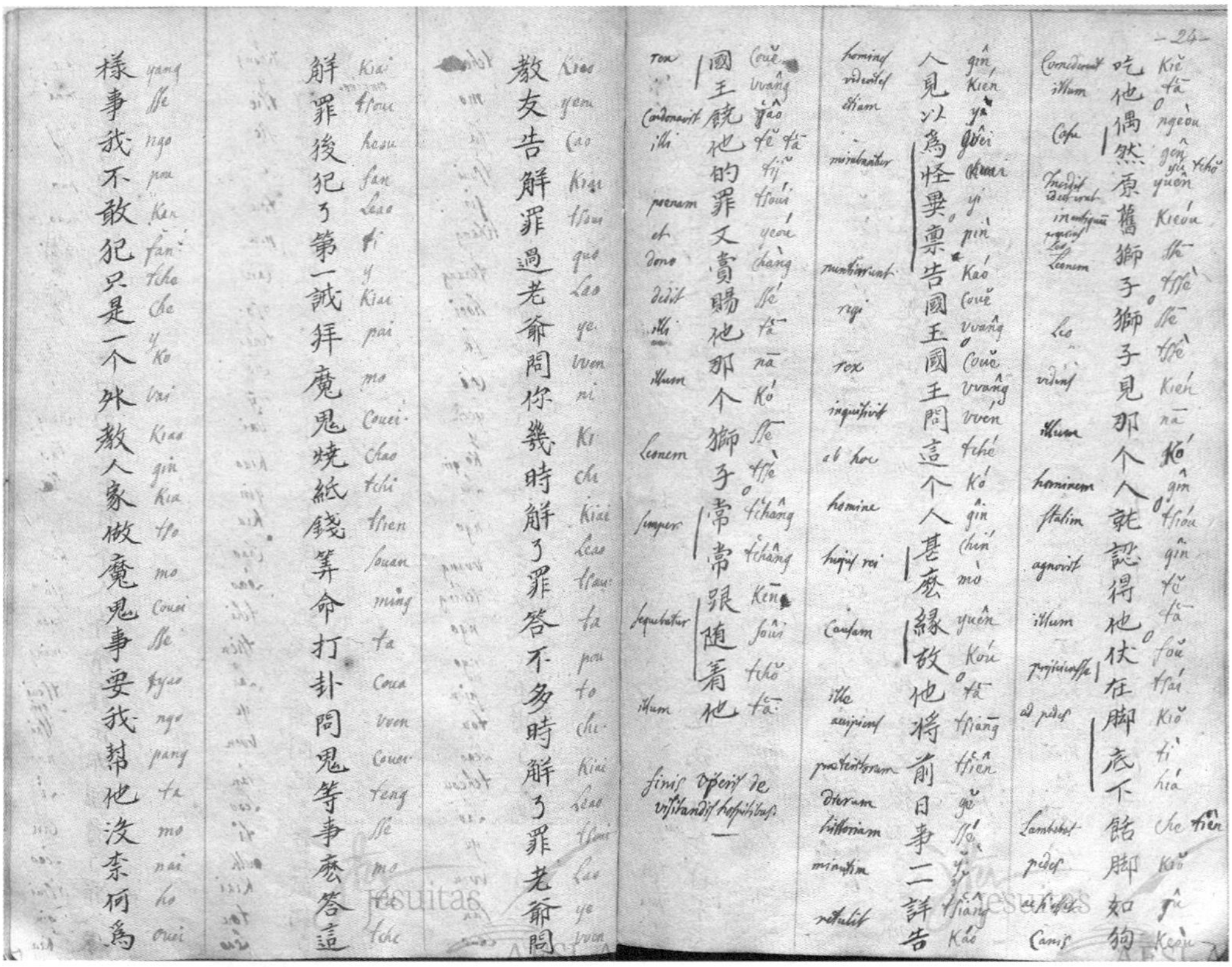

吃他。偶然原舊獅子，獅子見那個人就認得他，伏在腳底下舔腳如狗。

人見以為怪異，稟告國王。國王問這個人甚麼緣故，他將前日事一一詳告。

國王饒他的罪，又當賜他那个獅子，常常跟隨著他。

教友告解罪過老爺問：「你幾時解了罪？」答：「不多時解了罪。」老爺問：

「解罪後犯了第一誡拜魔鬼、燒紙錢、筭命、打卦、問鬼等事麼？」答：「這

樣事我不敢犯，只是一個外教人家做魔鬼事要我幫他，沒奈何為

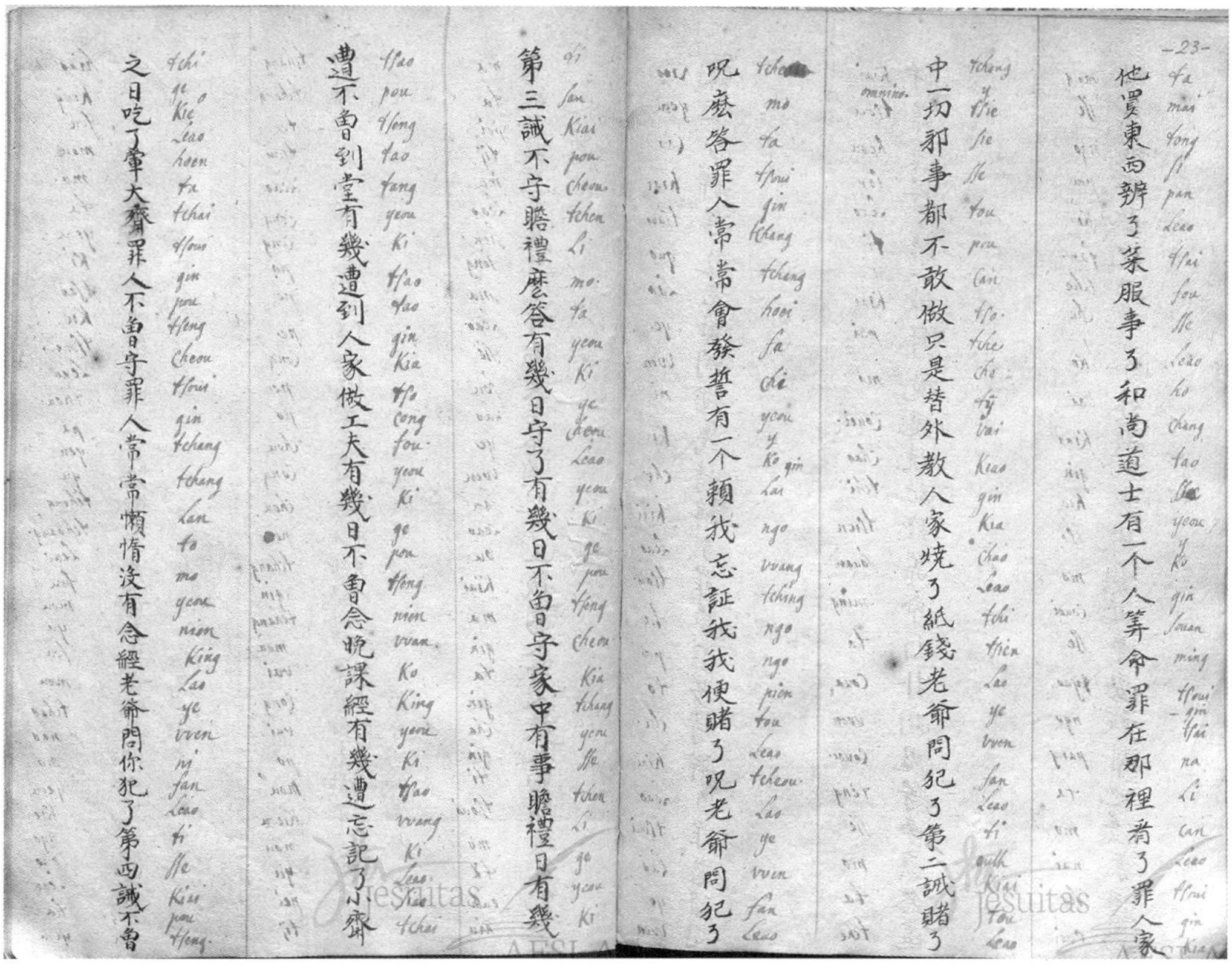

他買東西辦了菜，服事了和尚、道士。有一个人筭命罪在那裡看了，罪人家
中一切邪事都不敢做，只是替外教人家燒了紙錢。」老爺問：「犯了第二誡賭了
呪麼?」答：「罪人常常會發誓。有一个賴我，忘証我，我便賭了呪。」老爺問：「犯了
第三誡不守瞻禮麼?」答：「有幾日守了，有幾日不曾守。家中有事，瞻禮日有幾
遭不曾到堂，有幾遭到人家做工夫，有幾日不曾念晩課經，有幾遭忘記了小齋
之日吃了葷。大齋罪人不曾守，罪人常常懶惰，沒有念經。」老爺問：「你犯了第四誡不曾

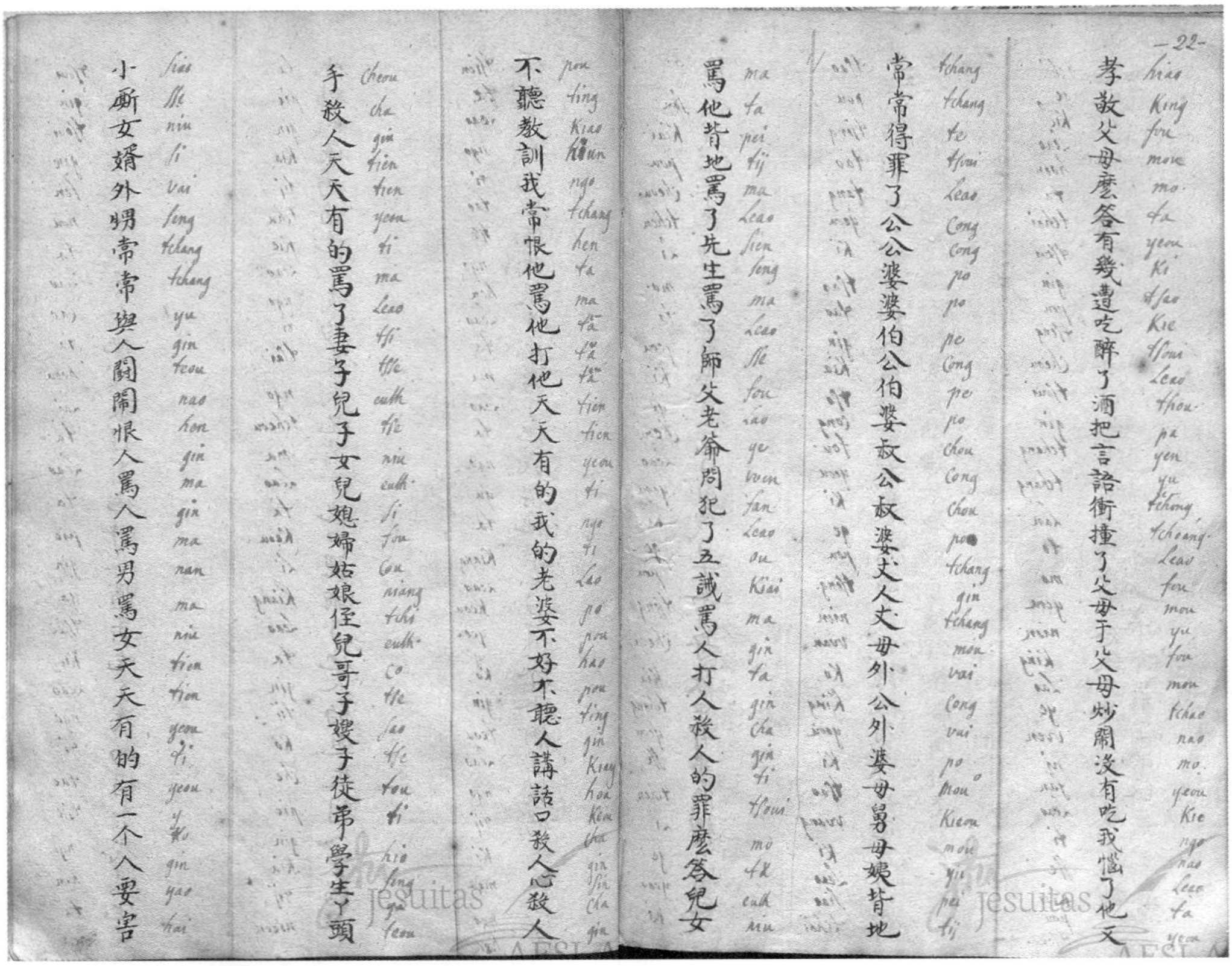

孝敬父母麼？」答：「有幾遭吃醉了酒，把言語衝撞了父母，于父母炒鬧。沒有吃，我惱了他，又常常得罪了公公、婆婆、伯公、伯婆、叔公、叔婆、丈人、丈母、外公、外婆、母舅、母姨。背地罵他，背地罵了先生，罵了師父。」老爺問：「犯了五誡，罵人、打人、殺人的罪麼？」答：「兒女不聽教訓，我常恨他、罵他、打他，天天有的。我的老婆不好，不聽人講話，口殺人、心殺人、手殺人，天天有的。罵了妻子、兒子、女兒、媳婦、姑娘、侄兒、哥子、嫂子、徒弟、學生、丫頭、小廝、女婿、外甥。常常與人鬪鬧，恨人、罵人、罵男、罵女，天天有的。有一个人要害

罪人，罪人忿怒他，要告他，後來打了他。別人鴨子吃了我的稻子，我恨他、罵他。別人家的猪吃了我的菜，我咒罵了他，口裡講了他人的過失。別人家的牛踐踏了我的稻子，我恨了他，罵了他，我與他講了口。有一個人偷了我的鷄母，我恨他，罵了他，口裡講了他人的是非過失。心裡常常恨人，有人說我不好，我就說他不好。有人騙我、逼我、害我，我就尋死、圖賴他、上弔、投水、吃毒藥。」老爺問：「第六誡邪淫的罪麼？」答：「這個邪淫的念存留在心，不知多少遍數。眼睛喜看人家的婦

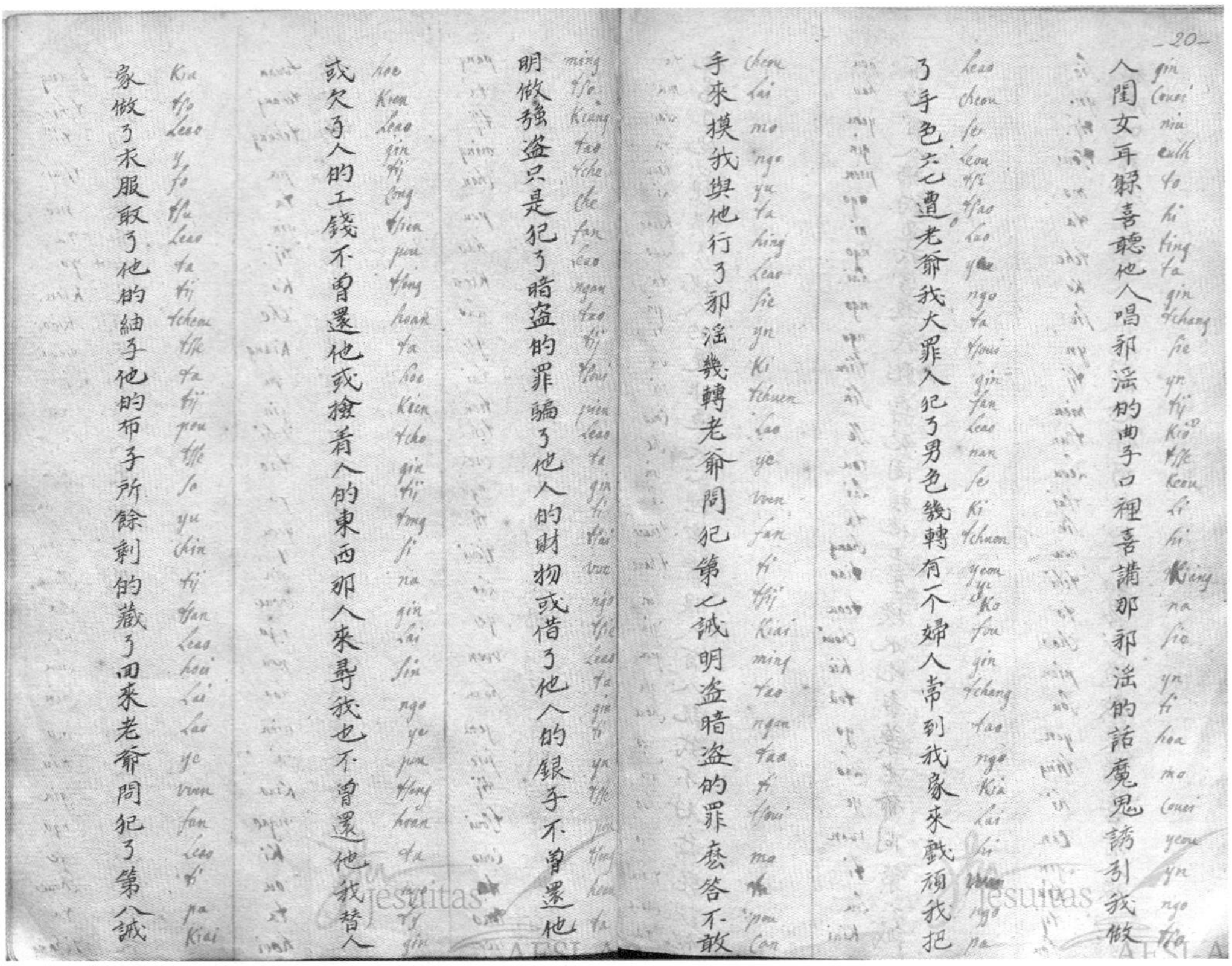

人、閨女，耳躲喜聽他人唱邪淫的曲子，口裡喜講那邪淫的話。魔鬼誘引我做了手色六七遭。老爺，我大罪人，犯了男色幾轉。有一個婦人常到我家來戲頑我，把手來摸我，與他行了邪淫幾轉。」老爺問：「犯第七誡明盜暗盜的罪麼？」答：「不敢明做強盜，只是犯了暗盜的罪，騙了他人的財物，或借了他人的銀子不曾還他，或欠了人的工錢不曾還他，或撿着人的東西，那人來尋，我也不曾還他。我替人家做了衣服，取了他的紬子、他的布子，所餘剩的藏了回來。」老爺問：「犯了第八誡

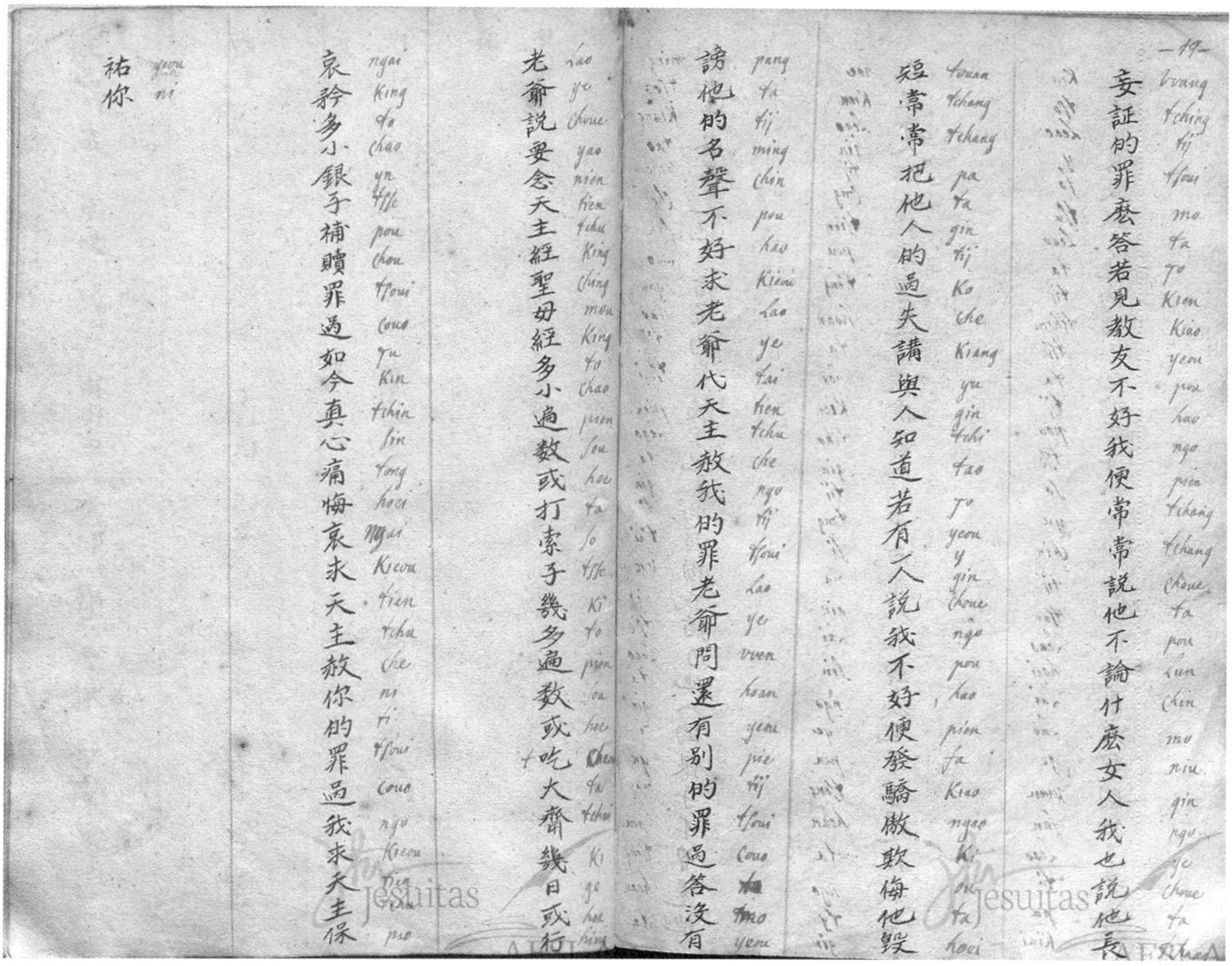

妄証的罪麼？」答：「若見教友不好，我便常常說他。不論什麼，女人我也說他長短。常常把他人的過失講與人知道。若有一人說我不好，便發驕傲欺侮他毀謗他的名聲不好。求老爺代天主赦我的罪。」老爺問：「還有別的罪過？」答：「沒有。」

老爺說：「要念天主經聖母經多小遍數，或打索子幾多遍數，或吃大齋幾日，或行哀矜，多小銀子補贖罪過。如今真心痛悔，哀求天主赦你的罪過，我求天主保祐你。」

拝客問答

（119） 拜客問答

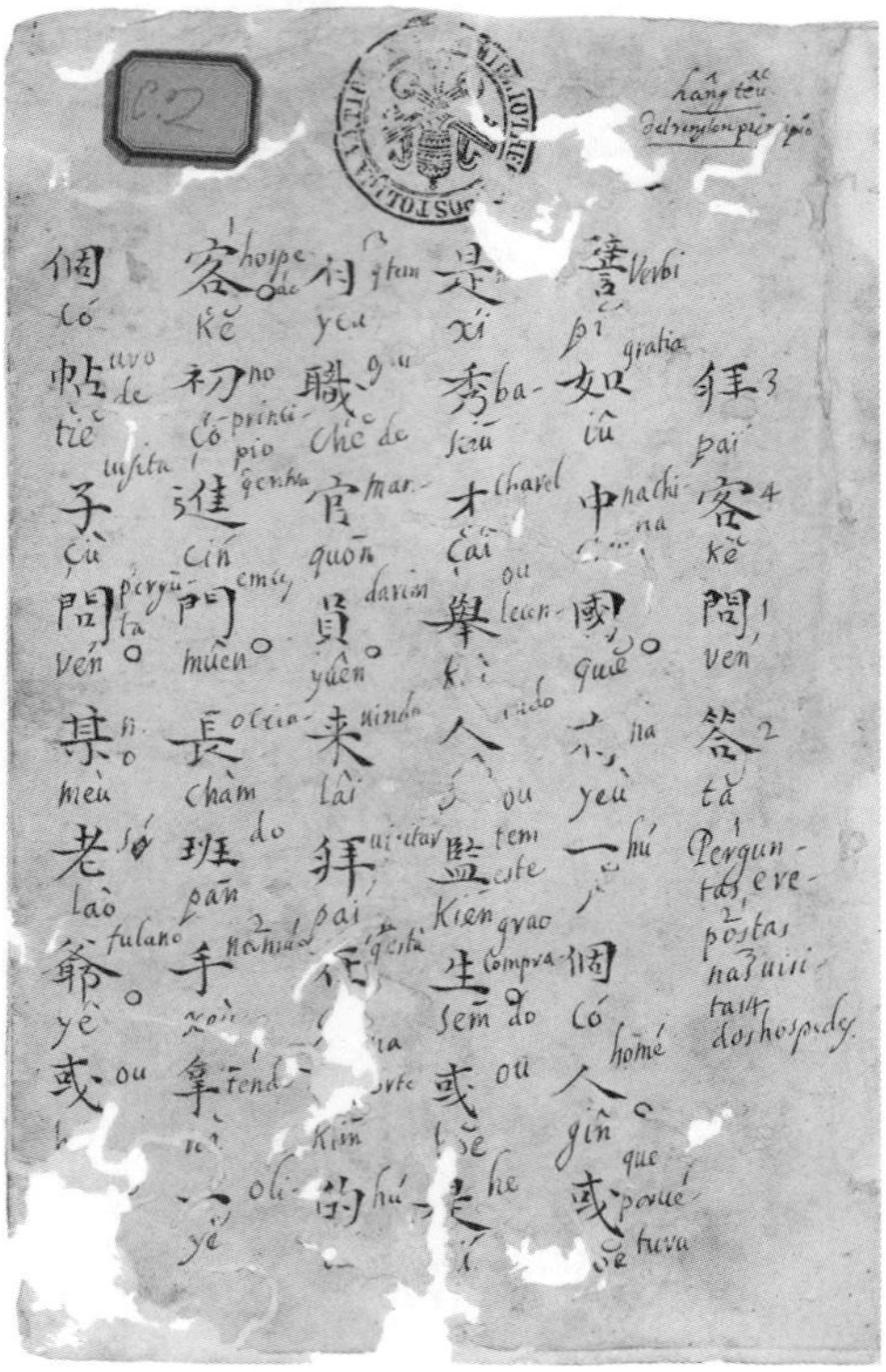

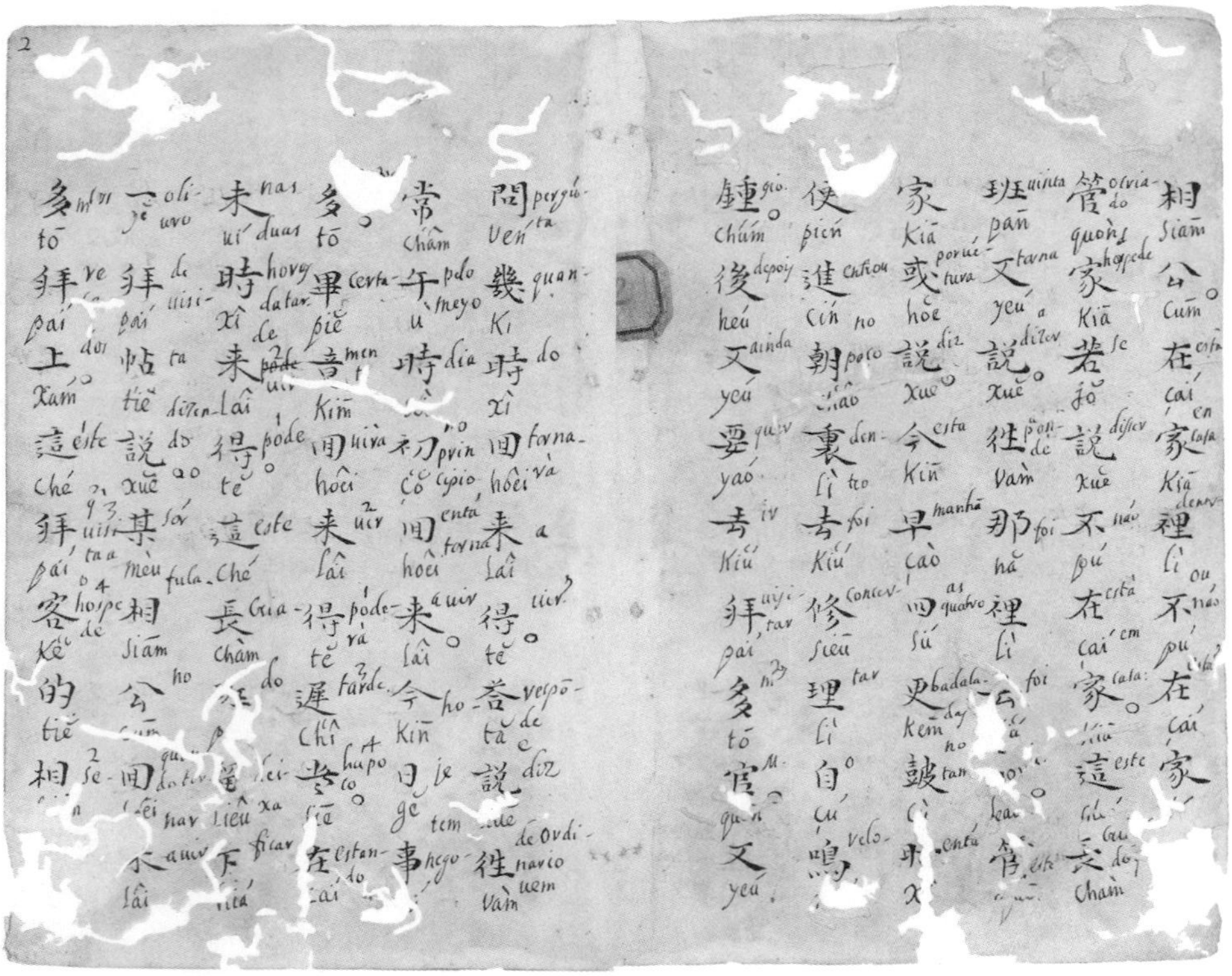

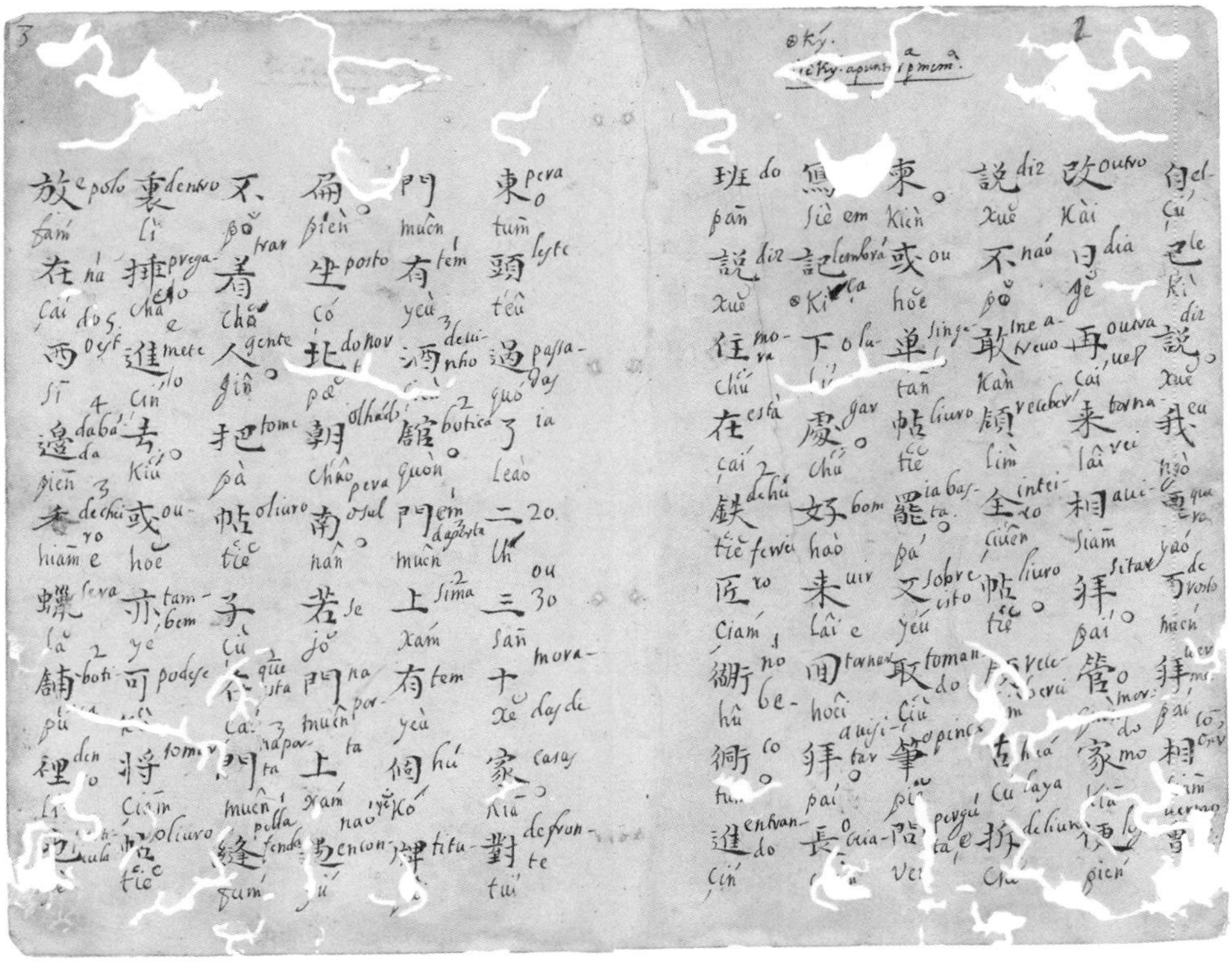

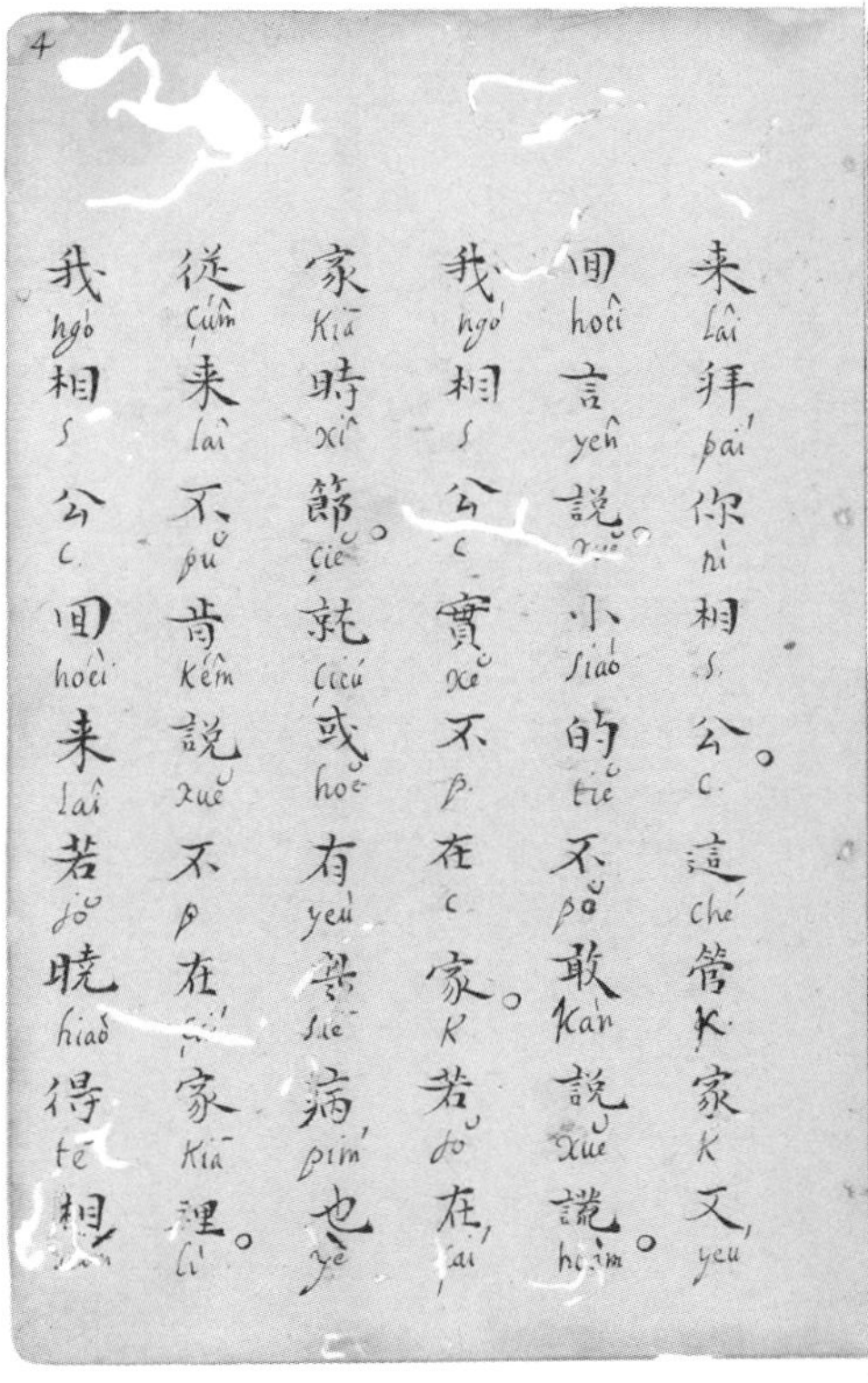

来拜你相公。這管家又回言說。小的不敢說謊。我相公實不在家。若在家時節。就或有些病也從來不肯說不在家裡。我相公回来若曉得相

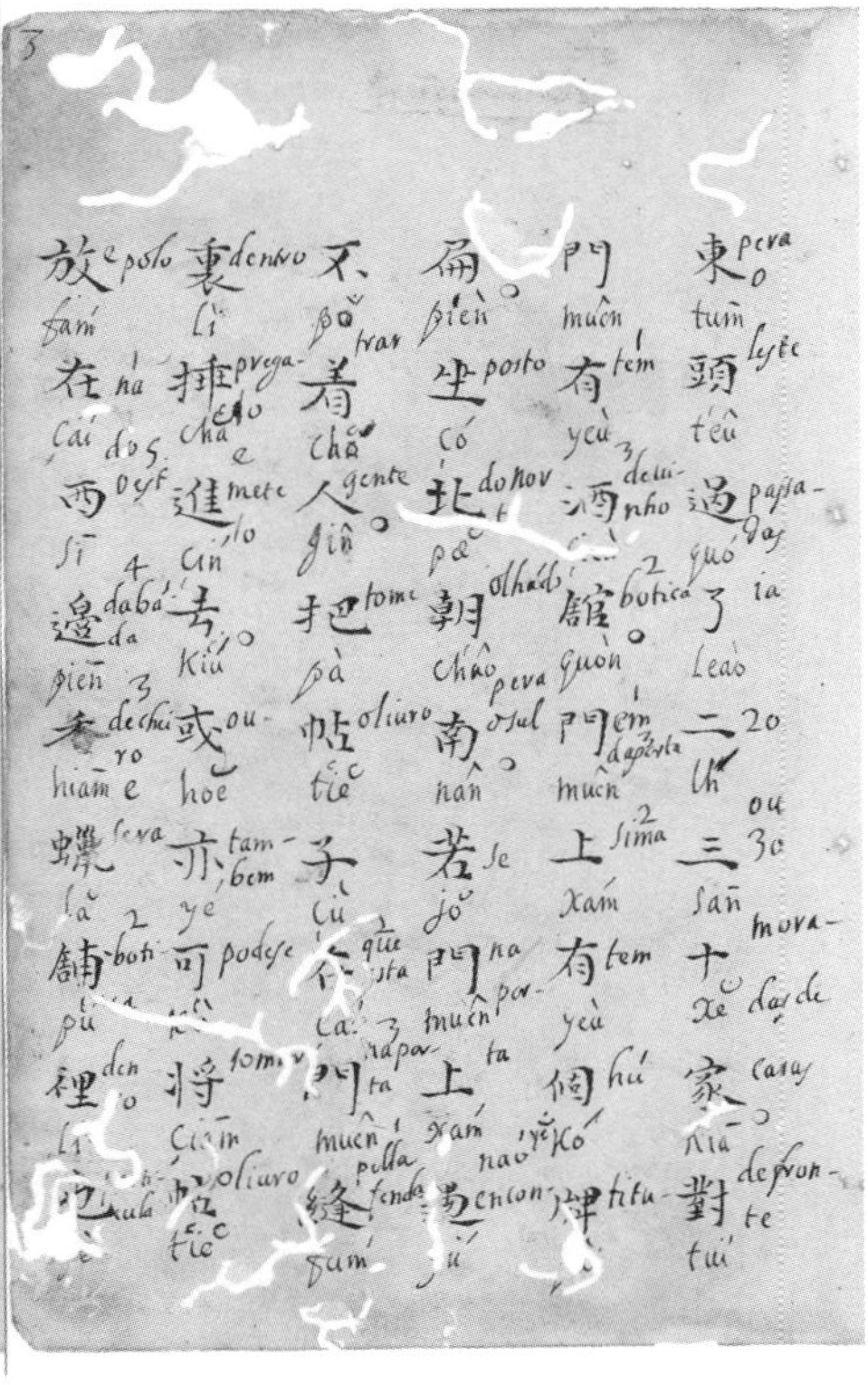

5

三

公来或説再不敢劳相
公来。這幾日極忙。没有
空閑。没有一日得在家
裡。還要過幾日拜完了
客方閑。管家又自己説
若相公十分要會相公。
再不要親自来。且先叫
一個人来看我相公或
偶然不曾出了門。或又
出了門。方好。莫又空来。
我相公聞得必不過意。
或者這在家主人的管

6

2

家。亦名大官。説小的相
公是在家裏。只是裏面
有客。客去了還要寫家
書。為便帶家書的人明
早五鼓就要起身。又相
公至今還不曾吃早飯。
這拜客的説。若真是這
等我且去明日再来。今
日且不留帖。這主人大
官。又稟家主云。某爺帶
家書的差人来討書。説
某人的要起身明日下

午来頒臨書或又說他㳟明
日要收拾起身忙得緊
恐不閒得來頒臨書不如
先差人送去罷
大抵寺大堂官要拜一爺
官先長班來問說某老
爺在家不在
會就來拜還有三四位貴
同來請老爺莫出門或
答說在家裡等候大抵
寺官來拜時這主人或
說還不曾梳洗得頭完請

坐就出來及出來相見
彼此便說火㳖或說
慕就請撰野拜一拜主人說
豈敢請轉不敢勞
拜主人安坐客說兩邊
坐罷主人必說請上坐
初見自然坐上坐主人說
老先生前日賜顧學生
果是不在家失迎得罪
客說學生奉拜問大號
面奉教彼此請問
請問貴庚主人或請問

客到京師幾年客說或
自其年到客又說有
十年前聞先生高名或
說自其學生做秀才時曾
見老先生大作或說某
書極仰慕老先生今日
主人或說不敢領尊帖
或說學生這幾日有些
何幸得見學生大幸
五
賤恙在身或說不自在
不敢出門恐怕奉拜遲
得罪客說初見自其誠紹

10

賤名主人或問貴省貴
府貴縣今貴寓在
客答說或在某縣某鄉
向納福答說奉托賴
此相問這幾年㸔定有許
多著作或說零家原貧
為嫁兩個小女與請先
生教小兒料理各樣家
事時候彼此多費了在這邊
又彼此相問老先生有
幾位令郎答說有兩個

小兒。一個不成器。好賭。
好嫖。不肯讀書。只第二個。
小兒資質好。肯讀書。
還可望。
中國人士問。西士國人。
說貴國叫做甚麼國。答

大中國總管問。西士的
說敝國總叫做歐羅巴。
總地方内有三十多國。
各有本國王統管。
說既是各國。又
多異。克常有相戰
相戰的。小國。都相
結親

【12】

大大蔡敝敝國。王的太子。不
取本國的親。取鄰近國
的公主。西士又對中國士
說。若論敝國。總大過貴國。若論
地。還大過貴國。
敝各國。又是貴國大

七 中士又問。西士說貴國
的風俗。與我中國。也都
是一様。或不全一様。大
同小異。如貴國的
衣服。與我這邉是一様。
不一様。西士說。敝國衣

13

4

服與貴國做法不同若
做衣服的料物也同亦
有綵紬有緞子。但多鎖
服。鎖瑕瓏。若布疋都是
一樣。又問貴國紬緞是
那裡来的。答說。本地出。
也養蠶。取絲。但裏面衣
服多是用布做的。外面
衣服不用布的。西士又
說。貴國真天鵝絨都是
敝國来的。敝國另外又
有金花緞。每一疋價值

4

14

一二百兩。又問西士說
貴地做官的也戴紗帽
穿圓領如何。答說衣冠
都不同貴國。問曰貴國
做官的衣冠怎麼樣。曰
都是長大衣。多戴方巾
等。不用展翅。各品都不
同。中士又問包網子不
包。怎麼樣。都是披髮否?
答說不是。敝國男子不
甚蓄髮。也不全剃頭。只
頭髮二三寸長便剪短

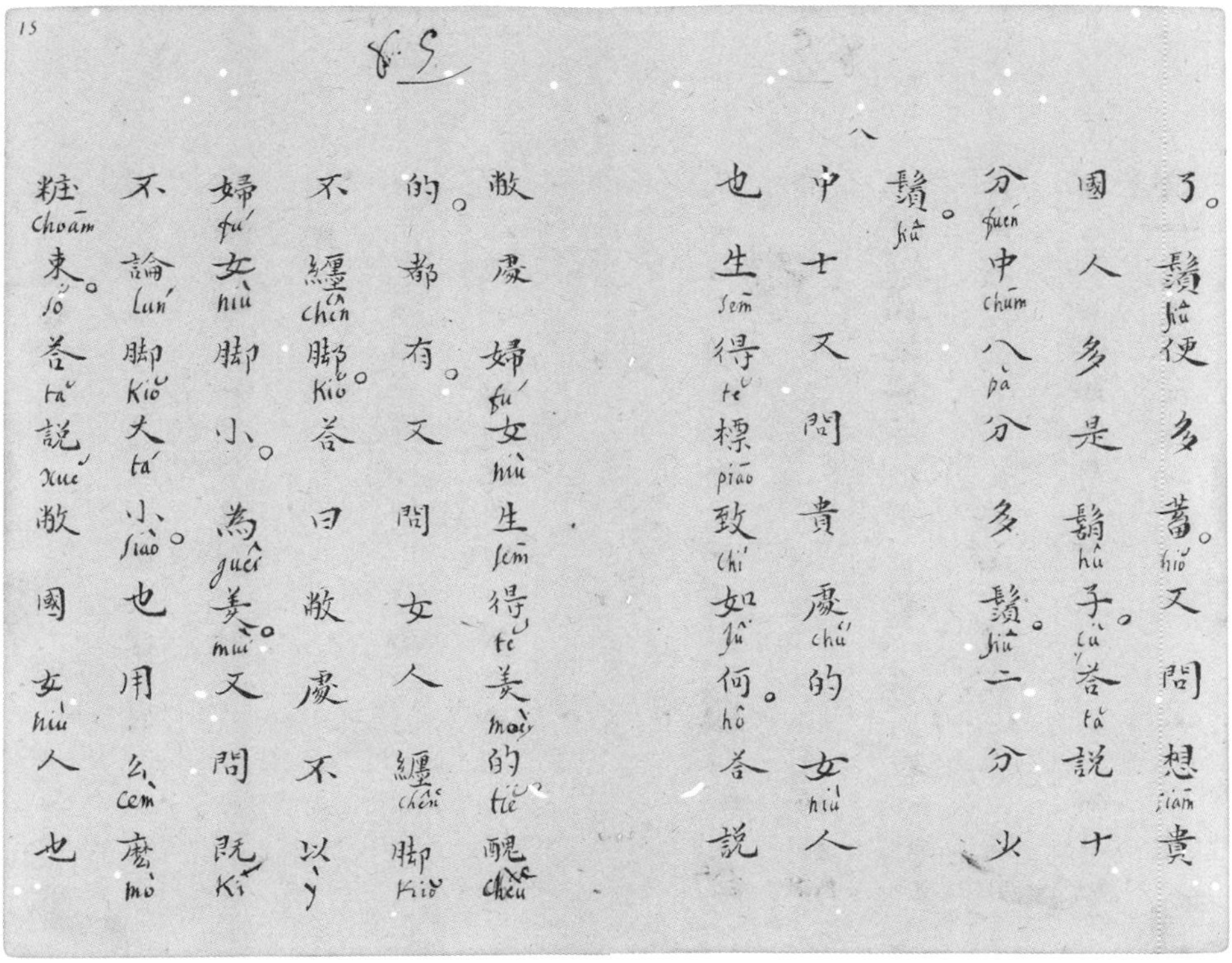
15
85
了。鬚便多蓄。又問想貴
國人多是鬍子。答說十
分中八分多鬚。二分火
鬚。
八
中士又問貴處的女人
也生得標致如何。答說

敝處婦女生得美的醜
的。都有。又問女人纏脚
不纏脚。答曰敝處不以
婦女脚小。為美。又問既
不論脚大小。也用甚麼
粧束。答說敝國女人也

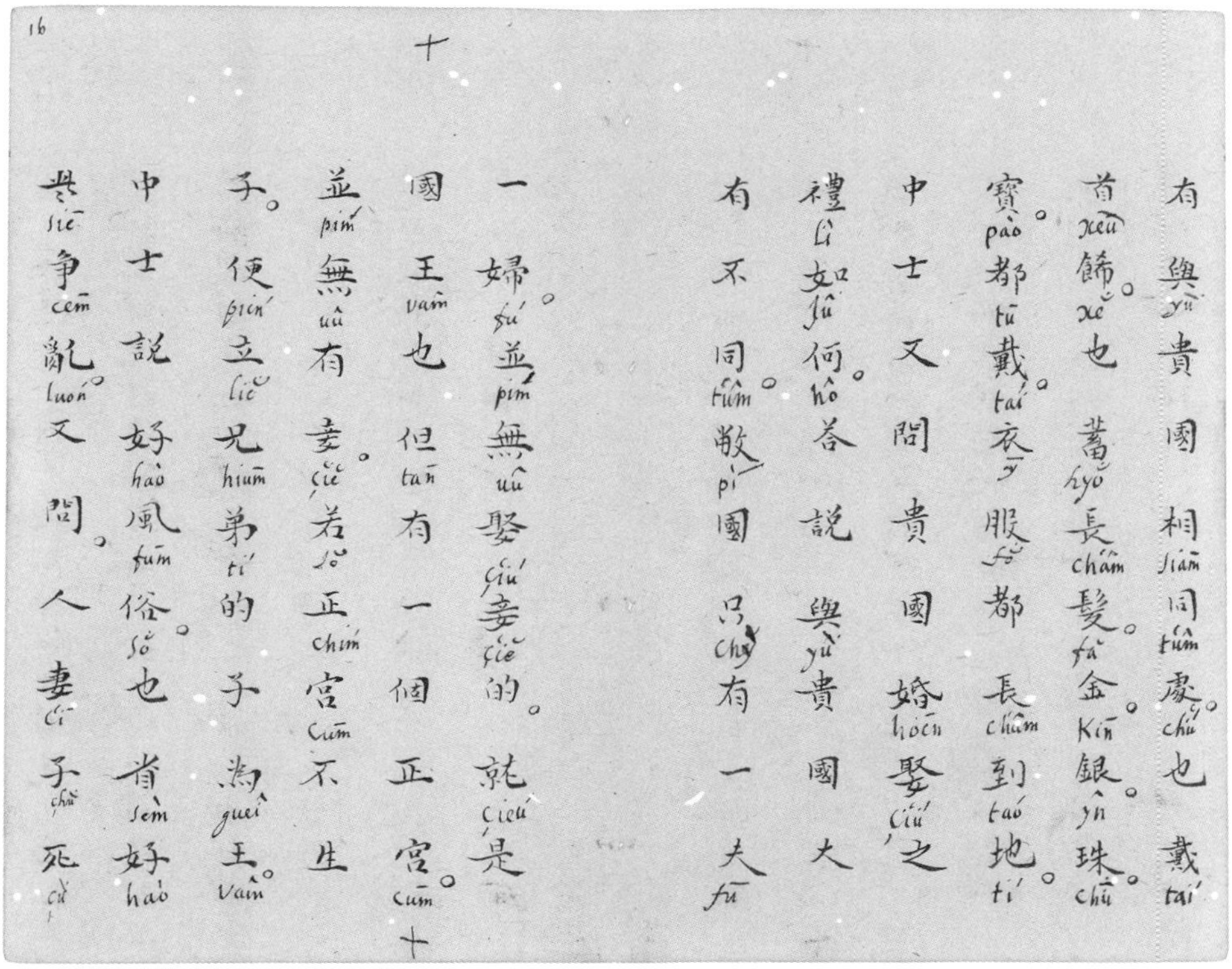
16
十
有與貴國相同處。也戴
首飾。也蓄長髮。金銀珠
寶。都戴。衣服都長到地。
中士又問貴國婚娶之
禮如何。答說與貴國大
有不同。敝國只有一夫

一婦並無娶妾的。就是
國王也但有一個正宮。
並無有妾。若正宮不生
子。便立兄弟的子為王。
中士說好風俗也。甚好
世爭亂。又問人妻子死
十

了。鬚(siû)便多蓄(hiǒ)。又問想(siām)貴
國人多是鬍(hû)子(çù)。答(tǎ)說十
分(fuen)中(chūm)八(pǎ)分多鬚(siû)。二分火
鬚(siû)。
中士又問貴處(chù)的女(niù)人
也生(sēm)得(tě)標(piāo)致(chí)如(jû)何(hô)。答說
敝處婦(fú)女(niù)生(sēm)得(tě)美(moèy)的(tiě)醜(cheù)
的。都有。又問女人纏(chên)腳(kiǒ)
不纏(chên)腳(kiǒ)。答曰敝處不以(y)
婦(fú)女(niù)腳小。為(guêi)美(muì)。又問既(kí)
不論(lún)腳(kiǒ)大(tá)小(siào)。也用甚(cem)麼(mò)
粧(choām)束(sǒ)。答(tǎ)說(xuě)敝國女(niù)人也
有與(yù)貴國相(siām)同(tûm)處(chù)。也戴(tái)
首(xeù)飾(xě)。也蓄(hyǒ)長(châm)髮(fǎ)。金(kīn)。銀(ŷn)。珠(chū)。
寶(pào)。都(tū)戴(tái)。衣(y)服(fǒ)都長(châm)到(táo)地(tí)。
中士又問貴國婚(hoēn)娶(çiù)之
禮(lì)如(jû)何(hô)。答說與(yù)貴國大
有不同(tûm)。敝(pí)國只(chỳ)有一夫(fū)
一婦(fú)。並(pím)無(uû)娶(çiú)妾(çiě)的。就(çieú)是
國王(vâm)也。但(tān)有一個正宮(cūm)。
並(pím)無(uû)有妾(çiě)。若(jǒ)正(chím)宮(cūm)不生
子。便(pién)立(liě)兄(hiūm)弟(tí)的子為(guêi)王(vâm)。
中士說好(hào)風(fūm)俗(sǒ)。也省(sèm)好(hào)
些(siē)爭(cēm)亂(luón)。又問。人妻(çi)子(chù)死(çù)

17

5

了如何。曰再娶。只是不
得並娶兩個。若大夫死
了妻子也再嫁得。任他
自己主意。大槩年少婦
人。也有再嫁若四十外
的都穿素服。再不復嫁。
再也不帶首飾。中士又
問。貴國有娼妓否。曰少。
私地做不好事的。或一
有。只有城裡必不容他。
中士說這等貴國就是
我們古時風俗。真個是

18

九

好。
中士又問。貴國到敝國
有幾多路。答說灣灣曲
曲將有八九萬里。若對
直走無許多。只都沒有
一條直路。要旋繞天下
一大半纔到得這裡。又
問。要幾年方得到這裡
來。答說。若遇順風三年
可到。若是逆風又算不
得。還沒奈何又轉回本
國。空走幾個月。又還等

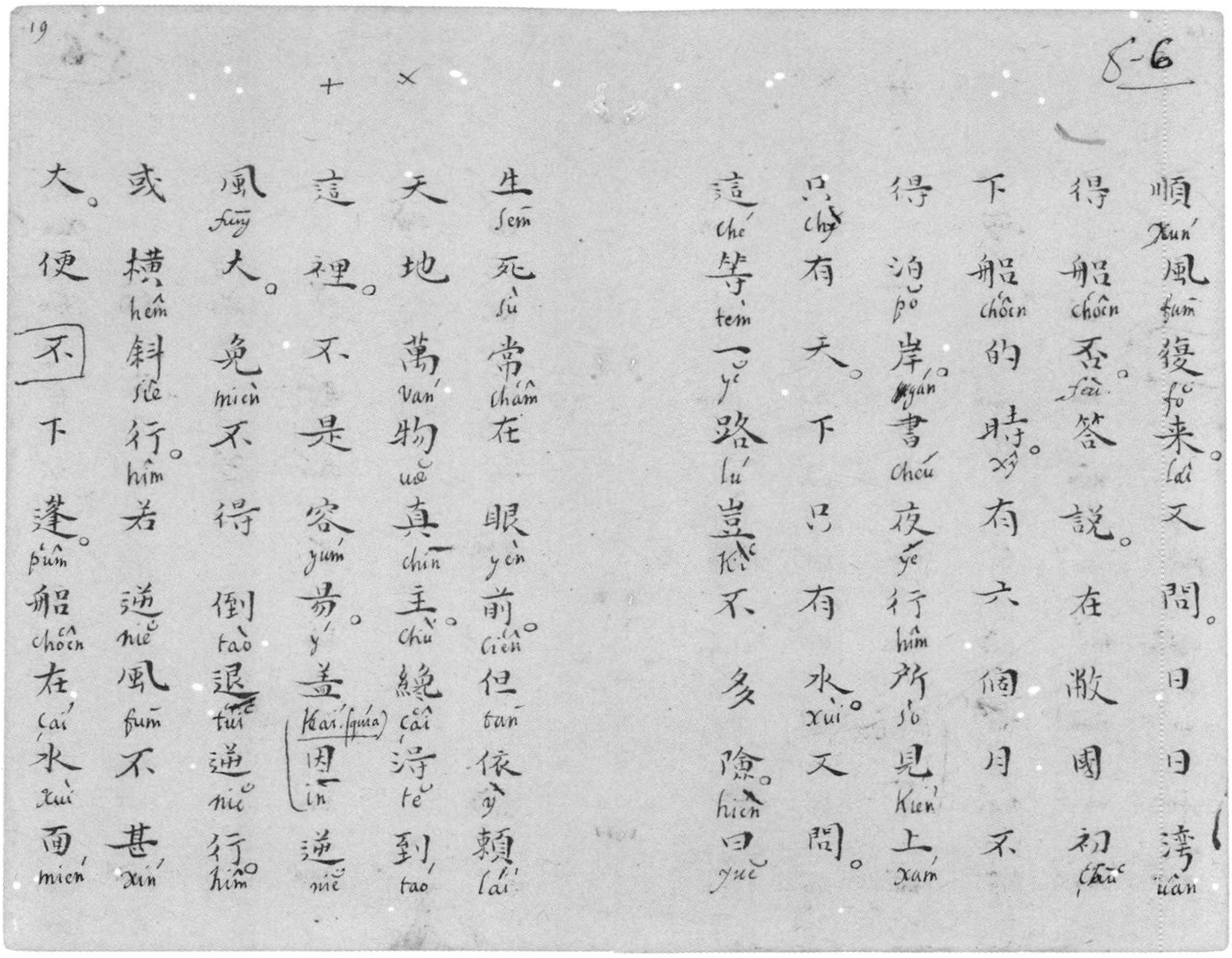
19
8-6
順風復来。又問。日日湾
得船否。答說。在敝國初
下船的時。有六個月不
得泊岸。晝夜行所見上
只有天。下只有水。又問。
這等一路豈不多險。曰
生死常在眼前。但依頼
天地萬物真主。絕沒得到
這裡。不是容易。蓋因逆
風大。免不得倒退逆行
或橫斜行。若逆風不甚
大。便不下蓬。船在水面

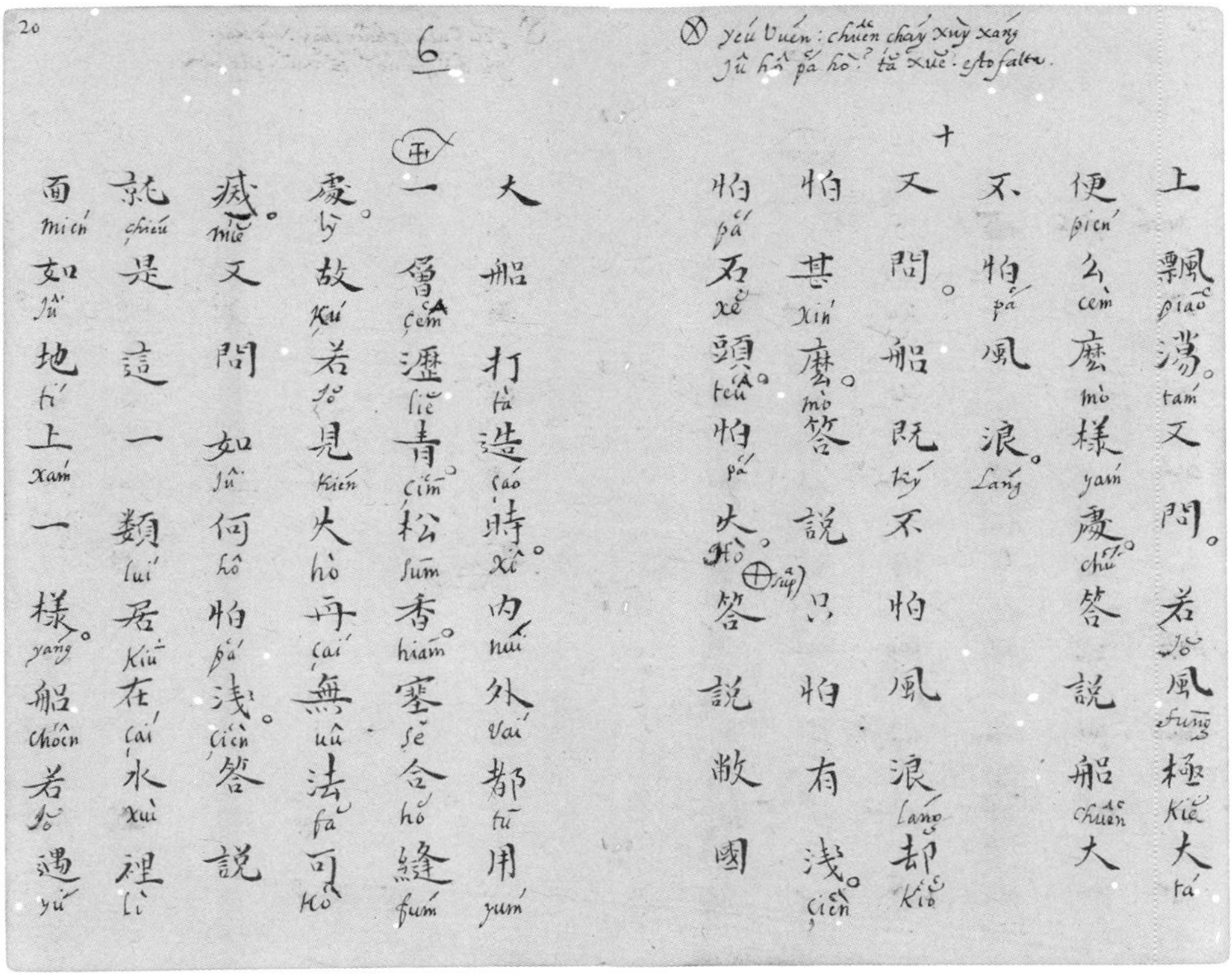
20
6
上飄蕩。又問。若風極大
便怎麼樣處。答說。船大
不怕風浪。
又問。船既不怕風浪。却
怕甚麼。答說。只怕有淺。
怕石頭怕火。答說敝國
大船打造時。內外都用
一層瀝青松香。塞合縫
處。故若見火。再無法可
滅。又問如何怕淺。答說
就是這一類居在水裡
面如地上一樣。船若遇

21

浅就有三百個大象也拉他不動。遇着石頭一撞就破了。連人的命都救不得。又問海上亦有怪物否。曰常見海怪有大魚如房屋一般大。這魚頭上有一個大眼。常噴出水一丈高。又問遇着那個大魚怕否。答說船大不妨。

十

中士又問一隻船上有多少人。曰水手常有三

22

百。客商有四五百。亦或共有千餘人的大船。又問這許多人在船飲食怎得方便。答說都帶有餘粮。各樣的烟肉。各樣的鮮魚乾粮等。第一貴事是帶水。蓋為經過赤道下。天氣極熱。若無水就是有酒。人也渴死了。水若盡再無處可取。所以在船上用水都有一定的規矩。有人專掌管

要分水、每一分、個有人、日有分
定不得多用。
十三
又問若船間殿羅吧吧去。也有
險否。答說間吧去的
險、比比來時更間大、他因為船
上載得貨物忒重、行險到

大浪山、常過于着風、船上
的人若肯隨於風轉、船尚
好、着捨不淫退、畢竟尽
漂在水上、那大浪搖動、
船忽裂開、要進不得進、
要退不得退、亦有船到本

24

地方將近岸、着見涯上的
人、忽然間暴風一起、眾人
面前船又裂開沉陷、人盡淹
死、但有一個扒得一塊
板、救得上岸、等算作偌大他
造化、可惜這許多人

多財物、都送去了。這是
么麼緣故、這個是天主
的意久。不能解救、中士又問
人過了海一次、又敢走
過兩次、這麼答說、這也多
往來打小西洋、遠一條

(131) 拜客問答

路上前後有人走了。二十遍險險過了。上了岸、海裡的險就志記了、但性命比財物更大、是緊要的。

十三 中士又問、自貴國到此處、經過了幾多國。答說、極多國。頭一個國、是黑人的國、除了眼白除了牙齒、其餘渾身都是黑的。如其墨一樣。女人亦也是黑的。與男子差不多、他皆看得白色為醜、黑色反

為好。人人都生得有鬚。氣難當、不穿衣服、極多前後、腰間掛一片布、遮了下、冬天也是這等、為他前後一方真正當在赤道底下。

十四 李只是大熱並無

十 冷天、我等若在此地、曬一日就死了、赤腳踏沙就生泡出來。他們終日曬無害、牙齒都是尖的。如狗牙一般、火牛時取草汁畫身上、做文彩

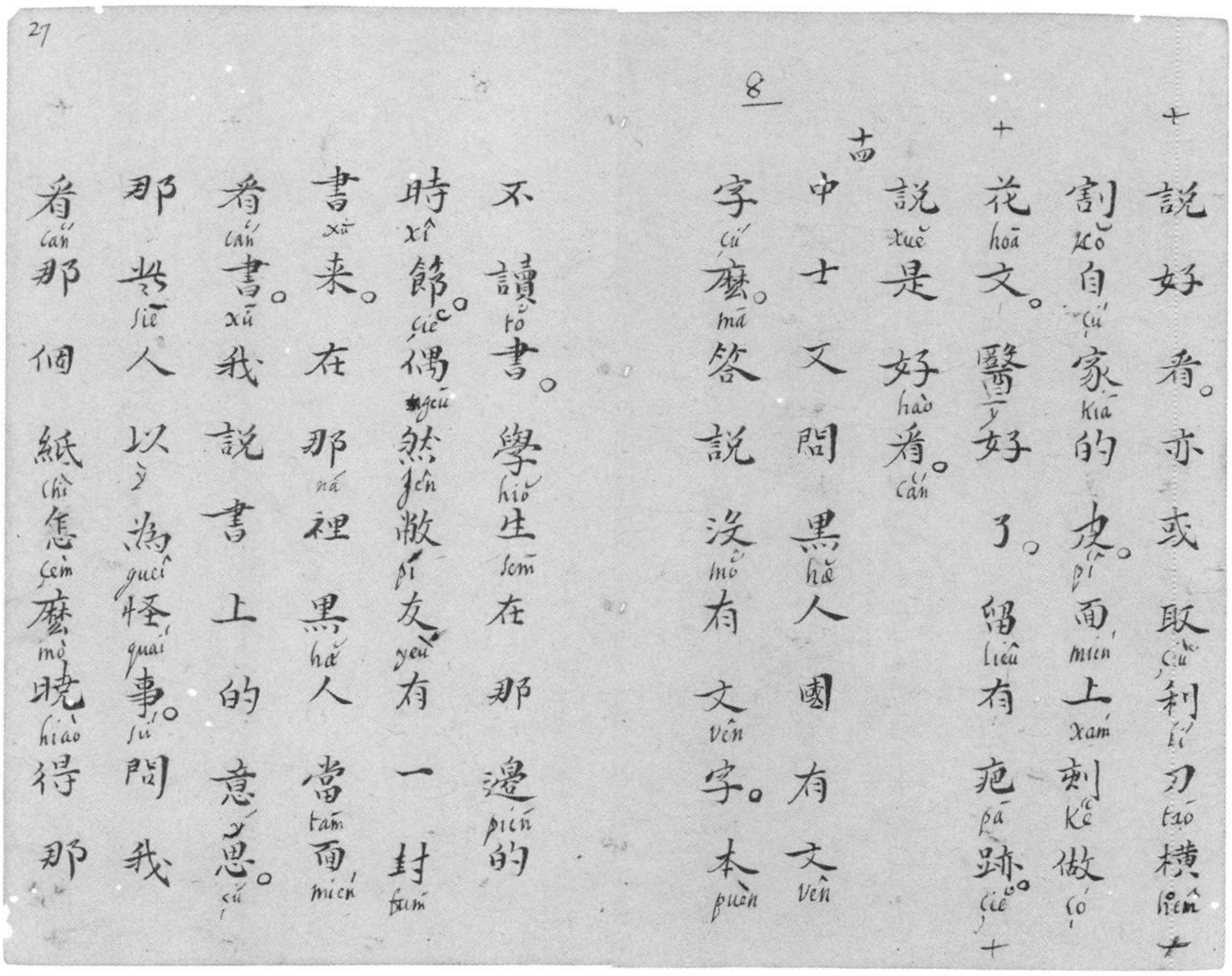
27

十 說好看。亦或取利刀横 十
割自家的皮面上刻做
十 花文。醫好了。留有疤跡。十
說是好看。
十四 中士又問黑人國有文
字麼。答說沒有文字。本
8
不讀書。學生在那邊的
時節。偶然撇友有一封
書来。在那裡黒人當面
看書。我說書上的意思。
那些人以為怪事。問我
看那個紙怎麼曉得那

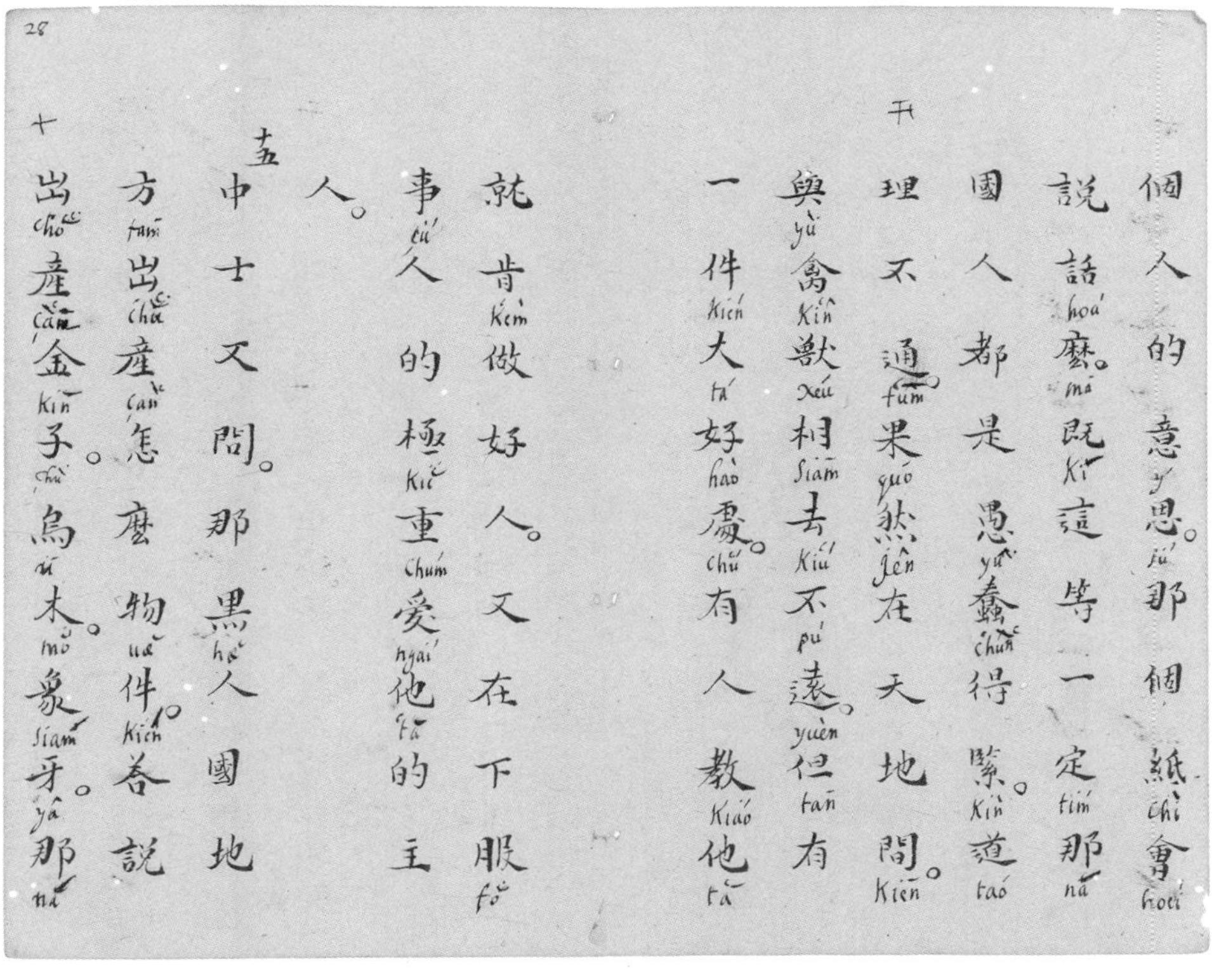
28

個人的意思。那個紙會
說話麼。既這等一定那
國人都是愚蠢得緊。道
十 理不通。果然在天地間。
與禽獸相去不遠。但有
一件大好處。有人教他
就肯做好人。又在下服
事人的極重愛他的主
人。
十五 中士又問。那黑人國地
方出產怎麼物件。答說
十 出產金子。烏木。象牙。那

29

8-9

地方的猪肉。却是天下
極美的。他金銀多。不希
罕。中士說。他貴重么麽
物件。荅說喜鉄喜布。五
彩玻璃。商人便帶這幾
件東西。換他的金子。人
的性情極爽快。聽得鼓
樂的声音。便跳舞。極有
力氣。一個人敵得四五
個人。敵國稱為海鬼。中
士說。亦恐沒有這樣事。
想這國人只是善能浮

30

水。不能勾住在水裡。荅
說。實會藏住在水裡。這
國亦有國王。但有的有。
亦或有沒國王的。
9
十六
又問黑人都吃么麽。荅
說。食小米。象肉。魚。猪肉。
亦喜食人肉。相鬪這邊
擄那邊人。那邊人擄了
的人不就食他。先養肥
了。纔殺他食。我曾見养
擄來一個人。許久。他故
意食得少。常瘦。這等便

§.10.

恐嚇不破，他就殺人，相食，天下極兇。他這一種國人沒有官府斷他的事，故受了人的虧就拿弓箭兵器，這一個人和自家親戚朋友，那邊去，和相戰報仇。殺的人或煮或燒都食了，其中還有拿骨頭栽插在房中牆裡作記號的。這等樣殺仇的表記，一百年前有無數如此人。今不十分多，因為敵國人

32

修道的人到那邊勸莫相殺，莫相食，也勸他有國王極重刑罰，人方怕有的人但有食人肉的，只是到如今這個風俗不得全改，亦有人殺自家的仇人。不但食他肉，亦拿他的小骨頭，於面上為美觀，看他打重，他有殺仇的勇。又問那個惡地方食人人怎麼敢到那裡居處

(135) 拜客問答

答曰。真不敢輕易到他方
國。但那國有個相
熟的地方、只管到那裡
居處、亦董他的說話不
地方。到小西洋上涯住處
董便用通事、董過了這個
[各慶處]

[散瓦國]到貴國來、一年有
七、八個月等、風常是徒[從]
一次順風過了、那個機會
會。那一年來不得文問
小西洋人怎麽樣答說。
有本事俊俐得緊、只以

六 這小西洋地方的米、亦
之地亦不落葉
氣亦不落葉
樹木終年有新鮮
十 是絕妙的。天下火有噴
香雞鵝鴨牛羊猪麵各
樣東西都有烹調飲食

戰鬪、作他的藝業、以欺那人
為事。無禮貌不成模様
大半不穿衣服。會射箭
面色大半白半黑、像似紫赤
檀香色大縣都用草房子
沒有城池地方、是魚米

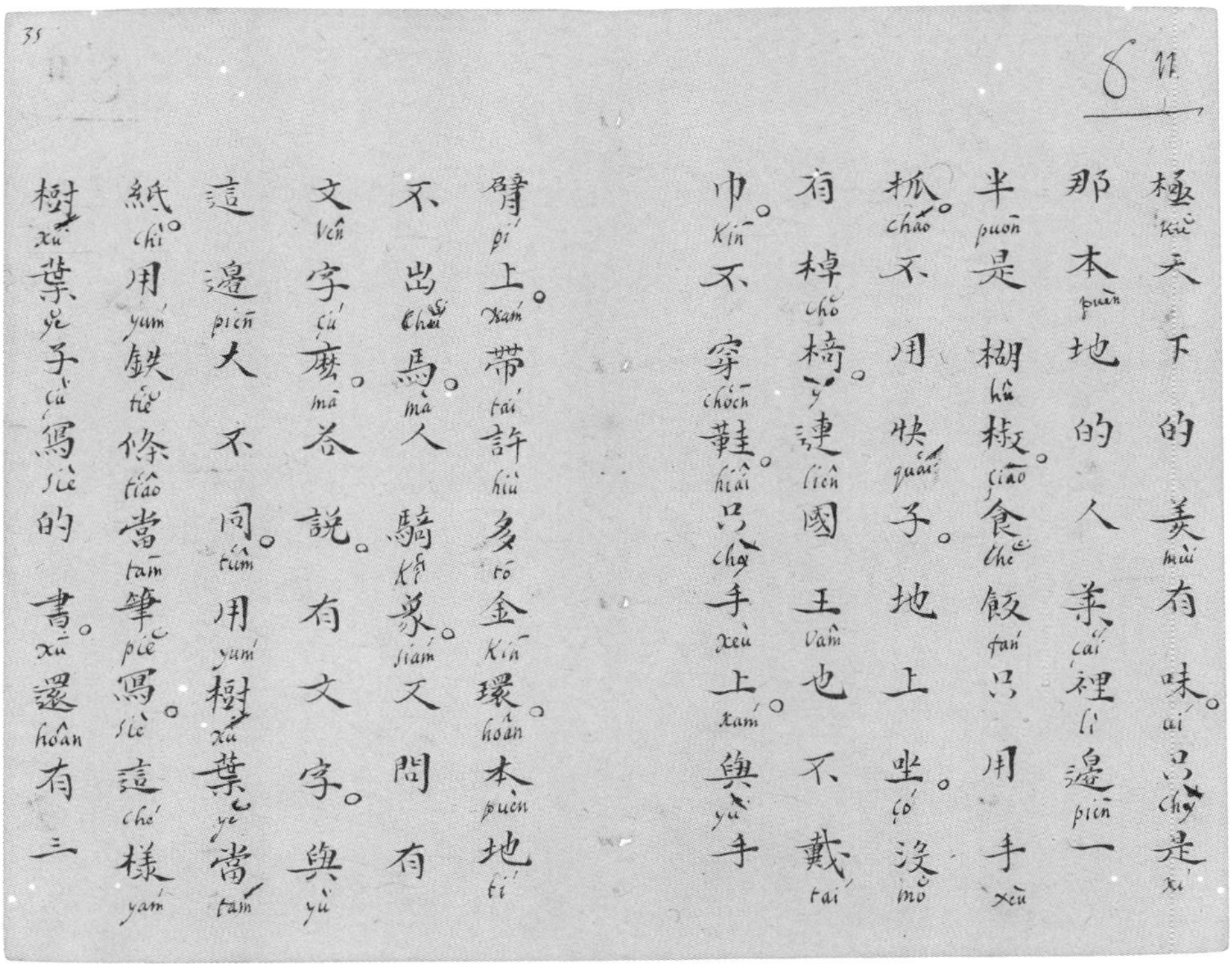
35

8 11

極天下的美有味。只是
那本地的人菜裡邊一
半是楜椒。食飯只用手
抓。不用快子。地上坐。沒
有桌椅。連國王也不戴
巾。不穿鞋。只手上。與手
臂上。帶許多金環。本地
不出馬。人騎象。又問有
文字麽。答說有文字。與
這邊大不同。用樹葉當
紙。用鐵條當筆寫。這樣
樹葉子寫的書。還有三

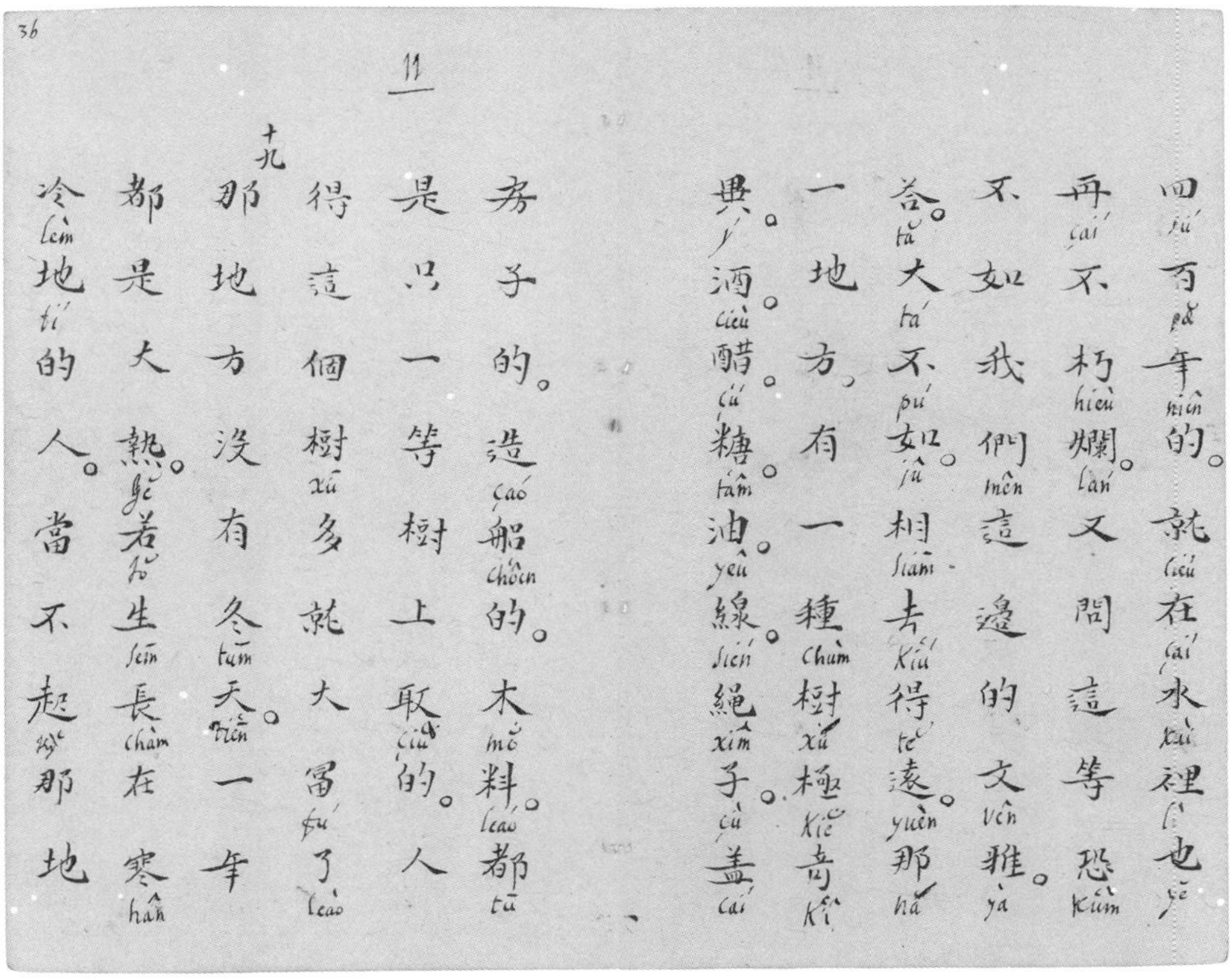
36

11

四百年的。就在水裡也
再不朽爛。又問這等恐
不如我們這邊的文雅。
答。大不如相去得遠。那
一地方。有一種樹極奇
異。酒醋糖油線繩子蓋
房子的。造船的。木料都
是只一等樹上取的。人
得這個樹多就大富了
十九
那地方沒有冬天。一年
都是大熱。若生長在寒
冷地的人。當不起那地

(137) 拜客問答

方的暑熱䖍那地方的人亦也當不起別處寒冷敝國的人每年有到小西洋的學生在那裡的時節也見過了貴國許多人中士又問。從小西洋到

敝國有幾多路。答說。還有三萬多里。又問。我們所稼佛的國在貴處這一邊。在貴處那一邊。答說。在敝處這一邊。但甚遠。在小西洋過佛的國到敝

處還有五萬里。又問。從貴處往前還有地方麼。答說。從敝處往西有四五萬里。還有天下一大半。中士說。這等天下大得太緊。我中國之大比天下相

似倉廪中一顆小米。西士說。分論一個一個國。中國是弟一個。大論天下中國有百分之一。恐怕還不及二十。中士說。我中國實在天

39

⊕mĕ

12

地之中(Chūm)否(fèu)。峇不在中。去(Kiú)
中(Chūm)大(tá)遠(yuèn)。若在中(chūm)亦(yĕ)不好。
天地的中(chūm)。是天下最(çuĕ)不
好(hào)的地方。問為甚(xín)麼(mò)峇
為(guéi)在赤(chĕ)道(táo)底(tì)下(hiá)。年年四
季(Kí)大暑(xù)。那地方的人渾(hoên)
身(xīn)是墨(mĕ)一樣(yáng)黑(hĕ)的。人用(yúm)
之物(uĕ)沒(mŏ)有中國這樣全(çiûen)
備(pí)。又問這等我們為(guéi)甚(xín)
麼叫(Kiáo)做(çó)中(Chūm)國。峇叫做中
國有理。中國週(Cheū)圍(guêi)四(sú)方(fām)
的國都是小國。禮(lì)貌(máo)文(Vên)

40

彩(çài)。道(táo)理。絲(sū)毫(hâo)比(pì)不得中
國。貴國比(pì)這些(siē)國稱(chīm)做(çó)
中國。極(kiĕ)有理(lì)論(lún)實(xĕ)理敝
國與(yù)貴國是海內(núi)的地
方。東(tūm)西(sȳ)兩(leàm)邊。敝處是西
邊(piēn)所(sò)以(ỳ)有西海(hài)。沒有東(tūm)
海。貴國是東(tūm)邊。所(sò)以(ỳ)有
東(tūm)海(hài)沒有西海。又問老
先生經(kīng)過的國我們中
國亦算(suón)得(tĕ)好(hào)麼(mò)。峇說自(çú)
然(jên)是第(tí)一個。不消(siāo)說(xuĕ)。從(çûm)
敝處到這邊(piēn)。經歷(lĕ)過(quó)的各(kŏ)

(139) 拜客問答

主中士又問老先生來的時節過弱水不曾。答那有這個說話，我們在海中行三四年，并不知甚麼弱水。又問經過崑崙麼。

答崑崙山是西邊的，我們轉南海到中國，繞天下大半，竟不到這裡來。又問貴處是甚麼所在。答我們的早路轉南海到中國，繞天下大半，竟不到這裡來。又問貴處是甚麼所在。答是海內地方，與中國

相連，從敝國到貴國亦有早路來，得又問甚麼緣故不起早路來。答早路雖比水路近，更難走。人當不得這許多勞苦。另外一路有早路的勞苦，另外一路有

許多惡人的地方，有高山深谷，大江流的洶，有老虎獅子猛獸，所以絕難通往。問路上有怎麼樣的人。答第一難相慶處的是回子田子的地方

賊乜多。無乜一毫情衿與外國的人。水路來沒有這許多險。中士説這芋旱路是難得來。西士説學生來的船上有六七百人。中士説這許人在裏頭。

答説敝國的船大不到貴國只到小西洋在那裡來載高人的貨物就回本國去學生同三四個朋友換船總到這邊來。又問貴慶南人在小

西洋買甚麼貨物。答。收買桂皮胡椒丁香椰子荳蔻珍珠藍靛金盥石檀香橋楠香麝香沉香蘇木蘚合油金銀花料奇物各樣都買又買

茯苓飯頭大黄問貴處要做甚麼答敝處大黄是個極美極貴的藥能醫各樣的疾病所以極貴都是對銀子買的中士説我們這邊怎麼樣

(141) 拜客問答

上品的。不過數十元銅錢
一斤。西士說。除了中國
普天下沒有大黃所以
二十三 又問貴國果貴重我們
這等答這邊出的物件
是這樣貴的。
大概敝處那邊都有。惟
麝香大黃磁器只有中
國有。敝處那邊沒有所
以這三樣敝處貴。磁器
敝處雖有只是中國的
却是普天下絕美的形

象顏色上面的砒有都與
這邊的差不多。但裡面
的土極粗比這邊的差
得遠所以做不得這邊
這樣細。中士說我們到這
邊的磁器亦不是到處
有的。但江西有江西一
省亦只是饒州府一府
有。別處亦出不得連江
的都亦不是江西饒州
出。是徽州府婺源縣出的磁
老先生要買絕精的磁

47

器不要在中國買。在小西洋買。這個甚麼緣故。小西洋的好似我中國的麼。荅不是。却是這邊帶去的。那小西洋人不怕貴。不惜價。所以々中國

絶精磁器都在那邊買去。到散處路甚遠。一路去。一半多碎了。價貴不為怪異。

西士又說。散國出得玻璃。々那邊值二錢銀子。這

48

15

邊值二十兩。只為帶來裏々邊六件破了。四件得存。亦為極便宜。中士說玻璃々是出在貴國。普天下之國都沒有。荅但散處出玻璃。々我們說絶清

的玻璃是由倭國來的。貴國但有。外國奇物。就說是倭國來的。怎見原既是別處來的。假如這邊那個好緞子。常叫倭緞。實落在散處來的。問

(143) 拜客問答

玻璃是生成的，是燒成的問甚麼東西燒的，答用一樣的沙用一類草，還有別樣的料，學生不知其詳問。
那經絲線花怎麼樣做。
答玻璃敞處那邊到處有。所以不曾留心看怎麼樣做敞處不但有玻璃酒盃玻璃餅璃窗門亦有玻璃板連窗門亦有玻璃板亦畫山水人物極美觀

的。又問玻璃板透明怎麼樣做得銃子答後面加一層鉛合水銀粘得極牢這樣就或銃子照得面。
十五又問貴處那邊有官與我們這邊一般樣答。亦有只是敞國官的体銀比這邊厚一個衆相。每年有六萬十萬兩的官也貪俸祿問貴處的官也貪不貪答亦有個把少不

51

得一兩個兒。敝國有一件好處。人不真犯罪。官府毫厘難為他不得。他不肯服。官府要不得他一個錢。就是官府要。那一個人不肯把他。官府也沒柰何他。又越是寡婦。窮人。官府越怕難為他。問窮為甚麼。答。窮人寡婦受官府的累。寫一個詞狀。待朝廷出朝外。跪着路上。手裡拿着一張

52

紙。沒有人敢阻當他。朝廷一出來。那個人拿狀詞。放起頭上。別人就曉得那個人有所告于國王。有人管收那一樣的狀詞。朝廷回來了。自家拆開。別人不敢擅開。狀詞上若說。某官害我。朝廷叫人細察。果然有這樣事。必然重罰他。又問貴處亦取不取士。亦開科不開科。答敝

慶從古以來常設科取士亦考四書五經甚麼答四書五經名字敢罔不曾聞讀得也問讀甚麼書其餘是甚經其餘第一個是聖人的書問是

考答第一個是聖人的書問是甚麼聖人亦是我這邊孔子不是答各處另有聖人做成將二千年以來世世有聖人做絕妙的書到如今不絕問亦做文章甚麼答敢國考不

取文章要在論事理當而二三十個考一個一日考一個人說些難難他學否以不能句落有才他肚裡實實落落有僥倖的問這樣考法難難似

我這邊一中就做官甚麼答未必能然先試他有做官的力量有許多人能辨治百姓不能治百姓問每三家不能治百姓亦不同甚年一考甚麼答亦不

55

fol. 17

隔一年一考。問一科取
幾百名。答。沒有定数。該
中的都中。問有武科麽。
答沒有。但有醫科。一年
考醫。一年考文。

廿七

又問甚麽道理。第一個
是天主道理。假如天主
性體何如。怎麽樣是一
無二。怎麽樣不變移。其
全能。全知。何如。怎麽樣
知人心裡的念頭。善惡。
無所不知。無所不在。何

56

如。無始。無終。無形。無声。
無方。以無中造有萬物。
怎麽樣為萬物之根原。
怎麽為最大。無對。無相
等。怎麽樣是天地真主。
怎麽樣照管天下。怎麽
樣存養萬物。這一類之
學問極多。問諳若的性
情何如。有幾品。有何益
於我人。奉敬他該不該。
其念慮主意。怎麽樣相
通。魔鬼為甚麽叫做魔

57

鬼。與諳若有甚麼分明。
能傷人不能傷人。其害
怎麼樣避得。未來之事
能知。不能知。問天有幾
重怎麼樣運動。誰動他。
與下地相去幾遠。幾多

厚。能朽不能朽。問五星。
問二十八宿之星多少。
或大。或小。於地。問日月
之蝕甚麼緣故。
廿六 問日月之蝕請教怎麼
樣。答。老先生要曉得月

58

17

星無光。都借太陽之光。
望日。日頭在地下。月在
上。若是正正相對。地在
中間遮日頭之光。不能
照月。就蝕了。這月月該
蝕了。亦否。日月不能月

月正正對。亦不常全蝕。
或蝕一半。或蝕三分之
一。隨着相對的全。不相
對的全。問日蝕怎麼樣。
答。與月蝕大不同。月真
失光。日不失光。但被月

59

遮掩了。日在第四層天。比月高合朔之。日在上下相對。所以月體遮太陽之光。所以為之蝕。只是月普天下都蝕。日頭不然。這個地方蝕。那個

艽

地方不蝕。問貴處人人都學天文麼。答亦不學。敝國的學問不在學天文。專學天文的絕少。讀書的人閒暇的時節。或有一兩個

60　fol 118

喜學天文。考的時節不十分看知天文不知天文。因這邊人有問天文的。所以我們講天文的事。本心不在此。原亦不是甚麼要緊的學問。知亦可。不知亦可。問貴處占卜不占卜。答這樣的事一世不信。問這等為何學天文。答天文有一個正正的道理。學要知這個道理。問我們學天

b1

文测将来風。雨。测将来旱涝之災。测吉凶福禍休咎。答。這個天文毫厘不相干。問我們這裡常常有驗。答那個是偶然非天文所能定。問我學

得學不得。答怎麼學不得。自然老先生聡明有餘。惟恐怕不得閒。答真要學把一個月註門籍。雖不能彀常常閑。這月比别月必竟有些閑。那

b2

時節潔誠来拜。問下求教。我還要學筭法测量遠近高低浅深。

三十

又問貴處有高醫否。答有。問亦有好法麼。答有極妙的。問老先生必竟

精。答醫病之方但醫家曉得。學生從来不曾習慣這一家書。不曾學得甚麼醫方。問貴國高醫亦看脉麼。答敬處醫者精於看脉。看脉就曉得

文測(chě)將(ciām)来風(fūm)。雨(yù)。測(cě)將来
旱(hán)澇(laó)之災(caī)。測(cě)吉(kiě)凶(hiūm)福(fǒ)禍(hó)
休(hieū)咎(kieú)。答。這個天文毫(haô)厘(lî)
不相(siām)干(cān)。問我們這裡常(châm)
常有驗(nién)。答那個是偶(ngeù)然(gên)
非(fī)天文所(sò)能(nêm)定(tím)。問我學
得。自然老先生聰(cūm)明(mîm)有
餘(yû)。惟(uî)恐(cùm)怕(pá)不得閒(hiên)。答真(chīn)
要學把(pà)一個月註(chú)門(muên)籍(cie)。
雖(sūi)不能彀(keú)常常閒。這月
比別月必竟有幾閒(hiên)。那
時節(cie)潔(kie)誠(chîm)来拜。問下(hiá)求(kieû)
教。我還(hoân)要學筭(suón)法(fǎ)。測(cě)量(leâm)
遠(yuèn)近(kín)。高(caō)低(tī)淺(cièn)深(xīn)。
又問貴(queí)處(chú)有高(caō)醫(ȳ)否(feù)。答
有。亦有好(haò)法(fǎ)麼。答有
極(kiě)妙(miáo)的。問老先生必(piě)竟(kím)
精。答。醫病(pím)之方但醫(ȳ)家(kiā)
曉得。學生從(cûm)来不曾習(cie)
慣(quán)這一家(kiā)書(xū)。不曾學得
甚麼醫(ȳ)方(fām)。問。貴國高(caō)醫(ȳ)
亦看脈麼。答敝處醫(ȳ)者(chè)
精(cīm)於(yû)看(cán)脈(mě)。看脈就曉得

b3

18

死時。一些不差。若不得
看脉。看小便水。都明白
曉得。如看脉一般樣。看
脉。又看小便。認得極精。
內科之藥。各處都差不
多。外科散處又精絕。古
書所記華陀的奇法。散
處現有。問貴處藥與散
處同不同。答有同有不
同。連疾病亦有不同的。
醫生不許賣藥。各處有
藥舖。京師每年出太醫了

十有

b4

院官考一國藥舖。遇着
假藥。舊藥。就傾倒街上。
問罪。開個藥舖要五千
金本錢。這個為衆人命。
問貴處人壽多高。答與
貴國人也差不多。大槩
人壽不過百歲。到百歲
的絕少。中士說這等與
我這邊沒有甚麼分別。
卄一 問貴國有脩養好方麼。
答有。問老先生必竟精
於這個道理。答學生從

十

65

来不在這一家做工夫。
不曾學得。聞得有人二
三百歲的地方。不知真
不真。或上古有。如今散
國的人普天下大小的
地方無所不到。到如今

不曾遇得這一樣國這
一樣人。這等都是好長
的人虛誕。但是有病少
的。容易的保安的地方。
要保自自形二三百歲
的書。恐怕非人之力能

66 8.19

及。問貴處亦有神仙麼。
荅沒有。這等樣人這等
樣的事。一些不信從古
以来。有生必竟有死。未
見有人常生。中士說我
們這邊有許多這樣的。

白日飛升天山間。亦常
有人遇見他。西士說學
生也聞得有這說。但想
必不真有這事。若中國
有。別處亦有。說只是自
来未曾聞有人生而不

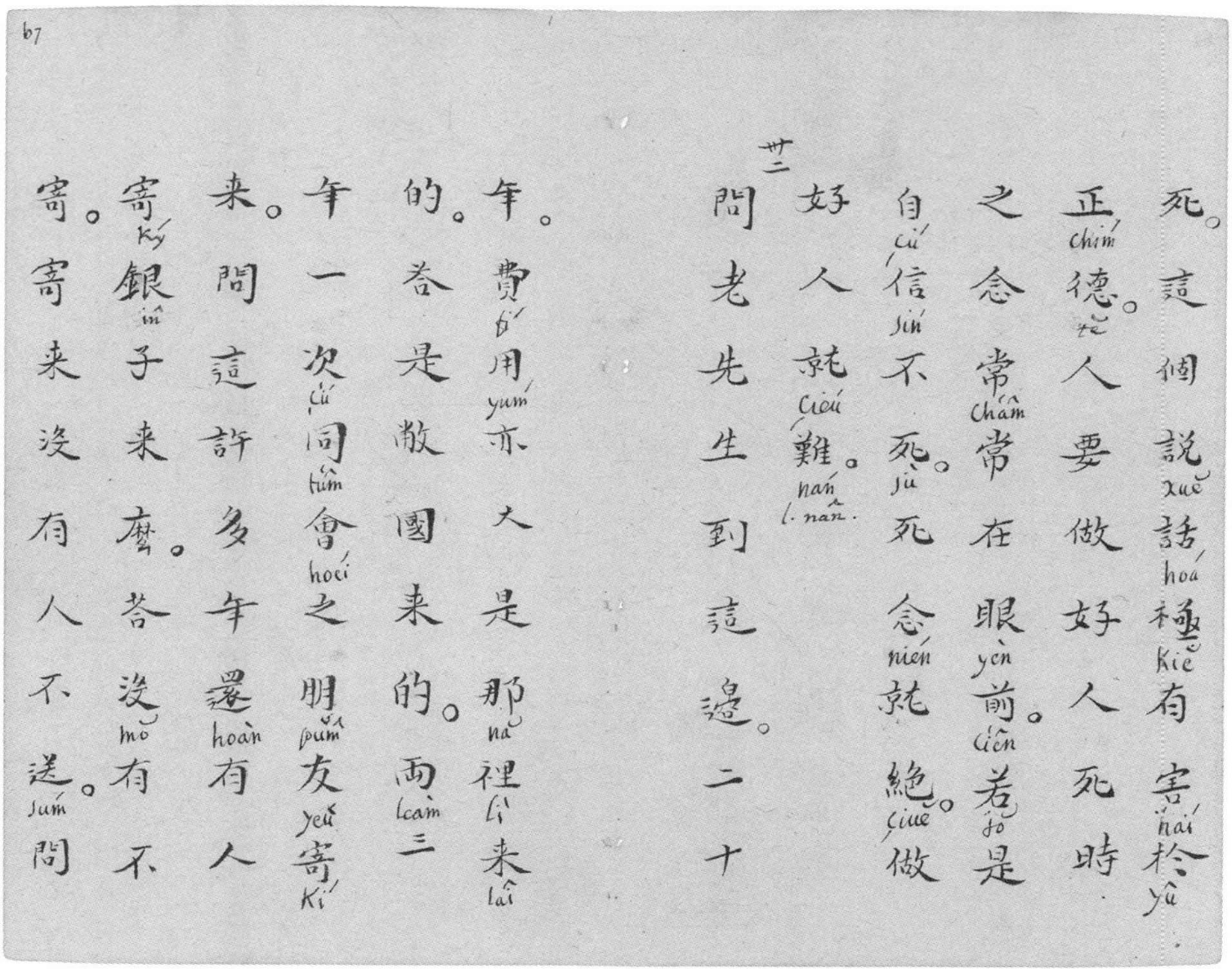
67

死。這個說話極有害於
正德。人要做好人死時
之念常常在眼前。若是
自信不死。死念就絕。做
好人就難。
廿三 問老先生到這邊二十
年。貴用亦大是那裡來
的。答是敝國来的。兩三
年一次同會之朋友寄
来。問這許多年還有人
寄銀子来麼。答沒有不
寄。寄来沒有人不送。問

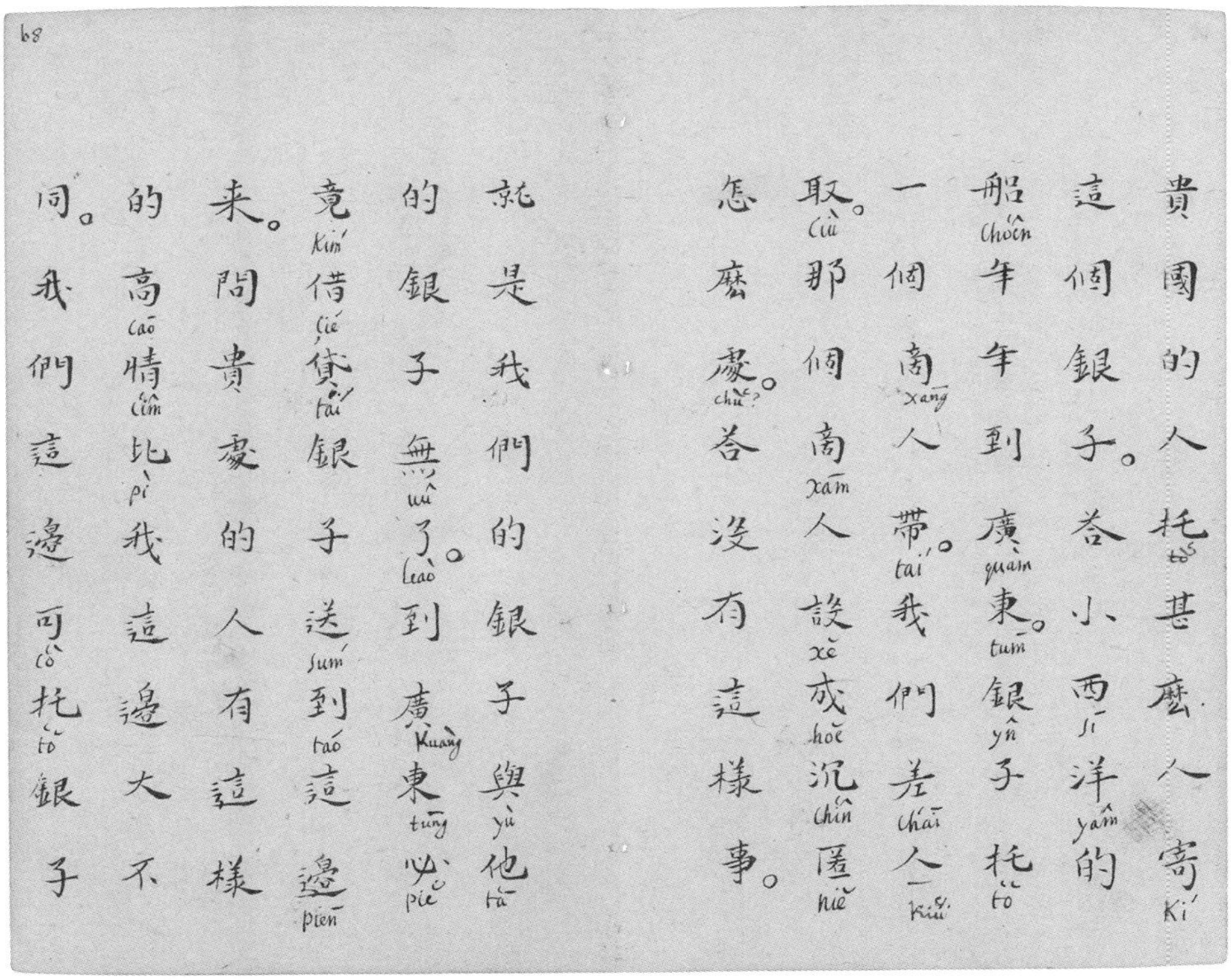
68

貴國的人托甚麼人寄
這個銀子。答小西洋的
船年年到廣東。銀子托
一個商人帶。我們差人
取。那個商人說或沉匿
怎麼處。答沒有這樣事。
就是我們的銀子與他
的銀子無了。到廣東必
竟借貸銀子送到這邊
来。問貴處的人有這樣
的高情比我這邊大不
同。我們這邊可托銀子

(153) 拜客問答

的人難得tó問一次有多少。
答寄敎Keu用yum的問聞老先生有個秘piét密miè妙miâo法人見家裡費用不知所從cûm來。所só以ý有這個說。答學生chum不信有這個法tap亦恐cûm怕pà普pú天下後mō有人做得來。就是有這個法學生與yú敢pí友yeu們mn不是重chum這樣事。的本

卅三
問貴國亦用銀子答用金Kin銀ŷn銅tûm都tū熟Kiéh用yum只chá是xi不pú

用匣lí等tén樣chúm銀子。金Kin銀ŷn銅tûm都做錢要買hai黃hoâm金的貨hó物ū不過數sú錢中士說這個極是便。省cán好歩事不知chí錢cién有多少重chum答金Kin錢極小的有一兩銀子銀

錢極大的有八pà錢重。有四錢的二錢的到taó五sú分pwn就是絶少的五分以ý下多用銅tûm錢都有國王vâm的印ín私sú下hiá做不得假不得。

問假kiá了怎麽樣。答問死

罪。問金子多少換數。答
十換。問貴慶銀子比我
們中國一定賤些。問這
許多銀子是那裡來。答
都是鑛裡出來的。不是
煉的。問那廣東的高
人

買這許多水銀怎麼緣
故。答鑛裡新取的金銀
與土在一塊。不用水銀
分別不來。所以要買水
銀。

曾問貴慶亦有窮人否。答

窮人也有。只是沒有這
許多。亦沒有貴國這樣
窮。一千年也沒餓死的
人。亦沒有為窮賣兒女
的人。雖有窮人當貴的
喜捨人死的時節各各

留一分財分歡與窮人。
又各府各縣各鄉村有
養疾院窮人隨他到那
裡去。都有飲食衣服房
子。都白把與他。中士說

這等貴慶是極快樂的行

73　8-20

善的居處。賊盜必竟少。
答賊盜絕少。人若聽得
有一個賊。便以為怪異。
都出門看。人路上遇着
別人的物。就是極貴寶
物。不敢留用。必竟尋原
主。尋着就還他。尋不着。
分散與窮人。遇着小的
東西。掛在天主堂門前。
不是他的原主。萬萬再
沒有人敢拿去。遇着牛。
羊。馬。猪。一年間約定了

74

幾日。人遇着一類的禽
獸。放在所約定處。原主
到那邊去尋。中士說這
個是天上的風俗。
卄五 問貴國有犯罪的人否。
答亦有犯的人。亦問死
罪。該問死罪的人。亦問
死罪。問還有甚麼刑罰
與我中國一樣不一樣。
答亦有不同。敝處沒有
十分利害的刑。大槩不
過問斬罪。絞罪。問殺人

75　f. 21

的人亦償命麼。答自然。
這個是不可改的理。問
亦有相告狀。答為小東
西不相告狀。只是自家
兩下選個好人替他斷
事。在敝處走十年亦過

不着兩個人相打。問亦
打板子麼。答不打板子。
沒有這樣刑罰但打賊。
若人受打以為大辱。寧
可死不要受打。問犯小
罪怎麼。答或罰金。或監

76

幾個月。或放流。父母的
罪雖極大不及子孫。就
是下等的小人。官府問
他的事不敢罵他。一次
罵他斷不得他事。犯罪
的以為有怨。就改告別

衙門。
問貴處有房子不。答敝
國的人普天下大小地
方無所不到。到如今不
曾遇得好過敝國的房
子。現有二千年前蓋的

(157) 拜客問答

房子。如今新沒有一些損壞。問貴慶那邊木頭造好似我們這邊的荅墙造的極厚。外面的气透不進去。所以房子冬天是煖的。夏天是凉的。大槩我們那邊的房子有三四層樓所以極爽快尾亦是我們這裡樣子麽。荅亦有三種。第一是鉛的。第二是石的。第三是土燒的。大槩大家的房子地平下亦有一層夏天收水酒各樣的飲食。問貴國有國王麽。荅貴國家與這邊一樣尊貴亦傳子孫麽。荅敝慶亦有許多國。大槩國王都是歷代相傳做的。但有一個皇上。叫做教化主第一個尊貴。其位不傳與子孫。只傳與賢他雖不娶。沒有子孫別國雖是他的地方。雖不管他

80

的百姓。教化的事體。都
聽他的命。他自家亦有
一個大國。收粮税。天主
教中有難解的道理。就
問他。他断定。没有人不
服。别國的王與民都着

他做大父母。所以稱他
聖父。

廿八
問貴處有城池麽。荅有
極堅固的城池。石頭合
石炭造的。問有戰爭麽。
荅本國從古以来没有

81

戰爭。不要兵將。不消鎖
城門。不消守、城。問這等
貴處是極快樂的居處。
貴國的國王姓甚麽。荅
無姓。從古以来這一家
的子孫做王。雖有姓不

稱姓。又書上尋謀反這
兩字再没有。中士說好
風俗極妙。可見貴處的
人好静最重道。

廿九
問既是貴處平安不亂
有兵將麽。荅有軍馬。守

的百姓。教化的事體(tì)。都聽(tīm)他的命(mím)。他自家亦有一個大國。收(xeū)粮(leâm)稅(xuí)。天王教(Kiáo)中(Chūm)有難(hân)解(Kiài)的道(taó)理。就(Cieú)問他。他斷(tuón)定(tím)。沒有人不服(fö)。别(piě)國的王與(yù)民(mîn)都看(Cán)他做大父母(mù)。所以稱(Chīm)他聖(xím)父(fú)。
廿八 問貴處有城池麼。荅有極堅(Kiēn)固(cú)的城(Chîm)池(Chî)。石頭合石(xě)灰(hoeī)造(çaó)的。問有戰(Chén)爭(çem)麼(mâ)。荅本國從古以来沒有
戰爭。不要兵將。不消鎖(sò)城(Chîm)門。不消(siāo)守(xeù)城。問這等貴處是極快(quái)樂(lö)的居處。貴國的國王姓(sím)甚(xín)麼。荅無姓。從(çûm)古(cù)以来(lâi)這一家的子孫做王。雖(sūi)有姓(sím)不稱(Chīm)姓(sím)。又書上尋(sîn)謀(méu)反(fàn)這兩(leàm)字(çú)再(çái)沒有。中士說好風(fūm)俗(sö)極妙(miáo)。可(cò)見(Kién)貴處的人好靜(çím)最(çuí)重(Chúm)道(taó)。
廿九 問既(Kí)是貴處平(pîm)安(ngān)不乱(luón)有兵(pīm)將(çiám)麼。荅有軍(Kiūn)馬(mà)守(xeù)

82 fol.22.

海邊。年年到春天有許多回回船出来上涯擄人。拿牛。馬。若本國裡一些不怕。不用兵守城。不要鎖城門。問兵器與這一邊一樣否。答差不多。

但敝國的鳥銃。大銃。普天下沒有比得敝國的精盔甲輕而堅鳥銃亦打不過。問貴處那邊馬何如。答與這邊的差得遠。貴國的馬都是騸割

83

的所以無力無膽。敝國的馬極有力氣。極奈得勞苦。一些不怕。人常騎他往打獅子。馬見獅子只管趕他。亦不怕。中士說這邊我們的馬不要說見獅子。見了韃子就沒力氣。無一些膽。就跑回来了。

早

問貴國亦朝貢我們這邊麼。答敝國太遠另是一個國都。國王亦大。自

以為至尊不肯朝貢他
國問貴國的國王亦有
宮殿否答沒有貴國這
樣大各省城有極齊整
極華麗的宮殿問宗室
亦是尊貴麼答宗室都

是極尊貴國家有要緊
的大事宗室主掌金銀
兵權都在他的手裡亦
沒有人疑他問貴國用
棺槨何如答用石頭的
棺槨裏面加一層鉛有

了這一層鉛內外之氣
千年不能相通問亦有
城外否答敬慶都葬在
天主堂裏邊但有明明
白白的一個不好的人
要極重刑罰他不許葬

在天主堂裏問亦看風
水麼答風水算命揀日
測吉凶之法一槩不信
已安聽天主的命
問仙鄉亦有獅子麼答
本國裡沒有隔海一日

86

路便多。真是天下第一
個生獅子的居處。問怎
麼樣拿他。答數十個騎
馬的人。拿鎗趕他。刺他。
問這樣殺他。他亦殺人
麼。答趕他的人常有被

他殺的。人惹他的時節
更厲害。有千騎馬的人
趕逐他。覺得有人看得
見。他再不奔走。只是一
步一步。慢慢走。覺得沒
有人看得見他。就跑得

87

快。若人不惹他本性善。
不喜殺人。如象。虎。豹。喜
殺人。禽獸中沒有比得
獅子。有情感恩。受人的
恩終身不忘。

四

古時大西有一個家奴。

原主要殺他。他怕死走
了到山林。有獅子的所
在。將晚。恐怕被他咬。便
上一個樹木。在樹上的
時節。一個獅子到樹下。
仰看那個人。相似痛哭。

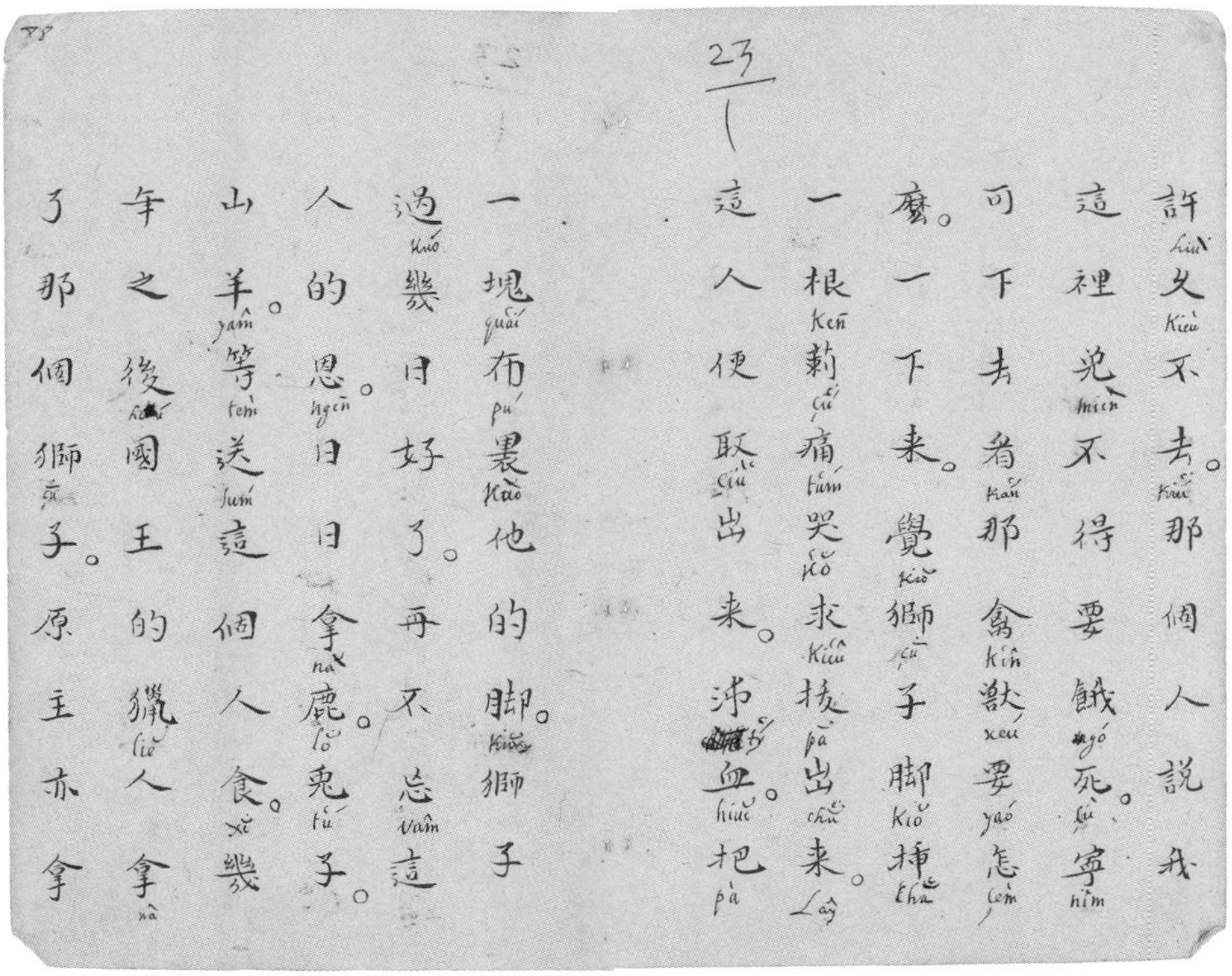
88

23/1

許久不去。那個人說我
這裡免不得要餓死。寧
可下去看那禽獸要怎
麼。一下下來。覺獅子脚揷
一根莿痛哭求拔出来。
這人便取出来。沸血把
一塊布裹他的脚。獅子
過幾日好了。再不忘這
人的恩。日日拿鹿兎子。
山羊等送這個人食。幾
年之後國王的獵人拿
了那個獅子。原主亦拿

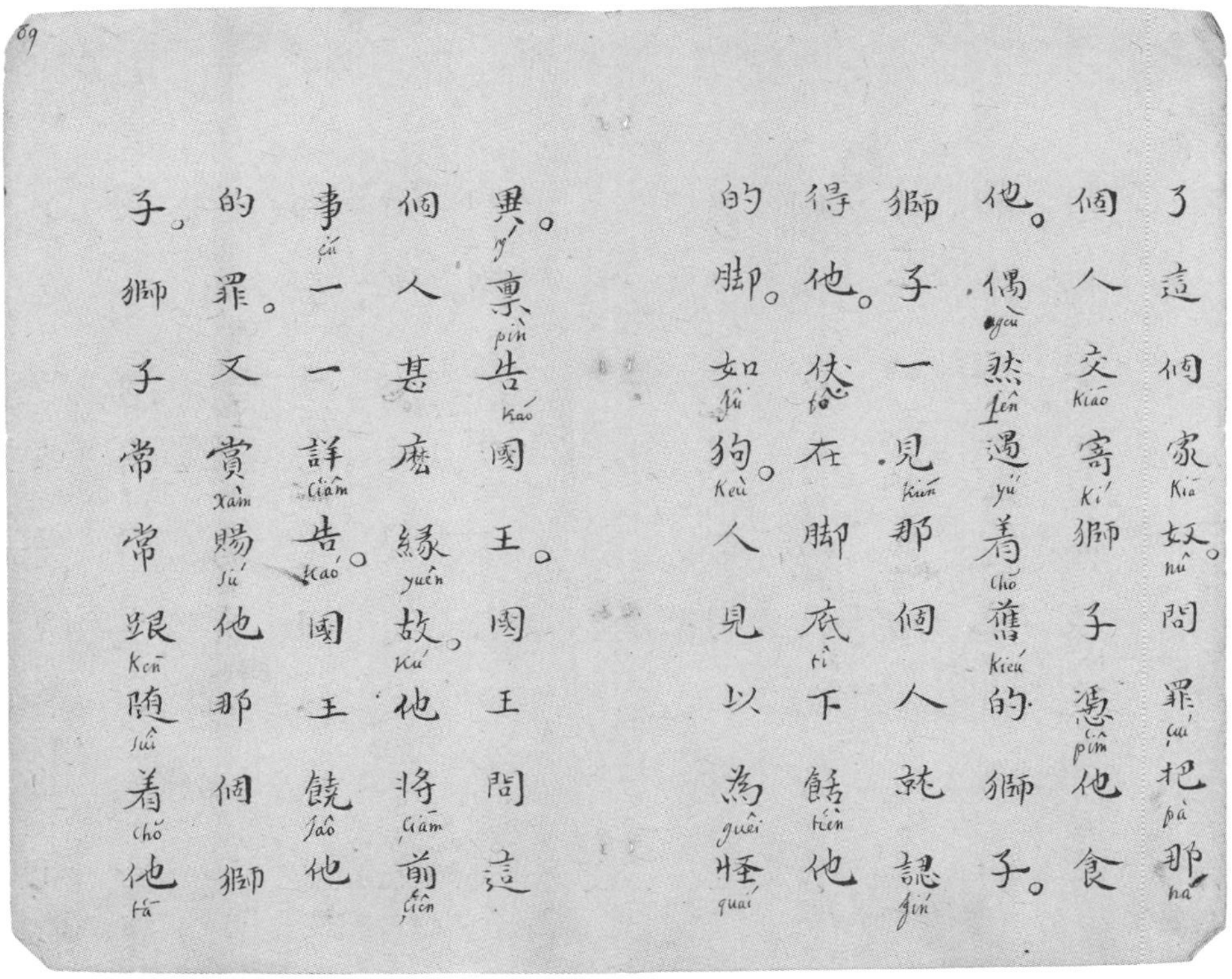
89

了這個家奴。問罪把那
個人交寄獅子憑他食
他。偶然遇着舊的獅子。
獅子一見那個人就認
得他。伏在脚底下餂他
的脚。如狗人見以為怪
異。稟告國王。國王問這
個人甚麼緣故。他将前
事一一詳告。國王饒他
的罪。又賞賜他那個獅
子。獅子常常跟隨着他

編著者略歴

内田　慶市（うちだ　けいいち）

1951年福井県生まれ。関西大学外国語学部、大学院東アジア文化研究科教授。博士（文学）・博士（文化交渉学）専攻は中国語学、文化交渉学。

主著に『近代における東西言語文化接触の研究』（関西大学出版部、2001）、『遐邇貫珍の研究』（沈国威、松浦章氏との共著、関西大学出版部、2004）、『19世紀中国語の諸相─周縁資料（欧米・日本・琉球・朝鮮）からのアプローチ』（沈国威氏との共編、雄松堂出版、2007）、『文化交渉学と言語接触─中国言語学における周縁からのアプローチ』（関西大学出版部、2010）、『漢訳イソップ集』（ユニウス、2014）、『語言自邇集の研究』（好文出版、2015）、『関西大学長澤文庫蔵琉球官話課本集』（関西大学出版部、2015）、『官話指南の書誌的研究』（好文出版、2016）、『北京官話全編の研究──付影印・語彙索引』（上・中・下巻）（関西大学出版部 2017, 2018）などがある他、テキスト類も多数。

関西大学東西学術研究所資料集刊 44

『拝客訓示』の研究　─解題と影印

2019年3月25日　発行

編著者　内田慶市

発行者　関西大学東西学術研究所
〒564-8680　大阪府吹田市山手町3-3-35

発行所　関西大学出版部
〒564-8680　大阪府吹田市山手町3-3-35

印刷所　株式会社　遊　文　舎
〒532-0012　大阪府大阪市淀川区木川東4-17-31

ISBN978-4-87354-692-6 C3016